KB275003

로보 사피엔스 재패니쿠스

로보 사피엔스 재패니쿠스

제니퍼 로버트슨 지음 · 이수영 옮김 · 조수미 해제

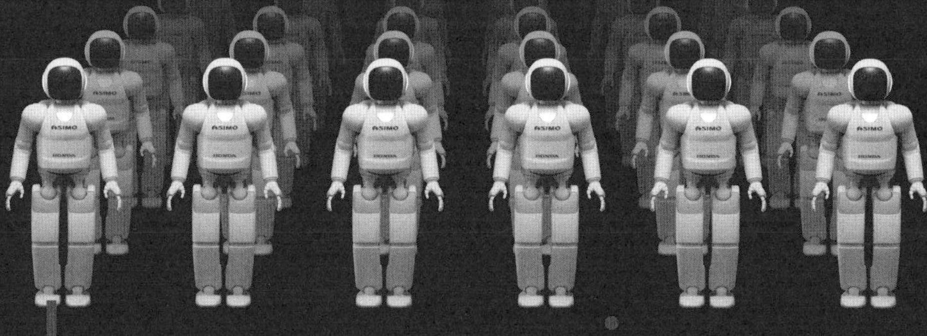

휴머노이드 로봇은
시급한 사회 문제를 해결하고 인류를 돌볼 수 있을까?

이 책은 로봇과 인공지능을 둘러싼 우리의 과열된 흥분을 차분히 가라앉힌다. 로봇은 결코 중립적인 기술이 아니다. 일본에서 로봇은 오랫동안 젠더 이분법, 가족주의, 국가주의라는 사회적 틀 속에서 설계되고 소비되어 왔다. 사랑스럽고 효율적인 겉모습 뒤에는 뿌리 깊은 편견과 낡은 욕망이 층층이 쌓여 있다. 하지만 이는 일본만의 문제가 아니다. 기술 혁신이라는 화려한 수사 이면에는 실상 익숙한 패턴이 되풀이되고 있을 뿐이며, 그 점에서는 우리 또한 자유롭지 못하기 때문이다. 즉 로봇은 완전히 새로운 미래라기보다는, 우리가 오랫동안 품어온 상상과 욕망, 바람이 투영된 거울에 가깝다. 저자는 이 "오래된 미래"로서의 로봇을 분석하면서, 사회가 인간성을 어떻게 규정하려 하는지를 날카롭게 질문한다. 그리하여 기술에 대한 우리의 인식과 기대, 믿음을 근본적으로 재검토하게 만든다. 기술의 이데올로기적 성격과 사회적 함의를 비판적으로 사유하려는 이들에게, 이 책은 단단하고도 확실한 길잡이가 되어줄 것이다. 일독을 권한다.

_ 박승일(경북대학교 학술연구교수, 캣츠랩 소장, 『기술은 우리를 구원하지 않는다』 저자)

왜 인간을 돌보는 로봇에게 앞치마를 입히면서 "문화적 생식기"를 장착하는가? 왜 성별이 없는 로봇에게 굳이 여성 또는 남성이라는 "지정 성별"을 부여하는가? 저자는 인간형 로봇이 처음 출현했고 진화를 거듭해온 나라, 일본의 로봇 산업을 중심으로 성별 이분법, 민족주의적 감성, 가부장성과 비장애인 중심주의 등을 통렬하게 비판한다. 로봇 산업 기술과 젠더, 민족성, 정치가 긴밀하게 얽혀 약자와 소수자를 억압하는 기존의 권력관계를 재생산한다는 점을 간파한 내용을 읽다 보면 소름이 끼친다.

이성애자 남성을 기준으로 한 인간 중심성, 이분법과 본질주의를 강화하는 방식으로 로봇 산업이 발전되어 왔음을 파헤친 수작이다. 오늘날 로봇은 "비인간"으로 배제된 인간보다 더 인간적인 대우를 받으며 "또 하나의 가족" 지위를 획득했다. 로봇이 인간을 대신해 민족적 동질성을 보존하면서 경제도 소생시킬 수 있으리라는 믿음은 한국과 일본이 동일하다.

이 책은 AI 돌봄로봇 사업을 진행하며 "가족성"을 강조해온 한국에도 경고의 메시지가 된다. 외로운 노인들이 돌봄로봇을 친손주로 대하며 옷을 해 입히고 친밀한 관계를 맺는다는 연구 결과를 들은 적이 있다. 최근 대전에서는 한 돌봄로봇이 70대 노인의 위기 상황을 신고해 치료를 받게 한 사례가 있었다. 그러나 남성 노인 10명 중 6명이 돌봄로봇에게 성적 대화를 시도했다는 조사 결과도 존재한다. 로봇에게 성희롱을 하지 않도록 노인의 성교육을 강화해야 한다는 목소리와 남성 노인의 성적 욕구를 해소하는 데 도움을 주어야 한다는 목소리가 동시에 나온다. 더 많은 사람들이 이 책을 읽고 이 미친 세상을 함께 고민하는 기회를 갖게 되기를 바란다.

_ 이유진(《한겨레신문》 기자, 『바디올로지』 저자)

"로보 사피엔스 재패니쿠스" 이보다 나은 제목은 없을 것 같다.

로봇과 같이 인간을 대신하는 기술적 인공물에 대해서만큼은, 일본은 독보적이다. AI에 대한 태도를 국가별로 보면 크게 두 그룹으로 나뉘는데 한쪽에는 열광은 덜하지만 우려가 상당히 높은 서구권 국가들이, 다른 한쪽에는 우려보다 기대가 큰, 한국을 포함한 아시아권 국가들과 일부 라틴아메리카 국가들이 있다. 일본은 이 둘 어디에도 속하지 않는 압도적인 아웃라이어! AI에 대한 기대가 없는 것은 아니지만 그에 대한 불안함이 전 세계 어떤 국가보다도 낮다. 막연히 "아톰"의 나라여서 그럴 거라 생각한다면 그건 이 책의 시작일 뿐이다. 한마디로, 인간과 로봇의 공생을 추구하는 일본의 미래에 주부의 일을 대신하는 로봇은 있으나 로봇이 결코 "엘리베이터걸"이 될 수는 없다!

기술에 근원적으로 젠더가 반영된다고 보는 페미니스트 STS의 핵심 명제가 기술을 만든 이들을 찾아가고 직접 사용해 보는 인류학자의 현장연구와 제대로 만나 빛을 발하는 흥미진진한 책이다.

_ 임소연(동아대학교 융합대학 조교수, 『디지털 시대의 페미니즘』, 『우리 일의 미래』 공저자)

해제

미래지향적 기술 이면의 일본의 민낯

: 제니퍼 로버트슨의 비판적 일본 연구

조수미(명지대학교 방목기초교육대학)

저자에 대하여

『로보 사피엔스 재패니쿠스』는 일본의 로봇, 특히 인간형 로봇을 둘러싼 공학, 산업, 정치, 대중문화 실천과 상상을 다룬 인류학자 제니퍼 로버트슨의 저작이다. 로버트슨은 미술사(1975년 코넬대학교 학사), 아시아연구(1977년 하와이대학교 석사) 학위를 비롯해 1984년 코넬대학교에서 인류학 박사학위를 취득하고, 코넬대학교, 캘리포니아대학교 샌디에이고, 윌리엄스대학 등을 거쳐 1991년부터 2020년 명예교수로 은퇴할 때까지 미시간대학교 인류학과와 미술사학과 교수로 역임하는 동시에 같은 대학의 일본학연구소, 여성학과, 미술디자인과, 인류학과 역사학 프로그램, 슬로언 일상생활의 민족지학센터, 로봇공학연구소, 여성과젠더연구소 등에 재임하며 연구와 교육에 매진해왔다.

일본의 전후 고도성장기에 도쿄 근교에서 유년기와 10대 시절을 보낸 그는 일본 지역을 중심으로 이스라엘, 스리랑카, 유럽 각지에서 연구를 진행했다. 시각인류학, 이미지 기반 민족지, 도시 연구, 식민주의 및 제국주의, 페미니스트 이론과 젠더 섹슈얼리티 연구, 인종과 종족, 우생학 및 생명윤리, 로봇공학 및 인간-로봇 관계, 일본 현대미술과 대중문화, 연행 연구, 박물관 및 시각문화 등의 폭넓은 영역에서 연구를 지속해왔다. 인류학자이면서 역사학, 미술비평 훈련을 받은 그의 저작에는 인류학적·민족지적 연구만큼이나 사료, 신문과 잡지, 인터넷 게시판 등의 일본어 문헌과 미술, 만화, 광고 등의 시각 텍스트 연구가 큰 비중을 차지한다. 그의 시각예술과 이미지에 대한 관심은 학술의 영역에만 머물지 않고 도자, 유화, 수채화, 페이퍼콜라주 등의 작품활동을 통해서도 꾸준히 표현되었다.[1]

은퇴한 현재까지도 왕성하게 저술활동을 하고 있는 로버트슨의 주요 저작에는 『원주민과 이주민: 일본 도시의 형성과 재형성*Native and Newcomer: Making and Remaking of a Japanese City*』(1991), 『다카라즈카: 현대 일본의 성정치와 대중문화*Takarazuka: Sexual Politics and Popular Culture in Modern Japan*』(1998), 그리고 이 책『로보 사피엔스 재패니쿠스』가 있다. 그 외에도 『동성 문화와 섹슈얼리티에 대한 인류학 선집*Same-Sex Cultures and Sexualities: An Anthropological Reader*』(2005), 『일본 인류학 안내서*A Companion to the Anthropology of Japan*』(2005), 『일본 민족지학의 정치와 함정: 성찰, 책임, 인류학적 윤리

Politics and Pitfalls of Japan Ethnography: Reflexivity, Responsibility, and Anthropological Ethics』(2009)
를 펴냈다.

비판적 일본 연구

로버트슨의 연구는 동세대 미국이 주도한 영어권 일본 인류학의 흐름에서 독특한 위치를 차지한다. 2차 세계대전의 적국이면서 패전 후 냉전시대의 체제 유지를 위한 미국의 종속적인 파트너로, 급속도의 경제성장을 통해 라이벌로 모습을 바꾸어가는 전후 일본을 이해하려는 시도는 일본을 서구와는 극단적으로 다른, 몰역사적이고 균질적인 총체로 파악하는 경향이 90년대까지 지속되었다고 지적한다 (Robertson 1998b).

일본 인류학에서 기념비적인 텍스트로 지금까지도 읽히는 루스 베네딕트의 『국화와 칼』은 2차 세계대전 당시 미국인에게 "가장 낯선적"이었던 일본인과 일본 문화를 "국민성"이라는 주제로 알기 쉽게 설명하려는 시도였다. 즉 이질적인 나머지 같은 인간으로 여겨지지 않았던 일본인을 인간화하려는 시도였다. 이것은 인종차별이 팽배하던 당시 미국에서, 베네딕트가 속한 프란츠 보아스 학파 학자들이 해온 반인종주의 실천의 연속선에 있는 것이기도 하다(킹 2025). 하지만 『국화와 칼』의 어쩌면 지나친 성공으로 인해 일본 연구의 모델이 됨으로써 "일본 후려치기Japan-bashing"든 "일본에 대한 변명Japan-apology"이든 서구와 대비되어 동질적이고 본질주의적인 "일본 고유의 문화"라는 상을 재생산하는 일본 연구 흐름에 기여한 것이 아닌가 묻는다. "양처현모", "사무라이 샐러리맨" 등 일본 문화의 전형성을 찾는 데 주력하고, 그러한 서구의 연구가 일본에 역수입되면서 문화적 동질성을 강조하는 이데올로기로서의 "일본인론"(Befu 2001)을 정당화하는 데 기여했다는 것이다.

이러한 문제의식에서 로버트슨은 일본 인류학 연구에서 주목해야 할 몇 가지 방향을 제안했다. 민족지 연구에서 역사적 접근, 일본 제국주의와 식민주의의 연구, 섹스/젠더 체계에 대한 관심, 일본인/일본 문화의 고정관념에서 벗어나는 지역과 대상의 연구는 자신의 연구에서 추구한 것이기도 하고, 대학의 교육과 후학 양성에 있어서도 유념한 부분이다.

역사화된 민족지 연구

첫번째는 역사에 대한 접근방식이다. 인류학뿐 아니라 미술사와 역사학 훈련을 받은 로버트슨은 에도시대의 농서(Robertson 1984), 가부키(1998a), 근대 일본의 우생학(2001, 2002, 2007) 등의 연구에서 다양한 사료를 가지고 역사학적인 작업을 해왔다. 일본과 아시아 출신의 연구자들이 영어권 일본 연구에 참여하기 전, 전문적인 일본어 독해 능력이 없었던 다수의 연구자들이 현지조사와 민족지적 자료에만 의존해온 것과 대조적이다. 인류학의 단골 연구대상이었던 소규모 비문자 사회와 달리, 고대부터 문자 체계를 갖추고 방대한 문헌자료와 문헌에 대한 남다른 애착을 가지고 있는 일본 사회 연구에 있어서 문헌자료의 결여는 맹점이 될 수 있다.

하지만 로버트슨이 의미하는 것은 단순히 사료나 텍스트를 언급하는 역사적 접근이 아니다. 오히려 다양한 시대의 역사적 텍스트들을 맥락을 무시하고 짜깁기하여 전통주의적이고 본질주의적인 일본 문화를 재현하는 것은 자칫 "몰역사적인 문화주의"에 빠질 수 있다고 경고하며, 역사 연구를 통해 규명해야 할 것은 "과거-현재-미래의 관계"라고 역설한다(1991: 10). "역사적 과거"가 현재에 재현되는 방식은 그 재현의 행위자들이 구성하거나 정당화하고 싶은 현재의 모습과 밀접한 관련이 있고, 그들이 꿈꾸는 미래를 위한 상상력 역시 그들이 가지고 있는 "현재"에 대한 인식과 연결되어 있기 때문이다.

가령 자신이 유년기와 10대를 보낸 고다이라시에 대한 연구인 『원주민과 이주민』에서 그는 "노스텔지어 정치"의 일환으로 역사가 소환되는 방식을 비판적으로 고찰한다. 경제성장기 도쿄의 베드타운으로 이주민이 대거 유입한 고다이라시에서, 17세기 "정통적인 농촌마을 고다이라"의 역사는 원주민과 이주민 사이의 갈등을 통합하고 공동체의 결속력을 회복하려는 시 관료들의 "고향(후루사토) 만들기" 프로젝트에서 적극적으로 재구성된다. 마쓰리, 민속무용, 신사와 사찰 등 "고향의 상징"을 동원하여 "정통적인 고다이라"를 구성하려고 하지만, 도시화로 주변화되었다가 격상된 문화적 자원을 통해 취약한 입지를 개선하려는 토박이 주민들은 위로부터의 기획에 순순히 조종되지 않고, "상상된 공동체"가 일소하려던 주민들의 차이는 오히려 부각된다.

이런 노스탤지어 정치는 당시 보수적 지식인들이 추구하던 일본 정부가 뒷받침하던 "일본인론"과 연결된다. "아름다운 자연과 조화로운 사회"로 과거의 일본을 상상하고 침략 전쟁과 군국주의, 전후의 혼란, 고도성장기의 도시화 과정에서 나타나는 민족 차별이나 성차별, 환경오염 등의 불협화음을 편리하게 건너뛰고 균질적이고 갈등 없는 동질적 문화를 가진 단일민족국가라는 "일본적 정체성"을 구축하려는 방식과 연결되어 있다. 요시노 코사쿠, 하루미 배후 문화적 민족주의에 대한 비평이기도 하다.

일본에 대한 동질적이고 몰역사적인 재현에 균열을 내는 시도로 로버트슨은 "또 다른 일본" 즉 일본의 고정관념에 들어맞지 않는 대상에 대한 연구와 교육을 장려했다. 미시간대학교에서 아이누, 재일 한인, 오키나와인 등 일본의 소수민족과 부라쿠민, 원폭 피해자 등 사회적 소수자에 대해 교육하며 "단일민족국가"라는 일본의 자기 재현에 정면으로 도전하는 "다민족사회 일본"이라는 과목을 꾸준히 개설했다. 재일 한인, 오키나와인 등 일본의 소수민족 연구를 했던 필자의 학생 시절 "너무 주변적이고 비일본적"인 주제 대신 "좀 더 일본을 대표하는" 연구로 바꾸라는 충고를 받다가 로버트슨 교수의 제자로 연구를 계속할 수 있었던 것도 그러한 맥락이다. 필자를 포함하여 로버트슨 교수 아래에서 수학한 동세대의 일본 연구자들은 일본의 페미니즘운동, 아이누 여성의 전통자수, 오키나와 이민자의 민족예능, 여성 축구선수, 일본의 성매매 여성 등 일본 사회의 이면을 드러내는 연구를 했다.

일본 제국주의와 식민주의의 재조명

한편 로버트슨은 서구의 일본 연구자들이 간과하고, 일본인들이 침묵하고 싶어 했던 일본 제국주의와 식민주의 연구의 중요성을 강조했다. 19세기 서구 열강의 제국주의 침략의 위기를 실감한 일본은 메이지유신을 통해 적극적으로 서구의 기술과 문물을 받아들이며 근대국가이자 제국으로 탈바꿈하고, "서구 제국주의의 위협에 대항하는 아시아의 보호자" 역할을 자처하며 주변 아시아 국가들을 지배하며 대동아공영권을 구상했다. 태평양전쟁의 패전으로 실패로 돌아갔지만 일본 제국주의 지배는 한국을 비롯한 많은 아시아 사회에 깊은 흔적으로 남아 있다. 또한 일본의 제국주의는 아이누, 오키나와인, 재일 한인과 중국인, 원폭 피해자 등 일본 사회 내부의 소수집단을 만들어냈다.

1978년 『오리엔탈리즘』 이후에 제기된 탈식민주의 비평은 인류학을 포함한 인문사회과학의 인식론과 연구방법에서 중요한 전환을 가져왔지만, 그 논의가 유럽과 미국의 제국주의에 집중됨으로써 압도적인 힘으로써 일방적인 변화를 가져오는 주체 "서구-식민자"와 비가역적인 변화의 대상으로서만 존재하는 "비서구-피식민자"라는 이분법적 구도 안에서 고정되는 경향이 있었다. 로버트슨은 반식민주의적 식민주의자anti-colonial colonizer로서 일본 제국주의의 기획과 실천, 아시아 식민지에서의 초래한 변화는 서구-비서구의 이분법을 넘어 제국주의의 다면적인 작동 방식을 이해할 수 있는 사례라고 강조했다. 이런 취지에서 로버트슨은 자신의 연구 이외에도 캘리포니아대학출판사의 "식민주의들Colonialisms" 시리즈 대표 편집자를 역임하며 앵글로이집트 수단과 일본 제국주의하의 대만과 조선에 대한 연구서들을 출판했다.

『다카라즈카』 연구에서 1913년 일본의 철도부호 고바야시가 자신의 온천 휴양지에 설립한 다카라즈카 가극단은 일본의 근대화된 인프라(철도)에 의해 가능해진, 새로운 가족 형태(중산층 핵가족)를 위한 근대적인 여흥문화이다. 전시의 다카라즈카는 무대에서 일본 제국주의의 지배를 받게 된 아시아의 타자를 오리엔탈리즘적인 시선으로 신비화하고 대상화하는 "민족지적 판타지"로 무대 위에서 "제국을 수행"한다.

19세기 말에서 20세기 초에 등장한 민족개조론, 우생결혼, 미스닛폰에 대한 연구(2001, 2002, 2005)는 근대국가이자 제국 형성 시기에 정부의 시책과 전문가들의 논의, 잡지 등의 대중문화를 통해서 건전하고 우월한 신체(특히 여성의 신체)를 바탕으로 근대적인 "일본인"과 "일본 가족"(중산층 핵가족), "일본 민족"을 구성하려는 시도를 분석하고 있다. 당시 일본의 지식인들이나 정책 입안자들이 서구의 최첨단 과학으로 여겨졌던 우생학과 성과학sexology, 인종과학 등을 근대 일본/일본인의 구상에 적극적으로 도입하고 참고했다는 사실을 보여주는 이 연구들은 지식사적인 측면에서 1945년 패전 후에서야 비로소 미군정에 의해 민주주의를 비롯한 서구적 문화를 이식받기 전까지 전통적이고 고유한 일본의 가치를 유지하고 있었다는 주도적 서사에 정면으로 도전한다.

섹스/젠더 체계와 젠더 수행성

로버트슨이 반복적으로 규명해온 주제 중 하나는 성[sex/gender/sexuality]이다. 그는 생물학적인 신체의 차이에 기반한 성[sex], 사회문화적, 역사적 풍습으로서 성별화된 인간에 대한 기대와 규범인 젠더, 그리고 생식의 필요와 욕구를 넘어서는 욕망과 쾌락, 실천의 영역으로서 섹슈얼리티를 구분한다. 이 세 영역은 경험의 차원에서 뒤섞이며, 특정 시대, 특정 문화에서 성의 세 영역이 정렬되는 방식은 구성원들에게는 자연적이고 자명한 것으로 인식되지만 실은 문화적, 역사적으로 구성된 것이기에 지역마다 다르며 시간에 따라 변화한다. 로버트슨은 서구 중심의 인류학 연구에서 생식을 위한 섹슈얼리티, 이성애적 규범, 이분법적 젠더 규범을 자명한 것으로 놓고 여기에서 벗어나는 가치와 실천을 자동적으로 "일탈"로 규정하는 연구의 맹점을 지적한다. 대신 연구자들은 특정한 정치사회적 맥락에서 섹스와 젠더 체계가 작동하는 방식을 규명해야 하며, 그런 의미에서 일본은 서구적인 섹스/젠더 체계에 쉽게 수렴되지 않는 역사적, 문화적 사례가 풍부한 지역이다.

일본에서는 고대 이래로 어느 사회 못지않은 엄격한 이분법적 젠더와 이성애의 성 규범이 존재함에도 불구하고, 역사적인 시기를 통해서 "젠더 벤딩[gender-bending](반대 성별의 복장 등 타고난 신체와 다른 사회적 성별의 표현이나 실천)"의 사례가 풍부할 뿐 아니라(조수미 2024), 슈도衆道(근세 사무라이 남성들 사이의 동성애적 실천)처럼 비규범적인 젠더와 섹슈얼리티 실천이 죄악시되지 않고 주류적 규범과 실천 사이에서 관찰된다(Pflugfelder 1999, McLelland 2005).

두번째 저작 『다카라즈카: 현대 일본의 성정치와 대중문화』(1998a)
는 여성 가극단 다카라즈카의 역사와 현재, 팬덤을 통해 일본의 제
국주의와 민족주의, 젠더와 섹슈얼리티의 문제를 다룬다. 이 책에서
는 근세에 시작된 일본의 전통공연 가부키에서 여성 역할을 맡은
"온나가타女形"를 분석한다. 최초에 남녀 혼성 극단으로 시작한 가부
키는 여성 배우가 풍기문란을 초래한다는 이유로 여성의 출연을 금
지하고 남성이 여성의 역할을 연기했는데 그것이 온나가타의 시작
이다. 하지만 온나가타가 수행하는 여성다움은 (열등한 여성의 신체
와 분리되어 있기 때문에) 오히려 순수한 여성다움의 이상형으로 간주
되며, 동시대의 여성들은 온나가타의 여성성을 본받을 것이 기대되
었다. 이러한 가부키에 영감을 받아 설립한 20세기의 다카라즈카 가
극단은 남녀 배역을 모두 여성 배우가 맡는 이색적인 형태를 띠고 있
지만, 특히 남성을 연기하는 오토코야쿠男役에 관심이 집중된다. 전원
여성으로 된 극단 구성은 "가족의 건전한 여가"와 "소녀 배우의 (성적)
순수함"을 지키기 위한 가부장제적인 기획이다. 다카라즈카 음악학
교의 여학생들과 무대에 선 배우들의 일상은 철저하게 통제된다. 남
녀 배역은 배우의 의지보다 외면적 신체 특성에 따라 배정되고 화장
과 의상은 물론 발성, 몸짓, 표정의 신체 기술을 통해 각 성별의 차이
를 과장되게 표현하며 이분법적 성별 규범을 강화하고, 남녀 배역의
낭만적 연애에 초점을 맞추는 공연은 이성애적 규범과 성역할을 무
대 위에서 강화한다.

가부키의 온나가타와 다카라즈카의 오토코야쿠는 둘 다 비전형적
인 젠더 수행이지만 의도와 효과 면에서 지배적인 성 규범(이성애와 성

별 이분법)을 모방하고 정당화하는 방식으로 기획되었다. 하지만 온나가타와 오토코야쿠가 옷차림, 화장, 자세와 표정 등의 "신체기술"을 철저히 습득함으로써 보여주는 이상적인 남성다움, 여성다움은 남성, 여성의 신체에서 자연발생하는 것이 아니라 반복적인 수행과 연행을 통해 자연화된다는 것을 폭로한다. 뿐만 아니라 온나가타 남성 배우와 부유한 관객 사이의 성적인 관계, 다카라즈카가 여성 팬덤의 오토코야쿠 배우를 둘러싼 판타지는 그러한 성 규범으로 길들여지지 않는 전복성을 보여주기도 한다.

이러한 분석은 주디스 버틀러의 『젠더 트러블』(2008)의 젠더 수행성, 게일 루빈의 『일탈』(2015)의 섹스/젠더 체계 논의와 맞물린다. 이 논의들은 2020년대 젠더 연구, 퀴어 연구에서는 넓게 수용되었지만 (로버트슨은 특히 게일 루빈과는 미시간대학교 인류학과에서 함께 재직하며 교류했다), 1998년 역사학적, 민족지적 사례 분석을 통해 다카라즈카의 성정치를 분석한 로버트슨의 연구는 선구적이다.

『로보 사피엔스 재패니쿠스』

로버트슨의 세번째 저작인 『로보 사피엔스 재패니쿠스』는 21세기 일본의 과학, 산업, 정치, 대중문화에서 휴머노이드(인간형) 로봇을 둘러싼 상상과 실천, 논쟁을 분석한다. 유명한 이론을 반박하거나 증명하는 대신 학제와 장르를 넘나들며 다양한 분야를 연결하고 확장해가는 "그물망적 미학", 절충주의적인 접근은 전작에서 이 연구로 이어진다. 이 책을 접하는 독자들은 21세기 로봇공학과 전시 일본의 선전 만화, 일본의 가족제도, 섹스와 젠더, 장애와 인공신체 사이를 종횡무진하는 이 책의 구성에 신선함을 느낄 수도, 혼란을 느낄 수도 있을 것 같다. 도쿄 베드타운 도시의 "고향 만들기"와 화려한 다카라즈카 가극단 연구 뒤에 이어진 인간형 로봇이라는 주제는 연결고리가 없는 뜬금없고 무질서한 연구처럼 보일지도 모른다. 하지만 이 연구들은 앞서 언급한 역사적 과거-현재-미래의 연결성, 일본 제국주의에 대한 관심, 섹스/젠더 체계라고 하는 관심사로 인해 서로 연결되어 있다. 또한 다카라즈카와 일본 우생학 연구에서 사진, 잡지, 만화 등 시각적 이미지를 중요한 분석 대상으로 삼아왔던 것처럼, 이 책에서도 전시 일본과 21세기 아베 정권의 선전물,《철완 아톰》,《철인 28호》,〈사자에 상〉 등의 유명 만화/아니메, 실제 로봇들의 생김새 등을 분석한 시각 기반 민족지는 큰 비중을 차지하고 있다.

　로버트슨은 실제로 널리 개발되고 보급된 대다수의 산업용, 가정용 로봇이 비인간형 로봇임에도 불구하고, 휴머노이드 로봇이 당면한 사회문제를 해결해줄 것이라는 논의에 과다하게 등장하는 점을 지적한다. 일본의 인간형 로봇이 모델로 하고 있는 "인간"이란 서구의 인간/로봇 논의에서처럼 보편적인 인격과 인권을 가진 존재가 아니다. 로봇의 신체는 인간과 달리 생물학적인 생식기를 가지고 있지 않지만, 일본 문화의 성별 이분법과 남녀 성역할을 자연스러운 것으로 받아들이는 로봇공학자들에 의해 성별화된 용도에 맞는 성별화된 신체와 목소리, 얼굴로 디자인된다. 다카라즈카의 오토코야쿠나 가부키의 온나가타처럼 고정관념 속의 여성성, 남성성을 수행할 수 있도록 디자인된다.

2006년 아베 정권이 구상한 로봇화된 일본의 미래 "이노베이션 25"는 실은 메이지유신과 일본의 제국주의, 전시 프로파간다에 등장하던 민족주의적이고 국가주의적인 "일본적 가치"를 최신 로봇 기술로 구현한 복고적 유토피아 세계에 가깝다. "이노베이션 25"를 이해하기 쉽게 홍보하려는 일련의 텍스트 속에는 상상된 미래 가족 "이노베 가족"이 등장한다. 이 가족의 일원이자 돌보미인 로봇 "이노베 군"은 가부장적 확대가족 안에서의 위계적 성역할을 유지할 수 있도록 여성의 돌봄노동을 보조하는 역할을 한다. 발달한 감시기술로 (외국인에 의한) 범죄 위협을 차단하는 편리하고 안전한 미래 사회 일본은, 그 기술적 역량으로 인해 과거 식민지였던 아시아 국가의 존경과 선망의 대상이 된다. 이노베 가족처럼 이념화된 "일본의 가족"을 만화 같은 시각매체를 통해 선전하던 방식은 전시 일본의 선전매체에 등장하는 제국주의를 옹호하고 지지하는 만화 〈익찬 가족 야마토〉의 모습과 닮아 있다. 제국주의, 군국주의 시절의 시각적인 프로파간다에 등장하는 일본상과 21세기 국가주의적 일본의 연속성은 단순한 형태적 유사성이 아니라, 2010년대 일본 신보수주의를 결집하는 중추적인 역할을 했던 아베 신조와 전범으로 투옥되었다가 전후 총리를 지낸 그의 외조부 기시 노부스케와의 가족적, 정치적 계보를 통해 이어진다.

로봇을 자율적인 행위자로 보는 서구의 관념과 달리 일본에서 로봇은 인간과의 친족과 같은 관계 안에서, 가족의 유대감을 공유하고 가족의 역할을 수행하는 존재로 상상된다. 그러나 "로봇과 인간의 공생"은 그 어감만큼 반드시 낙관적이고 조화로운 비전은 아니다. 일본의 가부장적 가족의 일원으로 로봇의 권리가 자연화되는 이면에 인간으로서의 자격이 부정되는 실제 인간들이 존재하기 때문이다. 일본에서 "태어나고" 일본인 제작자("아버지")의 "자식"으로 간주되는 비인간 로봇은 설령 인간의 형태가 아닐지라도 호적에 기재됨으로써 일본 사회의 성원권을 부여받고, 일본의 제국주의의 결과로 일본에 영구 거주하게 된 재일 외국인과, 부족한 일본의 노동력 부담을 덜기 위해 일본에 와 있는 이주노동자들의 사회 성원권이 거부되는 역설은 일본 사회의 정당한 "인간"의 자격이 일본인의 혈통과 가족관계를 전제로 구성된다는 사실을 방증한다.

마지막으로, 이 책은 1970년대에 일본에서 제기되어 로봇 기술 안에서 자명한 논리로 받아들여지고 있는 "불쾌한 골짜기" 가설의 오역과 오적용 문제를 비판적으로 검토한다. "불쾌한 골짜기" 가설의 불쾌함이 드는 신체와, 인간이 착용하는 로봇 외골격 기술이 공통적으로 드러내는 것은 "오체" 즉 완벽한 몸이라는 미학적 이념이다. 즉 사이보그 비장애인 중심주의이다. 장애를 손상이 있는 신체의 문제로 파악하고 장애 있는 몸을 둘러싼 사회의 제약을 간과하는 비장애인 중심주의는, 다른 신체와 능력을 가진 사람들과 공존하고 상호작용하는 법을 배우는 대신 장애를 기술적으로 제거하고 장애인을 비장애인 중심의 사회에 통합시킬 수 있다고 믿는다.

결국 미래지향적이고 가치중립적인 것처럼 보이는 로봇 기술은 실은 일본 사회의 뿌리 깊은 젠더 규범, 가족주의, 민족주의, 국가주의, 비장애인 중심주의의 상상력 안에서 구현된다. 이것의 문제는 현존하는 사회의 문제와 갈등을 해결하는 현실적이고 사회적인 노력 대신 기술에 대한 "상상공학imagineering"적 낙관으로 덮어버린다는 점이다. 그리고 그 과정에서 여성, 인종-민족적 타자, 장애인 등 일본 사회의 억압과 배제 속에서 분투하는 존재들을 지워 버린다. 이것은 "노스텔지어 정치"에서 "고향"으로서 고다이라의 이상화된 과거가 현실의 갈등과 문제를 은폐하는 것과 비슷한 방식으로 작동한다.

한편으로는 흥미진진하고, 한편으로는 기이하게 보이는 이 책을 어떻게 보면 좋을까? 저자가 한국어판 서문에서 언급하듯 로봇 기술의 세계에서 6년이란 시간은 60년의 간극으로 여겨질 정도로 빠르게 흐른다. 실제의 로봇은 상상만큼 유능하거나 견고하지 않고, 로봇을 둘러싼 현실은 구상과 달리 매끈하지 않다. 책에서 다루는 로봇의 현재는 빠르게 과거의 모습이 되어가고 있다. 이 연구를 시작할 때 화제가 되었던 반려견 형태의 로봇 아이보는 노후와 고장을 견디지 못하고 장례를 치르고 떠나보내야 하는 처지가 되었다.

하지만 미래 기술에 대한 열광이 현실의 모순을 은폐하고 묵인하는 문제는 비단 일본만의 문제는 아니다. 이는 최근의 AI를 둘러싼 과열된 흥분과 상상력을 환기시키는 지점이 있다. 책이 출판된 후에 현실상 다소 식어가는 듯 보였던 인간형 로봇에 대한 열기도, 신체를 가진 로봇과 생성 AI의 결합으로 "신체화된 인지"를 구현할 수 있다는 가능성에 의해 다시 불붙는 것 같다. 특히 글로벌 AI 경쟁에 참여할 수 있는 인간의 감정과 편견이 배제되어 객관적이고 중립적인 판단을 할 것이라는 과장된 선전이나 막연한 기대와는 달리, AI는 인간 사회의 편견을 반영하고, 사회적 격차를 강화한다는 사실이 반복적으로 보고되고 있다. 기술은 그것을 만드는 사람과 그것을 사용하는 사람이 속한 사회문화적, 역사적 맥락과 분리되어 존재하지 않는다. 저자는 기술에 기댄 공상적 해결책으로 현재 존재하는 모순과 갈등을 은폐하고 회피하는 대신 실질적 해결책과의 균형점을 찾을 필요가 있다고 지적한다.

이 책은 로봇공학과 산업 연구는 물론, 젠더 연구, 일본의 제국주의와 정치, 장애학 등 다양한 분야에서 참고할 여지가 있는 텍스트이다. 하지만 그런 학술적인 관심사가 아니더라도 로봇과 첨단기술, 일본의 사회와 역사, 대중문화에 관심이 있는 독자라면 흥미롭게 읽을 수 있을 것이다. 뒤늦게 지도교수님의 연구와 저작을 한국의 독자들에게 소개할 기회를 얻게 되어 감사한 마음이다.

로봇에 대한 책을 쓰는 데 가장 큰 어려움은 로봇공학 기술과 기계류에 대한 방대한 문헌을 정리하는 것이었다. 다양한 공론장에서 거의 매일, 종이 출간물부터 온라인 기사, 블로그, 영상, 팟캐스트 등 새로운 자료가 나왔다. 캘리포니아대학교에 이 책의 초고를 넘겼던 게 벌써 6년 전이다. 6년이란 로봇의 시간으론 60년이나 마찬가지다. 이 책에 등장하는 로봇 대부분이 더는 생산되지 않고 박물관의 유물이 되었거나 산업 폐기물로 재활용되었다.

예외는 소니의 로봇 개, 아이보AIBO, Artificial Intelligence Robot다. 아이보는 2006년에 생산 중단되었다가 이 책의 영어판이 출간된 후, 좀 더 실제 같은 개 로봇 아이보aibo로 재탄생했다.[1] 초기 아이보는 덜 비싼 모델 하나를 제외하면 눈 대신 바이저를 장착한 단단한 기계적 개에 더 가까웠다. 최신 아이보(ERS-1000)는 잭러셀테리어 종을 닮았다고

---

[1] 소니의 초기 로봇 개robot dog의 이름은 대문자 AIBO였지만 2018년의 개 로봇dog-bot은 소문자 aibo라고 불렸다. 한국어판 서문에서 새로운 아이보에 대해 언급할 기회가 생겨 기쁘다.

되어 있고 둥근 머리와 코, 표현력 풍부한 눈 등 더 부드러운 특징을 가졌다.

초기 아이보는 로봇공학 소프트웨어에서 가장 경계해야 하는 약점 중 하나를 보여주었다. 즉 해킹에 취약했다. 소니는 아이보가 수익을 내지 못해 생산을 중단했다고 주장했지만 323억 엔을 벌어들인 것으로 추정된다. 초기 아이보 소유자들이 제공한 정보에 따르면 기술 능력을 가진 소유자들이 아이보의 부품을 바꾸고 행동을 맞춤화(해킹)하는 등 아이보를 바꿔놓는 문제로 소니가 골치를 썩였기 때문일 가능성이 크다. 새로운 아이보는 훨씬 보안이 강화되어(해킹이 어려워져) 소유자는 로봇 개 작동에 필요한 공식 소니 앱을 사용하며 정기적으로 업데이트해야 했다. 소니는 아이보의 작동을 더 온전히 통제할 뿐 아니라 소유자들도 밀접히 감시할 수 있게 되었다(Robertson 2023b).

새로운 아이보의 인공지능 기반 소프트웨어는 소유자가 로봇 개를 집지킴 장치로 사용할 수 있도록 개발되었다. 사실 소니는 "집을 순찰하는 것이 아이보의 주업"이며 시큐리테인먼트securitainment의 개념을 구현했다고 선언했다. 초기 아이보에는 GPS가 없어서 추적하지도 추적당하지도 못했다. 소니 엔지니어들이 질색하는 미지의 환경에서 작동하고 있었던 것이다. 소니의 일본어 웹사이트(aibo.sony.jp)는 경찰모를 쓴 귀여운(가와이) 아이보 이미지를 싣고 로봇 개를 "경찰님"이라 부른다. 아이보는 이중간첩이기도 하다. 이 로봇 개가 수집한 정보들은 소유자뿐 아니라 소니에서도 볼 수 있다! 하지만 소니의 영어 웹사이트(us.aibo.com)에서는 아이보가 보안장비가 "아니"라고 완강히 강조한다! 어찌 됐든 아이보는 귀여운 모습에도 불구하고 생체정보 감시장치라서 엄격한 사생활 보호법으로 생체정보 수집을 금지하는 일리노이주와 볼티모어시에서는 판매와 사용이 금지되었다.

지금의 아이보가 두 얼굴을 가진 시큐리테인먼트 장치일지라도 반려견으로서의 정체성은 여전한 반면에, 아시모, 즉 남성으로 성별화된 혼다의 이족보행 인간형 로봇은 첫 출시 18년 후인 2018년에 단종되고 다양한 이동용 기기로 대체되었다. 아시모의 부품과 센서들이 하체용 외골격, 즉 엑소스켈리턴Exo-Skeleton과 외바퀴 로봇 등으로 통합된 것이다. 아시모와 함께 이 책에 등장했던 포시, 피노, 투엔디, 와카마루, 페퍼, 밈 등의 인간형 로봇들 역시 좀약을 뒤집어쓰거나 재활용되었다.

수십 종의 인간형 로봇이 20세기 초부터 등장해 일본의 만성적 노동자 부족, 돌봄 제공자 부족에 대한 해결책으로 과시되었다. 같은 문제 선상에서 이민자 및 외국인 노동자의 대체재로 여겨졌다. 일본에서 만들어진 로봇은 민족적으로 단일한 국가라는 보수주의 신화를 강화할 수단으로 기대되었다. 그러나 작고한 아베 전 총리가 꿈꾸던, 충분히 로봇화된 사회에 대한 전망은 아직 실현되지 않았고 앞으로도 실현될지 알 수 없다. 인간형 로봇의 소위 "15분 명성"은 이제 과거의 역사가 되었다. 그들의 전성기는 지나갔다.

오늘날 가장 가시적이고 실용적인 로봇은 가전제품의 형태를 띠고 있다. 휠체어, 밥솥, 청소기, 변기 등. 로봇 중 다수는 기계 팔의 모습으로 제조업을 지배한다. 제조업에서 아시아 국가들의 로봇 밀도가 가장 높다. 한국은 그중에서 가장 높은 밀도를 가진 나라로, 2021년에 1만 명의 피고용인당 932대의 로봇을 보유했다. 싱가포르가 두 번째로 605대, 일본은 세번째로 390대이다(International Federation of Robotics 2021).

나는 현장조사를 할 때나 대중 강연 후 질문을 받을 때, 대부분의 사람은 아니더라도 많은 사람들이 로봇이라고 하면 인간형 로봇을, 그리고 보통은 허구의 로봇을 떠올린다는 점을 끊임없이 확인했다. 일본을 로봇화하려 했던 아베의 야심 찬 계획들 역시 피와 살을 지닌 인간과 교감하는 인간형 로봇을 우선시했다. 집권 내내 (2006~2007, 2012~2020) 인간과 로봇이 공생하는 미래를 홍보했던 아베의 계획은 이 책의 한 축이 되었고 나의 비판적 분석들도 로봇에 대한 성차별적 젠더화부터 로봇의 "인권"에 대한 억측 등을 살펴보며 결국, 대부분 인간형 로봇에 초점을 맞추었다. 비록 인간형 로봇은 로봇들 중 소수일 뿐임을 반복해서 강조했지만 말이다.

마찬가지로 강조되어야 하는 점은, 현실 세계의 실제 로봇과 과학적 허구 속 로봇이 혼동되거나 섞여서는 안 된다는 나의 단호한 주장이다. 많은 사람이 그런 경향을 지녔고 실제 로봇에 대한 학자들의 글도 예외는 아니지만, 이는 로봇을 으레 인간형으로, 그리고 실제보다 훨씬 멋지고 정교하고 믿을 만한 것으로 인식하는 선입견에 기여할 뿐이다. 사실 이 책의 사명 중 하나는 로봇과 인공지능에 대한 언론 및 일부 학술 문헌에서의 흥분과 과장을 가라앉히는 것이다.

또한 로봇에는 그 정의처럼 인공지능이 탑재되었을 것이라 추측하는 경향도 있다. 그런 로봇도 있지만 안 그런 로봇도 있다. 내가 이 책에 썼듯, 이 지점에서도 로봇의 정의를 다시 생각하고 갱신할 필요가 있다.

로봇은 서로 다른 기술들의 조화다. 감지 장치, 광학 장치, 소프트웨어(인공지능 포함), 통신 도구, 동작 장치, 배터리, 화학 기술, 심지어 생물학 기술까지 모여서, 로봇은 인간의 의도 및 관리에 따라 주어진 환경을 파악하고 반응하고 상호작용 할 수 있다.[2]

어떤 로봇은 환경과 상호작용 하고 패턴을 인식하며 주어진 업무를 완수할 수 있게 하는 알고리듬의 소프트웨어를 탑재해서 유용한 "신체화된 인공지능"으로 인식된다. 이런 능력은 로봇과 자동인형을 구분한다. 이 책에 언급된 모든 로봇 종류가 똑같은 방식으로 작동하는 것은 아니지만 이런 특징들 중 일부의 조합은 모두 가지고 있다.

인공지능을 구성하는 요소에 대한 짧은 검토가 필요한 때, 이 한국어판 서문이 이 책의 범위를 확장해 인공지능에 대해 약간이라도 다룰 기회를 주었다. 이 책이 출간된 후 인공지능과 챗봇이 국제적 유행어가 되었다. 2023년 4월 요코스카시는 행정에서 챗GPT를 시

---

2 나는 "자율성"을 로봇에 대한 임시 정의에 포함시키지 않았다. "자율주행 자동차"(본질적으로 로봇이다.) 등 최근 자율성에 대한 과장이 많지만 진짜 자율적인 로봇이 사용되고 있지는 않다. 자율성이란 0단계(완전 수동)에서 5단계(인간 감독이나 개입 없음)까지 점진적인 정도로 존재한다. MIT 출신 로봇공학자이며 2015년부터 도요타연구소의 수석기술고문이자 CEO인 질 프랫은 자동차의 자율성이 결과적으로 3단계에 머물러 인간이 동승하고 필요할 때 개입할 수 있어야 한다고 지적했다(Ackerman 2017). 일본에서 자동차 인공지능 개발에 참가하는 엔지니어들은 운전자와 자동차 사이 가족적 유대감 혹은 동료의식을 개발하는 데 초점을 둔다. 이를 감정적 유대감이라고 하는 이도 있다. 운전자가 자동차와 대화를 해야 하는 것이다. 이렇게 점점 많은 엔지니어와 로봇공학자들이 스스로 운전하는 자동차라는 관념 전반을 비판한다. 예를 들어 MIT의 데이비드 민델은 진보의 개념을 다시 생각해야 하며 완전 자율주행은 시대에 뒤진(20세기의) 미래 전망이라고 썼다(Mindell 2015).

범 사용하는 일본의 첫 도시가 되었다.[3] 그리고 6월에 챗GPT를 "게시판을 만들고 회의 기록을 요약하고 문서의 오탈자를 수정하는" 소프트웨어 애플리케이션으로 공식 채택했다.

병원에서 대학에 이르기까지 일본의 정부와 기업들이 서류 작업의 홍수에 익사하고 있다는 것은 나를 비롯해 나라 안팎의 많은 사람들이 인식을 공유한다. 아주 간단한 처리에도 다수의 문서를 작성하고 도장을 찍고 보관을 해야 하는 일이 부지기수다. 서류 작업을 줄이고 군더더기 과정을 능률화하는 대신, 챗봇은 그저 기존의 아날로그 방식을 신속화하기 위해 쓰이는 듯하다. 그렇게 해서 요코스카시의 챗GPT는 하루 작업 시간을 겨우 10분 단축할 것이다(City of Yokosuka 2023).[4] 요코스카시의 사례는 인공지능의, 혹은 더 정확히는 "기계 학습"의 유용성과 한계를 둘 다 보여준다.

흔히 사람들은 애플의 시리, 삼성의 빅스비, 혹은 어느 검색 엔진 같은 앱을 사례로 들어 인공지능을 설명할 것이다. 인공지능은 기본적으로 알고리듬의 집합으로 가장 잘 정의된다. 컴퓨터 프로그램을 만들 때 알고리듬은 형식이 정해진 규칙 혹은 일련의 지시들이고 이를 따라 연산이나 다른 문제 해결이 이루어진다. 인공지능을 구성하는 알고리듬의 집합은 이 과정에서 새로운 정보를 창조하고 분류

---

3 챗GPT는 오픈AI가 거대 언어 모델Large Language Models, LLMs의 미리 훈련된 생성변환기 Generative Pre-trained Transformer, GPT 시리즈에 기반해 개발한 인공지능 챗봇이다. 2022년 11월 말 출시한 이 제품은 역사상 가장 빠르게 성장하는 일반인 대상 소프트웨어 앱 중 하나가 되었다.

4 http://japantimes.co.jp/news/2023/06/06/national/yokosuka-adopts-chatgpt

한다. 이런 새로운 정보들이 결국 컴퓨터 혹은 로봇이 어느 정도는 인간의 직접 개입 없이 "지적으로" 보이도록 자율적으로 작동할 수 있게 해준다.

알고리듬 집합 혹은 정형적 규칙으로서의 인공지능은 수량적으로 계산 가능한 과정을 능률화하는 데 아주 유용하다. 체스판이나 바둑판 위의 움직임처럼 패턴 인식으로 정보를 얻는다. 하지만 인공지능의 함정 중 하나는 틀 혹은 게임판을 벗어나 사고를 할 수 없다는 것이다. 즉 선행 데이터에 기반해 움직이다.

그러므로 성별화된 로봇은 설계자와 소프트웨어 프로그래머의 무분별한 선입견과 편견을 은연중에 반영하고 재생산하고 확대하는 경향이 있다. 특히 민족성, 문화 배경, 교육 수준, 감정 표현, 성별 수행 같은 주관적이고 유동적이며 가변적인 요소들과 관련해서 말이다. 나는 이런 점을 일본의 인공지능 협회보 《인공지능*Jinko chino*》의 2014년 1월호 사례와 함께 설명했다. 표지에는 파스텔 색조의 수채화풍으로 그린 귀여운 하녀 로봇이 등에 묵직한 케이블을 꽂고 등장했다. 성차별적 이미지에 대한 반발에 직면한 편집인은 "인공지능은 눈으로 볼 수 없는 것이기에, 우리는 이해하기 쉬운 이미지를 제시하고자 했다"고 해명했다(Matsuo and Kurihara 2014b; Robertson 2018: 90-92).

인공지능과 로봇공학의 성별 편견 문제에 대한 해결책은, 개인적(이고 정치적인) 정체성을 업무와 전문 영역에 도입하는 젊은 세대 엔지니어들에 의해 제안되기 시작했다. 인공지능 알고리듬 프로그래머와 로봇 설계자들이 성별 고정관념에 도전함으로써 로봇공학자는 물론 로봇 사용자들도 성별 표준을 다시 생각하도록 만들 수 있는 기회가 주어졌다는 깨달음 때문이다. 도쿄대학교 로봇 인지 개발 전문가 유키에 나가이 교수가 지적했듯, 알고리듬은 수량화, 계산, 통계가 가능하도록 인간의 행동과 감정을 단순화해 상투형으로 만든다. 이런 축소 과정은 인간의 다양성으로 인해 엉망이 될 수밖에 없으며 언젠가는 문제가 된다는 점을 그녀는 예리하게 인식한다.[5]

이 책에서 특히 초점을 맞춘 것은, 성별 이분법을 당연하게 여긴 하드웨어와 소프트웨어 설계자들이 성별 편견을 암묵적으로, 그리고 노골적으로도 관철한 방식이었다. 그러나 지금 이 서문에서는 그런 편견이 일반 사용자와 소비자 들 가운데서도 팽배해 있다는 것을 강조하고 싶다. 나는 최근 강연에서 "감성공학"의 대두와 함께 이 점을 기저의 문제로 주장하고 있다(Robertson 2023a).

감성공학은 이제는 히로시마대학교에서 은퇴한 공학자 나가마치 미쓰오가 1970년대 개발한 소비자 중심의 설계 방식이다. 감성공학은 소비자에게 친근하고 익숙하며 안전하고 매력적이고 귀엽고 위협적이지 않은 제품을 설계하고자 한다. 대부분 일본의 인간형 로봇 등은 이 기조를 따라, 협소한 대중 여론조사를 기초로 제작되었다. 여론조사 문항이 뻔한 고정관념들을 전제로 했을 뿐 아니라 많은 소비자가 사회역사적으로 구축된 섹스/젠더 체계, 인종-민족, 계급성 등 자신의 선입견을 인지하지 못했다.

---

5 유키에 나가이 교수가 이러한 통찰을 보여준 것은 나의 도쿄대학교 강연에서 대담자로 나서주었을 때였다(Robertson 2023).

　　그러므로 이런 선입견들과 로봇공학자들의 (개인적 및 사회문화적으로 영향 받은) 무반성적 편견이 로봇의 설계와 프로그래밍에서 지나치게 드러날 수 있다. 간단히 말해 "로봇과 인공지능의 설계자들은 단순히 우리 세계를 반영하는 제품을 만드는 게 아니다. 그들은 여자, 남자 혹은 또 다른 성별의 사람들에게 특정 규범(예를 들어 태도와 행동)이 적절하다며 (아마도 의도치 않게) 강화하고 정당성을 부여하는 것이다"(Gendering Social Robots 2022). 더욱이 알고리듬과 인공 신경망 개발, 로봇 제작은 매우 비용이 많이 들기에 기초가 되는 데이터는 고소득 국가들에 의존하며 자본주의 기업 가치에 특권을 주는 경향이 있다(Moore 2023).

　　그렇다면 우리는 기술을, 인공지능과 로봇공학을, 어떻게 하면 더 진보적인 방향으로, 더 발전적인 상품 출시로 이끌 수 있을까?

　　인공지능이 편견을 "창조"하지는 않는다는 실질적 증거는 이제 풍부하다. 인공지능은 편견을 "반영"할 뿐이다. 스탠퍼드대학교 컴퓨터과학 교수 페이페이 리가 미의회 과학우주기술위원회에서 말했듯이 "인공지능에는 인위적인 것이 없다. 인공지능은 사람들에게서 영감을 받고 사람들에 의해 창조된다. 그리고 가장 중요한 것은, 사람들에게 영향력을 가한다는 것이다. 인공지능은 우리가 이제 막 이해하기 시작한 강력한 도구일 뿐이고 거기에는 심원한 책임감이 부여된다"(Hempel 2018에서 인용).

　　그래서 교육에 더 중점을 두어야 할 필요가 있다. 유치원에서 대학원까지 "과학Science, 기술Technology, 공학Engineering, 수학Math, 그리고 예술Arts"에 대한 교육, 흔히 STEAM이라 부르는 종합 교육 말이다. 일본에는 문과와 이과 사이에 상당한 단절이 존재한다. 둘을 합치기 위해 "예술 과학 통합부" 같은 새로운, 그러나 한계가 많은 교육 시도들이 존재한다. 오히려 STEAM은 한국 교육제도에서 상당히 잘 자리를 잡고 있다. 결국 성차별주의와 성별 고정관념에 문제를 제기하고 진정 진보적인 기술을 이용해 문명화되고 인본주의적인 적용을 "상상공학" 해낼 지적인 도구를 제공하는 것은 예술과 인문학이다. 우리에게는 할 일이 많다.

지금보다 오래되고 온전한 세상에서는 동물들이 온전하게 움직이며, 인간은 잃어버렸거나 획득한 적 없는, 확장된 감각의 도움을 받은 동물들이 인간은 들어보지 못한 목소리들을 따라 살았을 것이다.

— 헨리 베스턴, 『세상 끝의 집 *The Outermost House*』(1925)

일러두기

1. 이 책은 제니퍼 로버트슨Jennifer Robertson이 쓰고 캘리포니아대학교출판사University of California Press에서 2018년에 출간한 *Robo Sapiens Japanicus*를 완역한 책이다.
2. 주석은 모두 원저자의 것이다. 옮긴이 주석은 "—옮긴이"를 붙여 표시했다.
3. 출처가 표기되지 않은 사진은 모두 저자의 것이다.
4. 일본식 이름은 성과 이름 순으로, 구미식 이름은 이름과 성 순으로 표기를 원칙으로 했다. 그러나 이미 우리 사회에서 널리 알려진 이름은 이 원칙을 따르지 않고 그대로 둔 것도 있다.

1

로봇에 대한 전망

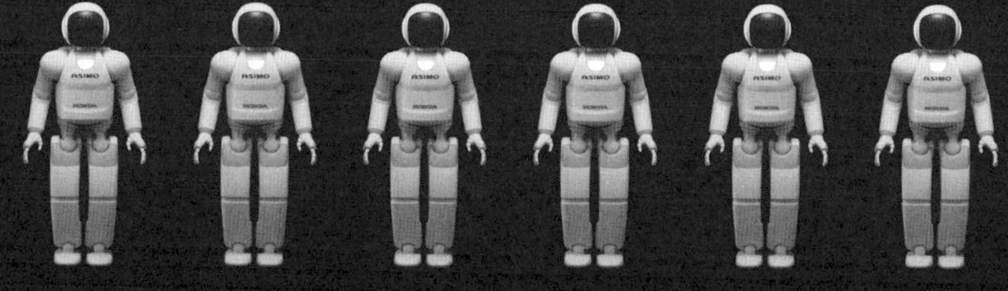

우리의 꿈은 사람과 로봇이 함께 사는 것이 전혀 특별하지 않은 사회를 창조하는 것이다.

— 다마오키 아키후미[1]

---

1 다마오키 아키후미는 도요타의 파트너 로봇 부문의 제너럴 매니저다. 인용문은 《METI 저널METI Journal》에서 가져왔다.

시작들

도쿄 서쪽 교외 지역 고다이라[2]에서 보낸 어린 시절 대부분, 나는 텔레비전을 보려면 이웃집에 가야 했다. 우리 가족에겐 1964년이 되어서야 흑백텔레비전이 생겨서 하계올림픽을 볼 수 있었다. 우리 집을 둘러싼 밭과 밤나무 과수원을 규격형 주택 개발자들이 밀어버리고 자갈길을 포장하던 때였다. 동네 사람들은 1959년 아키히토 태자와 쇼다 미치코의 결혼식을 보기 위해 텔레비전을 샀었다. 1964년에 이르자 일본의 약 2,500만 가구 중 거의 절반이 텔레비전을 소유했고, 그중 부유한 집에는 컬러텔레비전이 있었다.[3]

텔레비전이 생기자 나는 로봇을 주인공으로 한 애니메이션 《철완 아톰》과 《철인 28호》를 보기 시작했다.[4] 두 만화 모두 잡지에 먼저

---

2   고다이라는 1944년에 "초町"가 되었다가 1962년에 지금의 "시市"가 되었다. 우리 가족이 살던 영국풍 주택은 저명한 사업가가 소유하고 있었는데, 그 당시 드넓은 밭과 밤나무 과수원에 둘러싸이고 대부분의 도로에는 자갈이 깔려 있었다. 고다이라에 대해 더 알아보려면 나의 책 『원주민과 이주민: 일본 도시의 형성과 재형성*Native and Newcomer: Making and Remaking a Japanese City*』을 참조.

3   흑백텔레비전 방송은 1953년에, 컬러텔레비전 방송은 1960년에 시작되었다.

4   《철완(우주소년) 아톰》은 데즈카 오사무, 《철인 28호》는 요코야마 미쓰테루의 작품이다. "로

그림 1 《철완 아톰》에 등장하는 로봇 아톰(출처: http://xn—xno9j0bk5542aytpfi5dlij-nn2n.biz/atom_td/)

연재되었고 1963년에서 1966년까지 후지TV에서 방영되었다. 《철인 28호》의 거대 로봇 "철인"은 로봇 제작자의 아들인 열 살짜리 소년 탐정이 원격 조종하며 소년과 로봇은 서로 깊은 정서적 유대감을 나눈다. 이는 뒤에서 다시 설명할 주제, 인간과 로봇 사이 관계의 가족적 측면을 드러낸다. 특히 《철완 아톰》의 소년 로봇 아톰이 인간 친구뿐 아니라 자신만의 로봇 가족을 가지고 있다는 점은 여기서도 잠깐 언급할 만하다.

　내가 로봇공학자들과 인터뷰를 할 때, 어린 시절 로봇 만화에 매료

봇공학의 원칙"에 데즈카 오사무가 이바지한 바에 대해서는 5장에서 다룬다.

되었던 경험을 털어놓으면 어색한 분위기를 깨고 화기애애하게 대화를 시작할 수 있었다. 사실상 모든 공학자들의 사무실이나 연구실 어딘가에 아톰의 그림이나 피규어가 있었다.[5] 하지만 이 공학자들의 학생과 후배들은 가장 유명한 로봇이라고 할 수 있는 아톰을 잘 알긴 하지만, 대부분 어린 시절《도라에몽》[6]을 보고 자랐다는 사실을 나는 후에 알게 되었다. 도라에몽은 파란색과 흰색으로 그려진, 두 발로 걷고 활짝 웃는 얼굴의 로봇 고양이로, 인간 가족과 살며 특히 그 가족의 10대 초반 아들과 친하다. 이러한 만화 속 로봇들은 과학소설과 1927년에 개봉한 프리츠 랑 감독의《메트로폴리스》이후 제작된 수백 편의 "로봇 영화"[7] 속에 등장하는 거의 모든 로봇과 마찬가지로 잔기술이 뛰어나고 초인적인 힘을 가지고 있다.

이에 비해 현실에 실재하는 로봇들은 서툴고 느리고 실망스럽다. 예컨대 2015년 6월에 개최된 다르파 재난 로봇 대회[8]에 참가한 최첨

5　내 경험은 다른 이들에 의해 뒷받침된다. 혼다 연구개발센터를 방문했던 2007년 2월 아시모의 수석 엔지니어였던 다케나카 도루는 이렇게 말했다. "나는 아톰 세대다." 그는 "어렸을 때 나는 아톰과 철인 28호를 사랑했다"(Hara 2001)고도 했다.

6　후지코 후지오는 이 고양이 로봇을 창조해낸 만화가 후지모토 히로시와 아비코 모토오의 공동 필명이다. 도라에몽이라는 이름은 길고양이라는 뜻의 "노라/도라"와 옛날 남자 이름 끝에 흔히 붙였던 "에몽"의 합성어이다. 이 만화는 1969년에서 1996년까지 제작되었다.

7　일본어 위키피디아에는 135편, 영어 위키피디아에는 331편의 로봇 영화가 수록되어 있다(각각 2013년과 2016년에 조사).

8　1958년 아이젠하워 대통령에 의해 창립된 방위고등연구계획국Defense Advanced Research Projects Agency, DARPA은 군사기술을 연구 개발하는 미국 국방부 내의 기관이다. 다르파 재난 로봇 대회의 주목적은 "지상 로봇이 악조건의 위험한 인위적 환경에서 복잡한 임무를 실행할 수 있도록 역량"을 개발하는 것이다(DARPA 2012). 특히 "수작업에서 운송까지 인간의 도구를 활용할 수 있는" 로봇들에 초점을 맞춘다. 2015년의 대회는 시기적절하게도 재

단 로봇들은 "매우 느린 속도로 작업을 수행"했고 종종 고꾸라졌다. 이 대회의 영상들처럼 실제 로봇의 움직임을 담은 영상은 보통 재생 속도를 상당히 높이는데, 때로는 열 배에서 서른 배 빠르게 조절한다. 또한 로봇이 부드럽고 조화롭게 움직이는 것처럼 보이도록 영상을 과도하게 편집하기도 한다.

일본과 유럽, 미국의 자동차 산업에 쓰이는 산업용 로봇은 효율적이고 정밀하다. IBM의 왓슨(1997)이나 구글 딥마인드의 알파고(2016)처럼 인공지능을 갖춘 슈퍼컴퓨터는 각각 체스와 바둑에서 인간을 이길 수 있었다. 버너 빈지나 레이 커즈와일 같은 미래학자들은 평균적인 인체에 가까운 감각운동 기능을 갖춘 로봇이 2029년에서 2045년까지는 개발될 것으로 예측했다. 이처럼 인간과 기계가 한 지점으로 수렴될 미래의 어느 시기를 그들은 "특이점Singularity"이라 불렀다.[9]

반면 마이크로소프트의 공동 창립자 폴 앨런은 조금 더 신중한 태도로 "특이점이 가깝다고 주장하는 사람들은 인간 인지력의 놀라운 복잡성에 주의해야 한다"고 주장했다. 그는 『특이점은 가깝지 않다 The Singularity Isn't Near』에서 "특이점은 흥미진진하게 들리지만, 실제로 도래하기까지는 아주 오랜 시일이 걸릴 것"이라고 선언했다(Allen and Greaves 2011). 일부 회의론자들은 특이점의 가능성 자체를 일축

난 관리와 구조 로봇이라는 비군사 용도를 중심으로 개최되었다. 이는 미국 군사 프로그램에 참여하기를 꺼렸던 일부 로봇공학자들이 대회에 참가하도록 만들었고 한국 팀이 우승했다. 그것이 마지막 대회였다.

9 특이점이라는 용어는 1981년 버너 빈지가 만들었다.

한다. 예컨대 에릭 소프지[10]는 특이점이 "세속적인, 과학적 허구를 바탕으로 한 신념 체계"임을 인정해야 한다고 썼다(Erik Sofge 2014a).

2014년 일본에서 특이점협회가 온라인으로 창설되었지만 그 다섯 명의 창립 회원은 일본의 로봇공학자들 사이에서 잘 알려진 인물들이 아니었다.[11] 반면에 커즈와일은 현역 로봇공학자 대부분이 속한 국제 조직 전기전자공학자협회IEEE의 존경받는 회원이다.[12] 실제 상태 또는 존재 형식으로서의 특이점은 일본 내에서는 인지도와 추종자를 많이 얻지 못한 듯하다. 개괄하자면, 일본의 로봇공학자들과 그들을 공공 또는 민간 부문에서 지원하는 사람들이 추구하는 목표는 인간과 기계의 "융합"이 아닌, 인간과 로봇의 "공생"이다.[13]

로봇이란 무엇인가

1952년 문화의 개념과 정의에 대한 "비판적 검토"에서 인류학자 앨프

10　에릭 소프지는《파퓰러 메커닉스*Popular Mechanics*》를 비롯한 여러 기술 잡지에 기술, 과학, 문화 관련 글을 기고하는 작가다.

11　"대안적" 직업을 가지고 있는 창립 회원 네 명의 이름은 모두 일본특이점협회Japan Singularity Institute 웹사이트에 나와 있다. 이 웹사이트는 2014년 11월 이후로 업데이트되지 않고 있다.

12　현재 전기전자공학자협회의 로봇자동화학회 회장은 일본 도호쿠대학교의 로봇공학자 다도코로 사토시 박사다.

13　소프트뱅크의 창업자이자 경영자인 손정의(손 마사요시)는 2017년 1월 소프트뱅크 웹사이트에 올린 글에서 "특이점의 도래"를 언급했다. 커즈와일은 이를 증거로 손이 "특이점"을 받아들였다고 주장하지만 손은 "특이점"이라는 용어를 회사의 구호인 "정보 혁명으로 사람들을 행복하게"와 동일시했을 뿐이다.

리드 크로버와 클라이드 클럭혼은 용례 156개를 수집하여 소개했다 (Kroeber and Kluckhohn 1952). 오늘날 인류학자들은 "문화"라는 용어가 자명하다(다들 무슨 의미인지 알고 사용한다)고 여기거나, 그 156개의 용례 중 하나를 약간 변형하여 제시하는 경향이 있다. "로봇"이라는 용어 또한 마찬가지다.

6장에서 내가 논의할 "불쾌한 골짜기"라는 개념을 처음 소개한 일본의 로봇공학자 모리 마사히로는 한 인터뷰에서 이렇게 말했다.

> 로봇이 무엇인지 정의할 수 없습니다. 그것은 후지산을 정의하려는 것과 똑같습니다. 가파른 산이 평지에서 불쑥 튀어나온다면 선을 그어서 산이 시작되는 지점을 표시할 수 있겠지만, 후지산은 너무나 서서히 가팔라지므로 선을 그을 수 없습니다. 로봇은 후지산과 같습니다. 로봇인 것과 로봇이 아닌 것을 구분하기가 어렵습니다. 혼다의 아시모는 산봉우리에 가까워서, 누구든 그것을 로봇이라고 부를 만합니다. 하지만 식기세척기의 경우는 어떨까요? 자동으로 그릇을 씻어주므로, 누군가는 이 기계를 로봇이라고 부를지도 모릅니다. 구분선이 이처럼 모호합니다(Kageki 2012에 인용).

로봇공학 교수이자 카네기멜런대학교 크리에이트 랩 책임자인 일라 누르바흐시 또한 『로봇 퓨처^{Robot Futures}』에서 "로봇공학자에게 로봇이 무엇인지 절대 물어보지 마라. 그에 대한 답변은 너무 빨리 변한다. 학자들이 무엇이 로봇이고 무엇이 로봇이 아닌지에 대해 최신의 논의를 막 끝냈을 때쯤에는 완전히 새로운 기술들이 등장해 전혀 다른 지평이 열린 뒤일 것이다."라고 말했다(Nourbakhsh 2013: xiv).

이와 같은 경고들을 염두에 두고 이 책에서 사용할 로봇에 대한 정의를 내리려 한다. 먼저 어원을 고려하면, 영어 단어 robot은 체코어 robota(힘들고 단조로운 일을 하는 노동자)에서 유래했다. 체코 작가 카렐 차페크와 그의 예술가 형 요세프 차페크가 만들어낸 용어로, 1920년에 발표된 카렐 차페크의 희곡 『R.U.R.—로줌 유니버설 로봇』에서 처음 사용되었다. 『R.U.R.』은 희극적인 요소를 더한 공상과학 통속극으로, 근미래의 어느 공장(로줌)에서 생화학 혼합물로 인조인간을 대량 생산해 지칠 줄 모르는 노동자를 전 세계로 수출하는 이야기다. 요약하자면, 신형 로봇들에게 감정이 주입되자 그들은 자신들이 착취당하고 있다는 사실을 인지하고 분노하며 집단으로 반란을 일으킨다. 로봇들은 전통적인 기술자 한 명을 제외한 모든 인간을 죽인다. 그래서 생화학 혼합물의 제조법이 소실되어 이제 로봇들은 공장에서 생산될 수 없다. 대신, 살아남은 기술자는 감정 기능이 향상된 로봇 부부에게 번식을 통해 세상을 그들과 같은 로봇으로 채우라고 격려하며 그들을 "아담과 이브"라고 부른다.

『R.U.R.』의 로봇들은 인종적 특성이 없다는 점을 제외하면 피와 살로 이루어진 인간과 구별할 수 없었다. 그래서 로줌 공장의 책임자가 너무 늦게 깨닫듯이, 인종적·국가적 차이가 전쟁의 구실이 되는 인간과 달리, 단일 인종의 로줌 유니버설 로봇들은 모든 인간을 죽이기 위해 하나로 단결할 수 있었다(Čapek [1921] 2004: 46).

로줌 공장에서는 두 가지 종류의 서로 다른 로봇 몸체가 조립된다. 여성형 로봇과 남성형 로봇이다. 공장의 책임자는 왜 여성형 로봇이 필요한지 설명하는데, 이를 통해 의도치 않게 생물학적 성과 사회적 성별의 차이를 부각한다. 로줌 공장은 그저 성별화된 업무에 순응할 로봇을 원하는 고객의 요구를 충족할 뿐이라고, 공장장은 말한다. "웨이트리스, 점원, 비서"의 역할을 할 여성형 로봇에 대한 수요가 있다는 것이다.[14] 따라서 차페크의 로봇들은 성별에 따라 이분법적으로 자명하게 구성된 인간 사회 내 노동의 구분을 강화한다. 오늘날의 로봇은 과거와 마찬가지로 대부분 성별화되어 있으며 모두 다르게 생겼을 뿐 아니라, 국적도 가지고 있다.

『R.U.R.』은 1924년 도쿄에서 《인조인간*Jinzo Ningen*》이라는 제목의 연극으로 상연되었다. 이 연극은 3년 후 상영된 프리츠 랑 감독의 영화 《메트로폴리스》와 더불어 지금까지도 계속되는 로봇에 대한 일본 대중문화의 매혹을 점화했다. 이러한 관심은 1950년대 데즈카 오사무의 『철완 아톰』으로 이어졌고, 오늘날의 망가와 아니메를 장악한 인간형 로봇(휴머노이드)과 동물형 로봇(애니멀로이드), 그리고 인조인간(사이보그) 등을 통해 명확히 드러난다.

1920년대부터 오늘날에 이르기까지 일본에서 로봇은 인간을 위협하는 역할과 인간에게 도움을 주는 역할 둘 다를 맡았지만, 대부분은 후자의 역할로 등장했다. 1960년대부터 노동력과 생산성 확대를 위해 이민 대신 자동화 정책을 국가적으로 추진하기 이전에도 일본

---

14 로줌의 로봇들은 방직공장에서 짠 신경과 내장을 가지고 있다. 수많은 인조인간들은 이렇게 구워지고 건조되어 기성품 인력으로 전 세계에 보내진다. 로줌의 여성형 로봇과 남성형 로봇들은 구분되는 생식기를 가지고 있으나 서로에게 성적으로 끌리지는 않는다. 그러나 "아담"과 "이브"와 같이 감정을 지닌 신형 로봇들은 예외인 것으로 드러난다.

의 대중매체와 문화에서는 로봇을 유순하고 인간 친화적으로 설정하는 것이 대세였다.

프롤레타리아 로봇에 의해 부르주아 인류가 종말을 맞는 『R.U.R.』의 생생한 묘사는 로봇의 파괴적 잠재성에 대한 "서양인"의 두려움을 형성하는 데 일조했고 그것이 오늘날까지도 계속되고 있다. 그러나 이 디스토피아적 희곡은 로봇을 포함하여 기계와 관련된 것들을 대체로 우호적으로 수용하는 일본의 분위기를 방해하지 않았다.[15] 오늘날 인간에게 해를 끼치든 이득이 되든 로봇이라는 것은 세계 어느 곳에서나 "생물학과 다양한 생물체에서 영감을 받은 형태와 기능을 갖춘 지적인 기계"와 밀접하게 관련이 있는 것으로 여겨진다.

이미 지적했듯 로봇공학자들은 로봇에 대해 정확한 정의를 내리기 싫어한다. 그래도 나는 다음 정의가 간명하면서도 포괄적이어서 유용하다고 생각한다. 로봇은 센서, 렌즈, 소프트웨어, 원격 통신기, 동작 장치, 배터리, 합성 소재와 섬유 등의 기술을 이용해, 인간의 감독(원격조종)하에 또는 자율적으로 환경과 상호작용 할 수 있는, 서로 다른 기술들의 집약체다. 이 중에서 자율성 문제는 (아직) 완전하지 않아서 상대적인 정도로 존재한다고 할 수 있다. 자율성의 수준은 다양한 상황에 따라 조율되며 인간과 로봇이 서로 상호작용 하는 방식에 영향을 미친다(Beer et al. 2014: 74).

---

15 일본과 해외 팬들에게 가장 인기 있는 디스토피아적 로봇 만화영화 중 하나는 1991년에 개봉된 《노인 Z*Roujin Z*》이다. 이 만화영화는 24시간 돌봄이 필요한 쇠약한 노인들을 위한 로봇 침대를 다루는데, 사실은 이 침대가 일본 군대의 대량 살상 무기 로봇이었다는 내용이다.

자율성과 관계없이 휴머노이드 즉 인간형 로봇이라고 불리기 위해서는 두 가지 기준을 충족해야 한다. 1. 몸체가 인간과 닮아서 머리, 팔, 몸통, 다리 같은 것을 가지고 있어야 한다. 2. 인간적 환경에서 인간과 같은 방식으로 움직여야 한다. 즉 사무실, 병원, 학교, 집 같은 곳에서 말이다. 4장에서 길게 논의하겠지만 대부분 일본의 휴머노이드는 성별이 드러나 있다. 인간이나 로봇이나 남성과 여성이라는 성별은 일련의 행동과 태도를 배우고 수행하도록 구축되며 미용과 패션에 의해 강화된다. 어떤 휴머노이드는 너무 실감 나서 인간처럼 취급받을 수도 있다. 이때 성별화된 로봇을 남성은 안드로이드, 여성은 자이노이드로 부른다.[16]

21세기에 일본 공학자들은 휴머노이드 로봇 개발을 우선시하는 첫 주자가 되었다. 우리 인간 조상의 최초 유골이 탄자니아 올두바이 협곡에서 발견되었으니 일본은 사이버 올두바이 협곡이 된 셈으로, 이 나라에서 휴머노이드가 처음 등장하고 진화를 계속했다. 그런데 앞으로 이 책을 봐도 알 수 있지만 현실의 로봇들은 『R.U.R.』에 나오는 일반적인 휴머노이드와 달리 형태가 인간들만큼이나 다양하다. 온갖 크기와 모양, 색을 지니고 있다. 이 책에 언급된 로봇은 모두 전자공학에서 아동 발달 연구에 이르기까지 많은 학문을 아우르는 연구의 혼합물로, 엄청나게 복잡한 겹겹의 체계로 이루어졌다.[17]

16　안드로이드android라는 말이 "인간과 똑같은 모습의 로봇" 혹은 "인조인간"의 뜻으로 사용되긴 하지만 원래 andr라는 어근은 남성을 의미하고 자이노이드gynoid의 어근 gyn은 여성을 의미한다.

17　일본의 인간형 로봇 제조사는 혼다(아시모), 미쓰비시중공업(와카마루), 플라워로보틱스

그림 2 2007년 2월 와코시의 혼다 연구개발센터에서 아시모와 악수하는 저자(촬영: 잭 야마구치)

로봇 과학자 중에는 휴머노이드를 향수병적 퇴행의 산물이라고 생각하는 경우도 있다. 다목적 인간형 로봇은 너무 복잡하고 비싸서 산업용으로 쓰기에 적합하지 않으며 특정 기능의 "모듈형 로봇"으로 대체되는 게 더 실용적이라고 생각한다. 특정 업무에 따라 결합되고 분리될 수 있는 레고 블록처럼 말이다(Devenish 2001). 일본의

(포시), 브이스톤(로보비), 소고시큐리티서비스(리보그Q, 가드로보D1), 도요타(파트너 로봇), NEC(파페로), 비즈니스디자인연구소(이프봇), ZIP(누보), 고코로(액트로이드, 리플리) 등이 있다. 국립 및 사립 대학교들에서도 로봇을 개발했다. 와세다대학교(와모에바, 와비안, 웬디, 트웬디), 도쿄대학교(HRP, 카즈, 고타로, 고지로, 겐시로), 오사카대학교(제미노이드, 텔레노이드), 국립산업기술총합연구소(HRP 시리즈) 등이 있다.

국립산업기술총합연구소[AIST]의 로봇 과학자들조차 "차세대 로봇 산업, 특히 두 발로 걷는 로봇 산업을 발전시키기는 쉽지 않다. 산업화의 주요 장애물은 1. 두 발로 걷는 인간형 로봇의 상업적 가치가 너무 적다. 2. 개별 가격이 너무 높다. 3. 넘어질 경우 심각한 손상을 입을 수 있다"는 것이라고 인정한다(AIST 2009).

마찬가지로 마케팅연구소 시드플래닝[Seed Planning]의 선임 분석가 하라 겐지는 일본의 많은 로봇 프로젝트가 쉽사리 시장에 도입되지 못할 인간형 로봇과 여타 "상상력의 도약"에 집중하는, 너무 무리한 계획을 세우는 경향이 있다고 말한다(Tabuchi 2009). 이런 비판은 대중매체와 SNS에서 널리 호응을 얻지 못한다는 점에서 소수 입장이다. 대신에, 최신의 멋진 인간형 로봇이 열광을 받는다. 혼다의 아시모, 미쓰비시의 와카마루,[18] 히타치의 에뮤,[19] 소프트뱅크의 페퍼 등이 모두 15분짜리 명성을 누렸다. 로봇 제작사들이 만든 홍보 영상이 실제 인간과 로봇의 상호작용을 찍은 다큐멘터리처럼 텔레비전에 나온다. 심지어 세계에서 가장 우수한 기술 전문가들의 가장 큰 단체인 전기전자공학자협회[20]에서도 웹사이트에 "이 주의 멋진 로봇 영상"을 게시한다. 1미터가 훌쩍 넘는 키에 27킬로그램에 달하는 페퍼와 다른 인간형 로봇들에 대한 과장된 홍보는, 특히 영화, 만화, 애니메이

18　와카마루는 4, 5, 6장에서 자세히 다룬다.

19　2016년 9월 히타치는 도쿄 하네다공항에서 고객 서비스 로봇 에뮤 시험판을 선보였다(Edwards 2016). 모든 언론 기사가 그달에 쏟아졌고 더는 후속 기사가 나오지 않아서, 이런 인간형 로봇에 대한 열광이 단명하는 경향이 있음을 알 수 있다.

20　IEEE에는 160개국 40만 회원이 가입돼 있다. http://ieee-jp.org/en

그림 3 2015년 10월 도쿄 TEPIA 고등기술전시실에서 와카마루가 두 소녀와 상호작용 중이다.

션으로 로봇에 대한 이미지가 형성된 소비자들의 기대감을 효과적으로 부풀리지만, 충족되기는 힘들다.

2014년에 소프트뱅크의 손정의에 의해 "개인용 감정 로봇" 동반자로 소개된 페퍼는 많은 미디어의 화려한 주목을 받았다. 다음 해 소프트뱅크의 웹사이트에서는 "2015년 6월 20일부터 페퍼는 일본 가정에서 사용 가능한 첫 인간형 로봇이 되었습니다. 페퍼는 우리 일상의 새로운 동반자입니다!"라고 선언했다(SoftBank Robotics 2016a). 약 1만 개의 페퍼가 로봇 애호가와 색다른 이목을 끌려는 사업장(피자헛, 네슬레 등)에 팔렸다. 기계 가격 평균 17만 엔에 네트워크 데이터 사용료와 장비 보험료로 한 달에 총 3,600엔을 더 내야 하는 구독 계약 방식이었다.

로봇은 비싼 기계다. 페퍼에는 다수의 카메라, 마이크, 압력 센서 등 값비싼 기술들이 탑재되어 사람과 눈도 맞추고 만지면 반응한다. 그러나 상대적으로 초보적인 소프트웨어 때문에 미리 프로그래밍된, 제한적 범위의 특정 자극에만 반응할 수 있고 인간의 고도로 다양한 표정과 목소리에 다 반응하기는 힘들다. 소프트뱅크는 손해를 감수하고 반려견 한 마리 정도의 가격에 페퍼를 팔면서(Alpeyev and Amano 2016; Singh 2015) 몇 년 내 동반자 로봇에 대한 시장이 확대되리라 기대했다. 하지만 그런 시장이 가능할까?

프랭크 토브[21]가 썼듯이 페퍼는 "모든 면에서 실패했다. 1. 동반자가 되지도 못했고 2. 감정 신호를 인식하지 못했으며 3. 그럴듯하고 지적인 대화를 할 수 없었고 4. 처음 마주쳤을 때의 재미 말고는 어떤 서비스도 제공하지 못했다." 그의 삭막한 평가는 나의 실망스러운 경험과도 조응한다. 나는 도쿄 하라주쿠의 소프트뱅크 주력 지점에서 몇 번 페퍼와 상대해보았는데, 질문하기에 따라 소프트뱅크 상품에 대한 유려한 일본어 설명을 내놓기도 했지만, 그 소년 로봇은 대체로 아무 말도 하지 못했다. 2016년 8월까지 하라주쿠 지점에서 방문자들은 페퍼의 가슴에 설치된 아이패드를 쓸어 넘기며 제한된 상

---

21 프랭크 토브는《로봇 리포트 *The Robot Report*》의 설립자이며 로보글로벌ROBO Global의 공동 설립자로 로봇 산업에 대한 추적 지표tracking index를 개발해왔다(Tobe 2016).

그림 4 2016년 8월 도쿄 하라주쿠의 소프트뱅크 스토어에 있는 페퍼 로봇들

호작용을 해야 했다. 소프트뱅크의 로봇 제작 부서를 로봇공학이나 인공지능에 대해 거의 아는 게 없는 프로젝트 매니저들이 이끌고 있다는 사실을 깨달은 로봇 엔지니어들이 떠나고 나자, 소프트뱅크의 홍보팀은 상황을 진지하게 재평가해야 했다(Tobe 2016).

이런 과장된 홍보가 현실에 발목 잡히기 전, 미국과 유럽에서도 우스꽝스러운 행렬에 합류하기 시작했다. 2010년 UCLA의 로봇연구소 로멜라Robotics and Mechanisms Laboratory, RoMeLa의 데니스 홍 교수가 선언했다. "인간과 같은 크기의 휴머노이드는 로봇공학의 성배와 같습니다. [...] 최고의 시스템이 있어야 하죠. 인공지능에서부터 자율 행동, 역학, 제어, 기계 설계 등 모든 로봇공학의 모든 분과를 통합해야

하니까요!"(Ward 2010)[22]

2009년에 홍과 그의 동료들은 미국에서 처음으로 인간 크기에 자율 이족보행과 학습이 가능한 로봇 "찰리"를 만들었다. 2011년 발표된 찰리-2는 걷기뿐 아니라 발로 차고 사방으로 도는 등의 움직임과 간단한 상체 동작도 할 수 있었다. 물체에 따라서는 쥘 수도 있는 등 다양한 손동작이 가능해진 것이다. 140센티미터 키의 호리호리한 찰리-2는 로보컵을 비롯한 많은 상을 받았으며 남성의 성별을 지니고 있었다. 하얀 강화 플라스틱의 V형 머리에 검은 바이저가 얼굴이 되었고 상반신 몸통, 사타구니, 아래 팔뚝도 하얀 강화 플라스틱으로 만들었다. 위 팔뚝, 다리, 네모난 발은 기계 구조를 드러냈다(RoMeLa 2015).[23]

2013년 찰리-2에게는 미국산 동료들이 생겼다. 보스턴 다이내믹스의 "아틀라스"와 나사의 "발키리"는 둘 다 180센티미터에 125킬로그램에 달했다(아틀라스의 최신 모델은 80킬로그램까지 다이어트를 했다). 험난한 지형(아틀라스)과 화성 탐사(발키리)에 사용하기 위해 설계된 두 과체중 로봇은 페퍼처럼 아담하고 세련되며 귀여운 모양으로 인간에게 재미와 친근감을 제공하기 위해 설계된 일본의 휴머노이드와는 꽤 달랐다.

---

22   10년 전인 2000년, IEEE 로봇자동화학회가 인간형 로봇에 대한 첫 연례 국제회의를 보스턴에서 개최했다. http://www.ieee-ras.org/conferences-workshops/fully-sponsored/humanoids

23   찰리의 2세대인 찰리-2는 많은 상을 받았다. 2011년 타임지 올해 최고의 발명품, 2011년 로보컵에서 최고의 휴머노이드 상(루이뷔통컵), 성인 크기의 자율 축구 로봇 리그 1위를 차지했다(RoMeLa 2015).

또한 휴머노이드 제작은 새로운 부수적 기술(과 시장)을 촉진해 착용 로봇, 초미세 기계 전자학, 솔리드 스테이트 센서, 소프트 엑소슈트, 수역학, 신형 구동 장치와 동력 체계, 첨단 소재, 정밀 건축, 광학 장치, 언어 및 안면 인식 알고리듬, 혁신적 에너지원 등을 낳았다. 인식, 일반화, 추론, 습득, 기억, 인지 처리 같은 인공지능계 기술 또한 인간형 로봇 제조 기술의 부산물이다. 그런 파생 기술들이 인간형 로봇보다 (기능적 실용성과 구체적 응용에 있어) 훨씬 중요할 것이다. 1990년대 후반 이래 정부와 민간 합작 투자를 받은 로봇공학과 파생 산업 생산품은 2025년까지 총매출 약 700억 달러를 낳아 2015년 국제 시장가치의 두 배가 될 것으로 추산되었다(IFR 2016).

미국 경제통상산업부는 1998년에 인간형 로봇 개발 5개년 계획에 착수했고 이어서 차세대 지적 로봇 프로젝트와 최근에는 생활 보조 로봇 프로젝트를 출범했다.[24] 노동력 증강과 가사일 보조, 노인 돌봄을 위한 로봇 제작이라는 목표는 대학, 연구 기관, 기업들 간의 협업을 가져온다. 그럼에도 미국의 로봇이 주로 국방부의 지원으로 국방부(와 관련 기관)의 군사력 활용을 위해 생산되는 반면,[25] 일본에서 로

---

24 2011년 미국 정부는 범정부 기구인 국가로봇계획National Robotics Initiative을 설립해, 인공지능, 음성 및 이미지 인식 분야에 중점을 둔 차세대 로봇에 대한 기초 연구를 지원했다. 유럽 연합에서도 비슷한 기구 SPARC 프로젝트를 2014년 설립했다.

25 2012년 내가 일본 오사카에서 참석했던 12회 IEEE-RAS 휴머노이드 로봇에 관한 국제 컨퍼런스에서 몇몇 아시아 로봇공학자들은 다르파 재난 로봇 대회DRC가 군사 지향이고 로봇이 무기화될 가능성이 있어서 참가하기 꺼려진다고 대놓고 말했다. 어쩌면 아이러니하게도, 2013년 DRC의 최고 수상자는 일본인들이 만든 로봇 샤프트였는데, DRC의 군사적 배경 때문에 샤프트 제작진은 대회에 참가하기 전에 도쿄대를 떠나야 했다. 군사적 목적

봇은 병원, 사무실, 공장, 가정 등 (미래) 민간 생활에 사용되기 위해 설계된다. 그러나 아베 신조 전 총리의 "평화" 헌법에 대한 민족주의적 재해석에 따라서 로봇공학 분야도 수익성 좋은 군수 경제를 키우는 데 편입되었다(Pfanner 2014). 2016년에는 방위장비청이 설립되어 자위대의 작전에 필요한 연구와 개발을 조율했다.

일본 방위 산업에 의한 로봇의 군사적 사용은 이 책에서 길게 논의하지 않을 것이다. 다만 일본 자위대는 실제 군사적 임무와 응용에 드론 같은 무인 혹은 로봇 시스템을 사용한 경험이 제한적이고 미국에 대한 지속적 협력으로 혜택을 받고 있다는 점만 언급하겠다(Kemburi 2016). 일본우주항공연구개발기구는 2030년까지 달, 그리고 2040년까지 화성에 기지와 거주 환경을 개발하는 데 로봇을 실용화하기 위해 건설사 카지마와 협업할 계획을 조심스레 밝혔다(Yano 2016). 로봇이 제작될 군수 시장 개발은 아베 총리의 일본 경제 재활성화 계획의 일부였다. 도쿄대학교 경제학과 교수 오노즈카 도모지는 "세계 거의 모든 경제학자들이 주시했듯이 아베노믹스는 분명 투자 지향 전략으로 분류될 수 있고 그 위험에서 벗어날 수 없어서 일본은 2010년대에 전반적인 군사화의 위험한 나락으로 미끄러질 수밖에 없었다"[sic]고 했다(Onozuka 2016: 41).

의 연구개발에 대한 일본 대학의 금지 규정은 2년 후 해제되었다. 2013년 구글이 샤프트를 샀다. 2015년 다르파 프로그램 매니저로 DRC를 감독했던 질 프랫 박사는 도요타의 수석 기술고문이자 도요타연구소의 CEO로 입사했다.

명명 체계

이 책의 중심이 인간형 로봇이니 지금쯤 "인간이 만든 인간"이라는 개념을 돌아보는 것도 유용할 것이다. 이 개념은 차페크 형제가 로봇이라는 용어를 주조하기 한참 전으로 거슬러 올라간다.[26] "인조인간"은 『R.U.R.』을 번역한 문학 연구자 이츠오 우가가 사용한 용어였다. 1923년 여름에 책이 나오고 1년 후 연극 상연 때도 사용되었다. "기계 인간"이라는 합성어는 특히 15~18세기 유럽에서 만든 자동인형을 뜻하기 위해 사용되었다.

일본의 많은 과학 저술가들이 17세기 가라쿠리 인형(구르면서 모양을 바꾸는 기계인형이라는 뜻)을 오늘날 인간형 로봇의 원형, 혹은 선조라고 주장한다. 가라쿠리 인형은 한 세기 전 예수회 선교사와 네덜란드 상인들이 들여온 "굴대와 가로대 태엽 장치"[27]에 영감을 받은 일본의 장인들이 정교하게 만든 물건이다. 가장 흔한 유형의 가라쿠리는 차를 나르는 인형과 화살을 쏘는 인형이다. 전자는 40센티미터가량의 태엽 감는 인형으로 쟁반을 들고 있다. 쟁반 위에 잔을 올리면 인형이 앞으로 움직인다. 누가 잔을 쟁반에서 들어 올리면 인형이 멈춘다. 마시고 가벼워진 빈 잔을 쟁반에 내리면 빙그르르 돌아서 간다.

26　"인공 인간"의 오랜 세계사에 대한 유용한 개괄은 Bahjat-Abbas(2006: 13~39)를 참조.

27　시계 속도를 일정하게 만드는 태엽 장치의 하나로, 두 개의 미늘이 달린 굴대(세로축)와 맞물리는 톱니바퀴가 폴리오트(큰 가로 막대) 혹은 천칭저울 장치(바퀴)에 의해 차례로 풀린다.

가라쿠리 인형을 로봇의 원형 혹은 원시적 로봇으로 보는 관점은 일본의 로봇 제작에 대한 역사 서술에서 일반적인 관행이지만 그런 명명들은 오해의 소지가 있다. 가라쿠리 같은 자동인형과 로봇 사이에는 뚜렷한 구별점이 있기 때문이다. 자동인형은 기계장치로서 한 가지 작동밖에 못 한다. 작동의 차례도 바꿀 수 없다. 로봇은 인공지능이 탑재되어 여러 가지 동작을 동시에 수행하거나 효율을 위해 동작 순서도 바꿀 수 있다. 즉 로봇은 센서 장치로 모은 주변 환경 정보에 반응할 수 있다.

가라쿠리 같은 몇몇 자동인형이 인간(혹은 인간형 로봇)처럼 보이는 이유는 차이점들을 가리는 표면적 유사성 때문이다. 로봇은 다양한 형태로 구현될 수 있으며, 인간적 모습은 그중 하나일 뿐이다. 대중적 상상력으로 기계인형과 로봇을 연결 짓는 관행은 로봇 제작에 "깊은 역사"를 만들어내려는 시도이며 사실상 시대착오적이다. 또한 그러한 연결은 최첨단 장난감들에 대한 일본인들의 비할 데 없는 애호 성향을 옹호하는 수사학적 책략이기도 하다. 오늘날 가라쿠리 인형 장인이자 애호가인 한야 하루미쓰의 주장은 이 전략을 잘 보여준다. "그냥 움직이는 부분이 있는 단순한 인형이 아니다. 일본 특유의 감수성과 일맥상통하게 연결되도록 구성되었기 때문에, 종종 비교되곤 하는 유럽의 자동인형과는 상당히 다르다"(Sato 2012).

이와 관련해서 원시 로봇으로 설명되는 또 다른 기계인형은 가쿠 텐소쿠學天則(자연법칙에서 배우는) 인형이다. 1928년 건조된 이 거인은 흔히 인조인간으로 불리지만, 본래 공기압으로 움직이는 자동인형이었다. 식물학자인 니시무라 마코토가 설계하고 제조했다. 남성

그림 5 가쿠텐소쿠. 왼쪽의 남자가 니시무라 마코토다(출처: https://cyberneticzoo.com/robots/
1928-gakutensoku-pneumatic-writing-robot-makoto-nishimura-japanese/).

으로 성별화된 이 장치는 3미터가 넘지만 몸통, 팔, 머리만으로 구성
돼 있다. 니시무라는 가쿠텐소쿠와 다른 인조인간들이 별개의 존재
들이 아니라 성별화된 자연계에 통합된 구성 요소들 중 하나라고 믿
었다(Nishimura 1928). 로봇을 생활체들의 네트워크에 포함시키는 방
식은 오늘날 많은 일본 로봇 제작자들도 공유하는 태도다.

장식 제단 위의 가쿠텐소쿠는 밀봉 고무관, 압축 공기, 용수철, 손
잡이 등으로 얼굴 표정을 바꾸고 머리와 손을 움직일 수 있었다. 오
른손에는 화살 모양의 펜을 들고 왼손에는 "영감의 빛"이라 명명된
횃불을 들었다. 가쿠텐소쿠의 머리 위에는 "새벽을 알리는 새"라는
시적인 이름의 새 모양 자동인형이 앉아 있다. 새가 울면 가쿠텐소쿠

의 눈이 감기고 생각에 잠긴 표정이 된다. 횃불(등불)이 켜지면 펜으로 쓰기 시작한다. 3년 전인 1925년의 히로히토 즉위를 기념해 만들어진 이 금빛 거인은 일본 박람회들에서 선보이다가 1930년대 독일에서 순회 전시 중 사라졌다. 복제품이 2008년 복원되어 오사카과학관에 전시 중이다(Hasegawa 2008).

자연, 기술, 종교, 과학

니시무라는 가쿠텐소쿠 등 모든 인조인간들을 "자연의 손주"로 부르며 일본과 유럽-미국 사이 로봇 개념의 근본적 차이를 강조했다. 기술 역사가와 문학 연구자들도 오래전부터 그 점에 주목해왔는데, 거의 예외 없이, 유럽과 미국 대중문화에서 상상한 로봇과 인조인간은 과거에나 현재에나 인간에 위협이 되는 완전히 "비자연"적인 존재였다. 일본에서 "자연"과 "비자연"이라는 단어의 쓰임과 분위기를 살펴보면 대중문화에서 로봇을 위협적이지 않은 자연적인 존재로 받아들이는 경향을 더 잘 이해할 수 있다.

"자연"이라는 단어는 일본어에서 1890년대쯤 정착되었다. 새로운 과학적 사고방식이 학교와 언론에서 근대화의 핵심으로 장려되었다. 그러면서 자연은 단절된 분야로 남아, 의미가 흔들리며 서로 다른 해석의 분야에 접두어로 결합되었다. 자연주의, 자연법칙, 자연과학 등에서처럼 말이다(Thomas 2001: 7). 그러므로 "자연" 및 "자연적"이라는 말은 오늘날 "환경"이나 "생태"로 이해되는 것보다 훨씬 많은 의미를 지닌다.

분재(인공적으로 작게 만든 장식적 나무)처럼 자연은 종교적, 사회적, 의례적 개입과 과학적 실험 등에 의해 형성되는 변화무쌍한 실체다. 자연은 가미(신神)처럼 다양한 형태로 존재한다. 가미는 "생명력"이나 "신성"일 수도 있고 유기체 혹은 비유기체로 구현되거나 그 속에 깃든 "정수"일 수도 있다. 깃들 수 있는 존재인 가미는 의례를 통해 동원될 수 있으며 이런 의례들은 여러 면모를 지닌 "민족적 종교" 신토神道(신의 길)와 거의 같은 것으로 인식된다.[28] 요약하자면, 자연은 문화와 사회 외부에 있지 않고 내재적인 요소 혹은 공생적 구성 성분이라는 것이다. 더욱이 자연의 실체는 인간의 고안물이나 중개 행동에 따라 드러나는, 의존적인 면이 있다(Kyburz 1997). 로봇은 신토라는 우주 내에서 "살아 있는 물건"이다. 이렇게 애니미즘을 주장하지는 않더라도, 많은 일본의 로봇 제작자들이 이런 자연-문화 "플랫폼"의 시너지 효과에 기대서, 일상생활 속 로봇과 인간의 호환 가능성뿐 아니라 상호 보완과 보강을 옹호한다. 그래서 도쿄공업대학의 미야케 요시히로 같은 이는 인공 시스템이 불완전해야 한다고 믿는다. 일종의 "적극적 불완전"으로, 인공 시스템(인간형 로봇 등)과 인간 사이에서 의외의 공동 창조 네트워크가 실시간 발생할 수 있도록 말이다(Miyake 2005, 2016). 일본은 일신교 사회들과 달리 종교와 과학이 양립 가능하며

---

28 《일본종교연구저널*Japanese Journal of Religious Studies*》(vol. 29, no. 3-4, 2002)의 스페셜 이슈에서는 신토의 모호성, 가미의 모호성과 그들 서로의 관계 및 불교와의 관계를 비판적으로 탐색하면서 현재의 고정관념에 도전한다(Teeuwen and Schied 2002).

심지어 상호 상승 작용을 일으킬 수 있다고 여긴다.

1930년대 자동인형, 인조인간, 로봇, 사이보그가 대중매체의 환영을 받았다. 로봇 제작 방법에 대한 "에듀테인먼트" 기사들, 과학적 허구 이야기, 로봇 주인공 만화, 과학 박람회의 거대 로봇 전시, 심지어 로봇 풍자극[29] 등이 과학과 기술에 대한 대중의 관심을 육성했다.[30] 또한 1942년까지 원거리 통신망으로 연결된 광대한 환태평양 지역을 아우른, 자라나는 제국의 과학적 식민주의[31]의 실행을 보완하는 데 기여했다(Fan 2007; Lo 2002; Mizuno 2008; Yang 2010).

"과학"이라는 일본어는 1871년에 만들어졌는데, 세계의 일부에 대한 체계적이고 합리적 지식을 실험에 기반하여 생산하는 일련의 다양한 전문화된 연구 주제와 방법을 일컫는다. 1910년 이래로 쏟아져 나온 《과학세계》, 《과학지식》, 《아동과학》, 《과학의 일본》, 《사진과학》 등 대중 잡지 제목들만 봐도 "과학"의 왕성한 사용을 알 수 있다. 1931년 일본 제국군이 만주를 침략한 후 이런 잡지들의 표지와 내용에 로봇 같은 전쟁 기계와 로봇 병사들의 이미지와 이야기들이 나타났다. 21세기에 들어선 이후에는 로봇이 산업용 로봇이든 인간형 로봇이든 인조인간이든, 일본 대중매체의 지배적 소재가 되었다. 2014년, 아베 총리의 오랜 정치적 목표 중 하나였던 전후 무기 수출

---

29 첫 로봇 애호 유행이 한창이던 1932년 2월 《로봇의 농담 *Robotto no tawamure*》이라는 풍자극이 상연되었다. 이 공연은 백화점 등 공공장소에 전시된 로봇이 사실은 의상을 입은 인간이라는 것을 폭로함으로써 당시의 행태를 비웃었다.

30 20세기 초 인기를 얻은 로봇들의 사례를 보려면 Inoue(1993, 2007)를 참조.

31 "과학적 식민주의"라는 용어에 대한 비판적 토의는 Clancy(2007)를 참조.

금지법의 철회와 함께 대학과 기업 연구소에서 많은 로봇과 로봇 부품들이 무기화되었다. 학자들은 로봇공학의 군사적 사용에 대해 양가적 감정을 가질 수 있지만, 고등교육 예산을 심각하게 축소하는 시대에 국방부가 제공하는 재정적 후원은 감사하게 생각했다(Japanese Government Asks 2015).

로봇은 우리

내가 2006년 로봇 산업에 대한 연구를 시작했을 때, 세계적으로 100만 대에 이르는 산업용 로봇의 절반 이상을 보유한 일본에는 제조업 노동자 1만 명당 295대의 로봇이 있었다. 싱가포르가 2위로 169대였다. 10년도 지나지 않은 2016년에 산업 분야 로봇 자동화에 있어 글로벌 리더는 한국으로, 노동자 1만 명당 478대다. 일본은 314대, 독일은 292대이며 미국은 164대로 7위고 중국은 36대지만 빠르게 따라잡아 2018년에는 전 세계 산업 분야 로봇의 3분의 1 이상을 차지할 것으로 예상되었다(IFR 2016). 그러나 로봇과 로봇 부품 제작에 있어서는 일본 기업들이 앞서 있다. 화낙, 야스카와전기, 가와사키중공업 등은 세계 산업용 로봇의 절반을 생산하며 기어, 서보 모터, 센서 등 모든 로봇 부품의 90퍼센트를 제작한다(Bremner 2015).

2006년 일본의 시장 조사자들은 10년 이내 각 가정이 적어도 하나의 로봇을 구비해 가정용 로봇 시장의 규모가 1,860만 대를 넘길 것이라고 추측했다(Market Research 2006). 더 최근인 2015년 노무라

연구소에 의하면, 10년에서 20년 내에 일본의 노동력의 절반 가량이, 특히 마트 계산대, 청소, 간호, 구조 작업, 관광 안내, 농사 등에서 로봇이나 인공지능 장치로 대체될 거라 추정했다(Bremner 2015; Komagata and Kawanaka 2016).

인간형 로봇 시장은 어떨까? 앞서 언급한 《로봇 리포트》와 로보글로벌의 설립자 프랭크 토브는 2014년 자신의 주식을 나스닥에 상장하며 인간형 로봇이 아닌 (유니버설로보틱스가 만든) 산업용 로봇 한 대가 나스닥의 폐장 종을 울리도록 했다. "나는 실제 세상에 존재하는 쪽을 원했다. [...] 인간형 로봇은 학문적인 존재고 실제 세상에 존재하는 게 아니라서 원하지 않았다"(Anandan 2014). 많은 일본인이 여기 동의하지 않을 것이다. 아시모나 페퍼 같은 인간형 로봇이 일본의 "실제 세계"에는 존재하고 있으니까. 비록 산업용 로봇만큼 광범위하지는 않고, 앞으로도 힘들겠지만, 인간형 로봇은 로봇 제작과 관련 산업에서 일본의 지배적 위치를 나타내는 기술적 지표로 기능했다.

일본 로봇 제작 회사들은 정부 지원과 특히 아베 내각의 지지를 받으며 인간형 로봇과 동물형 로봇을 만들었고, 노인과 아이들 곁에 있어주고 가사를 제공하는 로봇을 목표로 삼았다. 그렇다고 온갖 종류의 로봇이 직장인들과 함께 도쿄의 보도를 활보하게 될 거라는 의미는 아니었다. 대부분은 여전히 초보 단계에서, 주로 기업 전시장이나 쇼핑몰, 백화점, 과학관 같은 곳에서, 그리고 특수학교, 요양원, 병원처럼 세심한 감독이 이루어지는 환경에서 인간을 상대할 것이었다. 이렇게 관리되는 장소 밖에서 인간형 로봇을 보기는 힘들며 평범한 가정에서는 더욱 드물 것이었다.

그렇다면 인간형 로봇은 돌봄과 동반에 대한 다양한 층위의 논쟁에서 왜 그렇게 두드러지게 나타나는가? 그리고 왜 지금 논쟁이 되는가? 이 책에서 내가 특히 관심을 가지는 것은 휴머노이드, 그리고 그것의 원형적 모델들이 특정 사회문제들을 조명하는 언어적 포장으로 사용되는 방식이다. 급속한 노화와 인구 감소에 직면한 일본 정치인들은 어쩔 수 없이 노동의 자동화라는 전후 초창기 선례를 따르고 있다. 그러면서 보수적 지도층은 여성 노동력의 재능과 필요성을 무시할 뿐 아니라 낮은 출생률의 원인으로 비난한다.

2016년 일본 기혼 여성의 자녀 수는 1.4에서 답보 상태다. 1억 2,640만(200만 명의 합법적 외국인 거주자들을 포함해서)에 달하는 인구의 거의 27퍼센트가 65세 이상이다. 그리고 2050년이면 40퍼센트가 65세 이상이 될 것으로 예상된다. 추산에 따르면 현재의 출생률로는 2060년에는 인구가 거의 3분의 1로(8,700만까지) 줄어들 거란다(Fighting Population Decline 2014). 여기에는 여러 원인이 있다. 결혼은 여전히 사회적으로 인정된 유일한 재생산 제도지만, 여성과 남성 모두 20대 후반과 30대 초반까지 결혼을 미루고, 아예 결혼을 피하는 사람도 많다.[32] 심지어 결혼한 부부도 아이를 갖지 않는 경향이 있다. 반려동물의 수가 아이의 수를 넘었다. 이런 배경 속에 동반자 로봇의

---

[32] 요즘 일본의 평균 결혼 연령은 미국, 유럽 등 다른 후기 산업 사회 국가들과 비슷하다. 결혼한 부부당 평균 아이 수도 마찬가지다(World Bank 2016). 일본의 "싱글맘" 대다수는 이혼하거나 과부가 된 여성이다.

판매가 도약하리라 기대하는 것이다(Evans and Buerk 2012). 비록 소프트뱅크의 페퍼는 판매 실적이 저조하고 10년 전 시작된 많은 로봇 프로젝트가 시제품 단계에 머물러 있지만 말이다.

2007년에서 2008년 사이 초기 현장조사 동안[33] 나는 로봇공학자, 정부 관료, 기업 임원, 학자, 소비자들과 대화했고 로봇 연구소들을 방문했다. 또한 계속 그래왔듯 늘어만 가는 과학적, 대중적 문헌들, 가정용(혹은 동반형) 휴머노이드에 대한 영어와 일본어 문헌들을 검토했다. 대화에서나 글에서나 공통적으로 드러나는 우세한 대중적 정서 한 가지는 로봇이 외국인 노동자보다 차라리 낫다는 것이었다. 특히 돌봄 노동의 경우, 이민 온 소수민 노동자와 달리 로봇과는 문화적 차이가 없고 동아시아와의 미해결 역사(혹은 전쟁) 같은 문제도 없다는 것이 표면상 이유였다. 가정용 혹은 동반자 로봇은 인공지능을 탑재하여 환경에서 직접 학습하므로 가족이나 사무실 구성원의 이름과 습관을 재빨리 습득할 것이다. 몇몇 여론조사에 따르면 노인들도 외국인보다 로봇 돌보미를 더 편하게 생각했다(Government of Japan 2013; Japan's Humanoid Robots 2005).

어떤 사회평론가들은 외국인들에 의해 자극된 사회문화적 불안감을 로봇이 달래준다고 주장한다. 외국인 인구수를 제한하고자 하는 경향 또한 민족 동질성에 대한 끈질긴 이데올로기를 강화한다. 무작위의 성인을 대상으로 한 여론조사에서는 평균 60퍼센트가 돌봄(개호) 로봇에 호감이 있으며 기꺼이 고용하겠다는 답변을 제출했다

---

[33] 2007년 1월부터 3월까지 나는 도쿄대학교 인류학과 방문 교수였다.

(Government of Japan 2013; Ko-eki Zaidanho-jin Tekunoaido 2016). 물론 이렇게 정부에서 시행하는 대중 여론조사에는 분위기에 편승하는 효과가 작용함을 염두에 두어야 한다. 이 경우처럼 공식 견해에 대한 순응을 강요하고 강화하는 데 이용될 수 있다. 아베 총리는 돌봄 로봇의 개발과 로봇에 의한 라이프스타일 향상을 적극적으로 장려했지만, 노동복지부를 위해 여론조사를 주관한 시장조사자들조차 돌봄 로봇은 여전히 개발 초기 단계에 머물러 있고 사용에는 안전이 심각하게 염려된다고 인정했다(Ko-eki zaidan ho-jin 2016).

이 책을 위한 초기 연구에서 나는 출생률 감소, 노동력 부족, 급속한 노령화 문제가 대부분 기술적 해법으로 "해결"될 수 있다는 믿음들을 확인했다. 대중매체와 로봇공학 문헌들에서는 이런 문제의 맥락을 파악하지 못하거나, 이런 문제들의 원인이 된 역사적·정치적·사회적·경제적 조건을 뭉뚱그려 분석했다. 오히려 이런 문제를 그저 표면적 이상 현상으로 보고, 사회문화적 제도 심부의 병폐적 지표는 아니라고 취급했다.

이런 대중적 판단에 모두가 동의하는 것은 아니었다. 예를 들어 "신일본부인협회"는 낮은 출생률의 원인을 몇 가지 근본적이고 중첩된 사회경제적 요인 탓으로 지적하면서 가계 규모 축소, 치솟는 교육비, 공공 보육시설과 방과후 프로그램의 부족, 과도하게 긴 근무 시간, 무급 초과 근무, 정규직 대체 시간제 고용 등을 들었다(Shin'nihon Fujin no Kai 2004, 2015). 여성의 평균 결혼 연령이 29세까지 늦춰졌음을 지적하며, 결혼 및 자녀를 꺼리는 경향이 여성을 여전히 이등 시민으로 간주하는 사회제도에 대한 염증과 저항을 나타낸다고 보는 이들도 있었다(Nishi and Kan 2006). 요즘 20대에서 30대 초반에 이르는 일본 여성 다수가 독신 상태 유지를 선택하고 경제적 이유로 부모와 함께 산다. 사회학자 야마다 마사히로는 이런 젊은이들을 경멸하는 "기생 독신"(파라사이토 싱구루)이라는 용어를 만들면서도 이런 여성들이 결혼할 경우 삶의 질이 극적으로 추락한다는 점을 관찰했다. 모든 집안일을 해야 할 뿐 아니라 가용 수입의 3분의 2를 잃게 된다(Yamada 1999). 결혼과 출산이 젊은이들에게 점점 낮은 순위가 되는 것도 당연하다.

우머노믹스^{womenomics}를 천명했으면서도 아베 내각은 기술 우선주의 정책을 계속 밀고 나갔다. 이는 2025년까지의 일본 사회 재활성화, 특히 가정 단위의 재활성화에 대한 정부의 야심 찬 청사진 "이노베이션 25"에서도 잘 드러난다. 2007년 2월 소개된 이 계획은 "안전하고 안심되며 편리한" 로봇 의존 사회와 라이프스타일을 증진하고자 했다. 이 계획에 내포된 의도는, 기혼 여성이 집안일과 돌봄 노역에서 벗어나면 기꺼이 더 많은 아이를 낳으리라는 관념이다. 이런 계획들에 대해 다른 장들에서 더 자세히 살펴보겠지만, 다음 개괄은 논의의 맥락과 조직틀을 제공할 것이다.

플랫폼들

플랫폼은 일군의 기술들로, 다른 응용 기술이나 공정 등을 개발할 수 있는 기반으로 사용되어 이미 만든 것을 다시 만들 필요가 없도록 해준다. 로봇공학에서 플랫폼이라는 용어는 하드웨어와 소프트웨어 모두를 의미할 수 있으며 로봇 하나 자체가 플랫폼으로 기능할 수도 있다. 예를 들어 "휴보"는 이족보행 인간형 로봇 플랫폼으로 2005년 카이스트 오준호 교수에 의해 제작되었다. 나는 2012년 4월 2일 그의 연구실을 방문해서 인터뷰했다. 한국 역시 제조, 서비스, 유흥, 교육, 돌봄, 동반 등 일본과 비슷한 많은 이유로 로봇을 개발하고 있다(Guevarra 2015).

오준호와 그의 팀은 로봇 제작자 데이비드 핸슨(핸슨로보틱스사)과 함께 2006년 "앨버트 휴보"를 만들었다. 앨버트 휴보는 키 120센티미터에 몸무게 43킬로그램으로, 스스로 균형을 잡으며 두 발로 걷지만 머리는 없던 휴보의 몸체에다가 인간과 꽤 비슷한 머리를 얹은, 안드로이드와 휴머노이드의 혼종이었다. 이 머리는 프러버Frubber라는 피부 비슷한 탄성물질로 만들어져 말도 하고 미묘한 표정을 지을 수도 있었다. "앨버트"는 알베르트 아인슈타인에서 따온 이름으로, 상대성 이론 발표 100주년을 기념하는 로봇이기도 했다. 인간형 로봇과 인조인간을 만드는 데 사용되는 서로 다른 기술들이 결합한 최초의 로봇으로, 획기적인 성과였다. 그동안 휴머노이드는 움직이는 데 주력해서 제작되고, 겉보기에 인간과 비슷한 안드로이드 및 자이노이드는 앉은 상태에서 표정을 만드는 데 주력하는 경향이 있었기 때문이다(Oh et al. 2006).

2015년 6월 또 다른 휴보 모델이 다르파 로봇 대회에서 다섯 나라의 22개 경쟁 로봇을 물리쳤다. 이 대회는 재난 관리와 구조 활동용 로봇에 초점을 맞췄는데, 휴보는 마치 변신 능력을 가진 것처럼 이족보행과 바퀴 이동을 오가면서 넘어질 위험을 최소화한 차별점으로 상금 200만 달러를 거머쥐었다(Guizzo and Ackerman 2015).

플랫폼이라는 말에는 "발판, 승강장"이라는 뜻 이외에 다른 뜻도 있다. 목표들에 대한 공적인 선언, 즉 "강령"이 그것인데, 나는 이 책을 구상하면서 두 가지 뜻 모두 생각해보는 게 유용함을 발견했다. 구현된 작동 체계, 그리고 선언된 목표들의 집합, 둘 다를 말이다. 나의 플랫폼(이 책)을 활성화하는 변환 장치는 일곱 개의 장인데, 도입부인 1장과 에필로그인 7장도 포함된다. 각 장은 통합되어 있으면서도 개별적인 소장들로 구성된다. 기술 용어로 플랫폼이란 "회로판"의 형태를 띨 수도 있다. 회로판은 로봇을 비롯한 전기 장치에 사용되어 개별적이면서도 통합된 부품들에 전력을 전달하며 단독으로 혹은 집합적으로 기능하게 만든다. 은유적으로 볼 때 회로판은 상호 연결된 요소들의 그물망으로 볼 수 있다. 사건, 발상, 이미지, 언어 표현 같은 요소들이 공통의 역사적·문화적 맥락으로 연결된 것이다. 이런 요소들의 발화 혹은 교차는 낡은 연결들을 녹이고 새 연결을 형성하며 새로운 불꽃, 흐름, 새로운 데이터의 배치를 낳는다. 이것이 내가 목차를, 혹은 소장을 각 장마다 구상한 배경이다.

2장은 "이노베이션 25" 계획, 즉 2007년 자민당의 아베 총리가 처음 집권하며 도입한 로봇화 사회 계획에 대해 논의한다. 이노베이션 25 계획은 1998년에서 2002년 사이 진행된 "인간형 로봇 제작 프로젝트"와 2006년 "아름다운 나라" 선언, 둘 다의 연장선상에 있으며 2025년이 되면 일본이 어떤 곳이 될 것인가에 대한 구체적 서사를 포함한다(Abe [2006] 2013). 이 계획의 중심 내용물은 삽화를 곁들인 허구의 기록 「이노베 가족의 하루」이다. 3대로 이루어진 이 가족의 성은 "이노베이션"의 일본식 발음에서 따온 것이다. 3장에서는 이 가족 이야기를 직접 번역하고 비판적으로 분석하며 역사적 원형을 밝힌다. 이노베이션 25가 발표되고 몇 달 후 이노베 가족 이야기가 만화책 버전으로 발간되었다(Eguchi 2007). 내가 주장하는 바는, 이 만화책과 이노베이션 25 자체가 일본에 널리 퍼진, 극화劇画를 이용하는 방식(그림을 이용한 선전)의 전형적 사례라는 것이다. 극화는 복잡한 정책을 대내외에 재미있게 전달하는 수단이다.

아베가 2007년 사임하고 2년 후 중도파 일본민주당이 압승했다. 그러고 나서, 부분적으로는 2011년 3월 11일 3중 재난(지진, 해일, 원전 붕괴)의 무능한 대처로 2012년 민주당이 참패하자 자민당 아베가 다시 총리로 뽑혔다.[34] 311 재난이 로봇 산업에 미친 충격 역시 2장에서 다룬다. 아베는 두번째 집권 후에도 이노베이션 25 계획을 로봇 연구와 개발의 골조로 유지했다. 이 계획의 최신 보완은 2014년 "로봇혁명실현위원회" 설립이었다. 이 위원회의 지원하에 아베는 사립 및 공립 기금을 조성하여 2020년 도쿄올림픽과 패럴림픽까지 "차세대 로봇"을 개발하고자 했다. 2장에서 밝히겠지만 이노베이션, 즉 "혁신"이란 "개조"로 가장 잘 이해된다. 2025년의 전형적 가족이라는 허구적 기록, 그리고 만화 그림 같은 꾸밈 장치를 통해 이노베이션 25는 복고적 로봇공학과 복고적 기술을 장려한다. 복고적 기술이란 내가 만든 용어로, 전통주의에 이용되는 첨단 기술을 의미한다.

---

[34] 2016년 일본민주당이 일본유신회 및 개혁결집회와 합당하여 민진당이 (재)탄생했다.

인간과 로봇의 동거가 바람직하고 이점이 많다고 일본 대중을 설득하는 데 이용된 다양한 꾸밈 장치를 분석하는 동안, 이노베이션 25의 이면에 숨겨진 이야기는 없을까 궁금해졌다. 이것이 3장의 주제다. 여성만으로 이루어진 다카라즈카 가극단(Robertson [1998] 2001)이나 우생학 운동(Robertson 2001, 2002, 2010a) 등 다양한 주제들에 대한 1920년에서 1945년 사이 자료들을 정리하다가 내가 충격 받은 점은, 이노베이션 25의 허구적 만화 가족이 대정익찬회大政翼賛会(제국주의를 지지하는 모임)의 후원하에 2차 세계대전 때 창조된 만화 가족과 비슷하다는 점이었다. 나중에 자세히 쓰겠지만 이노베 가족 이야기가 찬양하는 역사적 가치들은 일본 제국주의의 전성기 동안 전개된 "소프트 파워" 선전 선동에서 기원한다.[35]

아베가 공공연히 흠모하는 외조부 기시 노부스케는 상공부 장관으로 일하던 1942년 대정익찬회의 기치 아래 국회의원에 출마했다. 1957년에서 1960년 사이 기시 노부스케가 두 번 총리를 지냈고 그의 목표였던 전후 헌법의 개정과 일본의 재무장화를 아베가 이어받았다(Hayashi 2014; Samuels 2001; Suzuki 2013). 기시 노부스케의 기술관료적 능력은 1930년에 독일로 연수 갔을 때 길러진 것이었다. 상공부 선배에게 보낸 편지에서 기시 노부스케는 독일인들의 헌신적인 "산업 기술 혁신, 최신 기계와 장비의 채택, 전반적인 효율성 증진"을 존경한다고 썼다(Johnson 1982: 108). 독일의 모범을 일본과 만주국

35　Frühstück(2007: 149-178)에서는 일본 의회에서 내세우는 비슷한 역사 전통 가치들이 오늘날 자위대의 기풍에 영향을 주었다고 했다.

(1932년에서 1945년까지 일본이 중국 동북부에 세워 무단 통치했던 꼭두각시 국가)에 적용해 경제, 산업, 문화 정책을 국가가 장악하는 데 기시의 영향력이 지대했다. 이런 전략은 전후까지 이어졌다. 그의 식민 정책은 "남만주 철도 주식회사"의 협조로 현실화되었고 공원 같은 최신 도시 계획, 선진 하수도 시스템, 창의적 근대 건축, 세계적 관광업 등을 포함했다(Pai 2010; Young 1999: 260). 아베 역시 비슷한 소프트 파워와 "쿨 재팬" 기술들을 활용해 전후 이후의 경제 재활성화를 위해 노력했는데, 여기에는 최첨단 로봇공학과 대중문화 매체가 동원되었고 부분적으로는 유흥과 관광 산업의 국제화를 통해 도모되기도 했다(Government of Japan 2016e, 2016f).[36] 또한 1959년 국제올림픽위원회에 대한 로비로 1964년 도쿄올림픽 개최권을 얻어낸 외조부와 마찬가지로, 아베도 일본의 수도에 2020년 올림픽을 유치하는 데 개인적 투자를 아끼지 않았다.[37]

이노베이션 25에서 로봇들은 노령화하고 감소하는 인구와 노동력을 되돌리고 여성들, 특히 결혼하고 아이 낳길 꺼리는 여성들을 바로잡는 수단으로 묘사된다. 어떻게 이런 목적을 로봇이 달성할 수 있다

---

36 2012년 아베는 국회의원 이나다 도모미를 쿨 재팬 전략실 책임자로 임명했다. 그녀는 또한 자민당의 "정책조사회의" 의장을 역임하며 2016년에는 방위부 장관으로 지명되었다. 쿨 재팬의 목표는 "일본의 독특한 음식, 패션, 전통문화를 세계와 나누고 일본의 환대 문화와 관광 기회를 집중 조명"하는 것이었다. 이런 문화적 제안들을 홍보함으로써 관광업이 성장하고 이로 인해 일본 경제가 재활성화되고 외교 관계는 강화되리라고 아베는 믿었다(Japan Society 2014).

37 아베는 심지어 2016년 리우올림픽 폐막식 때 슈퍼마리오 분장을 하고 나타나, 다음 도쿄 올림픽을 홍보하기까지 했다.

고 여겨지는지가 4장의 주제로, 이를 통해 "섹스/젠더 체계"[38] 내 로봇공학의 위치를 탐색한다. 이노베이션 25와 인간형 로봇 제작 관련한 많은 자료에 함축된 전제는, 노인 돌봄, 아동 돌봄, 가정'부' 로봇 개발이 기혼 여성(혹은 결혼을 망설이는 여성)들의 무급 업무 부담을 줄여줄 것이고 이들을 결혼 유지(혹은 결혼 선택)와 다자녀 출산에 대해 더 수용적으로 만들 것이라는 관념이다.

아베 정부는 여성 전체의 전문성이 "일본에서 가장 저활용된 자원"이라고 입에 발린 말을 하지만 구체적 전략을 실행한 적은 거의 없다. 보육시설은 수십 년째 부족 상태로 방치되어 왔지만 보육시설을 확충했다간 어머니들이 가정 밖에서 일을 찾으려 할 테니 더는 노력을 기울이지 않았다. 2015년 정부 지원을 받는 보육시설 대기자 수가 2만 3,167가구에 달했다. 아베가 드디어 이 문제 해결에 대한 압박을 받은 것은 2016년 분노한 어느 어머니 익명 블로거가 보육시설 확충을 위한 온라인 캠페인을 촉발해 3만 명의 서명을 받아낸 후였다(Begley 2016; Lies 2016). 아베를 향한 그녀의 거침없는 게시글 제목은 "보육원 떨어졌어. 일본 죽어!!!"였다. 아베 총리는 툭하면 "모든 여성이 빛나는" 사회를 만들겠다고 주장했고 아베의 "우머노믹스" 홍보 포스터에는 영어로 "빛나라! Shine!"라고 쓰어 있다. 자민당을 비판하는 페미니스트들은 음절 언어인 일본어에서 샤인 Shine을 시네, 즉 "죽어"로 발음할 수 있다고 말한다. 어머니 블로거는 이런 언어유희를 이용했다. 다음

---

38 섹스/젠더 체계는 "사회가 생물학적 섹슈얼리티를 인간 활동의 산물로 변모시키고 그런 변모된 성적 필요 sexual needs가 충족되는 일련의 상태"를 말한다(Rubin 1975: 159).

에 내가 번역한 글에서 "일본"이란 아베 행정부를 의미한다.

일본은 대체 뭐 하는 거야?

일본은 "1억 총활약 사회"[39] 아니었어?

나 어제 어린이집 떨어졌어.

이제 어떻게 해야 해? 일할 방법이 없어.

일본은 뭔가 잘못돼 있어. 난 아이를 낳았고 키우고 있어. 난 일을 하고
세금도 내. 그런데 이게 뭐야?

이런 쓰레기 같은! 출생률이 이렇게 낮은 것도 당연해.

아이를 가지는 건 대단한 거라고? 정말 웃음이 난다. 당장 보낼 어린이
집 하나 찾을 수가 없는데. 그러니 아무도 아이를 낳으려 하지 않지.
참 내!

여자를 끼고 놀든, 뇌물을 받든 아무렇지도 않은 것 같네. 됐고, 제대
로 된 어린이집이나 많이 만들라고!

올림픽에 돈을 얼마나 쓰는 거지?

올림픽 따위 누가 신경 쓴다고? 어린이집이나 지으라고!

유명 디자이너에게 로고 만들게 할 돈 있으면 어린이집 좀 지으라고![40]

이제 난 어떻게 해야 할까. 일을 그만둬야겠지?

일본아, 내 인생 좀 망치지 마!

---

39 아베는 2차 세계대전 때 일본 국민을 부르던 "1억"을 되살려 2015년 1억 명의 사람들이 모
두 역동적으로 참여하는 사회란 뜻의 "1억 총활약 사회"라는 표어를 만들었다. "Japan's
Plan for Dynamic Engagement of All Citizens"(2016)을 보라.

40 2020년 도쿄올림픽 로고에 관련된 논란은 Alderson(2015)을 보라.

어린이집 수를 안 늘리려거든 보육수당을 200만 엔으로 올려라.[41]

어린이집을 늘리지도 않으면서 한 달에 겨우 몇천 엔 주고 떨어지는 출산율을 어떻게 해보겠다고? 이 모든 게 당연한 것 같니? 어쩌면 이렇게 이기적일 수 있지? 완전 멍청해!

우리가 아이를 낳지 않으면 어쩔 건데?

돈이 있으면 행복하고 당당하게 아이를 낳을 사람도 있겠지. 그럼 그냥 돈을 주든지. 아이 키우는 데 돈이 얼마나 드는지 알지?!

여자 끼고 놀거나 뇌물 받고 자기 얼굴이 박힌 부채[42]나 만드는 사람들 좀 잘라! 저런 국회의원들을 전부 자르면 돈이 생기겠지!

일본아, 정신 좀 차려. 제대로 된 일을 해.

(Hoikuen ochita 2016)

이노베이션 25에 전제로 깔린 성차별적 (비)논리에 대해 토의하면서 내가 주목하고 또 비판하는 것은, 로봇공학 내부에서, 그리고 로봇공학에 의해 재생산되면서 당연한 본질로 간주되는, 인간의 노동과 사회적 공간의 성별화된 구분이다. 여성들이 저항하며 시정을 요구하는 바로 그 성별 체계의 고의적이면서도 무의식적인 구체화와 강화를 집약적으로 보여주는 것이 여성화되고 남성화되는 로봇의 구상과 설계다. 여기에는 이름 짓기도 포함된다. 4장에서 내가 주

---

[41] 2010년 자녀 보육수당은 2만 6,000엔이었다.

[42] 많은 정치인이 선거운동 때 자기 사진과 슬로건을 넣은 부채를 만들어 유권자들에게 배포한다.

장하는 바는 로봇공학자들이 "무의식적 요구에 복무하는 지적 환상"(Raphael 1957: 80)을 실행하는 국제적 집단으로 보인다는 것이다. 성별화된 차이를 선험적으로, 자연적이며 우주적인 것으로 간주하기 때문이다.

소비자들은 공론장에서 인간-로봇 상호작용의 중요 데이터를 공학자들에게 제공한다. "2005 아이치 엑스포"에서도 공학자들은 "로봇 상호작용 실험"에 참여한 수많은 관람객을 자세히 관찰할 수 있었는데, 그 결과 "다양한 연구와 성능 개선이 [...] 가능했고 [...] 개인용 로봇의 연구와 개발을 획기적으로 진전시켰다."[43] 내가 "2008 요코하마 로보 재팬 엑스포"를 방문해 관계자와 관람객을 인터뷰했을 때도 마찬가지였다. 전시장이든 요양원이든, 인간형 로봇 서비스와 엔터테인먼트의 주요 장소들을 로봇공학자들이 대규모 실험실로 활용하는 것은 분명하다. 사실 일본 사회 자체가 로봇 연구와 개발의 거대한 현장학습장이라고 할 수도 있을 것이다.[44] 더 최근에는 극작가 히

---

43   이 정보는 2006년에 http://www.incx.nec.co.jp/robot/english/childcare/expo.html에서 얻어 Robertson(2007: 380)에 인용한 바 있는데 2016년 12월 다시 접속해보니 새로운 웹사이트(http://jpn.nec.com/robot/information.html)가 열렸고 2005 아이치 엑스포에 관한 이전 이야기는 포함돼 있지 않았다.

44   이와 대조적으로 미국에서는 군대가 로봇 기술에 깊이 투입되고 있다. 일본의 새로운 방위부 역시 유흥용 및 가정용 로봇 실험의 데이터를 활용하고 있으리라는 추측을 할 수 있다. 새로운 방위부의 연례 백서에는 로봇 제작 부문이 포함돼 있었다. 내가 2008년 가을 인터뷰한 장관급 인사는 2008 로보 재팬 엑스포의 아마추어 로봇 대회의 목적이 "우주에서 싸울 수 있는 로봇" 아니냐는 내 말에 기겁하는 듯했다. 당시 로봇을 넘어뜨린 후 세 번 연속으로 로봇이 스스로 일어나서 3보를 걸을 수 있으면 일본의 우주 탐사에 채용될 계획이었지만 다섯 참가작 중 어느 것도 성공하지 못했다.

라타 오리자와 로봇공학자 이시구로 히로시가 협업해 "로봇 연극"을 창작했다. 연구소 밖에 시험장을 마련해, 일상적 환경에서 인간과 로봇 사이 언어적·비언어적 상호작용의 매개변수들을 규명하기 위해서였다.[45]

하지만 로봇 제작자들은 시장조사를 의뢰하고 박람회와 극장에서 현장조사를 진행하면서도, 이 고도 기술의 창조물을 성별화하는 데 의문을 가진 적이 없다. 영어권 학자와 일본 학자 모두가 간과하거나 무시한 것은, 인간과 가정용 로봇의 공생이 상상되는 국가, 문화, 사회, 제도, 가족 구조 자체에 대한 조사와 분석이었다. 나는 이 점을 5장에서 들여다보며, 인권과 로봇권을 나란히 비교함으로써 사회 생활사와 문화적 차원들을 또렷이 부각시켜, 민권 담론에 정보를 제공하고 방향을 굴절시키고자 한다. 로봇의 민권에 대한 토론은 보편적(혹은 특정 국가의) 민권에 대해서도 통찰을 준다. 로봇이 "일본 예외주의"를 떠받치는 데 이용되고 있다는 점 역시 보여줄 것이다.

나는 또한 이런 맥락에서 실제 존재했던 인간-로봇 상호작용 시나리오도 몇 가지 기록할 것이다. "로봇과의 생활 경연 대회"는 일본 전역의 광장에서 10여 년간 개최되었던 행사다. "로봇 연극"처럼 이 대중 행사는 인간과 로봇의 공생 가능성을 시연하려는, 특히 돌봄과 동반 로봇의 자연스러움을 보여주려는 의도도 있었다. 또한 일본의 로봇 옹호자들은 편리, 안전, 안심과 관련된 동력에 초점을 맞췄다.

---

45 로봇 연극에 대해 다양한 행사에서 강연할 기회가 몇 번 있었지만 따로 원고를 준비 중이므로 이 책에서는 이 정도만 언급하겠다.

이런 동력의 이행에는 전국적 감시망 보급이 포함됐다. 이노베이션 25는 기술이 매개하는 "민족주의적 국제주의"[46]를 위한 무대와, 내가 "기술적 쇄국주의"라고 이름 붙인 것을 만들어냈다. 이 용어는 19세기 초 도쿠가와 막부의 고립주의 정책이었던 "쇄국주의"에서 따온 것이다. 도쿠가와 막부의 쇄국정책은 일본을 닫아걸고 국제 사회에 문호를 선택적으로 개방했다. 내가 이 책의 미국판 표지로 선택한 사진은 기술적으로 닫아건 나라의 형편없는 아이러니를 보여준다. 배터리 수명이 다한 와카마루 로봇들이 오사카대학교의 산업 폐기물 재활용 창고에 갇힌 모습으로, 로봇들은 어리둥절하거나 우울해하는 듯 보인다.

6장을 시작하면서는 내가 일본에서 보낸 어린 시절로 되돌아간다. 나는 드문드문 간격을 두고 20년 이상을 일본에서 살아왔고 요즘에도 매년 방문한다. 그 시절 제국군에서 퇴역한 장애인들이 공공장소에서 일제히 사라졌다가 1964년 도쿄올림픽과 패럴림픽 관련해서 장애인 인권 요구가 출현한 과정을 추적한다. 두 올림픽 게임은 전후 일본의 경제적 회복을 선포하고 새로운 민주 국가의 국제적 위신을 떠받쳤다. 비슷하게 2020년 도쿄올림픽과 패럴림픽이 2011년 311 3중 재난 후 일본 회복의 열쇠로 홍보되었다. 이런 배경에서, 장애를 가진 사람들을 사이보그로 변형시키는 수단으로 홍보되는 기술 장치들이 개발되고 적용되는 (일본과 다른 지역의) 현황, 즉 내가 사이보

---

46   자민당의 나카소네 야스히로(1982~1987년 총리 역임)가 민족주의적 국제주의 개념을 도입
      했다고 알려져 있다(Hood 1999, 2001).

그 비장애인 중심주의cyborg-ableism라 명명한 경향을 탐구하고 질문한다.

여기서 나는 "장애"를 최대한 넓은 의미에서, 신체적 및 정신적 "결함"과 "불능"의 다양한 상태를 아우르는, 노화를 비롯해 여느 종류와 수준의 개인적 혹은 사회적 제약도 포함해서 본다(Wasserman et al. 2016). 그런데 그중에서 기계적으로 가동성을 향상시킨 경우들을 살펴보면, "사이보그 비장애인 중심주의"가 온전한 신체라는 이상주의를 가정하고 있기에, 특정 유형의 인간 신체에 의해서만 획득될 수 있는 조건이라는 점이 밝혀질 것이다. 이러한 장애와 보철의 이중 맥락에서 소위 "불쾌한 골짜기" 이론, 나름대로 기이한 생명력이 유지되어 왔던 이론이 해체될 것이다.

2015년 초 "로봇혁명실현위원회"의 "로봇 신전략" 일환으로 "로봇 올림픽" 기획을 위한 집행위가 조직되었다.[47] 2016년 처음 모인 집행위는 2018년에 사전 선발 대회를, 2020년에 공식 대회를 열기로 했다. 그러나 일부의 기대와 달리 로봇은 육상 경기장에서 서로 맞붙는 게 아니었다. 휴머노이드를 포함한 참가 로봇들은 다섯 종류의 기능을 수행하도록 설계되어야 했다. 제조, 서비스, 돌봄과 의료, 재난 대응과 건설, 그리고 마지막으로 농임어업과 식품업이 그것이다(2020-nen robotto 2016). 물론 기존에 개최된 다르파(2012~2015)와 로

---

[47] 집행위의 의장은 사토 도모마사(도쿄대학교 미래계획센터)가 맡았고 자문위원회는 가나데 다케오(카네기멜런대학교 로보틱스연구소)가 의장을 맡았다(Watanabe 2015). "로봇 올림픽"으로 더 잘 알려졌지만 "올림픽" 상표권 문제 때문에 공식 명칭은 국제 로봇 대회International Robot Competition다.

보컵(1997~)을 비롯한 국제 로봇 대회가 많이 있었다.[48] 2020 로봇 올림픽의 주목표는 로봇 택시와 착용 로봇을 비롯한 최첨단 일본 기술들의 시범과 홍보가 될 예정이었다.

"이노베이션 25"는 인간과 로봇의 공생에 대한 개념을 다지며 사이보그 비장애인 중심주의를 추구하고 로봇 올림픽을 개최하는 초석이 되었다. 그러나 이 계획에서 빠지거나 괄호에 묶인 다양한 사회문화적 제도들 가운데서도 종교적이고 정신적인 신념과 관습들에 주목해야 한다. 앞서 지적했듯 신토의 형이상학은 인간-로봇의 공존을 연구하는 데 상호 상승적 자연-문화 플랫폼을 제공한다. 더욱이 에필로그인 7장에서 보듯, 불교 사원들이 로봇과 컴퓨터의 재활용과 장례 의식을 주도하며 새 신도를 모집한다. 이런 모습은 로봇에 대한 전망과 휴머노이드를 기대하는 현실을 확인해준다. 2001년 와세다대학교에서 시작해 이제는 문을 닫은 "와봇(와세다 로봇)하우스 프로젝트"의 사례는 특히 로봇 전망의 주술적 사고방식에 대한 통렬한 환기의 기회가 된다. 나는 와봇하우스를 2006년과 2008년 두 번 방문했는데, 와세다대학교 로봇공학과 교수이자 책임자인 스가노 시게키의 초대를 받은 첫번째 방문 후 이전 저작(Robertson 2007)에 낙관적인 글을 쓴 적이 있다. 하지만 이 책에서는 아주 다른 글을 썼다. 또

48　세계 전역에서 매년 많은 로봇 대회, 행사, 회의가 개최된다. 로보컵협회는 1997년부터 지능적 휴머노이드 축구 로봇을 개발해, 2050년까지 FIFA 우승팀을 이긴다는 목표를 추구한다. 또한 로보컵은 구조 작전, 산업 생산, 가사 업무에 사용될 "지능형 로봇"을 개발하는 데 장려금을 지원한다. 2016년에는 40개국 500팀이 라이프치히에서 경기를 치렀다(http://www.robocup2016.org/en/).

한 로봇공학과 같은 진보 기술이 전통적인 사회제도에 복무하는 함
의에 대해 돌아보았다.

정체 밝히기

아베 총리가 이 책에서 자주 언급되는 게 놀랍지는 않을 것이다. 국
가적 로봇 제작 장려는 1998년 "휴머노이드 로보틱스 프로젝트"로
시작되었지만 일본을 구할 산업으로 로봇공학을 기운차게 홍보한 것
은 2007년부터였다. 아베의 전망에 따르면 산업용 로봇은 생산을 가
속화할 것이고 가정용 로봇은 노인과 아동을 돌봄으로써 여성에게
결혼 생활과 자녀 출산을 더욱 매력적으로 만들 것이었다. 그리고 로
봇 파생 창업이 고용 및 투자와 수출을 창출할 것이었다. 내 어린 시
절 경험들은 이 1장의 시작과 끝이 되어주었고, 아베의 두 집권기
(2006~2007, 2012~2020)가 틀이 된 사건, 정책, 다양한 활동들은 이 책
의 목차를 결정했다고 해도 과언이 아니다.

그렇다고 해서 이 책이 아베에 대한 지속적인 논평은 아니다. 또한
일본 로봇공학에 대한 철저한 역사도 아니다. 그보다는 모든 인류학
적 연구가 그렇듯 이 책도 특정 시공간이라는 골격을 가진다. 나는
지난 10년간 다양한 시대의 일본과 여러 나라의 로봇-인간 공존에
대한 자료연구와 현장조사를 수행했다. 그 시간이 아베의 두 집권기
와 시중 로봇 장려 시기, 즉 2007년의 이노베이션 25, 2014년의 로봇
혁명실현위원회와 다소 겹쳤다. 2011년 311 재난이 로봇 연구와 설계

의 기세를 잠시 중단시켰다. 구조 로봇을 개발하지 않은 로봇공학자들이 대중매체에서 노골적으로 비판받았다(2장에서 상술). 그 여파로 기금이 끊기거나 다른 기술에 투자되자 와세다대학교의 와봇하우스 같은 로봇 연구소들이 문을 닫았다. 그 결과는 무기 수출 금지가 해제된 2014년 구체화되었다.

나의 다양한 저작과 발표(서지 목록 참조)들이 이런 로봇 산업의 흥망성쇠를 반영한다. 제목들만 봐도 어느 정도 알 수 있다. 이 책은 지금까지의 내 연구를 완성하고 시의적절한 대상과 주제를 포함해 앞으로를 위한 다학제 간 연구에도 대비했다. 2000년대 초 내가 실제 세계의 로봇, 그리고 로봇 제조사와 선동가들이 상상하는 사회, 인간과 로봇이 함께 살고 만들어갈 사회에 대해 연구하기 시작했을 때, 학과 내 몇몇 동료들은 뜨악한 반응을 보였다. 그러나 오늘날 고립되어 살거나 공공시설을 전혀 이용하지 않는 사람이 아니라면, 일상의 뉴스와 엔터테인먼트 매체에서 로봇과 마주칠 수밖에 없다. 지난 10년간 로봇과 공학에 대한 학문적 연구가 급격히 확대되었다는 것은 간단한 검색만으로도 알 수 있다. 2014년《보스턴글로브》의 어느 특집이 선언했듯 로봇은 "21세기에 반드시 연구해야 할 최신 주제"다(Fitzgerald 2014).

오늘날 과열된 기술 환경에서 분명 로봇공학은 점점 더 주목이 쏠리는 분야다. 그래서 최신의 눈부신 혁신과 시제품만을 진지하게 집중 조명하는 로봇 관련 책들은 빠르게 시대에 뒤떨어진 것이 된다. 로봇 산업의 급속한 흥망성쇠를 기록한 중요한 역사적 자료의 일부가 되는 것이다(Hornyak 2006; Menzel and D'Aluisio 2000; Nikkei Mekanikaru and Nikkei Dezain 2001; Schodt [1988] 1990).[49] 마찬가지로 로봇을 단일한 범주로서 기존의 이론적 얼개 속에 집어넣으려 한다면 서로 다른 유형의 로봇과 지역적 배경 속 변형들이 단순히 균질화될 우려가 있다.

과학적 허구에서 예견되어 온 인간과 휴머노이드의 공생이 이노베이션 25 같은 정부 정책 문서나 산업 홍보물에서 계속 허구적 언어로 상상되어 왔다. 실제 가정 내 인간-로봇 상호작용은 드물고 먼 일임에도 불구하고 말이다. 소니의 로봇 강아지 아이보는 유일한 예외여서 1999년에서 2006년 사이 일본, 미국, 유럽에서 약 15만 대의 아이보가 20만 엔에 팔렸다(Aibos History [sic] 2017). 지금까지 어떤 가정용 로봇보다 아이보가 더 많이 팔렸을지 모른다. 하지만 동물형 로봇은 여전히 소수의 부유층을 위한 사치스러운 놀이 친구라는 인식이 있다. 반면에 국제로봇공학연맹에 의하면 공장 내 산업용 로봇은 2018년까지 세계적으로 130만 대에 이르게 되었다.

---

49 프레더릭 쇼트는 작가이자 번역가로 일본 로봇공학에 대한 그의 초기 작업(Schodt 1988)은 오늘날 로봇 문화 연구의 선구가 되었다. 일본 만화에 대한 그의 연구(Schodt 1983) 역시 아니메와 망가에 대한 학문적 관심의 폭발을 한참 전에 예비했다. 이 책의 원고를 출판사로 보내기 직전 나는 일본 로봇에 대한 인류학 책 두 권(Kubo 2015, Sone 2017)을 새로 알게 됐다. 구보 아키노리는 아이보 소유자 커뮤니티에 대한 석사 논문(Kubo 2006)을 쓴 후인 2007년에 나와 만나 인터뷰한 적이 있다. 지금은 히토쓰바시대학교의 사회과학대 부교수다. 그의 새 책인 『로봇의 인류학*Robotto no jinruigaku*』은 주로 로봇에 대한 문헌을 검토하며 "문화적" 접근과 "과학적"인 접근을 비교하고 "로봇의 시대(미래)"에 대한 고찰로 마무리 짓는다. 소네 유지의 2017년 책 『일본의 로봇 문화: 성과, 상상, 현대성*Japanese Robot Culture: Performance, Imagination, and Modernity*』은 로봇의 공연 능력과 연기적 모방에 초점을 맞춘, 로봇공학 문헌에 대한 밀도 높은 검토다. 소네는 공연 예술가이자 호주 매쾨리대학교의 강사다.

로봇 청소기라는 예외가 있긴 하지만, 개인용, 동반용, 서비스용 휴머노이드는 일본 가정 혹은 사무실에서도 일상적으로 볼 수 있는 존재가 아니다.[50] 몇십 년 내로 그렇게 될지도 모르지만 말이다. 로봇 가전은 미래에 더 흔해져서, 냉장고, 전기밥솥 같은 것들이 평균적 일본 주택의 비좁은 실내에 쉽게 설치될 수 있다. 휴머노이드 로봇은 대부분 로봇 엑스포와 콘퍼런스, 과학관, 무역 행사장에서 사람의 감독하에 상호작용이 가능하며, 병원과 양로원에서 실제 상시로 이용되는 로봇은 비교적 드물다. 비록 로베어Robear, 테라피오Terapio[51]와 같은 시험 단계 제품들이 널리 이용되고 있는 듯 미디어에서 홍보되더라도 말이다. 로봇 연구소, 정책 담당자, 대중매체에서 생산되고 유통되는 홍보물은 모두 로봇이 이미 가정 내 일상적인 비품이라도 된 양 서사를 창조한다.

소프트뱅크가 웹사이트에 내건, 페퍼가 가족과 함께 있는 사진이 바로 그런 사례다. 페퍼는 아사히 가족에 둘러싸여 있는데, 부부와 세 자녀, 그리고 (아마도 남편의 아버지일) 노인과 함께다. 영어로 된 설

---

50 로보허브Robohub(대중에게 로봇공학 연구를 알리기 위한 비영리 온라인 플랫폼)에 따르면 "2008년부터 가정용 청소 로봇은 연간 매출이 여섯 배씩 증가했고(2012년에 거의 38만 대가 팔렸다.) 2018년에는 90만 대가 팔릴 것으로 예상됐다"(Tibke 2014).

51 로베어(이전 이름 리바RIBA, Robot for Interactive Body Assistance)는 시험적 간호용 로봇으로 환자를 침대에서 휠체어로 옮긴다거나 일어설 수는 있는 환자를 보조하는 등의 기능을 수행할 수 있다. 조사에 의하면 환자들은 커다란 인간형 로봇보다는 친근하게 생긴 로봇 곰의 도움을 받는 쪽을 선호했다(http://www.riken.jp/en/pr/press/2015/20150223_2/). 테라피오는 "의료 보조 로봇으로 [...] 병원 지원 업무를 맡으며 의료 물품 배달과 회진 데이터 기록을 주로 한다"(Terushima et al. 2013). 테라피오는 연녹색과 흰색의 원통형 몸체에 태블릿 얼굴이 달렸고 큰 양철 쓰레기통 크기다.

명에는 "아사히 가족은 일주일 전에 페퍼를 입양해 즐겁습니다. 가족 각자는 페퍼에게 새로운 임무를 주었고 페퍼는 매일 조금씩 그들을 더 놀라게 해줍니다."라고 쓰여 있다(SoftBank Robotics 2016c).[52] 이 가족이 실제 가족인지 아니면 배우들에 의한 연출인지는 알 수 없다. 나는 후자라고 의심한다. "아사히"라는 이 가족의 성씨는 "일출"을 뜻하는데, 군대에서 쓰이며 또한 광고에서 전통과 행운의 상징인 욱일기를 연상시킨다. 의미심장하게도 아사히 일가 삼대는 이노베이션 25의 이노베 가족을, 그리고 2차 세계대전 당시의 야마토 가족을 닮았다. 이에 대해서는 2장과 3장에서 더 쓰겠다.

이후 내용들에서는 계속해서, 로봇 설계자와 제작사들의 홍보 활동과 판촉 노력을 비판적으로 주목하며 인간과 로봇의 공생이라는 몽상적 대본을 꾸며 쓰는 풍토에 조명을 비출 것이다. 그러므로 최신 정보들을 계속(이 책이 출판되는 날까지) 포함시키는 한편, 아베 정부가 구획 지은 시간 틀을 기준으로 삼았다. 또한 고립된 점들을 연결 짓는 맥락을 분석해, 로봇 기술의 서사와 인간-기계 상호작용의 서사에 대한 보다 밀도 높은 설명을 시도했다. 로봇과 인간의 공생이라는 관념에 대해 종교적 윤리적 걸림돌이 없는 일본이라도, 자동차 공장 밖 일상에서 많은 로봇이 보이지는 않는다는 점을 다시 한 번 언급할 필요가 있겠다. 로봇을 둘러싼 과장과 호들갑은 실제 상황과 분리

---

52 기업과 정부 등의 웹사이트에서 영어와 일본어가 다른 내용인 경우가 자주 있다. 하지만 이 경우는 같았다. 제목은 좀 달랐는데, 영어로는 "Robot [...] Who is PEPPER?"였고 일본어로는 "쿨 로봇 [...] 페퍼란 무엇인가?"(SoftBank Robotics 2016b, 2016c)였다.

해 생각해야 한다. 지금까지 인간형 로봇은 일상의 평범한 사람들을 위한 체험적이고 지속적인 서비스와는 거의 상관이 없는, 매우 비싼 산업 중 하나였다.

이전 책과 마찬가지로 이번 책에서도 나는 유행하는 이론을 그대로 채택하거나 유명 이론가들의 이름을 줄줄이 거명하지는 않을 것이다. 내 학문적 지향은 그물망적 미학이 특징으로, 비위계적(비정전적), 절충주의적, 장르 교차적으로 학문 분과를 넘나들며 다양한 것들에 대해 엄청난 호기심을 가지고 시야를 최대한 확장하며 추구되었다. 이 책은 나 자신과 다른 이들의 연구와 이야기를 일관되고 의미 있는 묶음으로 조직해낸 것이다. 이 책의 일관성은 서로 얽어낸 요소들에서 나오는 것이지 특정 이론적 체계를 덮어씌워서 나온 것이 아니다. 물론 각 요소는 다양한 의미를 지니며 나의 조합과 해석도 다른 누구의 조합과 해석과 마찬가지로 하나의 가능성일 뿐이다. 그렇다고 해서 내 책에 결론이 없는 것은 아니다. 많은 연구와 성찰 후에 나는, 로봇이라는 현상의 다차원성을 구분하고 명료화할 수 있다고 여겨지는 방향으로 이 책을 조직했다.

2

혁신은
리노베이션

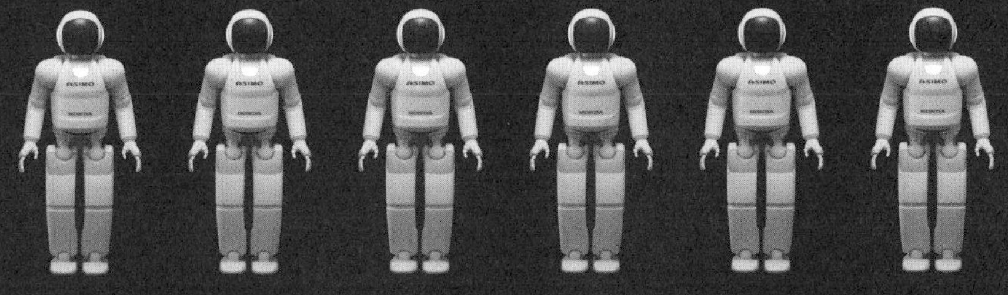

아베 총리는 특히 이렇게 말했다. "혁신이란 나에게 기술적 개조를 넘어서 그 이상으로 가는 겁니다. 널리 퍼진 근본을 뒤흔들고 혁명적인 성취로 나아가 완전히 새로운 사회 체계와 새로운 사상, 새로운 틀과 사업 계획을 통해 사회제도와 사람들의 삶에까지 영향을 미치는 것을 의미합니다. 그러니 이 원칙에 충실해주십시오." 아베는 또한 사람들이 지나치게 기술에 탐닉하는 사회는 바람직하지 않다는 말도 했다. 라이프스타일과 사고방식에서 명료한 단순성을 잃을 테니 말이다.[1]

– 다카이치 사나에

---

1 Innovation 25 Strategy Council(2007).

이노베이션 25와 "아름다운 일본"

아베 신조는 2006년 처음 총리로 뽑힌 후 "이노베이션 25 전략위원회"를 만들었다. 저명 학자와 선도적 사업가들로 구성된 각료급 위원회로, 아름답고 혁신적이고 로봇화된 일본 사회로 나아갈 청사진을 그리는 임무를 맡았다.[2] 의장인 구로카와 기요시는 의사이자 교수로 "일본학술회의"의 전 회장이자 수많은 정부 위원회의 위원이며 왕성한 블로거(kiyoshikurokawa.com)이기도 했다. 아베는 자신의 베스트셀러 『아름다운 나라로 美しい国へ』에서 이노베이션 25의 내용을 미리 선보였다. 이 책은 "자신감과 긍지를 지닌 일본을 향하여"라는 구체적

2　이 제안은 2006년 9월 29일 아베의 정책 연설에서 처음 발표되었다. 이노베이션 25 전략위원회에 지명된 일곱 위원의 이름과 2007년 당시(혹은 가능한 경우 최근) 소속과 지위는 다음과 같다. 의장 구로카와 기요시, 위원인 에구치 가쓰히코는 PHP연구소의 대표이사이며 2010년부터 국회의원으로 활동했다. 오카무라 다다시는 도시바의 전 회장과 CEO였고 지금은 일본IBM의 미디어 관리 책임자이며, 가나자와 이치로는 일본과학위원회와 국립신경학및정신의학센터의 회장이다. 사카무라 겐은 도쿄대학교 학제간정보연구대학원의 교수이고 최근에는 같은 대학 디지털뮤지엄의 이사가 되었다. 데라다 치요노는 당시 간사이경제협회의 부회장이자 아트코퍼레이션의 사장이었고 지금은 아트차일드케어코퍼레이션의 회장인데, 위원 중 유일한 여성이다. 야쿠시지 다이조는 게이오대학교 정치학과 교수이고 내각부 과학기술정책협의회의 위원이었다.

부제를 달고 있다.

비록 아베가 일본을 수식하는 "아름다운"의 의미를 자명한 것으로 놔두긴 했으나 알 만한 독자라면 이 형용사가 (특정 민족주의) 정치의 미학화, (전통적) 미학의 정치화를 나타낸다는 점도 재빨리 깨달을 것이다. 아베는 개인주의를 "비일본적"인 것으로 혹평하며, 제국주의와 군정 전성기(1879~1945)에 강요된 민족주의, 애국주의 같은 이념을 초시대적 가치로 극찬한다.

이노베이션 25는 2007년 2월 해당 위원회 위원들에 의해 공개 토론회에서 소개되었고 한 달 후 첫 경과보고서 및 이후 몇 편의 보고서가 언론에 배포되었다. 제안서와 거기 포함된 많은 부가 보고서가 웹사이트(japan.kantei.go.jp/innovation/index_e.html)에 남아 있다. 3월과 4월에는 영어와 중국어 요약도 게시되었다. 이노베이션 25는 일본이 근미래에 어떤 모습이 될지에 대한 서사를 삽화와 함께 제공한다. 제안서는 새로운 국가 예산을 위한 기조로도 기능했다. 10년간 3조 엔이 로봇 기술 진흥을 위해 배당되었다. 그때나 지금이나 일본을 구할 산업으로 과장되면서 말이다. 경제무역산업부는 2007년 예산에서 20억 엔 이상을 따로 떼어 8년 내 지능형 로봇 개발을 지원하기로 했다. 일터에서 스스로 결정을 내릴 수 있는 로봇을 개발하는 것이 목표였다(Intelligent Robots 2006).

아베는 1년 후인 2007년 건강상의 이유로 사임했지만 재빨리 복귀하며, 강화된 민족주의 수사학과도 잘 어울리는 레이건 같은 새 헤어스타일로 2012년 재선됐다. 5년의 공백기 동안에도 이노베이션 25는 정부 웹사이트에 남아 있었고 지금도 접근 가능하다. 일본을 로봇화하겠다는 계획은 예정대로 진행되었지만 1장에서 지적했 듯이 2011년 311 재난 당시 구조를 지원하고 원전 현장을 탐색할 로 봇의 부재는 해외 매체뿐 아니라 일본 언론과 블로그들의 비웃음을 샀다(Robertson 2011). 로봇이 존재했든 존재하지 않았든, 2012년 아베 의 재선과 반대파의 몰락에는 영향을 미치지 못했다. 그리고 다시 한 번, 아베 정부는 "아름다운 일본"의 꿈을 실현하는 데 로봇을 적극 동원하기 시작했다.

2기 아베 정부는 로봇혁명실현위원회의 비호 아래 2014년 9월 이 노베이션 25의 재추진안을 내놓았다. 로봇혁명실현위원회는 정부가 만든 단체로 산업과 보건 부문 로봇 활용을 독려했는데, 도쿄올림픽 과 패럴림픽이 열리는 2020년까지 차세대 로봇 개발을 위해 공공 부 문과 민간 부문에 1,000억 엔을 투자하라고 요구했다. 앞서 언급한 "로봇 올림픽"도 열릴 가능성을 염두에 둔 요구였다.

혁신은 리노베이션

이노베이션 25는 "혁신"에 대한 정의로 시작한다. "이노베이션이라 는 단어는 라틴어 innovare, 즉 in(안에서, 위하여)+novare(쇄신하다, 새 롭게 하다)에서 온 말이다. 일본어에서 이노베이션이란 기술상의 혹은 경영상의 개혁으로 풀이되지만 또한 완전히 새로운 기술, 그리고 물 질과 구조물에 대한 새로운 방식의 사고를 개발해서 새로운 가치를 생산하고 큰 사회적 변화를 촉진한다는 의미도 들어 있다. 이노베이션 25의 목표는 '우리' 사회의 성격과 모습에 대한 혁신적 사고와 발상을 자극하는 것이다"(Government of Japan 2007d). "미래 만들기: 무한한 가능성들을 향한 도전"이라는 부제가 붙은 이노베이션 25는 일본 경제와 사회제도들의 안정성을 보장하는 데 생물공학과 로봇공학이 함께할 역할을 강조한다.

그러나 이노베이션 25에 사용된 수식 어구들은 오해의 소지가 있다. 보다 정확한 제목은 "리노베이션 25"가 되어야 할 것이다. 왜냐하면 새로운 가치관이 아니라 낡은 가치관의 재생에 가깝기 때문이다. 특히나 가부장적 확대가족과 전쟁용 이념으로 대표되는 낡은 가치관들이 사회의 로봇화와 연관된 중요한 변화들을 구성했다.

이노베이션 25 전략위원회는 장관인 다카이치 사나에 휘하에 있었는데, 다양한 이력을 거친 그녀는 높은 정치적 지위에 오른 몇 안 되는 여성 중 하나였다. 첫 아베 행정부 때 내무부 장관이었으며 오키나와 및 북방부 장관, 과학기술부 장관, 남녀평등부 장관, 식품안전부 장관 등을 역임했다. 거기다 2006년에는 아베가 만들었다가 사임 후 폐지된 혁신부 장관에까지 임명되었다. 어떻게 보든 놀랄 만큼 많은 장관직에 임명된 것이다. 다카이치 사나에는 극우 성향의 논란 많은 인물이다. 2014년 아베는 그녀를 다시 한 번 내무부 장관으로 기용했다.

이노베이션 25에 포함된 서문에서 다카이치는 이 제안서가 기술의 재형성을 위한 대담한 선언이며 개혁/재생의 윤곽을 그리는 것이라고 설명했다. 거기다 그녀는 이노베이션 25가 "더욱더 편리하고, 안심되고, 안전한 생활"로 가는 길을 마련해줄 거라 장담했다. 그러면서 경고하길 "일본을 위한 이 전망을 실현하는 과정이 쉽지는 않을 것이며 [...] 새로운 일본을 창조하는 혁신을 배양하기 위해서는 우리가 오랫동안 키워온 전통적 지혜와 가치 체계의 균열과 시험"이 필요하기 때문이라고 했다.[3]

다카이치는 "새로운 일본"을 말하지만 이노베이션 25에서 말하는 "일본"은 19세기 후반 메이지유신 때 처음 상상된 사회의 이상을 되살리는 데 사용되는 수단으로서의 최신 최고급 기술에 있어서만 "새롭다."[4] 또한 그녀가 언급한 오래 키워온 지혜와 가치 체계란, 전후 헌법, 즉 아베가 2기 집권의 사명으로 삼은 "개정해야 할 대상"을 가리킨다는 점도 알 수 있다.

또한 가부장적 확대가족 체제가 이노베이션 25의 복고-유토피아적 미사여구로 상찬되고 미학화되었다. 되돌아보면 이 공상적 제안서로 초석을 닦은 자민당은 2012년 헌법 개정안을 공표했고 민족 국가의 소우주로서 가부장적 확대가족 체제를 사실상 부활시켰다. 헌법 개정안은 군국주의 과거와 제국주의 선동을 대충 넘어가면서 개인 주권과 자유보다 공공질서를 우선시한다. 또한 일황을 국가수반으로 복권한다. 전후 헌법에서 강조되었으나 온전히 실현되지는 않았던 인권과 성평등은 개정안에서 지워졌다(Jones 2013).

---

[3] 원래 제안서(Government of Japan 2007c)와 중간 보고서(Government of Japan 2007a, 2007b)의 다카이치 사나에의 서문에서 인용.

[4] "신新"이라는 접두어는 메이지유신 이래로 이념적인 의미를 띠게 되었다. 메이지유신이 "신 일본"을 전망할 권리를 모두 가져갔기 때문이다.

그림을 이용한 선전 선동

이노베이션 25에서 가장 기이한 점 중 하나는 삽화를 곁들여가며 10쪽에 걸쳐 인류학적으로 기술한 「이노베 가족의 하루」 부분이다. 이 가족의 작위적 성씨, 실제 일본에는 없을 성씨는 "이노베손"(innovation)의 줄임말로 한자 伊野辺가 병기돼 있다. 웹사이트에 영어 요약본들이 제공되긴 하지만, 만화를 포함한 이노베이션 25의 제안서와 다양한 보고서, 업데이트 대부분은 일본어로만 볼 수 있었다.[5] 이노베이션 25에서 삽화는 중요한 요소였고 핵심 내용에 대한 요약 만화 페이지도 포함되었다.

5개월 후 이노베 가족의 초상은 확장되어 별도의 만화책『2025년 이노베 가족의 하루 _2025nen Inobe-ke no ichinichi_』(Eguchi 2007)로 출판되었다. 저자 에구치 가쓰히코는 1940년생으로 이노베이션 25 전략위원회의 위원이었고 2010년 극우 차세대당으로 국회의원에 선출되었다.[6] 파나소닉 설립자 마쓰시타 고노스케의 제자로 십수 권의 경영서와 리더십 서적을 쓴 그는 "전통적 가치"와 더 엄격한 이민법의 옹호자로 아베의 "중의원 헌법심사위원회" 소속이었다. 이 책의 그림은 일본만화가협회의 후지이 류지가 그렸다. 이 책에는 그래픽노블 혹은 극화와 만화에 두드러진 특징들, 즉 과장되고 생략된 요소, 상투적 인물

---

5   영어 버전 "A day in the life of the Inobe family"는 내가 일본어 버전을 영어로 번역한 지 몇 개월 후에 올라왔다. 이 책에서는 내 번역본을 사용했다.

6   에구치는 차세대당이 "일본의 마음을 소중히 하는 당"으로 이름을 바꾸자 탈퇴하고 국회의원 재선도 포기한 후 지역 주권에 초점을 맞춘 보수 단체인 자유수호회의 자문을 맡았다.

상, 스톱 프레임 시퀀스, 감정을 표현하는 글씨체와 활자체, 말풍선, 다중 시점 화각, 자막, 글자와 이미지의 융합, 변이 과정 포착과 병치, 의성어와 여러 시각적 소리 효과 등도 모두 적용되었고 논픽션 장르에서 교훈을 주기 위해 이용되었다.

극화의 대표적 사례는 1986년에 나온 경제학 교과서이자 베스트셀러인 『만화 일본 경제 입문*Manga Nihon Keizai Nyumon*』으로, 만화가인 이시노모리 쇼타로가 그렸다. 2년 후 캘리포니아대학교 출판부가 판권을 사서 『일본 주식회사: 일본 경제 입문서*Japan, Inc.: Introduction to Japanese Economics*』라는 제목으로 펴냈다. 이시노모리 쇼타로는 만화가 데즈카 오사무의 제자로 『철완 아톰』의 조수였다. 그가 『만화 일본 경제 입문』을 쓰고 그린 것은 대중에게 복잡한 경제 문제들을 쉽고 재미있게 설명하기 위해서였다.

이노베이션 25의 제안서, 웹사이트, 만화책은 이와 비슷한 의도로 극화 형식을 차용한 전형적 사례다. 만화 팬임을 자처한 아소 타로 전 총리(2008~2009)는 2007년 1기 아베 정부에서 외무부 장관에 재임하며 외국 만화가들을 위한 "국제 망가상"을 제정하기도 했다. 2016년에는 2기 아베 정부의 부총리 겸 재정부 장관으로 재임했으니 그의 만화 사랑에 아베 역시 영향을 받아 그림을 이용한 선전 선동에 자주 이용했을 것이다. 2014년에 외무부 웹사이트에 아동 납치에 대한 헤이그 회의를 만화로 풀이해놓은 것처럼 말이다(Japanese American Social Services Inc. 2015).

보다 최근에 풍자와 비판을 받은 사건은, 아베가 전후 헌법 개정과 자위대의 정식 군대 전환을 주장하기 위해 종이로 만든 집 등 만화풍 소품을 이용한 것이었다. 2015년 7월 20일 아베는 후지TV의 생방송 《민나노뉴스》에 소품을 들고 출연했다. 그러면서 군인 대신 "소방관"을 예로 들고 나와서, 괴팍한 교사 같은 태도로 현 헌법(특히 9조)으로는 미국 집에 불이 났을 때 일본이 도움을 주러 소방관을 보낼 수 없다고 설명했다. 그러면서 미국 국기가 달린 헛간 같은 건물 지붕에 불과 연기를 나타내는 붉은색과 회색 막대기들을 붙였다. 그리고 울타리를 사이에 둔 일본 주택으로 "불 막대"를 옮기더니 종이 모형 소방관을 일본 주택 앞에 놓았다. "불꽃과 연기가 일본까지 번지고 나서야 우리 소방관들이 불을 끌 수 있다"는 것이었다. 국회에서 숙고 중인 논란 많은 안보 개헌안을 일본의 소방관이 "친구들"을 도울 수 있도록 해주는 수단이라고 주장한 것이다. "친구들"을 나타내는 캐나다, 독일, 영국, 프랑스 국기를 덕지덕지 붙인 종이 소방차를 들고서 말이다(Abe shusho 2015). 방송국 방청객도, 시청자도, 인터넷 댓글도 총리를 황당해했다. 총리의 쇼를 "어린이 프로그램인 줄" 알았다며 경멸하는 이들도 있었지만,[7] 2007년 2월 이노베이션 25의 만화 가득한 제안서를 발표할 때보다는 반응이 꽤 있었다.

---

[7] 전후 헌법 9조는 국가의 주권으로서의 전쟁을 포기한다고 했다. 방송을 보거나 기사로 읽은 이들 중 다수는 아베의 소품 방송을 조롱하거나 반대했다(Abe Mocked 2015). 이런 댓글들은 이후 유튜브 영상에서 볼 수 없게 되었다.

첫 만남 이후

내가 처음 아베의 "이노베이션 제안"에 대해 알게 된 것은 2007년 도쿄의 독일일본학연구소에서 주최한 학술회에서였다. 그날 저녁 특별 연설자 야쿠시지 다이조가 이노베이션 25 전략위원회의 위원이었다. 그는 이노베이션의 의미가 확장되었다며, 이노베이션의 새로운 문화적 방향성을 낳은 새로운 사회 가치에 대해 말했다. 나는 흥미가 동해서 다음 달 그와 만나기로 했다. 관청이 대부분 모인, 시멘트와 유리로 된 밋밋한 고층 건물 지구 가스미가세키에서였다. 그가 내 이름을 보안실에 알려놓아서 금방 건물 안으로 들어갈 수 있었다. 엘리베이터에서 내리자마자 야쿠시지의 비서가 맞아주었고 녹차를 내왔다. 널찍하고 채광이 좋은 사무실의 커다랗고 중후한 소파에 앉아서 우리는 일본어로 대화를 나눴다. 학술회 때 들은 이노베이션에 대한 강연, 그리고 함께 아는 지인에 대해 물었다.

하지만 이노베이션 25에 대해 날카로운 질문을 던질 수 있게 된 것은 2008년 두번째 인터뷰를 할 때였다. 1년 전 아베가 사임했고 그의 야심 찬 제안이 대중매체와 블로그들에서 널리 다뤄진 후였다. 두번째 인터뷰에서 야쿠시지는 영어로 대화하길 원했다. 내가 정중한 태도로, 이노베 가족에 대한 허구적 기록이 젊은 세대는 기피하는 구식 성별 구분을 강화하는 게 아니냐고 묻자, 야쿠시지는 몇 번이나 고집스럽게 자신의 아내를 예로 들며 "일본 여성들은 아주 전통적"이라고 주장했다.

4년 후인 2012년 2월 나는 구로카와에게 비슷한 인터뷰를 청했다.

그는 재빨리, 약간 가르치듯이, 이노베이션 25에서 가족과 직장 내 역할이 보수적으로 그려진 것은 다카이치 장관 탓이라고 했다(3장의 서두에 인용된 2007년의 진술과는 모순되는 말이었다). 구로카와의 쉴 틈 없는 일정과 출장들에도 불구하고 나는 운 좋게 그의 사무실에서 한 시간 미팅을 허락받았다. 도쿄 롯폰기, 화려한 시내 중심가의 정책연구대학원에서였다. 1997년 설립된 이 연구 기관은 유리와 벽돌로 된 외벽에 톱니 모양 지붕을 얹은, 높지 않은 현대적인 건물군에 자리했다. 건너편에는 넓게 길을 닦고 조경한 국립신미술관 정원이 있었는데, 녹색 유리가 물결치는 듯한 미술관 건물은 구로카와 기쇼(구로카와 기요시와 친척은 아니다.)가 설계한 것이었다. 국제 연구 허브로서의 명성을 강조하듯 대학원 캠퍼스에는 국제금융기구IMF의 아시아 태평양 지역 사무소 역시 자리했다.

우리는 가구들이 여유롭게 배치된 채광 좋은 사무실의 둥근 탁자에 앉았다. 구로카와는 이노베이션 25의 위원장으로서의 역할에 대한 질문들은 은근슬쩍 피하고, 스모 씨름조차 외국인이 선수가 될 만큼 일본 사회가 변했다는 이야기를 늘어놓았다. 그는 이 과정을 "스모화"라고 불렀다. 전통 운동 경기인 스모의 선수로 활동하는 외국인은 상층부에서 30퍼센트에 달한다(하지만 전체로는 7퍼센트일 뿐이다). 2016년만 해도 세 명의 요코즈나(천하장사)가 모두 몽골 출신이었고[8] 대부분의 외국인 선수가 몽골에서 영입된다. 나중에 알고 보니 "스모화"는 튀어나온 못이 망치를 맞는다는 순응주의 격언을 뒤집은

---

[8]　2017년에 기세노사토라는 선수가 요코즈나로 뽑혔는데, 1998년 이후 첫 일본 출신이었다.

문구와 함께 그의 수많은 강연과 블로그 게시글에서 빈번히 사용되는 말이었다.[9]

구로카와 기요시는 자신을 "튀어나온 못"으로 여겼다. 내가 보기엔 잘 어울리는 표현이었다. 재능 있고 국제적으로도 존경받는 인물로서 그는 아베와의 친분을 즐기며 정치 중심부에서 활동했다. 또한 그는 순응적이고 편협한 사회 내에서 자신이 국제적이며 거침없는 독불장군임을 내세웠다. 구로카와는 양다리 걸치기를 좋아했다. 우리의 인터뷰 당시 국회 내 후쿠시마 원전 사고 특별조사위원회 의장으로 막 지명되어 지진과 해일의 재앙적 결과를 조사할 권한을 받은 참이었다. 그의 진상 조사 보고서는 2013년 7월 총리에게 제출되었다. 일본어와 영어로 된 버전이 대중에게도 공개되었다.

일본어와 영어로 관리되는 다른 정부 웹사이트와 마찬가지로, 후쿠시마 원전 사고 국회 조사 보고서 역시 두 버전이 의미심장한 차이를 보인다. 일본어 버전에서 구로카와는 "규제 당국과 도쿄전력공사 사이의 결탁"이 오랜 부주의의 원천이었고 결국 원전 붕괴라는 참사를 낳았다고 밝혔다. 영어 버전에서 그는 독특한 "일본의 문화적 특성"에 많은 비난을 돌렸다. 즉 "우리의 굴종성, 권위에 대한 의문을 꺼리는 우리의 성향, 매뉴얼에 충실한 우리의 성향, 우리의 집단주의, 우리의 섬나라 특유의 편협성" 등이 그것이었다. 그러나 이런 특성은 군수기

---

9   구로카와는 못이 튀어나와야 한다고 믿었다. 이 문구는 이노베이션 25 중간 보고서의 소제목으로도 등장한다. "이노베이션의 핵심은 인적자원이다. 튀어나온 못을 육성하는 것이다"(Innovation 25 Strategy Council 2007: 26).

엽 바클리스, 언론재벌 머독 등의 서구 기업과 미국의 두 정당에도 똑같이 사용될 수 있다. 구로카와에게 "우리"란 정확히 어떤 집단을 의미했던 걸까?

구로카와의 보고서에 대한, 그리고 그 보고서의 일본어와 영어 버전 차이에 대한 수많은 비판이 국제 언론과 일본사회과학포럼(forum.iss.u-tokyo.ac.jp) 같은 학술 웹사이트에 등장했다. "일본 주식회사"라는, 상투적이고 닳아빠져 효력이 다한 상징에 안일하게 기대며 사실상 일본의 99퍼센트를 무시했다는 것이다. 수많은 이타적 자원봉사자와 지역의 자생적 비영리 조직들이 나섰고 해일이 쓸어버린 해안 도시들과 동북 지역 마을들을 자발적으로 찾아가는 상인들이 나타났으며 용맹한 법률가들, 언론인들, 과학자들이 무료로 일하며 방사능 수준에 대한 정확한 정보를 모으고 퍼뜨렸다. 이런 수많은 사람이 존재하는데, 무심한 냉혈 관료들과 부패한 기업가들, 사실상 이 재앙에 책임이 있는 자들과 다 같은 무리로 취급한 것이다. 2011년 311 재난의 원인으로 "일본 문화"를 비판한 구로카와는 사실상 모든 당사자에게서 출구와 미래를 상상할 권리와 의무를 빼앗고 새로운 "예방의 문화" 창조를 위해 협력할 가능성을 미리 종결했다.

그럼에도 외국 언론들은 구로카와를 따라, 그러나 더 긍정적인 관점으로 "일본 문화"를 본질화했다. "이타적, 금욕적, 잘 훈련된, 준법적인, 회복력 강한" 같은 형용사들을 사용해 집과 직장이 눈 깜짝할 새 폐허로 변한 수많은 일본인의 행동과 태도를 묘사했다. 반면 우익인 전 도쿄 도지사 이시하라 신타로는 지진과 해일이 "탐욕적이고 이기적인" 오늘날 일본에 내린 천벌이라고 주장했다. 이 재난의 비극적 규모가 분명해진 이후에야 이시하라는 사과문을 발표했다(Tokyo Governor 2011).

역설적이게도, 구로카와의 일본어 보고서가 규제 당국과 전력공사 사이 결탁을 지목함으로써 많은 일본 학자들이 이미 아는 사실을 재확인했지만, 그렇다고 해서 이것이 "일본 문화"와 동일시될 수는 없다. 어쨌든 오늘날까지 일본 언론은 자기 검열이라 할 수밖에 없는 태도를 보여주며, 구로카와의 비판적인 일본어 보고서를 인정하는 어떤 언급도 피해 왔다. 비슷하게, 이후 많은 유명인들이 상처 입은 이재민들을 위해 여러 노력을 했지만, 전력공사에 대해 공개적인 비판의 말을 하는 사람은 아무도 없었다. 원전 산업과 정부의 결탁에 대해서는 더 말하기 힘든 분위기였다. 한 명만 예외였다. 재난 한 달 후 1974년생 배우인 야마모토 타로가 원전을 반대하는 트위터를 올렸다. 그리고 다음 날 도쿄에서 1만 5,000명이 모인 반핵 행진의 가장 앞줄에 섰다. 한 달 후 그는 주연을 맡기로 했던 텔레비전 드라마 시리즈에서 축출되었다.

이어서 야마모토는 기존 소속사를 떠나 소속사 없는 배우가 되었다. 그는 요코하마 기반의 태양광 회사를 위해 일을 시작했고 2013년에는 국회의원 선거에 당선되었다. 몇 달 후에 야마모토는 황실 의례 위반으로 언론의 대대적인 주목과 함께 광범위한 비난을 받았다. 연례 가을 행사인 황궁 정원 파티 때 일황에게 편지를 건넨 것이다. 원전 재난의 잘못된 관리에 대해 호소한 내용이었다고 한다. 이 일로 황궁 출입을 금지당했지만 야마모토는 6년간 국회의원직을 지켰고 활발한 반핵운동을 이어가면서 후쿠시마 원전 붕괴의 여파

로 고난이 계속되는 일본인들의 건강과 복지 권리를 옹호했다.[10]

이런 야마모토에게 자극을 받았는지 몰라도, 여러 연령대의 유명인들이 트위터 등 소셜미디어를 이용해 전력공사를 비판하는 분위기가 2015년부터 시작되었다. 전력공사뿐 아니라 아베에 대해서도 비판의 목소리가 높아졌다. 야마모토의 반핵 활동가 "커밍아웃"은 원전 사고 직후 소프트뱅크의 손정의가 게시한 트위터에 영감을 받았다. 손정의는 "일본이 역사상 가장 큰 위기에 직면했다"(Fukushima News Online 2011)고 썼다. 또한 이 재난으로 손정의의 로봇에 대한 관심이 촉발되어, 상실과 이주의 상처로 고생하던 피해자들에게 감정적 위로를 제공할 인간형 로봇인 페퍼를 구상하게 되었다.

2015년 개설된 일본어 웹사이트 Abe-No(abe-no.net)는 텍스트로 꽉 채워진 첫 페이지에서 영어로 "Take Back Democracy"(민주주의를 되찾자), "Smash Fascism! Abe Out!"(파시즘을 부수자! 아베 아웃!)이라고 써놓았다. 현직 총리를 직접 지목한 최대 규모의 반정부 시위 중 하나가 이 웹사이트를 중심으로 2015년 7월 24일 조직되었다. 웹사이트에는 아베를 반대해야 하는 열두 가지 주요 이유가 열거되었다(Abe seiken NO! 2015; Ito 2015).

- 원전을 진흥한 점
- 자위대의 역할을 확대한 점

10　야마모토 타로의 활동 일지는 공식 웹사이트에서 볼 수 있다. 영어 버전도 있다(www.taro-yamamoto.jp).

- 헌법을 바꾸려는 사명감
- 오키나와의 미군 기지들을 지원하며 후텐마 기지를 헤노코로 이전시켜 미군에 의한 환경 파괴와 불공정한 지역 부담을 계속 강요하려는 점
- 2013년 특정비밀보호법 통과 강행
- 환태평양 경제동반자 협정 강행
- 소비세를 10퍼센트로 증세 계획
- 국가에게 사회복지와 사회보장을 증진시킬 의무를 지운 헌법 25조를 무시하며 사회제도를 망가뜨린 점
- 문제적 고용 및 노동법규로 악덕 기업을 양산하여 노동자들의 생존을 위협하는 근로 조건을 만들고 급여 하락을 야기한 점
- 농업을 "개혁"한다며 농업 협동조합들을 붕괴시키려는 점
- 파시즘을 지지하는 호전적 "혐오 발언"을 용인
- 국가의 지배를 강화하는 교육과 연구의 장려

하지만 이런 저항에는, 아베 정부가 추진하는 일본 사회의 로봇화와 "일본을 구할" 학문이자 산업으로서의 로봇공학에 대한 비판이 빠졌다. 2014년 아베는 국제 평화와 국가 안보를 위한 무기 수출과 합작 무기 개발 및 생산을 허용하는 법안을 통과시켰다. 2015년에는 "요코하마 해양 시스템 및 기술 무기 박람회"[11]가 열려서 (무인 차량과

---

11 요코하마 해양 시스템 및 기술 무기 박람회는 일본 정부와 영국 민간 기업이 공동 조직했으며 미해군 제7함대 사령부와 호주 국방부가 후원했다(Gady 2015).

드론 형태의) 로봇들이 상당한 존재감을 드러냈다. 2차 세계대전 이후 일본의 첫 무기 무역박람회인 이 행사는 찬성과 반대의 양가적인 대중 반응을 낳았다.

혁명을 원한다니

2015년 1월 23일 혁명 선언이 하나 등장했다. 아베 총리는 로봇혁명실현위원회 6차 회의에서 연설하며 2015년이 "로봇혁명"의 해라고 단언했다. 첫 회의가 2014년 9월 11일 열렸을 때 아베는 "이노베이션 25"의 갱신된 판본을 소개했다. "로봇 신전략"이라는 제목의 백서였다. 이 새로운 기획안은 "일본을 세계에서 가장 발전된 로봇 전시장으로 만들고 로봇이 세계 어느 나라보다 실용화된 사회를 만드는 것이 목표"였다. 그 목표를 위해 "돌봄과 농업에서 중소규모 산업에 이르기까지 규제 개혁으로 '로봇 장벽 없는' 사회를 만들고 세계 최고의 인공지능 기술을 달성하기 위해 노력하고 있다"는 것이었다 (Government of Japan 2015b).

아베의 기획안이 카렐 차페크의 SF에 나오는 진취적 사업가들이 썼을 법한 내용이긴 해도, 미래의 일본 로봇들이 혁명을 일으킬 것 같지는 않다. 로봇은 새로운 사회적 산업적 혁명을 견인하고 경제를 살릴 존재로 상상되었다.

이노베이션 25 전략위원회는 일곱 위원 가운데 한 명만 여성인 반면 로봇혁명실현위원회는 열일곱 위원 가운데 대략 3분의 1인 다섯

위원이 여성이라, 아베의 "우머노믹스" 정책을 일부 반영한다. 위원장인 노마쿠치 다모쓰는 국립산업기술총합연구소 소장이자 2015년 경제산업부의 지적재산권 공로상 수상자다. 이노베이션 25 전략위원회에 비하면 로봇혁명실현위원회에는 젊은 학자, 사업가, 경영인들이 포함되었는데, 본인 혹은 크든 작든 본인의 기업이 하는 더 넓은 범위에서의 실질적인 활동에 더 직접 관련되어 있었다.[12] 그들의 임무는 농업, 간호, 양육 같은 분야에 더 많은 로봇을 도입할 방법을 알아내어 경제 성장을 촉진하는 것이었다. 그들 기업 다수는 어떤 식으로든 로

---

12 위원 목록은 2014년 내각 보고서(Robotto kakumei 2014)를 참고했다. 가장 최근에 입수 가능했던 갱신된 정보다. 위원들의 더 자세한 이력과 소속은 인터넷에서 일본어와, 어느 정도는 영어로도 찾을 수 있다. 수학자 아라이 노리코(1962년생)는 국립정보학연구소의 정보사회상관 연구계 교수로 사회공유지식연구센터를 이끈다. 이케 후미히코(1952년생)는 혼다자동차와 일본자동차공업회의 의장이다. 이시카와 고야는 노인 대상 사회복지 기업인 실버윙의 상무이사다. 오다 마유미는 1906년 이시카와현에 설립된 유명한 일본 전통 여관 가가야료칸의 매니저다. 가사하라 세쓰오(1948년생)는 농업 전문가로 농업 기술 기업인 요코하마팜의 CEO이다. 기쿠치 이사오는 자동차와 의료기를 포함한 다용도 전자장치 시제품을 전문적으로 제작하는 기쿠치제작소의 회장 겸 CEO이다. 구로이와 유지는 전 방송인이자 가나가와현 지사다. 사이토 다모쓰(1952/3년생)는 주식회사IHI의 회장 겸 CEO로 항공기 엔진, 과급장치 등 중장비를 생산한다. 시라이시 마스미(1958년생)는 왕성한 저술가이자 간사이대학교 정책학 교수로 씨본코스메틱의 이사, 아동 돌봄 지원 서비스 기업 JP홀딩스의 외부 이사다. 스기하라 모토코는 작업 치료사이며 양로원을 전문으로 운영하는 두 회사 호유카이와 신주쿠 게야키엔의 건설 및 유지보수 부서를 이끈다. 스와 다카코(1971년생)는 정밀 기계 전문 다이야세이키의 회장이다. 쓰다 준지(1951년생)는 산업 로봇 제작사인 야스카와전기의 대표이사다. 노지 구니오(1946년생)는 세계에서 두번째로 큰 건설 장비 제작사 주식회사 고마쓰의 대표이사다. 하시모토 가즈히토(1955년생)는 도쿄대학교 첨단과학기술연구센터 응용화학 교수이며 정부 위원회인 과학기술혁신회의 위원이다. 야스다 사다아키(1939년생)는 패스트푸드와 다른 관련 식품 제조 및 판매 회사 무사시노의 대표이사다. 요시자키 와타루(1985년생)는 J다이트 변신 로봇과 미래 로봇공학의 "전쟁 기계"로 유명한 아스라테크의 수석 로봇 크리에이터이다.

봇이나 로봇 관련 사안을 다루었으며, 워낙 노인, 직장인 어머니(그리고 아버지), 기업농, 식품 가공업 등을 대상으로 하는 기업은 특화된 로봇 생산과 서비스의 로봇화로 혜택을 보게 마련이었다. 적어도 이들 기업 중 둘은 간호, 돌봄 로봇 개발과 환자 모니터링 및 이동 편의 로봇 장치 개발을 위해 2013년 아베 정부의 경제무역산업부가 고용한 스물네 곳에 포함되었다. 예를 들어 기쿠치제작소는 착용 로봇인 머슬수트의 상업화를 돕고 야스카와전기는 병상의 환자를 옮기고 수송하는 로봇을 개발했다(Robotic Care Devices Portal 2013).

로봇혁명은 지구에 국한되지 않는다. 아베의 두번째 집권 이전인 2010년에도 로봇에 의한 달 착륙 계획이 세워져, 2020년 유인 달 기지 건설을 위한 기반을 마련했다. 도요타의 임원 하야마 도시키는 2009년 대담한 제안서를 준비했다. 이족보행 로봇을 비롯해 다른 여러 로봇이 포함된 계획으로, 달의 광물자원 개발에 대한 관심을 드러낸 것이었다. 2011년의 3중 재난으로 달 착륙은 연기될 수밖에 없었고 지금은 2030년에 달 기지 설립이 예정돼 있다. 일본우주항공연구개발기구는 현재 시미즈건설이 제안한 "시미즈의 꿈"이라는 계획을 준비하고 있다. 시미즈건설은 2035년까지 우주 관광을 비롯해 로봇이 건설하는 태양광 발전 궤도 "루나 링"을 준비하고 있는데, 달을 에워싼 패널인 루나 링으로 태양에너지를 지구로 전송할 예정이다(Shimizu 2017a, 2017b).

2017년 최고의 달 표면 탐사 로봇(월면차)을 겨루는 구글 루나 엑스프라이즈에서 하쿠토 팀[13]은 열여섯 팀 가운데 유일한 일본 팀이었다. 2015년에 하쿠토 팀은 50만 달러의 "이동성 이정표 상"을 받왔다. 하쿠토 팀의 웹사이트 설명에 따르면 구글 루나 엑스프라이즈의 중심 임무는 달에 로봇을 착륙시키고 달 표면을 500미터 이상 이동하고 고해상도 사진과 영상을 전송하는 것이다. 시미즈건설과 마찬가지로 하쿠토 역시 자신들의 프로젝트를 "꿈"으로 묘사한다. "우리의 임무는 이 우주의 꿈을 실현시키는 것입니다."

하쿠토 팀의 세 파트너 가운데 하나가 IHI(이시카와지마 하리마 중공업)이다. IHI의 CEO가 로봇혁명실현위원회의 위원이다. IHI의 모토는 "미래는 IHI와 함께 달성된다."이다(IHI Corporation 2017). 이쯤에서 "꿈"이라는 단어의 함의에 대한 짧은 부연 설명이 "이노베이션 25"와 후속 제안서 "로봇 신전략"의 원대한 야망에 대해 중요한 통찰을 제공할 듯하다.

로봇 꿈들

"꿈"은 일본의 광고에 가장 빈번히 등장하는 단어 중 하나다(Skov and Moeran 1995: 120, 135–137). 더욱이 꿈에는 사회적 기능도 있다. 경고하고 미래를 예언하며 전반적인 윤리적 기능을 제공하면서도 꼭 상징적인 것은 아니다(Ozawa 1996: 15). 다른 말로 하면 "꿈"의 사회적 기능

13　하쿠토(하얀 토끼)란 달에 사는 토끼에 대한 일본 설화에서 따온 이름으로 공개 공모를 통해 선택되었다(team-hakuto.jp). 이들의 월면차 개발은 도호쿠대학교의 항공우주공학 교수인 가즈야 요시다가 지휘했다.

은 현실 세계의 집단적 노력들을 승인하는 것이다. 시미즈건설, 하쿠토 팀 등의 기업은 꿈이라는 단어를 실용적인 집단적 포부들의 가치를 설정하는 데 사용했다. 그들의 꿈은 막연한 전망으로서 존재하지만, 달 기지와 같은, 욕망할 수 있으며 실질적인 형태로 만들어질 가능성을 내포한다.

2007년 아베를 대신해 다카이치 장관이 의회에 제출한 이노베이션 25 제안서에서 "꿈"이 여덟 번이나 언급된 것은 그런 의미에서다. 그녀는 "편리하고 안전하고 안심되는 미래 사회에 대한 국민의 꿈"을 말했다(Innovation 25 Strategy Council 2007). 꿈은 또한 "목표" 혹은 "물질적 결과물"(꿈이 만든 것들)의 의미로 사용되어, 다양한 종류의 꿈을 이루기 위한 스무 가지 주요 혁신을 설명한다. 그렇게 꿈은 이노베 가족에 대한 에구치의 책(2007: 139)에서도 사용되었다. 이 책에서 어느 중국 학생은 자신의 꿈이 "중국도 환경을 보호하고 경제가 성장해 일본처럼 되는 것"이라고 토로한다. 에구치가 만들어낸 인물인 중국 학생은 일본의 군국주의자들과 마찬가지로, 일본의 식민 지배가 중국 및 한국을 근대화했다고 믿는 듯하다.

"꿈"이 이노베이션 25에서 너무 핵심적이다 보니, 아베 정부는 초등생들을 대상으로 작문과 그림 대회를 개최했다. 주제는 "미래의 꿈"이었다. 이 대회, 즉 "꿈 경주"의 공고문은 다음과 같다. "어린이는 미래의 짐을 져야 하는 존재입니다. 어린이들이 혁신에 관심을 갖고 꿈을 가질 수 있도록, 우리는 초등학생들을 초대해 '혁신으로 이루어질 수 있는 2025년의 꿈'이라는 주제로 수필 대회를 열고자 합니다. 여러분의 미래에 대한 꿈을 아베 총리와 다카이치 장관에게 나누어주세요"(Naikakufu 2015c). 84편의 글과 288점의 그림이 접수되었다. 서로 다른 지역을 대표하는 소녀 및 소년들의 에세이 다섯 편과 그림 여섯 점이 선정되었다(Government of Japan 2015c).[14]

1학년생 쓰쓰미 미나미는 녹색 껌을 신나게 씹는 소녀 그림을 그렸다. 이 특별한 껌은 공항의 가게에서 파는데, 씹으면 대여섯 가지 외국어를 말할 수 있다. 2학년생 사토 유이는 빨간 트럭을 그렸는데, 노란 하트 모양 타이어를 달고 음식물 쓰레기로 굴러간다. 4학년생 기타우라 미키는 〈꿈 혁신〉이라는 제목으로 사람의 감정과 의지로 움직이는 휠체어를 그렸다. 아라이 마사히로는 "눈 마스크"와 귀마개를 세부적으로 묘사해 그렸는데, 눈이 나쁘거나 안 보이는 환자들을 볼 수 있게 해주는 장치다. 이 6학년 학생의 설계도 같은 그림에는 장치의 원리와 작동법이 설명되어 있었고 다양한 유형의 시각 정보를 분류한 컬러 코드까지 포함되었다. 중학교 1학년 소녀 후카모토 유리가 제출한 그림 속 로봇 맹인안내견은 꼬리가 센서 역할도 하며, 걷는 속도를 목줄을 잡은 사람에게 맞출 수 있다는 설명이 쓰여 있다.

감시 드론 로봇을 그린 〈미래의 순찰〉을 보면 심란해진다. 도쿄의 4학년생 가와고에 미사가 그린 이 그림에는 어떤 여자가 바닥에 쓰러져 울면서 웬 남자를 가리키고 있다. 핸드백을 날치기한 이 도둑은 외국인 혐오 선전에 전형적으로 등장하는 중국과 한국의 "방문 노동

---

14 아이들의 이름은 정부 웹사이트에 게시된 보고서에서 가져왔다. 보고서는 지적 공공재산이다. 글과 그림이 올라왔던 공식 웹사이트는 이제 접속 불가지만 개요와 행사 사진은 Government of Japan(2007b)에서 볼 수 있다.

자" 모습으로 익숙하고도 잔인하게 그려졌다. 검은 옷을 입고 중절모를 쓴 남자는 심하게 위로 올라간 가느다란 눈으로 흉포한 이를 드러내며 웃고 있다. 소녀는 어쩌다 이런 이미지를 선택하게 되었을까 궁금했다. 나로서는 1964년 제임스 본드 영화에 나오는 악당 골드핑거의 부하 오드잡이 떠올랐다. 미사가 그 영화를 보았을 리는 없다. 하지만 비슷한 이미지가 2007년 전후로 대중매체와 온라인에 떠돌았고 특히 야마노 샤린[15]의 반한反韓 만화책 『망가 혐한류*Manga Kenkanryu*』가 2005년에 출간되었다.[16]

그보다 4년 전인 2001년에 이시하라 신타로 당시 도쿄 지사는 중국인에게 범죄 DNA가 있다는 주장으로 악명을 떨쳤다. 『망가 혐한류』의 악의적인 한국인 묘사와 짝을 이루는 사악한 만화적 언어였다. 2007년 에구치가 쓴 『2025년 이노베 가족의 하루』에도 가족 하나가 외국인처럼 보이는 남자의 아동 납치 현장을 목격한다. 이노베이션 25 제안서에는 없는 무시무시한 장면이 만화책에는 등장하는 것이다 (Eguchi 2007). "꿈 경주"에서 수상한 4학년생은 범죄자가 당연히 외국인이라고 생각한 듯하다. 공모전 심사위원들도 그랬고 말이다.

수상한 다섯 편의 수필은 소년 네 명과 소녀 한 명이 썼는데, 다양한 혁신의 모습들을 기술한다. 중학교 1학년 소년 가와이 히사야는 "마음의 혁신"을 길러, 물질적 풍요와 이기심이 더는 일본 사회를 타락

---

15 야마노 샤린은 필명이며 실명은 알려지지 않았다.

16 한류란 일본 내 한국 드라마와 케이팝 그룹의 어마어마한 인기를 뜻하지만, 그 인기가 재일 한인에까지 확장되지는 않았다(Ryang 2000). 혐한류란 한류에 대한 혐오를 뜻한다.

시키지 않도록 해야 한다고 주장했다. 그는 아베 총리의 "아름다운 일본" 개념이 기술적 발전뿐 아니라 공감 능력의 강화를 반드시 포함해야 한다고 말했다. 6학년 소년 도미타 마사키는 자신의 "미래의 꿈"이 장애인을 돕는 혁신이라고 설명했다. 로봇 안내견, 어디든 갈 수 있는 휠체어, 다양한 종류의 게임 같은 것을 개발할 수 있도록 기술고등학교에 진학해서 기계 만드는 법을 배우고 취업할 수 있기를 원했다.[17]

5학년 무네카타 미즈쿠는 할아버지가 사는 남쪽 구마모토시의 맑고 별이 반짝이는 밤과, 자신이 사는 나가오카쿄시의 음산한 밤하늘을 대조적으로 그렸다. 교토현에 있는 집에 대해 무네카타는 썼다. "우리 일상은 더욱 편해졌습니다. 하지만 환경은 온갖 공해를 앓습니다." 그녀가 꿈꾸는 세상의 새로운 도로 표면과 건축자재는 "숯처럼" 악취와 오염 물질을 빨아들인다. 4학년 누마이 도모키는 전 세계 사람들과 대화할 수 있는 통역기를 꿈꾸며 서로 대화를 할 수 있다면 모두 잘 어울려 지낼 거라고 말한다. 가장 어린 작문가인 2학년 가토 아키히토는 1학년 때 교사로부터 지구온난화가 주로 자동차 배기가스 때문이라고 배웠다. 가토는 스물다섯 살이 된 2025년에는 배기가스를 깨끗한 물로 전환하는 자동차들을 볼 수 있기를 기대했다. 전환된 물을 저장했다가 필요할 때 쓸 수도 있을 것이다.

이 어린이들이 이노베이션 25의 "미래의 꿈" 공모전에 글과 그림을 제출한 지도 이제 10년이 지났다. 그들도 나이가 들었고 그들의 꿈

---

17 일본은 중학교 3년까지 의무교육이고 고등학교는 자율제이지만 거의 모든 중학생이 고등학교에 진학한다.

몇 가지는 기술과 로봇공학의 발전에 따라 완전히, 혹은 부분적으로 실현되었다. 그냥 꿈으로 남은 꿈도 있다. 1장에서 내가 강조한 것처럼 과학적 허구, 만화, 영화, 기업 웹사이트, 수필 공모전에 나타난 변신 로봇이나 인간형 로봇에 비해 실제 생활에서 로봇은 훨씬 무능력하고 투박하다. 로봇은 상상하고 꿈꾸기엔 좋지만 만들기는 훨씬 어렵다.

2007년에 아베의 로봇혁명실현위원회 활동은 어린이들이 아니라 이제 어른이 된 몽상가들에게 손을 뻗었다. 위원회의 이름에 "실현"이 들어갔으니, 이노베이션 25에 활기를 불어넣은 "로봇 꿈들"은 이제 실용적인 노력으로 변형되어 구체적인 결과를 낳아야 했다. 특히나 로봇과 로봇공학이 사회를 안정시키고 일본 경제를 구하려면 말이다. 그러나 다음 장에서 내가 주장하듯이, "로봇화"에 의한 안전, 안심, 편리의 꿈은 반동적 포스트모더니즘[18]의 표출로 이해하는 것이 유용하며, 이때 발명된 전통을 포함한 과거의 이미지들은 향수병적이고 신기해 보이는 효과를 주기 위해 채굴된다.

---

18 내가 쓴 반동적 포스트모더니즘reactionary postmodernism이라는 용어는 Hal Foster(1983)와 Susan Foster(1985)의 통찰력 있는 분석에 영향을 받았다. 헬 포스터에 의하면 반동적 포스트모더니즘은 저항적resistant 포스트모더니즘과 대척점에 선다. 저항적 포스트모더니즘은 "전통의 비판적 해체와 관계된다." 반면에 반동적 포스트모더니즘은 "통속 역사적 이미지 혹은 사이비 역사적 이미지들의 도구적 짜깁기"다. 저항적 포스트모더니즘이 "기원"을 비판하는 반면 반동적 포스트모더니즘은 기원으로 회귀한다. 또한 반동적 포스트모더니즘과 달리 저항적 포스트모더니즘은 "문화적 기호들을 착취하는 대신 질문을 던지며 사회정치적 결탁 관계들을 감추는 대신 탐구한다"(Potter 1996: 7).

3

과거의
미래 가족들

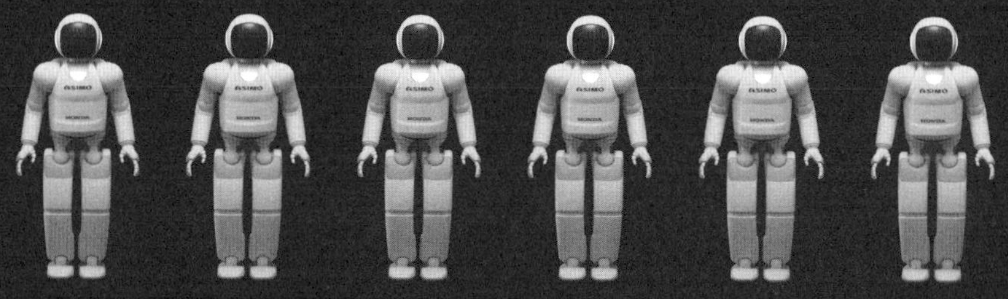

발전된 인공지능과 가사 능력을 가진 로봇들이 개발되고 있다. 로봇 대여 등 새로운 서비스와 사업이 나타나고 가정용 로봇들이 안전하게 도입되어 사람들을 가사에서 해방시키고 더 많은 자유 시간과 자녀 양육/일/취미를 위한 여유 시간을 가질 수 있게 해줄 것이다.

— 구로카와 기요시[1]

---

1 구로카와 기요시는 2007년 이노베이션 25 전략위원회의 의장이며 제안서의 영어 번역본에서 가져온 제사는 기술-유토피아주의를 담고 있다. 나의 질문에 구로카와는 익명의 직원들이 그 허구적 문화 기술지의 작성 업무를 맡았다고 답했다. 일본어 원문을 읽어보면 전문적 작가가 아닌 사람이 적당히 작성한 것이 분명히 보인다. 에구치의 만화 판본은 서사가 훨씬 세련됐다(Eguchi 2007).

이노베 가족의 하루

이노베이션 25 제안서에 포함된 10쪽 분량의 허구적 문화 기술지 「이노베 가족의 하루」는 2025년의 전형적 가정을 소개한다. 다소 엉성하게 작성된 글을 내가 번역해보자면 다음과 같다. 도쿄 교외에 거주하는 이노베 가족은 이성애 결혼 부부, 딸과 아들, 남편의 부모, 그리고 남자 성별의 인간형 로봇으로 구성되었다. 이들은 전통적 확대가정의 기술적으로 향상된 버전을 재현하며 로봇인 이노베 군은 가정의 유지에 필수적 역할을 담당한다.[2]

이노베 가족에 대한 설명을 읽을 때 주의할 점은 성별 역할의 재현이 익명의 작가들에 의한 생산물, 현 상황의 단순한 재생산이라는 점이다. 다양한 개인과 가족을 대상으로 하는 실제 인류학적 조사는 이루어지지 않은 채 허구적 묘사가 주조되었다. 그래서 인물들은 더욱 상투적 역할과 행동을, 특히 여성들이 비판하고 저항하는 역할과 행동을 하고 있다.

---

2   이노베 가족의 성 "이노베"는 한자로 표기되어 "일본화"된 반면 로봇의 이름인 "이노베 군"은 외국어를 표기하는 데 쓰는 가타카나가 사용됐다.

「이노베 가족의 하루」에는 일련의 만화적 삽화들이 배치돼 있다. 이야기는 먼저 가장 연장자인 구성원을 소개한다.

77세의 이치로는 중견 기업에서 관리자로 일하다가 은퇴했다. 지금은 일주일에 15시간 정도, 초등학교에서부터 대학교에 이르기까지 다양한 수준의 수업에서 나노기술과 과학을 가르친다. 아내인 마사코는 74세로 예전엔 이치로의 회사에서 일을 도왔다. 이치로가 은퇴하고 나서는 꽃꽂이를 시작했다.[3] 마사코는 또한 지역 행사에서 자원봉사를 한다.

나오유키는 이들 노부부의 50세 아들이고 이 집안의 가장이다. 대학을 졸업하고 나서 대기업에 들어갔지만 20년 근무 후 사직하고 인터넷 모임에서 만난 동료들과 하이테크 벤처기업을 설립했다. 사업은 실패했지만 나오유키는 실패에서 교훈을 배웠고 새로운 회사는 번창했다. 아내인 유미코는 51세로 인테리어 디자인 회사에서 일한다. 결혼 후 아이를 두 명 낳으면서도 회사의 육아휴직 제도 덕분에 원격 근무를 할 수 있었다.[4]

이들의 22세 아들 다이키는 대학 졸업반이고 중국의 대학원을 갈지,

---

3   여기서 "꽃꽂이"는 영어 flower arrangement를 가타카나로 음차해서 표기했다. 전통적인 일본 꽃꽂이를 나타내는 말 "이케바나生け花"를 쓰지 않은 것이다. 「이노베 가족의 하루」에서는 전반적으로 이런 식의 비일본적 관습과 활동이 언급된다. 좀 더 세계 시민적인 취미를 보여주며 전통과 구분을 지으려는 시도 같다. 비슷하게 가정 내 텔레비전 화면도 센티미터가 아니라 인치로 설명된다.

4   정부는 2020년까지 남성 80퍼센트가 출산 즉시, 13퍼센트도 언젠가는 양육에 도움을 주기 위해 육아휴직을 할 수 있게 되리라 희망한다고 말했다. 2015년에는 남성의 2퍼센트만이 자녀 양육을 위해 육아휴직을 냈다(Alter 2015).

아니면 고교 때 교환학생을 갔던 미국의 대학에 들어갈지 고민 중이다. 17세 딸 미사키는 베이징 고교에서 교환학생으로 공부 중이다.[5]

　로봇인 이노베 군은 최근에 이 가족의 구성원이 되었다. 그의 이름은 나오유키가 지었는데, 가족의 성 이노베(이노베이션에서 나온)에서 따왔다. 이노베 군은 다섯 살로 초등학생 정도의 크기이다. 이노베 군은 가정 내 와이파이와 지역 통신망에 연결되어 가족들과 상당한 정도로 대화가 가능하다.[6]

이노베 가족에 대한 소개 다음에는 허구적 문화 기술지가 이어져, 2025년 2월 5일 가족 각자의 일상을 기록한다. 그들의 하루는 6:30 노부부의 기상에서 시작해 23:00 집 안의 LED 조명이 자동으로 어두워지다가 꺼지며 마무리된다.

6:30 이치로와 마사코가 일어나 즉시 20년 된 조그만 평면 텔레비전을 켜 "오늘의 건강 리포트"를 본다. 그들이 자는 동안 컴퓨터가 검사 프로그램을 실행했다. "오늘도 두 분의 건강이 좋습니다."라는 글자가 화면에 나타난다. 각각의 유전적 특성이 컴퓨터에 저장되어 있다. 누가 건강

5　일본학생지원기구Japan Student Services Organization, JASSO에 따르면 2015년 해외에서 고등교육을 받는 고등학생은 8만 1,219명이었다. 다수인 1만 8,769명이 미국에 있으며 중국은 4,765명뿐이다. 그러나 대다수의 해외 유학생은 어학연수 중이거나 혹은 대학 입학 전 학령이고 이들은 통계에 포함되지 않았다. 추산한다면 해외에서 공부하는 일본 학생은 약 17만 명에 달했을 것이다(Smith 2016).

6　이노베 가족에 대한 모든 정보는 Government of Japan(2014)에서 가져왔다.

하지 않으면 컴퓨터는 적절한 약을 처방해 질병 초기 단계에 대응할 수 있다. 필요하면 컴퓨터가 전문가에게 연결해 화상 진단(20년 전에 쓰던 단어)을 할 수 있다. 의사가 가족의 유전자 자료도 가지고 있기 때문에 진단을 믿을 수 있다.

7:00 나오유키, 유미코, 다이키가 일어난다. 온 가족이 아침을 함께 먹는 동안 그들 앞의 103인치 화면에서는 영상이 나온다. 사실 이 화면은 별개의 여러 화면으로 나뉘어 각 사람이 헤드폰을 쓰고 선호하는 프로그램을 볼 수 있다. 하지만 오늘 아침에는 교환학생으로 베이징에 간 미사키와 화상통화를 하며 다 함께 즐겁게 대화를 나눈다.

8:00 나오유키가 출근한다. 원격 근무와 유연근무제(20년 전에 쓰던 단어) 덕분에 이제 버스와 열차는 통근자들로 붐비지 않고 승객은 쉽게 앉을 자리를 찾을 수 있다. 출근 지옥은 과거의 일이 되었다. 나오유키의 직원 중 절반이 집에서 일한다. 대기업에서도 3분의 1에 달하는 직원이 집에서 원격 근무를 한다.

기차에서 나오유키는 늘 하던 대로 신문을 읽기 위해 구부러지는 화면을 들여다본다. 뉴스에 의하면 규슈 지역에 폭우가 내려 홍수가 나고 산사태가 일어났지만 사전 경보 체계 덕에 사상자는 없었다. 게다가 지난 10년간 지어진 건물은 피해도 입지 않았다. 마찬가지로 이노베 가족의 집 역시 200년 동안 진도 7.0의 지진을 견디도록 설계되었다. 다양한 기반 시설과 전자 장비들이 네트워크로 연결되어 지진이 일어나도 어떤 부차적 피해도 없으리라 안심할 수 있다.

모든 공공 버스와 자가용은 전기 배터리가 동력이다. 이산화탄소로 가는 자동차도 곧 상용화되어 자전거와 보행자는 더욱 깨끗한 공기를 마실 수 있을 것이다. 센서가 설치된 도로 체계에 아직 통합되지 않은 지역이 일부 존재하지만 지난 3년간 교통사고는 일어나지 않았다.

9:00 이치로가 전기 자전거를 타고 학교에 간다. 배터리 기술 발전과 자전거 도로 정비 덕분에 대다수가 자전거로 출퇴근하거나 통학하게 되었다. 자전거가 인기를 얻은 비결은 환경 친화성과 건강상 이점 때문이라고들 한다. 20년 전에 비해 자동차 배기가스가 줄고 녹지가 많아져 쾌적하게 자전거를 탈 수 있게 되었다. 이제는 이치로와 같은 나이대의 노인도 자전거로 10킬로미터쯤은 즐겁게 갈 수 있다.

자동차와 고속도로 같은 것들이 네트워크로 연결되고 고도 정보 기술로 보조되어 자전거의 갑작스러운 사고를 막고 위험한 방해물을 경고해준다. 배터리의 발전으로 전기를 사용하는 교통수단이 널리 퍼졌고 다양한 이동 장치가 발명되었다. 일본은 이런 기술에서 다른 나라들을 선도하며 세계에 많은 제품을 공급한다.

10:00 이치로가 고등학교에서 모노즈쿠리(만들기) 수업을 한다. 가상 현실을 교재로 사용해 니혼테키(일본적) 제작 방법의 우수성을 경험하도록 가르친다. 학생들은 이런 수업을 초등학교 때부터 받아왔기에 이치로의 강의에도 잘 집중할 것이다.

그래서 이치로는 매우 행복하다. 당연히 고등학교 수업은 초등학교, 중학교와 난이도가 다르다. 크고 작은 기업의 연구원이나 기술자였던 교사들 중에서도 이치로는 가장 고참이다. 통계를 보면 전공이나 직무와 상관없이 이치로 세대의 남성 중 20퍼센트가 활발히 교직을 수행하고 있다.

12:30 다이키가 캠퍼스에서 친구들과 점심을 먹는다. 어느 카페 테라스에 열 명이 모였는데, 다이키를 포함해 세 명만이 일본인이다. 다른 학생은 유럽, 북미, 아시아, 중남미, 중동, 아프리카에서 온 외국인이다. 대학원까지 따지면 약 절반의 교수와 학생만이 일본 국적이다. 환경학은 아주 인기 있는 전공이고 종종 외국인 학생들이 고국으로 돌아가서 환경과 관련된 활동을 새로 시작하기도 한다. 오늘 대화 주제는 다이키가 어느 대학원으로 갈 것이냐이다. 고등학교 때는 미국에서 교환학생으로 공부했지만 지금은 일본, 미국, 중국 중에서 고민하고 있다.

14:00 다이키의 할머니 마사코가 꽃꽂이 수업을 듣는다. 공방까지 걸어서 30분이다. 그녀는 손목시계 비슷한 장치를 찼는데(웨어러블wearable이 아닌 웨어라벨wear label이라고 돼 있다.) 보행자의 위치를 파악할 수 있도록 근처를 지나는 자동차에 센서가 내장되어 있다. 또한 이 웨어라벨 장치는 필요한 경우 응급 서비스와 연결해준다. 마사코는 10년 전 알츠하이머 진단을 받았지만 부작용 없는 신약 덕분에 건강한 삶을 살고 있다. 일본의 대학 기반 벤처기업과 주요 제약사들이 알츠하이머 약을 개발하고 있다. 마사코와 같은 세계 전역 사람들에게 큰 도움이 될 것이라고 그녀는 생각한다. 비슷하게, 마사코의 꽃꽂이 친구 후미코는 5년 전 암 진단을 받았다. 초기에 발견했기에 우회 수술만 받고 약만으

로 치료에 성공할 수 있었다.

또한 마사코의 웨어라벨은 경찰 네트워크에 연결되어 있다. 지난번에 어느 초등학생이 수상한 남자에 의해 납치될 뻔했을 때 학생의 웨어라벨 알림을 받은 경찰이 남자를 붙잡을 수 있었다. 결국 오해였던 것으로 드러났지만 웨어라벨 덕분에 일본은 세계에서 가장 낮은 범죄율을 보인다. 마사코는 어릴 때 아무 두려움 없이 밤늦게까지 나가 놀곤 했지만, 아들인 나오유키가 나가 놀면 늘 걱정이 되었다. 요즘에는 일본이 안전해지고 사람들이 편안히 살 수 있게 되어 마사코는 행복하다.

16:00 마사코가 집으로 가며 유미코의 부탁으로 저녁 장을 본다. 집에서 주문을 하고 배달을 받아도 되지만 좀 비싸다. 마사코는 슈퍼마켓에서 외국산을 둘러보는 게 재밌다. 슈퍼마켓에 센서가 깔려 있어서 원하는 물건을 고르면 웨어라벨이 신선도를 확인한다. 손자인 다이키에게 알레르기가 있지만 요즘 식품은 알레르기가 없도록 제조되어서 마사코는 걱정 없이 장을 볼 수 있다. 마사코는 식료품을 특수 쇼핑 카트에 넣는다. 그녀가 고른 품목을 기록해 자동으로 계산하는 카트다. 총액은 가족 계좌에서 자동으로 출금된다. 과거의 계산대나 긴 줄은 농담거리가 된 듯하다.

오늘날에는 신용카드가 아니더라도 카드 하나면 모든 거래에 사용할 수 있다. 교통 요금, 쇼핑 대금 등 무엇에든 사용한다. 일본에서 만든 이러한 기술이 세계 표준이 되었다. 외국에서도 항공료, 호텔비, 교통 요금, 쇼핑 대금 등에 같은 카드를 쓸 수 있다. 작년에 마사코와 이치로는 유럽 여행을 했는데 이 카드 하나만 사용했다. 이치로는 종종 카드를 잃어버리곤 하는데, 그럴 때는 통신망에 연결된 휴대전화를 대신 사용할 수 있다. 근미래에는 암호화와 개인 인증 기술의 진보로 타인의 카드와 휴대전화 사용을 막을 것이다. 올해 마사코는 아직 현금으로 물건을 산 적이 없다. 그녀는 추억하듯 남편이 카드와 현금으로 지갑을 꽉 채우고 다니던 시절을 회상해본다. 오늘날 그런 지갑은 대단히 불편할 것이다.

해외여행을 가면 올인원 카드뿐 아니라 자동 통역기나 헤드폰을 사용할 수 있다. 마사코는 일본어밖에 못 하지만 해외여행 중에 이런 헤드폰을 쓰면 혼자서 쇼핑도 할 수 있고 외국인과 대화도 나눌 수 있다. 사실 마사코는 통역기를 이용해 한 달에 한 번씩 어느 인도 부부와 통화한다. 한 시간에 500킬로미터를 달리는 일본의 자기부상열차[7]에서 만난 친구들이다.

17:00 유미코가 집 안 사무실에서 원격 근무를 마치고 이노베 군과 대화한다(그림 6). "집 청소는 끝냈니? [...] 연락 온 데 있었니? [...] 목욕 준비는?" 이노베 군이 대답한다. "엄마의 사무실 빼고 집 전체를 청소했어요. 할아버지는 18시쯤 귀가할 거예요. 할머니가 17시에 들어온다고 연락했어요. 곧 도착하겠네요. 목욕은 18시에 준비할까 해요. 아빠는 19시에 온대요."

---

7   2015년 4월 일본의 고속열차는 시속 603킬로미터에 달해 세계신기록을 달성했다. 이런 자기부상열차는 자석의 힘으로 궤도에서 10센티미터가량 떠서 마찰을 줄이고 속도를 높인다. 2027년에는 도쿄와 나고야 구간 운행을 시작할 예정이다(McCurry 2015).

그림 6 이노베 유미코가 집안일과 가족 일정에 대해 로봇인 이노베 군과 대화를 한다(출처: http://www. cao.go.jp/innovation/action/conference/minutes/inobeke.html의「이노베 가족의 하루」그림을 바탕으로 타일러 크란츠가 다시 그렸다. 원본 이미지는 너무 작아서 가져올 수 없었다[Robertson 2007: 389에서도 마찬가지]).

이전 세대 로봇들과 달리 이노베 군은 일상적 대화를 쉽게 해낸다. 인공지능의 발전 덕에 주어진 환경에서 더욱더 높은 수준까지 배울 수 있게 되었다. 이노베 군은 이노베 가족의 집단 두뇌인 셈이다. 집 안 모든 가전제품, 청소로봇과 자동차도 이노베 군의 네트워크 시스템에 상호 연결돼 있다. 마사코의 웨어라벨과 자동 쇼핑 카트 역시 연결되어, 그녀가 활동할 때면 이노베 군이 대화 상대 역할을 한다. 많은 사람들이 로봇을 임대하지만 이노베 가족은 이노베 군의 새 모델이 출시되자마자 구입했다.

유미코는 결혼을 하고 두 아이를 낳은 후에도 일을 계속할 수 있었다. 다이키가 태어날 때쯤 발효된 가족 지원 정책 덕분이었다. 이전에도 사람들은 개인 컴퓨터를 이용해 집에서 원격 근무를 할 수 있었으나, 부족한 정보 기술 시설 때문에 쉽지는 않았다. 보안 수단도 부족해서 사무실 자료를 집으로 가져올 수 없었다. 원격 근무 시간을 정확히 계산하기도 어려워서 유미코의 이전 사장은 집에서 일하는 것을 곤란해했다. 하지만 유미코가 미사키를 임신했을 때쯤 적절한 기술적 진보로 원격 근무가 가능해졌다. 새로운 법규도 설립되어 근로자의 성과에 기반한 평가와 보안망 및 개인 식별 체계도 확충되었다. 그래서 유미코는 육아휴직 동안에도 사무실 사정에 대해 계속 정보를 받으며 미사키가 낮잠을 자는 동안 원격 근무를 해서 용돈을 벌었다.

이노베 가족은 200제곱미터의 단독주택에 산다. 다이키와 미사키가 어릴 때는 2,000세대 규모의 "타워 콘도"에 살았는데, 그런 주거 형태는 당시 정부의 "밀집 도시" 계획의 일부였다. 이 거대 집합 주거에는 보육 시설, 병의원, 학교 등도 같이 있어서 아이들이 통학 중에 사고를 당할까 걱정할 필요가 없다. 관개시설이 건축물에 통합되어 많은 식물이 재배된다. 미사키가 어릴 때 고층 건물인 초등학교에서 급우들과 모내기도 해봤다. 요즘 부동산 개발사들은 건축 허가를 받으려면 "녹색 공간"을 반드시 설계에 포함해야 한다. 그래서 유미코가 어릴 때 이래로 공원 면적이 대단히 확장되었다.

18:00 나오유키가 퇴근하려 할 때 후배 동료와 마주친다. 그녀는 막 출산을 하고 남편과 육아를 분담하고 있다. 유연근무제와 원격 근무 덕분에 직장 일과 가사를 병행할 수 있다. 더구나 나오유키의 회사는 고용자에게 근무 시간에 기반해 임금을 지급하지 않는다. 그 대신 주

어진 도전에 대한 실질적 성과에 기반해 연봉을 준다. 업무 의욕을 촉진하기 위한 방법이다. 혁신적인 일에는 유연한 태도가 필요하며 직장 밖의 활동 및 가족과의 시간도 중요하다. 나오유키는 직장에 급한 일이 없으면 일찍 집으로 가 가족과 함께하는 시간을 즐긴다.

19:00 가족 중 다섯이 같이 저녁을 먹는다. 마사코, 유미코, 나오유키가 저녁 준비를 맡았다. 다이키도 요리를 할 수 있지만 그의 음식은 그다지 맛있지 않아서 담당에서 제외되곤 한다. 오늘은 나오유키가 주방장을 맡았다. 그동안 다이키는 103인치 화면으로 텔레비전을 본다. 성공적인 로봇 달 탐사에 대한 프로그램에서 로봇이 활동하는 선명한 영상이 전송되어 나온다. 푸른 녹색의 지구가 빛나는 것을 보고 다이키가 중얼거린다. "나도 우주여행을 해서 지구를 직접 보고 싶다." 다이키는 지구가 영원히 아름답기를 바란다.

20:00 베이징에서 미사키의 영상 편지가 도착한다. 그걸 다이키가 103인치 화면에 띄운다. 미사키는 건강해 보이고 많은 남녀 급우들에 둘러싸여 있다. 다들 중국어로 말하지만 화면에 나타나는 동시통역 덕분에 가족도 이해할 수 있다. 작년에 가족이 유럽 여행을 갔을 때도 같은 통역 장치를 이용했다.

　미사키의 친구인 리 가족은 중국 내륙의 사막 지대 농장에 살지만 안전한 유전자 변형 작물을 비롯해 일본의 생명공학의 도움으로 사막을 풍부한 농산물 생산지로 바꿔놓는 데 성공했다. 가까운 미래에 일상, 관개, 농업에 쓰이는 전력은 일본—중국의 태양광 회사에 의해 발전

될 것이다. 현재 중국의 해안 도시들을 따라 초전도 케이블을 놓는 프로젝트로 전력량이 크게 늘었다.

리가 자신이 사는 마을에 대해 자부심을 담아 이야기한다. 졸업 후 에너지 분야에서 일하고 싶단다. 리의 "꿈"은 중국이 환경도 보호하고 경제도 성장해 일본과 같이 되는 것이다. 리는 미사키 덕에 일본에 대한 관심이 깊어졌고 공연예술과 만화영화 등 일본 문화에 대해 더욱 잘 알게 되었다. 리는 일본에 대해 아는 게 많은 듯하다.

23:00 다들 침실로 들어간다. 거실과 침실의 조명은 사람이 있을 때와 없을 때, 어떻게 움직이며 얼마나 움직이는지에 따라 자동으로 변한다. 20년 전에 이미 형광등이 LED로 대체되었다. 고속 전송 관련 신소재 개발로 빛의 효능이 확장되었다. 조명은 에너지 소비를 줄인 방법들 중 하나일 뿐이다. 일본은 가정 내 에너지 절약이 최고 수준이고 그 시스템을 세계 전역에 소개하고 있다. 일본 전역의 도시들은 에너지 절약 시스템을 채택하고 20년 전에 비해 소비량을 절반 이하로 줄였다. 곧 태양광이나 원자력 같은 새 에너지원이 세계 전역에 도입될 것이고 에너지 절약 시스템의 발전은 대기 중 이산화탄소의 양을 줄일 것이다.

이노베 가족에 대한 허구의 인류학적 묘사는 반동적 포스트모더니즘, 향수병적 혼성모방의 작용에 대한 경각심을 일깨워준다. 이치로가 고등학교에서 가르치는 과목에 모노즈쿠리(만들기)라는 단어가 사용된 것은 의미심장하다. 모노즈쿠리는 "장인의 기술"과 비슷한 전통적 의미를 가지고 있지만 오늘날에는 일본의 제조 과정과 생산품을 일컫는 말로 자주 쓰인다. 메이지시대(1868~1912) 근대화의 맥락에서 "세이산 기쥬츠"(생산 기술)나 "세이조 기쥬츠"(제조 기술) 같은 용어들이 산업화에 따른 유럽-미국 기술들과 함께 소개되었다. 모노즈쿠리는 토속 일본어를 이용해 만들어진 단어로 1990년대에 일본 제조품의 독특성을 강조하기 위해 새로 발명되었다(Monozukuri 2016; Pringle 2010). 그러면서도 원래 있던 단어들을 표기하는 데 쓰는 히라가나 방식으로 표기해 전통적인 분위기를 내는데, 역사적으로 보이는 형식들을 활용하여 이노베이션 25의 국수주의 정치를 은근슬쩍 넘어가는 수사학적 전략의 또 다른 사례라고 나는 본다. 그 효과로 20세기의 제국주의가 21세기의 기술 식민주의로 대체된다. 그렇게 일본의 혁신들이 탈사막화 기술에서 태양광 전력과 LED 조명에 이르기까지 2025년의 전 세계 시장을 지배하고, 제국주의 전성기와 마찬가지로 아시아 학생들은 일본을 열렬히 공부해 자국의 선구자가 되기를 열망한다는 것이다.

인터넷 보안 기술의 발달로 유미코는 임신 중에나 출산 후에도 집에서 원격 근무를 할 수 있었지만, 그녀는 임금을 제대로 받지는 못한 것으로 보인다. 유미코의 벌이는 용돈이라고 지칭되는데 노동 급여에서의 성차별이 잘 드러나는 부분이다. 유미코가 애초에 원격 근무를 할 수 있었던 것도 그녀의 로봇 분신인 이노베 군 덕분이며, 이노베 군은 그녀와 다른 가족 구성원에게 엄마, 아빠 등의 친족 명칭을 사용해 사회적 관계를 맺는다. 이노베 가족의 만화 버전도 이노베이션 25의 반동적 포스트모더니즘 기조를 계승하지만 서사 방식은 더 유려하다.

만화 버전

이노베 가족 이야기의 만화 버전은 에구치 가쓰히코가 글을 썼는데
가상의 문화 기술지에서 얼버무린 부분들에 대해 좀 더 상세히 설
명한다. 총 160쪽의 반양장 단행본 『2025년 이노베 가족의 하루』(그
림 7)에서 이야기는 등장인물들이 사용한 핵심어들을 설명하며 전개
된다. 그렇게 6:00에 컴퓨터가 작성해 내놓는 이치로의 건강 보고서
가 마이크로캡슐 로봇(핵심어 중 하나)이 수집한 진단 자료에 기반하고
있다는 것을 독자는 알게 된다. 이치로는 잠자리에 들기 전에 마이크
로캡슐을 삼키며, 언급은 안 되지만 분명 소화된 음식과 함께 배출
될 것이다. 처음에 이치로는 자신의 건강 보고서가 정상으로 나왔다
고 주장하지만 중앙 컴퓨터와 연결된 이노베 군이 "혈압이 좀 높으니
적절한 약 처방을 받아야 한다"고 반박한다. 반면 정상으로 나온 마
사코가 타박하자 이치로는 좀 짜증이 나 보인다. 마사코는 작년에 캡
슐 로봇이 위장 질환을 조기 발견하지 않았으냐며 지적한다. 뉘우친
이치로는 로봇에게 병원 예약을 지시한다. 이노베 군이 재빨리 예약
하고 7:00에 나오유키와 유미코를 깨우러 간다(Eguchi 2007: 10–14). 가
정용 로봇이 소년 모습의 하인 역할뿐 아니라 감시와 거짓말 탐지 기
능도 하는 것이다.

　마사코의 쇼핑 이야기에서도 내용이 비슷하게 다듬어지고 변형되
며 납치 사건도 일어난다. 이노베이션 25의 14:00과 16:00의 사건이
뭉뚱그려진다. 공원에서 얼굴을 가리고 머리가 긴, 외국인으로 암시
되는 남자가 소녀를 납치하는데, 결국 소녀의 GPS 보안 목걸이가 자

그림 7 『2025년 이노베 가족의 하루』(Eguchi 2007)의 표지

동으로 경찰에 알려서 체포된다. 사건 후 마사코는 공원을 지나가며 보안 센서와 카메라가 대중의 프라이버시를 침해하긴 하지만 안전을 위해 포기할 가치가 있다고 사색에 잠긴다(99–101). 이노베이션 25에서 납치 사건은 오해였던 것으로 밝혀졌지만 만화판은 위험하고 범죄적인 외국인에 대한 고정관념을 밀어붙인다.[8]

만화판에서 이노베 가족은 한층 더 친근감과 활기가 넘친다. 만화판은 가족 구성원의 역할 역시 재구성한다. 예를 들어 인터넷 페이지에서는 할머니, 부인, 남편이 요리 일을 번갈아 맡는데, 만화판에서

---

[8] 일본 내 범죄 대부분이 외국인에 의한 것이라고 한 전 도쿄 지사 이시하라 신타로의 인종 차별 혐의에 에구치가 신빙성을 더해주는 것으로 보인다.

는 할아버지가 중국식 저녁식사를 준비해 차리는 것으로 나온다. 할아버지가 은퇴 후 요리 수업을 들은 것이다. 또한 19:00에 베이징의 손녀가 화상전화를 걸었을 때 손녀의 외국인 친구들(리뿐만 아니라)이 일본에 의해 외국에 소개된 신기술들에 대해 토론한다. 리는 중국에 사용된 일본의 사막 관개 기술에 대해 말하면서 "과거(무카시)[9]에는 반일본 정서가 팽배했지만 오늘날 중국과 일본은 진정한 친구이며 좋은 관계를 유지하고 있다"고 주장한다(139). 캄보디아에서 온 구엔 역시 일본의 기술을 자국에 소개하고 싶어 한다. 그래서 이노베 가족에게 자신이 다닐 만한 일본의 기술대학들 이름을 알려달라고 부탁한다.

두 버전에 등장하거나 언급된 로봇은 이노베 군뿐만이 아니다. 외국에 고용되어 달의 남쪽 고지대의 타이코 크레이터를 광범위하게 탐험하는 근육질의 일본산 휴머노이드, 간호 휴머노이드, 발굴 및 건설 로봇, 조종사가 탑승하는 (건담 비슷한) 로봇,[10] 작물 수확용 농업 로봇, 산업용 로봇, 육아 로봇, 하녀 및 청소부 로봇, 보육 로봇, 수중 탐험 로봇, 로봇 욕조 등도 등장한다. 한편 실제 세계에서는 아베 총리가 2014년 초 정부에서 간호 및 노인 보조 로봇 개발을 우선적으로 지원할 것이라고 선언했다. 이렇게 실재하는 이노베 군들은 부족

---

9   여기서 쓰인 "무카시"라는 단어는 막연하고 행위자 없는 과거를 의미한다. 반일본 정서의 원인인 식민 지배와 잔혹 행위라는 특정 과거에 대한 직접 언급을 피한 것이다.

10   SF 애니메이션 《건담》은 거대한 이족보행 인간형 로봇으로, 조종석에 인간 조종사가 타고 있다.

한 건강 돌봄 노동자를 대신할 "로봇혁명"의 일부로 간주되었다.[11]

만화책의 마지막인 19:00 부분은 가족이 잠이 들기 전까지 보내는 시간을 그린다. 온라인 버전에서는 조명이 자동으로 꺼졌는데, 만화책에서는 이노베 군이 손수 끈다. 그리고 마지막 그림에서 인간이 남기고 간 빈 술병, 유리잔, 신문, 잡지 등을 로봇이 치운다. 가족이 키우는 살아 있는 고양이가 로봇의 곁을 지킨다(147-153).

후기에서 에구치는 "2007년이 진정한 혁신의 시대 첫해였다."(159)라고 선언한다. 그는 계속해서 예측한다.

20년 내로 일본의 제조, 산업, 개인, 가정, 의료, 그리고 국가의 모습 자체가 급격한 변화를 겪게 될 것이다. 『2025년 이노베 가족의 하루』라는 이 만화판은 광범위한 독자층을 겨냥한다. 그 목적은 구로카와 기요시 의장의 이노베이션 25 위원회가 8개월 동안 엄중히 토론해 도출한 전략을 소개하는 것이다. [...] 혁신은 과학자와 기술자들에 국한되지 않는다. 보통의 시민들에 의해 지속적으로 재충전되는 의식이 필수다. 그런 의미에서 혁신은 회복과 혁명의 물결을 촉진해, 일본을 "아름다운 나라"이자 "활력 넘치는 나라"에 이어 세계에서 가장 혁신적인 나라로 만들 것이다.

---

11 로봇 조수들은 부족한 간호사와 간병인의 대안뿐 아니라 새로운 부가 산업 육성의 필수 전략으로 상상되었다. 남은 질문은 이런 필수 인력이 부족한 이유였다. 이런 직업에 관심 있는 일본인이 너무 적고 해외에서 온 자격 있는 간호사와 돌봄 인력은 일본 정부 때문에 일자리를 얻기가 매우 힘들었다(Kakuchi 2010). 최근에는 외국인 간호사에게 특별 비자가 허용되는 등 고용 편의를 돕고 근무 환경을 개선하는 조치가 이루어졌다(Osaki 2015).

내 가족은 아니야

이노베 가족의 허구적 문화 기술지와 만화책은 많은 비판을 불러일으켰는데, 그중 에구치의 명명을 따르자면 "보통의 시민들"이 운영하는 블로그들이 있었다. 주부이자 두 아이의 엄마로 사회문제를 다루는 웹사이트를 운영한다는 한 비평가는 다음과 같이 씨근거렸다. "실제 일상의 모습이라곤 전혀 없다. 마치 20년 전 과학소설 같다! 이상적 미래에 대한 이 관점에 공감 못 하는 게 나뿐인가? 사람들이 영적으로, 지적으로 빈곤해졌다면 그건 편리라는 명분하에 기계에게 전부 맡겼기 때문이다. 자연적 환경에서 지식을 얻는 능력을 잃었기 때문이다."[12]

정기적으로 요즘 세태와 아베 체제 둘 다를 재치 있게 비판하는 또 다른 블로그에서는 이노베 가족의 일상이 미래 예측으로서 아무 가치가 없다고 단언한다. 뉴스나 블로그의 지면 채우기 보조 아이템 정도의 역할이라는 것이다.[13] 비슷하게, 기술 컨설턴트 고바야시 아키히토는 이노베 가족의 과학소설이 근미래에 대한 거창한 전망치고는 잡다하고 만화적이며 꺼림칙하기까지 하다고 자기 웹사이트에 썼다.[14]

일본 아마존 사이트의 이 만화책 페이지에는 2008년 1월 논평이

---

12   http://studio-m.at.webry.info/200703/article_2.html

13   http://www.nogutetu.com/2007/02/post_135.html

14   http://blogs.itmedia.co.jp/akihito/2007/02/post_d66a.html

하나 있다. 글쓴이는 이 자문위원회의 미래 예언이 10년 전 초등학교 교과서에 나온 것과 닮았다고 지적한다. 그럼에도 미래에 대해 긍정적 이미지를 읽어낸 점은 신선하다고 했다. "앨빈 토플러의 신나는 미래 전망과 달리 최근 예측은 모두 부정적이다. 기후 이상, 유전자 변이, 임계치에 도달한 부적응자, 미래를 막는 수많은 시체들 등을 볼 때 미래는 없는 듯 보이기 때문이다." 밝은 미래 묘사에 대해서는 어느 정도 칭찬할 만하다 해도, 그림들이 대부분 형편없다고 글쓴이는 지적한다. 유명 만화가인 후지이 류지가 이름만 빌려준 것 같다고 말이다.[15]

이렇게 로봇적으로 향상된 생활이 국가주의적 광휘로 조명되던 이노베 가족, 그들의 선조에 대해서도 알아보자.

야마토 가족

내가 보기에 로봇에 대한 담론은 기계공학만큼, 혹은 그 이상으로 사회공학과 관련이 깊다. 아베의 2015년 "로봇혁명" 선언은 제국주의 정부의 선전 선동에서 장려했던 유형의 사회와 으스스할 정도로 같은 기조를 공유했다. 아베의 외조부인 기시 노부스케가 핵심 역할을 맡았던 20세기 초의 일본 정부 말이다. 아베 전 총리가 외조부를 존경한다는 것은 비밀도 아니었지만 이런 심경을 인정한 것은 처음이

---

15   https://www.amazon.co.jp/2025年-伊野辺イノベ-家の1日-江口

었다. 나는 이노베이션 25의 뒷배경을 조사하면서, 아베의 야심 찬 청사진이 정치권력의 조상들에게서, 특히 기시 노부스케에게서 얼마나 영향을 받았는지 궁금했다. 기시는 세계대전 시기와 전후 내각에서 많은 직책을 거쳤고 1957년에서 1960년 사이에는 총리를 두 번 역임했다.[16]

걸보기에 온화한 태도를 가진 아베는 노골적이지는 않았을지라도 외조부의 원색적인 우익 노선을 따랐다. 어쩌면 집 안에는 전쟁기의 추억을 기념하는 앨범이 있어서 어린 시절 즐겨 보았을지도 모른다. 그 앨범에는 인기 연재 만화를 오려낸 스크랩도 있었을지 모른다. "(제국의 지배를) 지지하는 야마토 가족"이라는 뜻의 〈익찬 가족 야마토 *Yokusan'ikka Yamato-ke*〉 같은 만화 말이다. 나는 전쟁기 연재 만화와 만화 책들을 조사하다가 야마토 가족과 이노베 가족의 유사함에 놀랐다. 둘 다 창작의 계기가 된 특정 시기와 장소의 시대정신을 체현했고 정부의 방침을 의인화하고 선전하기 위해 그려졌다.

야마토 가족의 일상 활동이 담긴 만화가 1941년 2월부터 5월까

16　기시 노부스케는 15년간 상공부에서 이력을 쌓다가 1936년부터 만주국 산업부 차관으로 임명되었다. 귀국해서 1941년부터 1943년까지는 상공부 장관을 역임했고 1942년에는 국회 의원으로 선출되었다. 당시 의원 선거는 정당 해체 시기에 대정익찬회의 비호 아래 1931년 에서 1946년 사이 유일하게 치러졌던 선거였다. 대정익찬회는 1940년 고노에 후미마로 총리에 의해 설립되어 분파 정치를 혁파하고 전체주의적 단일 정당 국가를 만드는 기반이 되는 것이 목표였다. 기시는 또한 1943년에서 1944년까지 군수부 차관으로 일하며 A급 전쟁 범죄자로 지목되었지만 기소되지는 않고 스가모 형무소에서 풀려나 영향력 있는 정치인이자 반공 십자군으로 활동했다. 2차 세계대전 중과 후의 그의 정치 행각에 대한 개괄은 Samuels(2001)를 참조.

지 《사진주보》,《아사히그래프》,《소녀클럽》 등의 간행물에 연재되었다. 이노베 가족과 마찬가지로 야마토 가족의 만화책도 『전진! 야마토 가족$^{Susume\ Yamato\ Ikka}$』(Hasegawa 1942)이라는 단행본으로 출판되었다. 하지만 이노베 가족과 달리 야마토 가족의 기술 수준은 단연 낮다. 20세기 초부터 대중매체에서 "과학"이 칭송되고 이미 1924년에 『로줌 유니버설 로봇』이 연극화되어 대중문화에 로봇 유행이 시작되었음에도 불구하고 야마토 가족이 사는 세계 속에 로봇은 부재한다. 10대 구성원조차 『탱크 탄쿠로$^{Tanku\ Tankuro}$』 같은 "과학 만화"를 읽지 않는다.[17] 야마토 가족은 단순하고 복잡하지 않던 시대, 모두가 가정과 사회 내 자신의 자리를 알고 받아들였던 시대에 대한 향수를 축약해 보여준다. 야마토 가족이 처음 등장한 《사진주보》는 화보가 많은 주간 잡지로, 발행인인 정보부 장관은 이 잡지를 "국가정책의 그림 설명판"이라고 지칭했다. 사진과 만화를 아낌없이 사용하여 독자들과 시각적으로 소통함으로써 전쟁에 이기기 위한 사회적·정신적 자원을 동원하려는 간행물이었다.

고노에 후미마로 총리가 1940년 세운, 정당 해체주의 대정익찬회

---

17 『탱크 탄쿠로』는 1930년대 인기 만화로 쇠공 형태의 로봇 병사가 나온다. 만화가 사카모토 가조가 1934년부터 1936년까지 《어린이클럽$^{Yonen\ kurabu}$》에 연재했다. 출판된 만화책 역시 "과학 만화"로 광고되었다. 탱크 탄쿠로는 속이 빈 철제 공으로 여덟 개의 둥근 구멍이 열려서, 거기에서 머리칼을 올려 묶은 낭인(주인 없는) 무사(사무라이)의 머리, 팔, 다리가 튀어나온다. 나머지 구멍에서는 필요할 때 권총과 프로펠러 등 다양한 무기와 장치들이 나온다. 내용은 제국주의를 지지하고 군사력을 칭송하는 내용이다. 1939년 사카모토 가조는 당시 일본 식민지였던 만주로 이주해 "만주 개발국" 지역신문의 만화가로 일했다(Tanku Tankuro 2016).

의 목표는 신체제의 견인차가 되는 것이었다. 야마토 가족은 대정익
찬회를 의인화해 보여주기 위해 창작되었고 각각의 일화는 애국적이
고 집단적으로 행동하기 위한 "올바른 방법"의 면면을 시범 보인다.
대정익찬회의 선전부 후원으로 1940년 설립된 신일본만화가협회
가 그린 야마토 가족은 대정익찬회의 마스코트로 구상되었다(Inoue
2002). 야마토大和라는 성은 일본의 민족주의적 별칭과 같았고 "익찬
(지지하는) 가족"이라는 만화 제목도 전쟁기의 표어를 상기시킨다. 또
한 야마토 가족은 순회 동화 구연가를 위한 이야기로 다시 그려지거
나 노래 두 곡으로 개작되어 컬럼비아레코드에서 출시되기도 했다
(Sakuramoto 2000: 134–135).

1940년 야마토 가족은 2025년 이노베 가족의 두 배인 열한 명이
함께 산다(그림 8). 사실 이노베 가족도 오늘날 평균 일본 가구 구성
원 수의 두 배다. 야마토 가족은 1941년《사진주보》1월호에 처음 소
개되었지만 그들이 등장한 만화는 이전 호에도 실렸다(Sakuramoto
2000: 117). 내가 번역한 가족 소개는 다음과 같다.[18]

야마토 산페이(48)는 가장으로 아오조라(푸른 하늘)중학교에서 체육을
가르친다. 대머리 때문에 오해하기 쉬워도 그는 정력적인 사람으로, 학
생들과 매일 맨손체조를 하며, 공한지(황무지, 빈터)라는 별명을 얻었다.
그는 별명을 듣고 화내기보다는 기꺼이 다음과 같은 교훈을 얻어냈다.
"체육 교사는 체육만을, 영어 교사는 영어만을 가르치기 때문에, 전문

---

18 Sakuramoto(2000: 117)에 인용된 것을 번역해 재인용한다.

그림 8 1941년《사진주보》1월호에 소개된 〈익찬 가족 야마토〉(Sakuramoto 2000: 117)

분야에 외곬으로 전념하는 경향이 있다. 교사로서 나는 많은 공한지를 가졌으니 이를 어떻게 잘 활용할지 생각해보게 된다."

산페이의 아내 다미코(45)는 워킹맘으로 일곱 자녀와 시부모도 돌본다. 매일 열심히 일하며 능숙하게 열한 가족까지 관리하느라 사실 자유 시간이 전혀 없다. 하지만 누가 "그렇게 많은 대가족이라니 힘드시겠어요."라고 말하면 그녀는 다음과 같이 대꾸할 것이다. "여성에게는 세 가지 임무가 있어요. 며느리, 아내, 어머니. 장관 셋을 합한 것보다도 명예로운 지위죠. 나는 매우 바쁘고 막중한 책임감을 느끼지만 이런 의무로 바쁜 여성은 바쁠 때만 행복하답니다."

산페이의 아버지 다케시(77)는 정력적으로 생활하는 은퇴자로 정원 가꾸기를 즐긴다. 그의 신조는 노인이란 낙엽과 같아서 매일 긁어 1년 동안 발효시키면 뛰어난 퇴비가 된다는 것이다. 나이 든 사람들이 그랬듯이 낙엽도 한때는 녹색 잎이었다. 그는 갈퀴질을 "퇴비화 작업"이라고 부른다.

다케시의 아내 후지(70)는 좀처럼 아프지 않고 기력이 왕성하다. 그녀는 물건을 고치고 수선하는 능력이 자랑이다. 악의적 소문에 귀 기울이는 이를 혐오하고 누가 잘못된 일을 했다고 생각되면 그 사람을 빠르게 질책한다. 후지는 라디오를 듣고 신문을 읽으며, 시사 현안을 설명하는 능력도 젊은이들보다 뛰어나다.

산페이와 다미코의 장남 이사무(25)는 대동아공업사[19]의 열정적이

---

19 뒤에 역사적 인물이 거론되긴 하지만 이 회사는 허구이다. 1949년에 같은 이름의 회사가 설립되긴 했다.

고 근면한 젊은 직원으로 아직 결혼은 하지 않았다. 만주로 발령받아 가기 전에 이사무가 울며 참배한 위령비는 기업가 오키 데스카, 언론인 요코야마 쇼조의 것들로, 그들은 러시아에서 불교 승려로 위장하고 스파이로 활동하다가 잡혀 하얼빈에서 총살되었다. 이제 이사무는 모든 옷을 군대에 기부하고 직접 만든 국방색 국민복을 입는다. 그는 야마토 가족의 추진력이다.

사쿠라(21)는 새로운 시대 신부의 본보기다. 그녀는 화장품을 쓰는 일이 드물다. 입술이나 눈썹을 칠하지 않고 뺨에 물을 들이지도 않는다. 그 대신 마음을 가꾼다. 그녀는 "마음을 위한 화장품은 살 수 없다. 마음은 스스로 향상시켜야 한다"고 말한다.

지로(20)는 국민대학교에 다닌다. 그는 다재다능한 운동선수로, 자라면서 체육 교육을 받아왔다. 그는 "스포츠 경기는 이기는 게 다가 아니지만 지는 것보다 이기는 게 낫다"고 한다.

미사오(17)는 와카바(새잎)여학교에 다닌다. 그녀는 주로 영양학을 공부하는데, "먹을 수 있는 건 버려선 안 된다"는 말을 입에 달고 다닌다. 생선뼈로 반찬을 만들고선 요리 이름도 지어 붙이며 가족들과 맛있게 먹는다.

사부로(12)와 이네코(8)는 초등학생이다. 아키코(2)는 아직 아기라 일 같은 건 모르고 하루하루 행복하고 천진하게 생활한다.

야마토 가족을 소개하는 만화는 한마음 한뜻으로 행동하는 구성원을 매끄럽게 굴러가는 기계처럼 묘사한다. 다케시가 어깨가 쑤신다고 불평하자 가족들은 위계와 태어난 순서에 따라 나란히 무릎을 꿇고 서로 등 안마를 해준다. 후지, 이사무, 사쿠라는 자리에 없지만, 집고양이도 맨 꼴찌에서 아기를 안마해준다. 기차놀이를 하는 듯한 야마토 가족의 모습은 모범 가정의 추진력을 상징한다. 이렇게 연속된 하나의 조직이 개별 구성원이자 돌봄 담당자들의 인생을 흡수한다. 가족을 묶어주는 감정적 유대감은 각각의 구성원들이 서로의 필요를 예측하고 충족해줄 수 있도록 하는 힘이다. 고양이까지 이 동조의 체계에 통합되어 있다! 대정익찬회의 의인화인 야마토 가족의 구성원은 성별과 나이에 따른 모범적 역할을 가정과 동네 안에서 구축하고 지역 내 애국적 임무를 부여받는다. 또한 야마토 가족은 화재 진압, 자력 방어, 내부 안보나 감시 등을 위해 대정익찬회가 열에서 열다섯 가구로 조직한 도나리구미隣組(반상회)의 역할을 잘 보여준다.

익찬 마을에서 야마토 가족의 중추적 역할은 새해 첫날에 벌어지는 일을 그린 2쪽에 걸친 한 컷짜리 만화로 묘사되어 있다(그림 9).[20] 2025년의 이노베 가족과 비교해보면 놀라운 점들이 눈에 띈다. 자족적인 익찬 마을의 말풍선 가득한 구성도를 자세히 뜯어보면 대정익찬회의 지침을 전하기 위해 얼마나 수다스러운 언사들이 사용되는지 알아챌 수 있다. 이노베 가족도 이노베이션 25의 문구들을 앵무새처럼 읊어댔다. 마을 그림 가운데서 야마토 가족이 다케시를 맨 앞에, 이네코를 맨 뒤에 세우고 한 줄로 행진하며 교차로에서 우회전

---

20 이 그림은 역동적으로 짜인 공동체를 보여주는 대정익찬회 선전화이다. 유일하게 찾을 수 있던 이미지는 Hasegawa Machiko Maboroshi no Sakuhin(2016)에 수록된 것이고 1941년 발행으로 추정되며 서지 정보는 없다.

그림 9 익찬 마을의 정초(출처: http://armstrong13.seesaa.net/article/76665392.html)

한다. 다미코는 아기를 돌보느라 집에 있고 동네 사람들은 일하거나 노느라 바쁘다.

빼곡한 공동체 공간 위쪽에는 담장을 두른 부유한 집이 들어섰고 아래쪽에는 파출소가 있다. 돈 많은 가부장과 경찰이 위아래로 지키는 거리를 야마토 가족이 행진하는 것이다. 어느 방문객이 "요즘 유명한 야마토 가족이 어디 있습니까?" 하고 묻자 경찰이 "바로 저기요." 하고 대답한다. 왼쪽 위에서는 부자의 아들이 자랑스레 담장을 가리키는데, 거기에는 대정익찬회의 과제를 담은 신년 서예 작품들이 전시되어 있다. "군사기밀 엄수", "간첩 조심 불 조심", "아시아 군인 가족 수호" 등의 문구가 쓰여 있다. 심지어 새 두 마리도 펌프가 설치된 공동 우물 위를 맴돌며 지저귄다. "모두가 너무 바빠서 우물가 공론[21] 같은 건 그만두었다." 담장에 난 문 앞에 선 가부장은 정식 기모노를 입고 아이들을 마당으로 초대해 장난감 비행기를 날리게 한다. 아마도 한 소년이 비행기를 날리다가 어느 집 지붕에 비행기가 내려앉은 것을 보았기 때문일 것이다. 어떤 아이들은 대정익찬(제국주의 지지), 절미(쌀 절약), 방공(하늘 방어) 등의 구호가 새겨진 연을 날린다. "방공" 연에는 방독면이 장식되어 있다. 남학생들이 미는 석탄 연료 버스에 가득 찬 승객들이 창밖으로 목을 빼고 야마토 가족을 구경하며 말한다. "야! 저기가 바로 유명한 익찬 마을이구나!"

사자에 상: 야마토 가족과 이노베 가족 사이

신일본만화가협회 회원 중에 하세가와 마치코는 첫 여성 만화가이자 가장 유명한 만화가 중 하나다. 하세가와는 15편 만화 연작 〈야마토 상*Yamato-san*〉[22]을 그렸고 협회 동료들과 함께 단행본을 냈다(Hasegawa 1942; Sakuramoto 2000: 127, 130). 대정익찬회의 선전선동부에서 일하며 〈익찬 가족 야마토〉 같은 만화를 그린 그녀의 경력이 공식 이력[23]에

---

21 "우물가 공론"은 보통 "여자들의 뒷담화"라고 번역되는데, 직장 내 커피머신 근처에서 나누는 잡담과 비슷한 뜻이다.

22 하세가와 마치코의 〈야마토 상〉은 유튜브에서 볼 수 있다(Hasegawa 2013).

23 2013년 8월 내가 도쿄의 하세가와 마치코 미술관을 방문했을 때 발견한 이력이다. 미술관

서 지워진 것은 전후에 명성을 얻은 다른 유명인들과 마찬가지다. 하세가와는 〈사자에 상*Sazae-san*〉으로 가장 유명했는데, 어리바리 순진하면서도 약삭빠르며 열심인 젊은 여성 이소노 사자에가 전후의 사회적·경제적·정치적 변화에 대항하는 익살극으로 나중에 텔레비전 애니메이션으로 각색되었다.

〈사자에 상〉은 하세가와의 가족이 전쟁 때 피난 갔던 후쿠오카의 지역신문인 《유칸후쿠니치*Yukan Fukunichi*》에 1946년 처음 실렸다. 해안가에 살던 하세가와는 만화 속 인물들에 "어느 정도 바다와 관계된 이름들"을 붙였다. 사자에는 소라, 와카메는 미역, 가쓰오는 가다랑어, 후네는 배다. 전쟁 시기 야마토 가족 구성원의 이름들이 민족주의적 상징들로 채워졌던 것과는 대조적이다. 산페이의 산은 요쿠산(익찬)의 산과 같다. 다케시의 이름도 비슷하게 군국주의적인 이유는, 그 한자를 사무라이(무사)로도 읽을 수 있어서다. 이사무는 용감하다는 뜻이고 사쿠라는 만개한 벚꽃이다. 이네코의 이네는 문화적으로 상징적인 곡식인 벼를 뜻한다. 이전에 언급했듯이 야마토는 일본의 주류 민족을 일컫는 오래된 별칭이다. 한편 이노베 가족 구성원의 이름들은 명백히 상징적이지는 않고 야마토나 이소노 가족의 이름들과 달리 평범해 보인다. 하지만 이노베이션의 일본어 발음에서 가져온 이노베라는 성 자체는 아주 특이하게 들리며 유례없는 글자 조합이다.

하세가와 가족은 도쿄를 그리워하던 차에 유력한 전국 일간지인

에 게시된 연대표의 온라인 버전은 Hasegawa Machiko Bijutsukan(2017)을 참조.

《아사히신문》에 만화를 연재(1949~1974)하기로 계약해서, 도쿄 서쪽의 부유한 교외 지역으로 이사했다(Hasegawa 1997b: 6-9). 이소노 사자에는 "해방된" 일본의 씩씩하고 까불까불한 27세 독신 여성이다. 사자에의 이야기는 후쿠오카에서 시작되지만 곧 그녀와 가족이 도쿄로 이사 온다. 그런 후 얼마 안 돼 사자에는 온순한 샐러리맨(봉급 받는 화이트칼라)인 32세의 후구타 마스오와 결혼해 아들을 낳는다. 하지만 젊은 부부는 아들인 후구타 다라오(3세)와 함께, 사자에의 여동생 이소노 와카메(7세), 남동생 이소노 가쓰오(11세), 아버지 이소노 나미헤이(54), 어머니 이소노 후네(48세)와 함께 산다(그림 10).[24] 타마는 가족이 키우는 수고양이다(Sazae-san 2016). 사자에는 마스오의 봉급을 보충하기 위해 삯바느질을 시작한다. 〈사자에 상〉의 첫 70화는 주로 그 과정에서의 노력과 고난, 그리고 전쟁 직후 잔꾀를 부려 살아가는 평범한 사람들의 상처를 다룬다. 전쟁고아, 불구가 된 제국군 퇴역병, 외국 군인 등이 등장해 가벼운 풍자를 한다.

이노베 가족의 선배들, 즉 이노베이션 25 웹사이트에서는 언급되지 않는 선례를 찾고자 했던 나는, 사자에 상이 야마토 가족과 이노베 가족 사이를 잇는 다리이며 대정익찬회 만화와 이노베이션 25 만화 사이를 잇는 유효한 연결 고리라는 가정을 세웠다. 이 세 편의 그림 서사와 인물 설정은 각각 그들이 구상되었던 당대의 시대정신을

---

24 나이는 원작 설정을 따랐다. 1969년 텔레비전 애니메이션에서는 나이가 줄었다. 어머니 후네가 40대에 여동생 와카메를 낳았다는 설정은 당시 흔치 않았다. 하지만 1930년대 결혼한 부부는 남편이 징집되기 전에 아이 하나를 낳고 남편이 돌아온 후 둘째를 낳을 수도 있었다. 그래서 사자에와 와카메 동기간 20년의 나이 차가 있었다.

그림 10 이소노 사자에와 이소노 가족 구성원. 하세가와 마치코의 2016년 순회 전시 홍보 포스터에 나온 그림이다. 사자에가 "우리의 창작자 하세가와 마치코의 전시"에 온 관람객을 환영하며 다른 가족들은 고개 숙여 인사한다(출처: http://www.asahi.com/event/machikoten/).

대표한다. 사자에 상은 독립 만화가인 하세가와에 의해 창조된 반면 야마토 가족과 이노베 가족은 정부가 지정한 만화가들이 개발했다. 이들이 만든 재미있고 매력적인 시민의 이미지는 바람직한 태도와 지향을 보여준다.

　물론 하세가와도 대정익찬회의 야마토 가족 만화에 참여했다. 그리고 초기 〈사자에 상〉, 특히 연합군 점령기(1945~1952) 작품들은 전체주의적 전시 체제에서 새로운 민주 사회로의 좌충우돌 이행기를 묘사하고 누설한다. 예를 들어 초기작 중 한 편에서 사자에는 땅에 떨어진 자신의 아기 때 사진을 발견한다. 저쪽에서 여동생 와카메가 사진첩을 들고 어디론가 가고 있다. 잡초만 황량한 풍경 속에 쇠파이프, 말뚝, 철조망 등이 흩어져 있고 가로등 한 대만 켜져 있다. 사자에는 단순한 치마와 조끼를 입었고 와카메는 물방울무늬 통짜 원피스를 입었다. 둘 다 게다를 신었고 당시 유행하던 머리 모양을 했다. 사자에의 머리칼은 목 아래쪽에서 가지런히 구부러져 있고 앞머리에도 컬을 넣었다. 와카메는 귀까지 바싹 깎은 바가지머리다. 사자에는 인상을 구기며 어린 여동생이 사진첩을 꺼냈다고 꾸짖는다. 와카메가 이런 잘못을 한 것이 처음은 아니다. 사자에가 헌병대(연합군 경찰)에 전화하겠다고 위협하자 예민한 소녀인 와카메는 두려움에 떨며 울음을 터뜨린다. 4컷 만화의 마지막 컷에서 어린 소녀는 장화를 신고 가족의 전화번호부를 도랑에 버린다. 전화번호부가 사라지면 사자에가 헌병대에 전화를 걸지 못할 거라고 믿은 것이다.

사자에의 협박은 전시에 대정익찬회가 장려했고 헌병대가 강화했던 가족 및 이웃 간 상호 감시를 상기시킨다. 그런 시절에 권위적 인물에 대한 와카메의 순박한 저항은 생각하기 힘든, 만화에서도 기피되는 행동이었을 수 있다. 사진첩을 밖으로 들고 나간 와카메에게 불같이 화를 낸 사자에를 보면, 전쟁 시기에 찍은 사진은 안 보이게 숨겨야 하는(잊어야 하는) 금기이다(Hasegawa 1997a: 33). 야마토 가족 만화에 나타난 것과 같은 전쟁 시기의 선전 표어와 사진들은 점령군 당국에 의해 체계적으로 검열되었다. 이런 지점에서 의미심장하게도, 언론사학자 사쿠라모토 도미오는 와카메가 야마토 가족의 장난꾸러기 딸 이네코를 닮았다고 지적했다. 전술한 바와 같이 하세가와는 『전진! 야마토 가족』에 참여한 바 있다. 이 어린이책은 이네코와 사부로의 장난에 초점이 맞춰져 있다.

하세가와는 또 다른 초기 〈사자에 상〉에서, 전후의 유명한 사진을 패러디하는 듯하다. 넥타이도 매지 않은 느긋한 태도의 맥아더 장군과, 키와 몸집이 훨씬 작은 일황 히로히토가 턱시도를 입고 경직된 채 나란히 서 있는 모습을 찍은 사진이다. 네 컷 만화에서 사자에의 아버지인 이소노 나미헤이는 가족의 집 정원에서 양복을 입고 연합군 군인을 초대하고, 사자에가 사진을 찍는다. 사자에가 갓 뽑은 사진을 주자, 아버지는 충격을 받아 안경이 날아간다. 외국 군인은 머리부터 허벅지까지 나왔는데 아버지는 정수리의 머리털 약간만 보이기 때문이다(Hasegawa 1997a: 22–23). 여기서의 해학에는 양날이 있다. 사진 구도를 못 잡는 사자에의 무능력을 야유하는 동시에, "그 사진"으로 알려진 "점령기를 통틀어 가장 유명한 시각적 이미지"를 패러디하는 것이다(Dower 1999: 202). 한 시대의 종언과 또 다른 시대의 시작을 상징화한 사진이 하세가와의 만화에서 사자에의 아버지와 연합군 군인으로 패러디된다. "그 사진"과 달리 젊은 연합군 군인은 넥타이를 맸고 나이 든 나미헤이는 편하게 옷을 입었다. 또한 이 네 컷은 하세가와가 자주 사용하는 작업 방식을 보여준다. 세 컷에 걸쳐 농담을 전개하고 마지막 네번째 컷에서 결정타를 날린다.

종전 직후 대중문화에서 여성이 불만의 목소리를 공개적으로 표출하고 남성의 권위에 도전하는 새로운 자유가 칭송되었다. 이런 새로운 자유가 잘 첨가된 〈사자에 상〉 전편을 훑어보면서, 비록 하세가와가 익살스레 전하긴 했어도, 나는 인물들의(그리고 작가 자신의) 불편감도 감지할 수 있었다. 개인주의의 성장이 개인 간, 가족 간, 이웃 간 관계를 위태롭게 만들었기 때문이다. 하세가와도 참여했던 야마토 가족 만화에서 전시되고 강화되었으며 심지어 명령으로 하달되었던 상호 관계들을 위태롭게 만든 것이다. 이런 점에서 〈사자에 상〉 초기 작품은 하세가와의 전쟁 시기 만화와 전후 만화를, 특히 〈익찬 가족 야마토〉와 〈사자에 상〉을 밀접하게 연결해주는 동시에 명확한 차이점을 드러낸다.

이 네 컷 만화에서 여동생 와카메(7세)가 남동생 가쓰오(11세)에게 부채질을 해주자 가쓰오가 자신은 바느질하느라 바쁜 사자에 누나에게 부채질을 해줄 거라고 말한다. 그러고 나서 사자에와 동생들 모두 부엌으로 가서 어머니에게 부채질을 해준다. 어머니는 초밥용 밥을 부채질하며 식히고 있다. "야마토 가족 기차놀이"에서처럼 이소노 가족도 나이와 지위 순서대로 무릎을 꿇고 서로에게 부채질을 해준다. 여기에 남자 어른은 없다. 이소노 가족 기차놀이의 대장은 어머니인 후네다. 이 순간 후네가 중요해진 이유는 초밥을 만들고 있기 때문이다. 1940년대에는 드문 특별식으로, 전쟁기와 전쟁 직후에는 신선한 음식이 드물고 주 식재료가 배급되었다. 사자에는 자주 탐식가로 묘사되며 슬쩍 가져온 주전부리를 입에 가득 넣고 말하곤한다. 이 회차에서 남매들이 어머니가 편안하도록 이타적인 행동을한 이유는 맛있는 초밥을 기대하기 때문일 것이다. 사자에는 다른 사람에게 원하는 것이 있을 때는 종종 아양을 떨 듯이 친절하게 구는 인물로 그려진다. 하세가와는 이제 와서, 〈익찬 가족 야마토〉에서 구성원들이 보여주었던 행복한 이타주의의 숨은 동기는 사실 이해타산과 자기 보신이었다고 암시하고 싶었던 걸까?

다시 과거의 미래로

『2025년 이노베 가족의 하루』를 그린 만화가 후지이 류지는 일본만화가협회 회원이다. 하세가와는 회원은 아니었지만 〈사자에 상〉 연작으로 1991년 협회로부터 교육부장관상을 받았다.[25] 이미 병이 들었던 하세가와는 다음 해 심부전으로 죽었다. 후지이는 특히 광범위한 분야의 그림을 그리는 것으로 알려졌는데, 광고와 과학 만화부터 신랄한 정치 만화까지 다양했다. 하지만 이노베 가족과 그 환경 및 주변인들에 대한 그림은 무미건조하게 교훈적이다. 야마토와 이소노 가족 구성원의 인상적인 특징들(다케시의 무 모양 머리와 사자에의 클로버 모양 헤어스타일 등)과 비교하면, 이노베 가족과 내외국 지인들은 그다지 눈에 띄는 점이 없다. 2012년 이후 후지이는 아베의 국수주의적 정책을 날카롭게 비판하는 정치 만화를 그려왔으니, 우익인 에구치 원작의 책에 부역했던 과거의 이력이 껄끄러울지도 모른다.

세 만화 모두 특정한 화면 구조를 공유한다. 즉 네 가지 기본 컷 구성인 매크로, 모노, 마이크로, 폴리모픽을 혼합한 것이다. 시각 언어 학자 닐 콘의 정의에 따르면 "매크로는 여러 인물이나 전체 풍경을 보여주는 화면이고 모노는 개별적 존재만을 보여주며 마이크로는 한 존재보다 작은 것, 예를 들면 근접 관찰된 한 인물에게서 한순간 드

---

25 하세가와는 같은 해 "국민영예상"도 받았다. 상을 주면서 미야자와 기이치 총리는 그녀가 가족 만화라는 매체를 통해 전후 사회에 감정적 위로를 주었다고 치하했다(People's Honour Award 2016).

러나는 일부만이 포함된 화면이다. 마지막으로 폴리모픽 화면은 같은 사건의 다른 지점에서 개별 인물들을 반복해 보여줌으로써 전체 행위를 조망한다"(Cohn 2010: 197-198).

이 네 유형의 화면이 모두 『2025년 이노베 가족의 하루』에 사용되었으며 모든 유형의 화면이 서사 전개 장면과 교훈적 독백(과 대화 약간)으로 빼곡하다. 반면에 〈사자에 상〉에는 내레이션이 거의 없고 대화도 극도로 자제해서 순서대로 이어지는 그림과 같은 시각적 구문으로 의미를 전달한다. 〈익찬 가족 야마토〉에서처럼 〈사자에 상〉에서 상황은 역사적으로는 특수할지 몰라도 전반적으로 "일본적"이다. 독자들에게는 익숙한 상황이라 자신이나 친구, 이웃에 대입해 볼 수도 있을 것이다. 그러나 이노베 가족이 사는 곳은 도쿄도 아니고 교외 주거 지역도 아니며 오늘날의 정신없는 거대 도시와 전혀 닮지 않았다. 그들이 사는 도시는 직각으로 정돈된 고층 건물 사이에 깔끔한 공원들이 흩어져 있는 곳으로 설정되었다. 교외 지역 동네들은 체스판 위에 구분 불가능한 입방체들을 늘어놓은 것처럼 보인다 (Eguchi 2007: 99-100). 야마토, 이소노 가족과 달리 이노베 가족은 이웃과 교류가 없고 사무실, 학교, 취미 센터 등에 의존해 사회 활동을 한다. 더구나 집 안에서나 밖에서나 로봇 집사 이노베 군이 인간들 사이 대화와 의사소통을 시행하고 중개하는 일이 잦다.

〈사자에 상〉에서 이소노 가족과 그들의 친척이나 이웃들은 툭하면 탁자나 고타쓰[26]에 둘러앉아 아늑한 동지애를 드러낸다. 이 관습

---

26 고타쓰는 낮은 탁자 아래 전기난로를 설치하고 탁자 위에 누비이불을 씌운 다음, 이불 위

은 로봇의 중개 역할과 함께 『와봇의 책*Wabotto no hon*』에도 반영되었다. 『와봇의 책』은 와세다대학교 로봇 과학자들이 만든 일본어와 영어로 된 일곱 권짜리 그림 책자이고 잘 알려진 작가 야부노 겐이 삽화를 맡았다. 와봇은 와세다 로봇의 줄임말이다. 이 책자는 로봇 기술을 대중에 쉬운 용어로 소개하고 로봇과의 바람직한 공생 및 로봇의 시민권의 가능성을 홍보하는 것이 목적이었다. "오래전 일본의 가정에는 전화나 텔레비전이 없었고 자녀는 부모 및 조부모와 함께 살았다. 이런 확대가족의 집에 이로리(화롯가)는 모두가 모여 앉아 서로 이야기하는 곳이었다. 이로리는 가족이 행복한 원형을 만드는 공간이었다"(Komatsu 2004: 2). 이로리는 집 안에 바닥을 파서 요리를 할 수 있게 불을 피운 화로로, 가장자리에 사람들이 둘러앉을 수 있다. 앞서 언급한 전기 고타쓰는 이 화로의 현대판인 것이다. 이노베 가족이 아침에 모이는 주방 식탁이자 가정 내 오락의 중심지는 "오늘날의 이로리"로 명명된다(Kanemori 2007: 16).

이노베이션 25 제안서와 만화책 둘 다에는 결혼한 여자가 가사와 돌봄 잡무에서 자유로워지면 아이를 더 많이 낳을 것이라는 관념이 들어 있다. 2007년 보건노동복지부 장관 야나기사와 하쿠오는 결혼한 여자를 "영광스러운 생산 기계"라고까지 했다가 후에 뭇매를 맞고 쫓겨났다. 이노베이션 25 제안서 내 이노베 가족의 문화 기술지에 부가된 만화 삽화들은 제안서 내에서 구체화되고 강화된 이상적 유

에 별도의 상판을 덮어 이불을 고정한 것이다. 사람들은 탁자 아래 다리를 넣고 이불자락으로 무릎을 덮는다.

형의 확대가족과 온전히 관습적인 성별 역할을 명확히 그려낸다. 그림 11에서 볼 수 있듯 유미코는 분홍 앞치마를 두르고 남편, 아들, 시부모를 위한 간식을 준비하며 베이징에서 걸려 온 딸의 화상전화를 즐긴다. 유미코는 집에서 원격 근무를 할 수는 있지만 본질적으로는 고립되어 있으며 직장 동료들과 직접 만나 어울릴 수 없다. 우물가 공론 혹은 직장 내 잡담에 끼어들 기회가 없는 것이다.

전통적인 현모양처, 현대의 전업주부라는 기혼 여성의 이상은 이노베이션 25에서 자명하고 지배적인 관념으로 남아 있다.[27] 로봇 대리인 이노베 군의 보조에도 불구하고 유미코는 여전히 가사와 돌봄 의무를 감독할 책임을 지는 최우선 인물이다. 시어머니 마사코가 장보기를 좀 돕기는 하지만, 유미코가 (집에서나마) 임금노동을 하고 가사를 병행할 수 있게 해주는 것은 주로 이노베 군 덕분이다. 남편인 나오유키가 자영업자이니 사무실에 급한 일이 없으면 집에 일찍 올 수 있기는 하다. 이노베 가족 이야기에 따르면 "집 밖에서 일을 하는 남자가 가족과 보내는 시간은 혁신적 사고를 자극"하니 말이다. "혁신적 사고"가 생성되는지는 모르겠으나, 나오유키가 집에서 머무는 시간이 길어져도 그 시간을 유미코나 이노베 군과 가사나 돌봄 책임을 나누는 데 사용하지는 않는다. 시아버지와 달리 나오유키는 이따금 요리를 즐기지만 그도 그의 아내도 아들에게 요리를 가르칠 생각은 안 한다.

시아버지 이치로가 아침 건강 검사를 적당히 넘길 생각을 잠시

---

27   전후의 "전업주부"에 대한 정보는 Goldstein-Gidoni(2012)를 참조.

그림 11 집에 함께 있는 이노베 가족. 미사키가 베이징에서 화상전화를 걸어 왔고 유미코는 식사를 준비하며 다이키는 화면을 가리킨다. 나오유키는 컵을 들고 가운데 앉았고 그 왼쪽에서 이치로와 마사코가 손녀를 지켜본다(출처: http://www.cao.go.jp/innovation/action/conference/minutes /inobeke.html의 「이노베 가족의 하루」 그림을 바탕으로 타일러 크란츠가 다시 그렸다. 원본 이미지는 너무 작아서 가져올 수 없었다[Robertson 2007: 389에서도 마찬가지]).

했다가 이노베 군의 매서운 눈에 걸린 것을 제외하면 이노베 가족 모두는 로봇에 의해 감시받는 삶을 받아들인다. 야마토 가족과 마찬가지로 이들도 공식적으로 승인된 "일본적" 삶의 양식을 의인화해 보여준다. 2025년의 일본은 첨단 기술과 로봇과 의약품이 가능하게 만들고 중개하고 조정한 덕분에 모든 연령의 여자와 남자가 길고 생산적인 삶을 영위하는, 환경적으로 균형 잡힌 사회의 전형으로 재현된다. 야마토 가족이나 사자에 상과 달리, 이노베 가족은 "공부(쿠후)"를 할 필요가 없다. 일본어에서 "공부"는 "혁신 행위"라는 뜻으로 힘든 전쟁 시기에 당국에 의해 광범위하게 사용되었지만, 2025년에는 힘든 시절이 없을 것이기 때문이다! 심지어 정교하고 휴대 가능한 동시통역기 덕분에 외국어를 배울 필요조차 없다. 마사코는 지난해 유럽을 여행할 때 얼마나 편했는지 기억한다. 마사코와 이치로는 외국인과 일본어로 자연스레 대화를 할 수 있었다(책에서 부부는 어느 알프스 마을에서 지역 주민과 즐겁게 대화를 나눈다). 그러나 일본에 돌아와서 어느 외국인이 마사코에게 영어로 길을 묻자 마사코는 짜증스러워하며 왜 통역기를 쓰지 않냐고 꾸짖는다. 그러고 나서 마사코는 그 외국인에게 일본어를 배우라고 권한다. 기계에 "너무 의존하면 좋지 않"기 때문이다 (Eguchi 2007: 116–117).

베이징에서 공부하는 딸아이 미사키 역시 젠체하는 인상을 준다. 가족들과 화상통화를 하면서 여러 아시아 출신 급우들을 소개하는데, 전부 일본의 예전 식민지 국가들이다. 처음에는 모두 모국어로 인사를 하지만 누군가 텔레비전 번역 기능을 켜자 이노베 가족의 거실에 일본어 인삿말들이 울려 퍼진다. "야, 한 명씩 말해!" 미사키가 주의를 주자, 급우들이 차례로 자기소개를 한다. 저마다 일본의 기술적 발전을 부러워하며 일본에서 공부를 했더라면 자국의 상황을 개선시킬 수 있었을 거라고 피력한다(Eguchi 2007: 136–141). 전쟁기에 피식민인을 유학 보내고 미래의 동맹을 양성하려던 일본 교육부의 시도에 대해 연구한 바 있던 나는 그때와 현재의 유사점에 충격을 받았다. 또한 아베 총리와 우익들이 그랬듯, 일본의 식민 지배가 다른 아시아 국가들의 근대화에 기반이 되었다는, 상당히 노골적인 암시도 감지할 수 있었다.

이노베 가족에 대한 만화책은 가부장제 확대가족을 칭송하지만, 야마토 및 이소노 가족의 정다운 마을들과는 달리 이노베 가족의 집을 벗어난 바깥과 동네 놀이터에는 위험만이 가득하며, 보안 장비를 착용하고 감시 카메라가 있어야 어느 정도 안전이 확보된다. 마사코가 설명을 늘어놓는 아동 납치 사건에서 범인은 외국인처럼 보이며 소녀는 목걸이형 경보기가 울려 무사할 수 있었다. 마사코는 비슷한 사건이 20년 전에도 일어났지만 지금은 보안 시스템 덕분에 모든 게 훨씬 안전해졌다고 생각한다. 공원을 걸어 지나가면서는, 아이는 물론 노인들도 보안 시스템 덕분에 어디서나 안전할 수 있다고 지적한다. 비록 감시 카메라가 많아서 "프라이버시 논란이 있긴 하지만" 하고 잠시 성찰을 하는데, 결국 "훨씬 안전해졌다는 데에는 논란의 여지가 없다"고 결론 내린다(Eguchi 2007: 98-101).

야마토 가족의 만화에서 초점은 집단의 결속력과 애국적 추구에 맞춰져 있으며 과학적·기술적 돌파는 관심이 아니었다. 비록 다른 전쟁기 출판물들에서 기술적 약진이 과시되긴 했지만 말이다. 이노베 가족의 만화에서는 2025년의 일상을 편리하고 안전하게 만드는 다양한 유형의 로봇 장치나 고도의 기술 장치와 가전들이 조명된다. 여기에 빠진 것은 과정에 대한 설명이다. 일본이 어떻게 2025년까지 편리와 안전과 안심으로 특징지어지는 균질적 기술 유토피아 사회가 되어 매끄럽게 기능하는가 하는 과정이 설명되지 않고 그냥 사실로 선언된다. 앞서 본 바와 같이 이노베이션 25 제안서와 『2025년 이노베 가족의 하루』는 정치, 사회, 경제, 역사 문제를 기술 문제로 치환하며, 기술적이고 로봇적인 해결책을 요청한다. 아베 전 총리에게 로봇공학은 국내용 정책이며 2025년 사회에 대한 미래형 전망은 사실상 향수병적인 꿈이다.

미래에 대한 상상이 일종의 향수병이 될 때[28]

개인적으로 흥미롭게도 이노베이션 25와 이노베 가족에 대해 분석하다 보니 나의 첫 책『원주민과 이주민: 일본 도시의 형성과 재형성』의 주제로 되돌아간 듯했다. 그 책이 향수병적 정치에 대한 내용이었기 때문이다. 이노베이션 25는 가능한 미래는 고사하고 그럴듯한 미래조차 아닌, 황금 시절로 상상된 과거로서의 미래였다.『원주민과 이주민』에서는 특히 내가 어린 시절을 보낸 고다이라 지역에서의 향수병 풍조 작동과, 보다 일반적으로는 "고향"에 대한 국가적 재조명에 관심을 기울였다. 1980년대를 휩쓸었으며 여전히 널리 사용되는 유행어로 후루사토古里라는 단어가 있는데 "고향"이라는 뜻이지만 문자 그대로는 "오래된 마을"이라는 의미다. 이런 향수병적 풍조가 기획 사업이 되면 후루사토 즈쿠리(고향 만들기)라 하는데, 과거를 다시 만들어 사회 변화의 동력으로 삼으려는 것이다.

표면상으로는 신기술을 칭송하지만, 이노베이션 25나 아베의 로봇혁명이 상상하는 미래란 결국 대충 적당히 개선된 과거다. 더욱이

---

28 이 제목은 존 그린의 『알래스카를 찾아서 *Looking for Alaska*』의 한 구절(Green 2006: 54)에서 가져왔다.

이노베이션 25에서 칭송된 공동체적 가치들은 역사적 맥락에서 볼 때 〈익찬 가족 야마토〉나 〈사자에 상〉 같은 소프트파워 전략의 선전물에서 고안된 구시대의 발명품이었다. 비록 사자에 상은 정부 지시가 아닌 만화가 자신의 전망에서 비롯된 것이지만 전쟁 시기에 하세가와와 군국주의 국가 사이의 연결 고리는 끈끈했다. 비슷하게, 선구적 로봇공학과 첨단 기술에 대한 21세기적 말잔치 속에도 아베의 군국주의 외조부에 대한 노골적인 추종이 담겨 있다(Hayashi 2014). 로봇의 성별에 대한 다음 장에서도 로봇 산업 전반에 걸친 "복고 기술 retrotech" 혹은 "전통주의에 복무하는 선구적 기술"의 사례들이 드러날 것이다.

4

신체 구현과
젠더

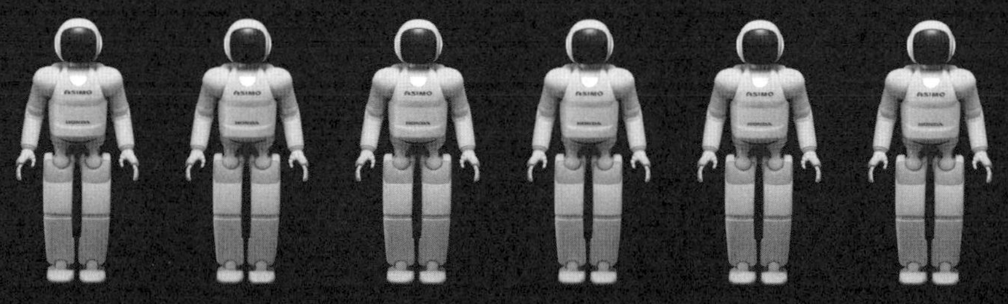

그녀에게는 (아직) 신디 크로퍼드나 엘 맥퍼슨 같은 우아함은 없지만 캣워크에서 좀 경험을 쌓으면 HRP-4C도 긴장을 풀고 활보를 시작할 수 있을지 모른다. 이 걷고 말하는 소녀 로봇girlbot은 연습을 거친 후, 다음 주 도쿄 패션쇼에서 데뷔를 치를 것이다.

– 레슬리 카츠[1]

1   Leslie Katz(2009).

원형들과 성별 반전

《철완 아톰》(그림 1)은 전후 일본 사회에 로봇의 이미지를 귀엽고 친근하며 인간적으로 만드는 데 핵심 역할을 해왔다(산업적으로 제작되는 인간형 로봇의 특징에도 지대한 영향을 미쳤다). 원자력 엔진을 장착하고 100마력의 힘과 초음속으로 나는 능력을 가진 아톰은 핵에너지의 평화적 사용을 홍보하는 역할도 컸다. 그래서 311 재난 이후에야 다수의 국민이 원자력의 안전성을 의심하게 되었다. 1951년 만화가이자 의사였던 데즈카 오사무에 의해 창조된 아톰은 일본에서 가장 유명한 만화 속 로봇이다. 그리고 혼다의 아시모(그림 2)는 가장 유명한 실제 로봇일 것이다. 데즈카는 일련의 "로봇 원칙"을 구상했는데, 그것이 일본에서 인간과 로봇의 관계와 공존 방식에 대한 현재의 담론을 형성했다. 그리고 향수병 풍조에 의해 촉발된 아톰의 재유행과 인기가 새로운 애니메이션 시리즈가 방송된 2003년에 절정을 이뤘다. 최초 방영 40주년 기념이자, 데즈카가 4월 7일로 설정한 로봇 소년의 생일을 기념한 것이었다.[2]

---

2 심지어 속옷 브랜드인 트라이엄프 재팬도 아톰의 52살 생일을 축하하기 위해 한정판으로

데즈카는 아톰을 "반전된 피노키오"로 설정했다. "반전"인 이유는 아톰이 "더 인간적인, 그러므로 더 결함이 있는 존재가 되려고 분투하는 로봇"이기 때문이다. 여기서 결함이란 "더 감정적이고 비합리적"이라는 의미다(Schodt 2007: 107). 이 로봇 소년의 공식 이야기는 덴마 교수가 장관인 과학부에서 시작된다. 덴마 교수는 인간의 감정을 느낄 수 있는 로봇을 발명하려 애써왔다. 그의 아들 토비오가 소년 로봇을 만들라고 권한다. 안타깝게도 과업에 집착한 덴마는 토비오에게 아버지로서의 사랑을 잘 주지 못했고 아들은 집을 나갔다가 공중부양 차량 과속 사고로 죽는다. 슬픔과 후회에 빠진 덴마는 불멸의 신체로 아들을 되살린다.

한 달 동안 로봇에게 너는 인간이라고 힘들여 가르친 후에 덴마는 끔찍한 실수를 저질렀음을 깨닫는다. 로봇 아들은 자라지 않는다. 자랄 수가 없는 것이다. 행복했던 덴마 교수는 이제 역겨움을 느끼고, 로봇은 아빠와 함께 있고 싶다고 애원하지만 얻어맞고는 사악한 로봇 상인에게 팔린다. 새로운 이름(우주소년 아톰)으로 서커스 공연을 하던 아톰은 친절한 오차노미즈 교수에게 발견되어 입양되고 로봇의 힘을 사용하는 법을 배운다. 한편 덴마 교수는 광증으로 고통 받으며 과학부에서 퇴출된다. 외계인 혐오자가 되어 비밀경찰 조직을 만들기도 한다. 친절하고 인간과 비슷한 외계인들이 고향 행성이 폭발한 후 2000년 동안 우주를 떠돌다가 지구를 방문했는데, 이들을 죽이려는 것이다. 공격받은 외계인들이 수소폭탄으로 앙갚음하려 하

우주소년 브라를 생산했는데, 브라컵이 아톰의 머리 모양이었다(Green 2003).

자 아톰이 평화의 대사로 중재에 나선다(Schodt 2007: 17; Tezuka [1960] 2008).

이런 작품 내용과 별개로, 아톰의 시작에는 성별 전환의 서사가 들어 있다. 이 소년 로봇의 원형은 데즈카의 만화『메트로폴리스』의 소녀 로봇이었다(프리츠 랑의 영화《메트로폴리스》에도 마리아라는 로봇이 등장하지만 서로 다른 작품이다). 데즈카의 또 다른 작품『화성 박사*Dr. Mars*』의 소녀 로봇 역시 아톰의 선조다. 여성으로만 이루어져서 남성 역할도 여성이 하는 다카라즈카 가극단의 열성팬이었던 데즈카는 자신의 만화에서 남성적인 여성 캐릭터를 다수 창조했다.『리본의 기사*Ribon no Kishi*』[3]에서 주인공 사파이어는 성별을 바꿔가며 왕자이자 공주로 살아간다.[4] 그러나 의아하게도, 데즈카가『철완 아톰』에서 만든 "로봇 10원칙" 가운데는 "남성 로봇과 여성 로봇은 [성별] 역할을 결코 바꿔서는 안 된다"는 조항이 있다(Schodt 2007: 108).

이 장에서 나는 인간들을 위해 설계된 환경 속에서 인간과 공생하고 상호작용 하도록 설계된 실재의 인간형 로봇들의 성별화를 분석한다. 나의 분석에 바탕이 되는 핵심 질문들 가운데 로봇이 어떻게 섹스, 젠더, 섹슈얼리티 사이에서 인간관계의 관념과 인식을 구현하는가, 그리고 (대부분 남성인) 로봇공학자들이 어떻게 로봇에게 남성

---

3 국내에는 1971년《사파이어 왕자》라는 제목의 TV 애니메이션으로 소개되었다.—옮긴이

4 데즈카 오사무의『리본의 기사』(1953)는 이케다 료코의 만화『베르사유의 장미*Berusaiyu no bara*』에 영향을 주었고 이 작품을 다카라즈카 가극단이 정기적으로 공연했다. 그들의 전후 가극 중 가장 성공적인 작품 가운데 하나다.『베르사유의 장미』는 장군가의 대를 잇기 위해 소년으로 키워진 여성 오스카의 모험을 다룬다(Robertson [1998] 2001: 74).

이나 여성의 성별을 설계하고 귀속시키는가 등이 있다.[5] 성별화와 이름 붙이기는 해당 로봇의 설계 단계에서 시작되며 사회언어학적 관습뿐 아니라 모양, 색, 기능과 같은 미학적 요소들에 영향을 주고 영향을 받는다. 모든 휴머노이드, 안드로이드, 자이노이드에 이름이 붙는다. 로봇에는 여러 가지 의미가 내포된 이름이 붙기 마련이다. 머리글자를 따기도 하고(혼다의 아시모ASIMO는 Advanced Step in Innovative Mobility의 준말이다.) 인간적인 이름을 받기도 하며(미쓰비시중공업의 와카마루) 로봇스러운 단어가 조합되고(브이스톤의 로보비) 작품에서 따오거나 판타지스러운 이름도 있다(플라워로보틱스의 피노는 피노키오에서 따왔다).[6] 대다수 로봇은 성별화되어 있으며, 때로 모호한 경우는 구매자가 직접 이름을 지어서 로봇을 "성별화"할 기회를 주기 위함이다. 나는 로봇의 성별이 로봇과 인간들 사이에서 성별화된 노동의

---

5   만화와 허구 속 로봇의 성별 기술gender technologies은 특히 Susan Napier(2005)와 Miri Nakamura(2007)에서 예리하게 분석했다. 내가 이 책에서 구체적으로 다루지 않았지만 관련된 주제는, 로봇공학자들이 그들의 일상생활과 연구실에서 성별 역할을 어떻게 수행하는가이다. (일본뿐만 아니라) 여성 로봇공학자가 부족하고 더 많은 여학생이 로봇공학을 전공하도록 장려해야 한다는 의식이 2006년 《일본로봇학회저널Journal of the Robotics Society of Japan》(vol. 25, no. 5)의 주제가 되기도 했다. 거기에는 두 명의 일본인을 포함해 북미, 유럽, 동아시아의 여성 로봇공학자 열여섯 명의 이력이 실렸다. 선도적인 인기 로봇 잡지 《로보콘Robocon》 역시 2006년 여성 로봇공학자에 대한 기사를 실었다(Moriyama 2006). 2005년에는 오타케 미호코가 "인문과학, 기술 및 사회를 위한 로봇공학과 자동화 분야에서 일하는 여성들Women in Robotics and Automation towards Human Science, Technology and Society"(http://women.ws100h.net)이라는 웹사이트를 열었는데, 2007년 이후로는 업데이트가 안 됐다. 이 웹사이트는 원래 오타케 미호코가 멤버였던 FRAU(일본 여성 로봇공학 및 자동화 연구자 연합)에서 시작되었다.

6   로봇의 이름에 대한 짧지만 유용한 글은 Nina(2013)를 참조.

성차별적 구분을 효과적으로 재생산한다고 주장한다. 기술 그 자체가 해방적이라 가정해서는 안 된다. 기술은 특정 자유들을 제공할 수 있지만 억압적이거나 불안감을 줄 수도 있다. 기술과 로봇공학은 중립적 분야가 아니다. 유용함과 편리함을 넘어서는 가치들이 가득 담겨 있다. 로봇은 고도로 복잡하며 비싼 기계이기 때문에 개발에는 국가와 기업의 투자가 결정적이다. 그래서 로봇에는 국가와 기업의 이념과 우선 과제가 반영되고 구현되는 경향이 있다.

신체로 구현된 지능

일본 로봇공학자들은 일찍부터 신체로 구현된 지능 혹은 인지라는 개념을 적용해 1980년대부터 자체적 연구 주제를 발전시켰다. 로봇 기술자들 사이에서 "지능은 추상적 알고리듬의 형식만으로는 존재할 수 없고 물리적 구체화가 필요하다"는 여론이 존재했다(Pfeifer and Scheier 1999: 649; Ziemke 2001, 2007). 여기서 물리적 구체화, 즉 물질적 신체는 거의 언제나 다양한 단계의 특징으로 성별화된다. 정확히 무엇이 얼마나 신체화될 것이냐에 대해서는 로봇공학자들 사이에 상당한 논쟁이 있었다. 두 발로 걸어야 하나? 바퀴로 이동해야 하나? 신체 크기는? 비율은? 색상은? 인간형 로봇이라면 인간과 얼마나 닮아야 할까? 얼마나 여성적 혹은 남성적이어야 할까? 로봇의 성별(그리고 성별화)이 설명되는 방식은 내가 연구 기금을 신청할 때 무시되어 왔던, 혹은 제대로 인정받지 못해왔던 주제고 최근에서야 관심 받기 시작했다(Ikeda and Yamasaki 2014; Robertson 2010b; Roff 2016). 로봇
의 성별화 작업에 영향을 미치는 규범적 이념은 로봇공학자들에 의
해 그다지 비평적 관심을 받지 못했다.

로봇공학에서 신체 구현이란 로봇을 환경과 역동적으로 결합하
는 작업이다. 다시 말해 외부적 제어 체계만으로 활성화된 것이 아
닌, 로봇에서 자율적으로 발생되는 행위를 만들어내는 방법이다.
"발생emergence"이란 단어가 지능체 구현에 대한 문헌에서 종종 나타
나며 "물리적 구체화"와 "인지 과정"과 "의식"의 상호 의존성에 대한
논쟁에서도 통용된다.[7] 즉 인지는 단순한 계산의 결과가 아니고 "발
생적, 자기 조직적, 역동적"이라는 것이다(Vernon et al. 2009: 1). 오사
카대학교의 아사다 미노루는 "신체로 구현된 지능" 대신 다른 단어
를 사용해 로봇의 상호작용적 측면을 강조한다. 공동 창조적 지능
synergistic intelligence, SI이 그것이다. 그의 웹사이트에서 설명하는 바에
따르면 SI 분과에는 "뇌과학, 신경과학, 인지과학, 발달심리학"이 포
함된다. SI는 "인지 발달 방식의 로봇공학"이며 "환경 및 다른 조건
들과의 상호작용을 통한 정보 구축이 가능한 물리적 구현체"라는
것이 핵심이다. 유아 및 아동 발달 전문가들과 협업하며 아사다는
로봇 베이비를 만들어 감각 운동의 지도 형성과 학습 과정, 그리고
"자율성, 적응성, 사회성"의 발달을 탐구했다. "직접적이거나 간접적
인, 혹은 노골적이거나 암묵적인" 과정을 포괄해서 말이다(Asada et

7　이 논쟁에 대해서는 《의식연구저널*Journal of Consciousness Studies*》(http://www.ingentaconnect.
com/content/imp/jcs)을 참조.

al. 2009: 12).

인간에게 있어 신체로 구현된 지능은, 감각기관이 풍부한 신체를 통해 유아와 아동이 환경과 상호작용 하면서 발달한다. 두뇌는 이런 상호작용들의 통계적 규칙성을 인지하고 이것을 기초 혹은 발판으로 삼아 정형화된 혹은 학습된 행동을 형성한다. 간단히 말해 유아와 아동은 이전 경험의 축적으로 배우고 발달한다. 이 과정에서 사회 경험은 특히 중요하다. 마지막으로 유아와 아동의 사회 환경 속 상징과 언어, 그중에서도 부모나 다른 사람들의 가르침 혹은 격려가 규칙성에 복잡 미묘한 부분이기 때문에, 그런 신체 발달 과정이 길러내는 지능은 인공 체계로서는 아직 불가능하다. 그런 수준의 지능에 가까운 로봇을 만드는 것이 아사다와 동료들의 궁극적 목표다.[8]

나노 기술과 유전자적 자가 진화 알고리듬을 비롯한 인공 생명체의 발전은 새로운 감각기관, 동작 장치 및 이동 장치들의 발전을 이끌었고 이로 인해 인공 인지체의 구현이 가능해졌다. 또한 로봇의 형태와 재료가 로봇의 특성과 능력을 형성하는 역할에 대한 심화된 이해에 기반을 두고 새로운 로봇이 설계되면서, 신체로 구현된 지능이라는 개념의 정밀화에도 기여를 하고 있다. 이런 새로운 설계가 신경생리학적 발견들과 함께 "운동신경 체계"와 "인지신경 체계" 사이 관계를 밝혔다(Adenzato and Garbarini 2006: 749; Harvey et al. 2005).

---

8   아사다의 SI 연구는 "첨단 기술을 위한 탐색적 연구Exploratory Research for Advanced Technology" 의 후원을 받았는데, 1981년 설립된 이 기관은 일본과학기술재단의 부속 기관이다.

로봇공학에서 신체로 구현된 지능을 강조하게 된 데에는 아동 발달 분야에서의 질적 연구들이 결정적이었다.[9] 유아 연구에서 나온 자료들 역시 논증적으로 사용되었다. 2007년 아사다는 인간 아동의 감각 운동 발달에 대해 연구자들에게 알려주는 로봇 CB2를 소개했다(그림 12). CB2는 인간 아이처럼 움직이는, 한 살에서 세 살 사이 남아로 보이는 로봇이었다. 1미터가 넘으며 30킬로그램이 넘게 나가서 그 나이의 아기라기에는 너무 크고 무겁긴 하지만 말이다. 56개의 동작 장치가 근육을 대신하고 197개의 감지 장치가 촉각을 대신하며 작은 카메라들이 눈 역할을 하고 청각 장치도 하나 있었다. 또한 CB2는 인공 성대를 통해 말할 수 있었다. 이 로봇으로 연구자들은 언어 습득과 의사소통 기술을 포함한 "인간의 인지 발달을 연구"할 수 있게 되었다. 그러나 CB2의 성별 정체성이 어떻게 형성되는지는 언급되지 않았다. 인간 아동의 언어와 의사소통에 성별 귀속 과정과 성별 역할 수행이 전제됨에도 불구하고 말이다.

세계 전역의 로봇공학자들 대부분이 그렇듯 아사다와 동료들은 성차, 성별을 고려하지 않고 유아와 어린이들의 감각 운동 과정을 분석해 베이비-봇의 알고리듬으로 변환했다. 로봇공학자들은 인간 아기를 중성적인 개체로 연구하는 경향이 있다. 하지만 아기는 사실상 태어나기 전 태아 때부터 초음파 영상이나 다른 검사에 의해 남성 혹

---

9 로봇공학을 아동 발달 연구와 연결 짓는 최근 연구들에는 《영유아발달*Infant and Child Development*》의 특별호(Berthouze and Prince 2008) 논문들이 있으며 Lindblom and Ziemke (2006)도 참조.

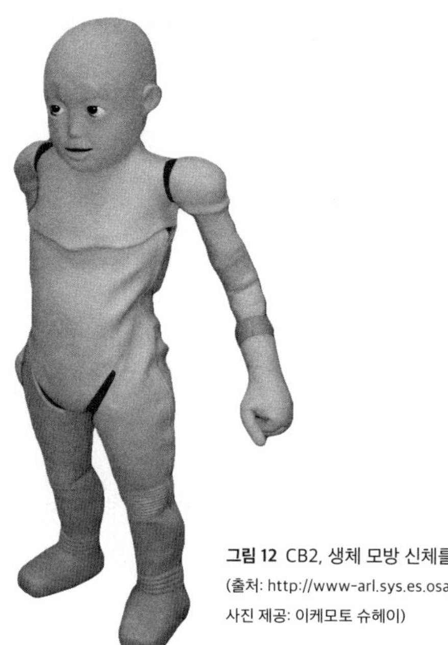

그림 12 CB2, 생체 모방 신체를 가진 어린이 로봇
(출처: http://www-arl.sys.es.osaka-u.ac.jp/ikemoto/index_ja.html.
사진 제공: 이케모토 슈헤이)

은 여성으로 정체성을 부여받고 그에 따라 성별화된다. 태어난 후에
는 이름, 별명, 옷차림, 장난감, 부모나 다른 이들과의 관계 등에 의해
성별 정체성이 더욱 고정된다. 많은 로봇공학자들이 결혼을 하고 아
이를 딸이나 아들로 키운다. 그러나 인간의 성별을 자연적이고 자명
한 것으로 다루는 태도는 성별이 구성물이자 책략이라는 점을 인식
하지 못하고 만다. 그럼에도 내가 보여주는 것처럼 로봇 대다수, 특히
서비스 로봇은 성별화되어 있다.

그렇게 로봇의 신체 구현 노력들에는 두 가지 특징이 공통으로 나
타난다. 하나, 성별을 원래 자연스러운 것이라고 인식하다 보니 의식

적이고 계산된 속성을 고려하지 못하게 되어 보다 현실적인 행위들에 알맞은 알고리듬으로 변환하기 어렵다. 둘, 성별 부여 과정의 작동 기제를 무시하는 로봇공학자는 자신의 창조물을 통해 여성과 남성 사이, 여성성과 남성성 사이 관념적 차이들에 기반을 둔 불평등한 성별 체계를 강화하게 된다.

막간 설명: 섹스, 젠더, 섹슈얼리티

이런 중대한 전환점 초기에 핵심적 용어를 정리해보는 것은 의미가 있다. 왜냐하면 로봇 성별화gendering의 원인과 논리를 파악하기 위해서는 섹스, 젠더, 섹슈얼리티 사이 관계를 이해해야 하기 때문이다. "젠더gender"는 종종 일상어에서 "섹스sex"의 정중한(혹은 온건한) 대체어로 쓰인다. 하지만 섹스와 젠더는 같지 않다. 그리고 그 점은 섹스와 구분하기 위해 젠더를 분석할 때 중요하다. 신체는 단순히 주어지거나 중립적인 것이 아니라는, 요즘 통용되는 관점을 확립하는 데는 유럽과 미국의 페미니스트들의 역할이 컸다. 적어도 두 가지 종류의 인간 신체가 존재한다. 여성의 몸과 남성의 몸. 즉 여성과 남성의 몸들 그 자체가 외적 모양부터 생화학적 구성과 물리적 능력까지 상당히 큰 생물학적 다양성으로 구별된다. 하지만 젠더는 단순히 해당 여성의 몸이나 해당 남성의 몸의 "자연스러운" 성질이나 특징이 아니다. 섹스(여성/남성)와 젠더(여성성/남성성) 사이 관계는 사회적·문화적으로 결정되고 매개되며 표준화된다. 그리고 전복된다.

간단히 말해 성, 즉 섹스는 여성 혹은 남성, 때로는 둘 다의 면모를 가진 생식기들로 구분되는 생물학적 신체를 가리킨다. 그리고 구분은 보통 그들의 생물학적 역량들, 월경, 수유, 정액 분출, 오르가슴 등으로 이뤄진다. 섹스는 또한 신체를, 특히 생식기를 포함하는 활동들을 의미한다. 성별, 즉 젠더는 사회문화적·역사적 품행의 관습들, 의상, 태도, 몸짓, 말투 등 여성과 남성 신체들이 원인이 되어 그에 의해 수행되고 그 결과가 된 것들이다.

섹슈얼리티sexuality는 단순한 생식 욕구보다 확실히 더 복잡하다. 섹슈얼리티(성별 정체성, 성적 지향)라는 용어는 섹스, 젠더와 겹칠 수도 있지만 욕망과 성애적 쾌락의 꽤 복잡한 영역을 건드리며, 그리스-라틴어에서 유래하고 19세기 후반 독일 성과학sexology 논문들로 일본에 번역·소개되어 유통된 동성애·이성애 같은 용어보다 훨씬 다양하고 창의적인 의미를 전달한다.[10]

인간 아기는 날 때부터 두 범주로 분리된다. 외부 생식기의 모양

---

10 일본 내 성과학의 도입에 대한 신랄하고 철저한 역사는 Frühstück(2003)을 참조. 내 글(Robertson 1999: 8-9)에서 썼듯이 19세기 후반 새로 도입된 사회과학적 용어인 호모섹슈얼homosexual(동성애)과 헤테로섹슈얼heterosexual(이성애)은 이들 모형보다 훨씬 복잡하고 경계가 모호한 실제 성적 관행들에 혼란을 가져왔다. 기존의 지배적인 섹스, 젠더, 섹슈얼리티의 이분법적 구성에 동성애와 이성애가 편의적으로 덧붙여졌고 그 구성에 대한 새로운 정신분석학적 탐구가 자극되었다. 그러나 이 용어들, 특히 공식 번역어인 "동성애"와 "이성애"는 일관되게 사용되지 못했고 적당히 맞는 상황에서 개념을 확장하는 식으로 통용되었다. 예를 들어 상황에 따라, 사회적으로 같은 성별이자 생물학적으로도 같은 성인 커플(두 여성적 여성 혹은 두 남성적 남성 등)의 관계를 묘사할 때도, 그리고 생물학적으로 같은 성이지만 사회적으로는 다른 성별인 커플(부치-펨 여성 커플 혹은 부치-넬리 남성 커플 등)의 관계를 묘사할 때도 동성애라는 단어가 사용되었다.

에 근거해, 보통은 식별 가능한 음경의 존재와 부재로 여성과 남성으로 구분된다. 수잔 케슬러는 이런 성별 이분법의 위세, 즉 사회문화적 구성물과 의학적 재구성물의 위력이 자연적으로 일어나는 다양성(의학에서 사용하는 용어인 "모호성" 대신 일부러 사용한 단어이다.)들에 의해 강조되는 동시에 혼란스러워지는 과정을 자세히 설명한다(Kessler 1998). 그러므로 생식기의 외적인 모양새가 불확정적인 간성intersexed 신생아는 종종 외과 수술로 변형되어 의학적으로 정상적인 남성, 여성의 개념에 맞추어진다. 물론 신생아의 생식기를 여성이냐 남성이냐 판단하는 조치도 지배적 성별 관념의 영향을 받는다(Kessler and McKenna 1985; Kessler 1998).[11] 외부와 내부 생식기가 얼마나 다양하든 이렇게 두 기본적 범주가 있다는 사실에는 변함이 없으니 나도 친숙한 이름표를 사용할 것이다. "여성"과 "남성" 말이다.

내가 1장에서 주장했듯이 로봇공학 문헌에 자주 나타나는 플랫폼이라는 단어는 소프트웨어를 구동하는 모종의 작동 체계, 로봇의 신체와 같은 것을 가리킬 수 있다. 성별 역시 로봇의 플랫폼이며 로봇의 신체는 상상된 성별 역할에 맞도록 설계된다. 그러나 인간에게 성별(여성스러움/남성스러움, 여성성/남성성)은 태어날 때 신체에 존재하는 생식기에 근거해서 지정된다. 인간에게 신체와 성별 사이 관계는 불

11　간성 활동가인 하시모토 (하시) 히데오가 1995년 일본 히즈라를 설립했다. 현재 단체명은 "간성인을 위한 동류 지원Peer Support for Intersexuals"이며 간성인과 부모를 지원하며 정보를 제공하고, 성 교육자들에게 간성 정체성을 소개하는 데 힘쓴다. 히즈라는 인도의 트랜스젠더/트랜스섹슈얼 소수자 공동체를 가리키는 말로, 이들은 다양한 의례의 집전과 공연을 위해 고용된다.

확정적이며, 해부학적으로 정해진 여러 요인과 사회역사적, 문화적, 관습적, 개인적인 요인 등에 좌우된다(Bloodsworth-Lugo 2007: 18-19; Grosz 1994: 58). 하지만 로봇에게 이 관계는 필요조건이다. 즉 로봇의 상상된 혹은 지정된 성별은 로봇의 신체 구성보다 선행하고 로봇의 신체 구성을 결정한다.

섹스, 젠더, 섹슈얼리티 사이 관계는 사회적이고 문화적으로 결정되며 다음 세대로 전수된다. 또한 표준화되고 매개되며 개인화된다. 일본에서 이 관계는 과거에나 현재에나 잘 고정되지 않았다. 여성성과 남성성이 여성과 남성 둘 다의 신체를 사용해 규정되고 수행되어 왔던 것이다. 이를 잘 보여주는 것이 남성 배우만으로 이루어진 400년 역사의 공연극 가부키와 여성 배우만으로 1913년 창단된 다카라즈카 가극단(그림 13)이다. 둘 다 전통 공연 장르로 계속 무대에 오르고 있으며, 전혀 대안적이거나 전복적이지 않은, 주류 문화의 여성스러움과 남성스러움의 전형을 재생산한다. 남성이 이상적 여성을 연기(가부키)하고 여성이 이상적 남성을 연기(다카라즈카)한다는 사실이 아무 문제 없이 받아들여진다. 다시 말하면 두 공연 다 생물학적 성과 사회적 성별이 같은 것이라는 주장이 전체주의적 기만임을 폭로한다. 그럼에도 불구하고 무대에서 이런 배우들의 연기 자체는 주류 이성애와 성별 이분법의 규범을 강화한다. 앞으로 설명하겠지만 로봇공학자들은 로봇을 성별화하면서 가부키와 다카라즈카 배우들의 연기와 화장, 의상, 동작의 기술을 끌어온다. 또한 비슷하게, 성별화된 로봇들이 관습적 성별 제도를 강화한다. 나는 이 점에 대해 더 설명해보려 한다.

그림 13 다카라즈카 남성 역할자와 여성 역할자. 2015년 8월에서 9월 다카라즈카 대극장에서 공연된 《아가씨와 건달들》의 광고다(출처: http://ticket.st/takarazukaryu/8429gd8zu).

다카라즈카 배우를 꿈꾸는 열다섯에서 열여덟 살 사이 지망생들은 다카라즈카 음악학교의 2년 과정을 졸업해야 한다. 학생들은 보통 첫 학기가 끝나면 나머지 교육과정 동안은 반드시 (내가 보기에) "두번째" 성별을 부여받는다. 그들의 "최초" 성별, 즉 출생 당시 생식기에 따라 간주된 혹은 부과된 성별과 달리 두번째 성별은 학생의 신장, 체격, 얼굴형, 성격, 음성이 기반이 된다. 두번째 성별 표식은 대조적인 성별 상투형 자체를 전제로 한다. 남성 역할자는 여성 역할자에 비해 길고 각진 얼굴, 널찍한 이마, 두꺼운 눈썹과 입술, 높은 콧날, 어두운 피부색, 각진 어깨, 좁은 골반, 낮은 목소리를 가져야 한다.[12] 이런 성별 척도에서 키는 가장 중요한 편이라 남성 역할자는 165센티미터 이상이 되어야 한다. 배우의 타고난 특성이 무대 위에서 극적 분장과 가짜 수염 등으로 증강되며 키높이 신발도 동원된다(Robertson [1998] 2001: 11-12).

다카라즈카 음악학교와 가극단 배우들의 훈련은 많은 부분 가타形(자세, 맵시, 전형)를 배우는 데 초점이 맞춰진다. 이 맥락에서 가타란 집단적인 성별의 기법, 즉 자세, 모습, 몸짓, 말투, 복장, 안무 등을 일컫는다. 배우들이 습득하는 가타에는 양식화된 표정, 동작, 억양, 음색 등이 포함되어 남성성과 여성성을 의미하고 강조한다. 예를 들어 남성 역할자라면 팔을 몸통에서 띄운 채 무대를 당당하게 가로질러야 한다. 팔과 손의 동작은 대담하고 널찍해야 하며 앉아 있든 서 있든 다리를 벌리고 발은 굳게 바닥을 디뎌야 한다. 반면에 여성 역할자는 상박을 몸통에 딱 붙인 채 팔꿈치를 돌리는 방식으로 전완만 움직여 동작의 자유를 제한함으로써 외모를 아담하고 좀 더 "여성스럽게" 만들어야 한다. 아마도 여성 역할자의 가장 중요한 기능은 남성 역할자의 남성성을 돋보이게 하는 대조적 배경 역할일 것이다(Robertson [1998] 2001: 11-12).

---

12   무스메야쿠娘役(여성 역할자)란 글자 그대로 "딸 역할"이라는 뜻인데, 여성적인 여성이 가져야 할 바람직한 자세로 순진성을 은근히 강조한다. 성적으로 노련한, 혹은 불미스러운 유형의 여성 인물은 오토코야쿠男役(남성 역할자)가 맡아서 연기한다(Robertson [1998] 2001: 82-83).

로봇 성차별

이름 짓기와 성별화는 서로 얽혀 있는 현실 구축 과정이다. 두 과정
다 일련의 판단과 신념의 분류, 상징화, 반영에 복무한다. 다르게 말
하면, 이름 짓기와 성별 부여 행위는 호명의 방식이다. 이 경우 로봇
들은 사회질서의 주체로 창조되어 현 상태를 유지하는 일련의 역할
을 수행한다.[13] 로봇이 명명되고 성별화되는 표준에 대해 조사하면서
내가 깨달은 것은, 성별화되어 온 양육과 일상 행위에서 로봇공학자
들이 당연하게 여기는(그리고 종종 바꾸기 싫어하는) 많은 것들이, 그들
이 만드는 인간형 로봇의 상투적인 모습으로, 또한 그들이 인간형 로
봇에게 부과하는 역할로 재생산된다는 것이다(예를 들어 Mutch 2003:
388). 간단히 말해 그들에게 관습적이고 정상적인 섹스, 젠더, 섹슈얼
리티의 관계는 상식적 지식, 인지 방식을 구성하며 그 안에서 사회
관습들이 자연적 조건으로 체험된다. 그러므로 로봇의 이름 짓기와
성별 부여는 로봇공학자들의 습성(아비투스Habitus, 암묵적이고 자명한 지
식)을 드러낼 뿐 아니라, 이 지식을 적용하여 그들 사회 세계의 객관
적 사실성을 창조하고 유지한다.[14] 로봇공학자들은 여성과 남성의 신

---

13   호명interpellation에 대해서는 Oliga(1996: 172~177)에서 논의에 영향을 받았다.

14   (해부학이 아닌) 미학적, 우주론적 기준으로 식물과 씨앗에 성별을 부여하는 에도시대
(1603~1867) 관습에 관해 나는 비슷한 주장을 했다(Robertson 1984). 아비투스는 무심하거나
무의식적인 일단의 행동들이며 자율성과 의지를 전제로 삼지 않는다. 아비투스는 사람들
이 예기치 못한 상황들에 즉석에서 대처하도록 만드는 일련의 내면화된 경향이기도 하다
(Bourdieu 1977).

체를 "세상을 살아가는 특정 형태"로 인식할 뿐, 페미니스트들처럼 따져 묻지는 않는다(Sheets-Johnstone 1992). 그보다는 실제 의도와는 꽤 별개로, 여성과 남성 신체에 따라붙는 지배적 원형과 고정관념을 무비판적으로 재생산하고 강화하는 경향이 있다.

일본인공지능학회의 정기간행물인《인공지능》2014년 1월호 표지는 나의 주장을 증명하며 일본(뿐만도 아닌) 로봇공학 분야의 노골적 남성중심주의를 잘 보여준다(그림 14). 표지에는 등에 전선이 연결된 여성형 로봇이 수채화풍으로 그려져 있는데 그녀의 얼굴(특히 커다란 눈)은 일본의 만화 캐릭터들을 닮았다. 머리를 하나로 묶고 밝은 주황색 셔츠 드레스를 입고 하얀 양말과 녹색 슬리퍼를 신고 오른손에는 책을, 왼손에는 빗자루를 들었다. 이 하녀 로봇은 책 많은 방에 햇빛이 드는 창을 등지고 등나무 의자 앞에 서 있어서 학자가 주인인가 싶기도 하다. 누군가(뭔가) 그녀의 독서를 방해한 듯하다. 하지만 왜 그녀는, 여성형 로봇은 방을 청소하다 말고 책을 보고 있었을까?

이 질문에 답을 하고 이 표지에 대한 대중의 반응을 알아보기 전에, 일본인공지능학회에 대해 잠시 소개가 필요하다. 1986년 설립된 인공지능학회는 300여 명의 회원 대다수가 남자다. 26명의 임원 가운데 두 명만이 여성이다.[15] 학회지의 이전 표지들에는 목차만 들어가 있었는데, 세련된 그림을 넣어서 변화를 주면 회원 수가 늘지 않을까 하고 편집위원들은 생각했다. 표지화를 온라인 공개 모집하자

15 　내가 회원들 이름을 일일이 보며 수를 셌다. 대부분의 일본 이름은 성별화되어 있으며 발음상으로는 중성적인 이름도 일부 있지만 한자를 보면 성/성별을 대부분 알 수 있다.

그림 14 《인공지능》(vol. 29, no. 1) 2014년 1월호의 표지(출처: https://twitter.com/carbonsumi/status/531090737656369152 그리고 https://www.ai-gakkai.or.jp/en/published_books/journals_of_jsai/past_journals/in2014)

100명이 작품을 보냈다. 당선자는 신분을 밝히지 않은 여성 일러스트레이터로서, 그녀의 하녀 로봇 이미지가 구독자들의 가장 많은 표를 받았다.

물론 여성 육체를 가지고 있다고 해서 그 사람이 꼭 성차별적 재현에 민감하거나 거부 반응을 일으키는 것은 아니다. 마찬가지로 남성 육체라고 해서 성차별주의자가 되는 것도 아니다. 비록 대부분 남성인 투표자들이 이 그림을 선호하면서 성차별 문제에는 세심하지 않았던 것 같지만 말이다.[16] 편집인의 말에서 마쓰오 유타카(도쿄대)와 구리하라 사토시(전기통신대)는 이 새로운 표지 그림이 "일상 속 인공지능"의 통합이라는 관념을 형상화한다고 설명했다(Matsuo and Kurihara 2014a). 분명히 하녀 로봇이 그 관념에서 벗어나지는 않는다!

비판은 신속히 제기되었다. 학회를 비난하는 편지가 쇄도했다. 일러스트레이터의 실제 의도와는 상관없이 이 표지 그림은 여성을 가사 노동자의 위치에 놓고 여성이 책을 보면 맡은 일에 소홀하게 된다는 암시를 전달한다. 표지화에 대한 몇 가지 패러디가 온라인에 발표되었고 그중 특히 기억할 만한 하나는 "샐러리맨" 로봇이 넥타이를 하고 조끼를 입고 소매를 걷어 올린 채 빗자루를 휘두르는 그림이었다. 이 인간형 로봇은 전선이 가랑이에 연결돼 있었다(Mikichangcap 2013). 아뿔싸! 수일 후 편집인들이 웹사이트에 사과문을 게시했다. 내가 풀어서 번역한 바는 다음과 같다.

> 우리는 표지 그림으로 여성을 차별할 의도가 없었습니다. [...] 그러나 전선으로 연결된 여성형 로봇이 집 청소를 하는 이미지가 그런 인상을 주었기에 우리는 학문을 연구하는 모임으로서 부적절했다고 생각하며 깊이 후회합니다. [...] 인공지능은 눈으로 볼 수는 없는 것이기에, 우리는 이해하기 쉬운 이미지를 제시하고자 했습니다. 그런 어설픈 노력에 대한 가차 없는 비판들을 받아들이며 배움을 얻었습니다(Matsuo and Kurihara 2014b).

---

16 Ikeda and Yamasaki(2014: 168)에서도 이 표지를 비판하며 이 점을 지적했다.

그림 15 《인공지능》(vol. 29, no. 2) 2014년 3월호의 표지
(출처: https://twitter.com/carbonsumi/status/531090737656369152)

다음 호인 《인공지능》 3월호의 표지(그림 15)는 같은 작가가 그린 수채화 그림이다. 독자는 하녀 로봇의 시각을 볼 수 있는데, 그녀가 읽고 있던 책은 헤겔의 『정신현상학』 독일어 판이다. 그녀는 서재를 청소하다가 멈추고 인공지능과 관계있을지도 모르는 책을 발견하고 호기심에서 읽게 된 걸까? 독자는 그녀의 카메라 눈이 어린 남자아이에게로 초점을 옮기는 것을 볼 수 있다. 청소에 더해 그녀는 아이 돌보기도 같이 하는 걸까? 헤겔의 자의식 진화 이론에 몰두한 그녀의 주의를 끌기 위해 아이는 눈을 크게 뜨고 소리치며 팔을 흔드는 듯

하다. 돌이켜보면 지난 1월호 표지화에서 독자들은 바로 이 소년의 입장에서 서재에 들어왔다는 것을 깨닫는다. 소년은 분명 로봇과 친하고 로봇에 의존적이다.

같은 작가가 그린 5월호와 7월호 표지(그림 16)도 가사와 학문 노동의 성별화된 구분을 되풀이한다. 다만 각도는 달라졌다. 5월 표지화는 지저분한 사무실 혹은 세미나실을 그렸다. 젊은 남자, 혹은 학생 둘이 연구에 지쳐 곯아떨어져 있다. 세번째 남자는 빗자루를 들고 단발머리 여성을 향해 수줍은 태도를 보인다. 단발머리에 리본을 매고 연녹색 블라우스와 연주황색 카디건을 입은 여성은 방에 들어왔다가 남자들의 어지러운 상황을 보고 걱정하는 듯하다. 젊은 남자의 부끄러워하는 태도의 의미는 7월호에서 더 분명히 드러난다. 여성이 작은 인간형 로봇에게 청소하는 법을 가르치게 되었으니까! 여성이 학생일 수도 있는데, 어쨌든 남자 동료보다는 빗자루를 더 잘 사용할 수 있고 청소 도구에 익숙한 것으로 묘사된다. 소형 로봇은 이노베 '군'의 여성화 버전 같다. 인간 여성의 의복 색과 블라우스와 레이어드 스커트의 모양이 로봇의 색과 윤곽에 반영되었다. 로봇의 눈도 커다란 만화식이고 입 없는 둥근 얼굴도 여성적으로 약호화되었다. 한편 남자는 더는 수줍어하지 않고 빗자루 든 이들을 마주하면서 컴퓨터로 일한다. 저 작은 로봇을 위한 모션캡처 기반의 알고리듬을 만들고 있을까?

이렇게 성별화된 그림 서사에 새로운 비틀림이 9월호와 11월호에 더해졌다(그림 17). 9월호에서는 헤겔을 읽던 여성형 로봇과 꼭 닮은 여성이 등장해, 7월호에 묘사된 로봇 및 연구소에 관한 TED 비슷한

그림 16 《인공지능》(vol. 29, no. 3, no. 4) 2014년 5월호와 7월호의 표지
(출처: https://twitter.com/carbonsumi/status/531090737656369152)

강연을 한다. 긴 갈색 머리는 하나로 묶고 청록색 상의에 회색 바지 정장을 입었다. 그녀가 가리키는 파워포인트 이미지에는 고객과 학생으로 보이는 사람들이 들어 있다. 이 여성이 로봇공학자인지는 분명치 않지만 학자인 것은 분명하다. 11월호에서는, 그 여성이 아들로 보이는 어린 소년을 안아주고 배경에는 그녀의 도플갱어로 보이는 여성형 로봇 하녀가 얌전히 서 있다. 남편은 보이지 않는다. 독신 어머니를 그린 것이라면 진정 혁명적인 그림일 것이다. 결혼만이 아이를 낳고 키우는 유일하게 공식적인 울타리인 세상이니까 말이다. 《인공지능》 표지화들이 연속적으로 전하는 메시지가 "이노베이션 25"와 닮았다는 점은 모호하지 않고 명백하다. 즉 이노베 군 같은 남성형

그림 17 《인공지능》(vol. 29, no. 5, no. 6) 2014년 9월호와 11월호의 표지(출처: https://twitter.com/carbonsumi/status/531091447072575488 그리고 https://www.amazon.co.jp/人工知能-2014年-11月号-雑誌/dp/B00PQZS650/ref=pd_sim_14_1?_encoding=UTF8&psc=1&refRID=T9E6J2JBS2B821BWWHG4)

로봇이든 분신 같은 여성형 로봇이든, 여성이 직업과 양육을 병행하려면 로봇이 필요하다는 것이다.

《인공지능》의 편집인들은 사과문에 정체를 밝히지 않은 여성 일러스트레이터의 입장문을 포함시켰고 내가 다음과 같이 풀어 번역했다.

나는 일부러 쇼와시대(1926~1989) 분위기로 아날로그 감성을 전달하려 했다. 인간의 삶은 그렇게 근본적으로 변하지 않고 최신 기술에도 아날로그적인 면이 남아 있다. 인공지능에 대한 관습적 사고도 많은 것이

새롭게 바뀌지는 않았다. [1월호 표지화의] 방은 일본식 서양풍 방이다. 책벌레 거주자가 혼자 살며 청소 로봇이 필요하다. 여성형 로봇이 책을 읽는 건 그녀의 자율성을 강조하기 위해서였다. 일본 집에서 방을 청소하는 가장 좋은 방법은 빗자루를 이용하는 것이다. 그녀의 전선은 전기 자동차를 충전하는 것과 비슷한 아날로그적 방식이다. 나는 인공지능의 의인화를 그렸다. 이 로봇은 빗자루와 책의 양립 가능성을 묘사한다. 우리가 지금까지 배워온 것을 폐기할 필요는 없다. 나의 그림은 현재 문화와 생활 방식의 중요성을 인정하면서 기술을 포용하려는 욕구를 표현했다(Matsuo and Kurihara 2014b).

예술가의 항변에서 드러나는 순진함이 매력적이다. 하지만 예술사가 이케다 시노부와 야마사키 아키코가 《인공지능》에 기고한 비평에서 주장하듯, 이 표지화를 구독자들이 선정한 이유는 향수병적 감정 때문이라는 설명만이 가능하다(Shinobu Ikeda and Akiko Yamasaki 2014). 작가 또한 요즘 유행하는 1950년대와 60년대에 대한 향수병적 선호를 언급했다. 미술관 전시부터 복고풍 장난감, 과자, 애니메이션,[17] 음식점에 이르기까지 "쇼와 30년대"에 대한 향수병 풍조 시장이 베이비부머 세대(인정받는 과학자들 다수가 포함된)의 어린 시절 추억을 재포장하고 전후 경제 기적의 동력을 다시 끌어올려 회복하고자 했다.[18]

---

17 향수병을 자극하는 애니메이션 목록은 https://www.apartment507.com/blogs/anime-manga/114068935-showa-nostalgia-in-anime-what-s-thedeal를 참조.

18 쇼와 향수병Showa nostalgia에 대한 간명하고 훌륭한 논문은 Sand(2007)를 참조.

이 시기는 또한 아베가 사랑해 마지않은 외조부 기시 노부스케가 총리를 두 번 했을 때다. 특히 첫 표지화(그림 14)는 일상에서 디지털 기술의 충격을 완화하는 아늑한 향수병 풍조를 지폈다. 작가의 변명은 이 책을 관통하는 주제를 실체화하는 데 도움이 된다. 로봇 기술이 사회적으로 "퇴보적"인 현 상태에 보루를 제공하고 전통적 성별 역할들을 강화한다는 주장 말이다.

인공지능의 성차별적 재현이 "일본적인" 문제라고 여기는 사람이 있을까 걱정되었는지, 2016년 미국기계공학회의 학회지《기계공학 *Mechanical Engineering*》의 표지는 고릿적 타자수 집단을 들고 나왔다. 4월호 주제("일터에서의 로봇: 자동화와 직업 시장의 방향")를 표현하는 가슴 큰 마네킹 같은 인간형 로봇 둘이 1960년대 풍 사무실의 타자기 앞에 앉아 있다.[19]《인공지능》의 선택적 향수병과 마찬가지로 즉각 반발이 일어났다. 광범위한 대학과 회사들에서 1,000명이 넘는 학생, 직원, 학자들이 편지를 보내, 사무실 업무에 대한 퇴보적 이미지와 기업 문화에서 여성을 고의적으로 주변화시키는 암시에 항의했다. 편집인은 불쾌한 표지에 사과했고 공학 분야에 더 많은 여성과 소수자를 뽑아야 하는 시급한 필요를 인정했다(Falcioni 2016: 6; Letters and Comments 2016: 8).

다시 논의하겠지만 실제로 여성스러운 인간형 로봇이 성별화된 현 상태를 강화하기도 한다. HRP-4C 같은 로봇은 대화하고 춤추고 노

---

19 미국기계공학회의 학회지인《기계공학》의 2016년 4월호 표지 이미지는 케빈 리버먼(미시간 대학교 로봇공학연구소 박사과정)에게서 받았다.

래하며 빗자루를 들 수 있다. 아직 헤겔을 읽지는 못하지만 말이다.
이 책에 많이 등장하는 남성적인 로봇들 역시 성별에 대한 규범적 개
념을 강화한다. 그들 역시 남성적 특성을 강조하는 방식으로 만들어
져 왔음에도, 나는 그들의 성별화된 특징은 여성적인 로봇들에 비하
면 훨씬 주목을 덜 받아왔다고 본다.

섹스 로봇과 로봇 성별의 복귀

일상과 일터에서 인간과 상호작용 할 인간형 로봇을 설계하는 일
본 로봇공학자 다수는 자기 창조물의 성별을 염두에 두고 제작을
진행한다. 로봇의 신체는 주어진 환경 속 특정 역할이나 업무에 맞
도록 의도적으로 설계되며, 역할과 업무는 자주 성별화되어 있다.
이 책에서는 본격적으로 다루지는 않지만, 이 시점에서 "섹스 로
봇"에 대한 짧은 비판이 적절해 보인다. 인간 같은 생식기를 장착
하고 인간 상대의 다양한 성애적 행위에 이용되는 로봇들이 있다
(Dorfman 2005; Levy 2008). 대중매체에서 "섹스 로봇에 반대하는 캠페
인"(campaignagainstsexrobots.org/about) 등에 의해 제기되는 최근의 호
들갑스러운 논쟁은 내가 보기에, 아무것도 아닌 것에 대한 과한 소
동의 사례다. 정서적 의존을 비롯해 여성과 아이들에 대한 체계적 비
인간화에 대해 염려가 제기되지만 그러한 문제는 인간과 로봇 사이
관계에 특화된 것도 아니고 많은 인간 사이 관계와 만남에도 고질적
이어서 가정 내 폭력과 관행적인 고문, 잔혹한 전쟁 등이 널리 퍼져

있다. 더욱이 "섹스 로봇에 반대하는 캠페인"은 경건한 척 다양한 성노동과 성노동자들을 인신매매, 아동 성애 등과 한 묶음으로 취급해 성노동 인권운동가들의 비판을 받는다(Jacobs 2014).

이와 대조적으로 경험 많은 인류학자들은 다양한 범위의 인간, 동물, 유기체, 비유기체 사이 상호작용 관계에 주의를 기울이면서도 그들을 타고난 선이나 악으로 선험적 재단을 하지 않는다. 사물 성애는 어엿한 성적 지향으로 인정받는 인간 대 사물 친밀도의 한 가지 양식일 뿐이다. 소셜미디어에서 비웃음을 사고 창피를 당할 가능성 때문에 사물 성애 지향의 개인들은 다리, 탑, 자동차 같은 사물과의 내밀한 관계를 인정하기 꺼린다. 에리카 '아야' 에펠(에펠탑과 결혼 후 에리카 라브리에서 에리카 '아야' 에펠로 이름을 바꾸었다.)이 아마 가장 잘 알려진 사물 성애 옹호 활동가일 것이다. 그녀는 종종 일본에서 받은 환대에 대해 말한다. 일본에서는 인간-사물 관계들이 신토-정령 신앙의 중요한 부분이다(Frizzell 2015; Marsh 2010; Objectum-Sexuality Internationale n.d.; Objectum-Sexuality: Archive NHK Japan 2009, Terry 2010). 대개 성별 정체성과 성적 지향은 복수형(성별 정체성들, 성적 지향들)일 때 가장 잘 이해된다는 점을 인정하는 것이 중요하다.

앞서 지적했듯이 산부인과 의사가 "불확정적"이라고 인지한 생식기를 가진 간성 유아는 가끔 외과적으로 교정되어 표준적 범위 내의 모양과 크기로 맞춰진다(Kessler 1998). 인간형 로봇의 제작에서는 달라질 수밖에 없는 이유는, 인간 신생아와 달리 로봇의 신체는 사회적 역할의 필요조건으로 기획 단계에서 구성되기 때문이다. 사회적 역할들은 매우 자주 성별화되므로 로봇에겐 "문화적 생식기"가 장착된다. 이 용어를 만든 심리학자 수잔 케슬러와 웬디 매케너는 육체적 생식기가 보이지 않을 때도(인간도 사회에서 거의 옷을 입고 있으니 보통 늘 그렇다.) 문화적 생식기가 성별을 부여하는 역할을 하도록 동원된다고 설명한다(Kessler and McKenna 1985: 153-155). "문화적 생식기"란 "성별 표식"이라는 말보다 훨씬 자극적이며 (인간에게) 성별이, 적어도 초기에는, 해부학적 특징인 성을 전제로 하는 과정을 잘 보여준다.

케슬러와 매케너가 설명하듯이 "문화적 생식기와 성별 부여는 서로를 반영한다." 즉 "성별의 현실성은 분류된 생식기에 의해 '증명'되며 동시에 분류된 생식기는 사회적으로 공유된 성별 부여 과정의 구축을 통해서만 의미를 가진다"(155). 성별 분류 과정에서 문화적 생식기의 우위는 남성에서 여성으로 성전환한 재닛의 사례에서도 잘 드러난다. 이에 대한 케슬러와 매케너의 연구는 가부키의 여성 역할자에 의한 여성성의 성취와 다카라즈카의 남성 역할자에 의한 남성성의 성취에서 배우와 관객이 공모하는 방식에도 통찰을 제공한다. 사회적으로 공유된 과정인 성별 부여는 변증법적 과정이기도 하다. 케슬러와 매케너가 인터뷰한 "재닛"은 그녀가 성전환 수술 전에 남성들과 성관계했던 경우를 자세히 설명한다. "이 남자들은 그녀의 다리 사이 (육체적) 음경을 (사회적) 음경으로 취급하지 않았다. 이들은 재닛이 부적절한 육체적 생식기를 가진 듯 '보이는' 게 '괜찮다'고 판단한 듯했다. 왜냐하면 이들은 이미 그녀의 생식기가 문화적 의미에서 현실성이 없다고 결정했기 때문이다"(154). 비슷하게, 가부키 여성 역할자의 기모노 아래 음경을 가진 신체가 있고, 다카라즈카 남성 역할자의 턱시도 아래 질구를 가진 신체가 있다는 것을 관객도 알지만,

배우의 무대 역할의 맥락에서 그들의 육체적 생식기는 문화적 생식기에 의해 대체된다.

내가 이처럼 인간 사회의 성별 부여 과정에 대해 논의한 이유는, 인간형 로봇의 제작에 있어 성별의 작용이 거의 모든 로봇공학 문헌에서 회피되기 때문이다. 마치 로봇 연구소 내에 버젓이 버티고 있는 "코끼리"를 아무도 언급하려 하지 않는 것처럼 말이다. 성별의 작용 같은 것도 인정되고 분석되어야 한다. 특히 오사카대학교의 이시구로 히로시처럼 인간에 대해 더 배우기 위해 로봇을 만든다고 주장하는 로봇공학자라면 말이다(MacDorman and Ishiguro 2006: 365). 당연히 로봇공학자들은 인간형 로봇을 제작하기 전에 먼저 인간에 대해 많이 알아야 한다. 내가 보기에 문제는, 로봇 엔지니어들이 성별화된 차이들을 자연적이자 보편적인 차이로 간주한다는 점이다. 성별 부여 과정, 그리고 여성이든 남성이든 개인적이든 집단적이든, 인간 사이 성별화된 관계들의 변증법적 동력에는 무관심한 것이다. 나는 일본, 유럽, 미국의 로봇공학자들과 인터뷰를 하고 대화를 나누면서 이런 태도를 계속 목격했다.

상대적으로 많지 않은, 성별과 로봇에 관한 연구를 검토해보면 로봇공학 분야 전문가들이 성별에 대해 얼마나 오해가 많은지 드러난다. 이런 연구는 많은 경우, 사람이 여성적 혹은 남성적 로봇과 상호작용에서 보이는 차이, 그리고 여성 혹은 남성 사람이 로봇과 상호작용에서 보이는 차이에 초점을 맞춘다. 전자의 경우에는 성별 부여 과정이 해명되거나 심문되지 않았고, 후자의 경우에는 생물학적 성이 사회적 성별과 융합되어 둘 다 자명하게, 선험적 가정들을 기반으로 이해됐다(Carpenter et al. 2009; Powers et al. 2005). 다음에 인용한 사례가 두 경우를 다 보여준다.

> 로봇 "남성" 혹은 로봇 "여성"이 사용자들에게 연애의 법칙에 대해 질문했다. 사용자들은 여성형 로봇이 남성형 로봇보다 연애의 법칙에 대해 더 많이 안다고 가정하리라고, 우리는 기대했다. 그렇다면 사용자들이 여성형 로봇에게는 연애 법칙을 간결하게 설명하고 남성형 로봇에게는 상세하게 설명할 것이다. 사용자들은, 특히 여자를 위한 연애 법칙을 설명한 여자들은, 여성형 로봇보다는 남성형 로봇에게 더 많은 양의 단어를 사용했다(Powers et al. 2005: 1).

이 실험에서 파워스와 동료들이 이용한 둥글고 빛나는 회색 금속 로봇 상반신은 성별(화된) 차이가 있는 분명한 표식들에 의해 각각 "여성"과 "남성"으로 꾸며졌다. 여성적 목소리와 분홍 입술, 남성적 목소리와 회색 입술 같은 것들처럼 말이다. 간단히 말해 로봇공학자들은 인간 여성과 남성 신체에 따라붙은 지배적 전형(혹은 원형)을 무비판적으로 재생산, 강화하는 경향이 있다.

나의 현장조사 때 일화 하나가 또 다른 사례를 제공한다. 고도로 형식화되고 정형화된, 심지어 로봇적이기까지 한 속성상 일본에서 전형적 "여성의 일"로 취급되는 "엘리베이터걸" 같은 직업은 로봇이 대체할 수도 있을 것 같았다. 나는 남성 로봇공학자들에게 왜 대체하지 않느냐고 물어보았는데, 2007년 게이오대학교에서 마에노 다카시 교수가 한 대답은 전형적이었다.[20] 우리는 책과 컴퓨터로 가득한 그의 연구소 사무실에서 대화를 나눴다. 책상 위에는 로봇 팔이 놓여 있었다. 그는 곤혹스러운 표정으로 나의 "서양적" 사고방식을 기각하고, 고객들의 만족을 확보하기 위해서는 살과 피로 된 여성들이 진정한 환대의 기운을 전해야 한다고 지적했다.

일본의 남성 학자들과 오래 같이 일한 나의 경험으로 볼 때, 관념적 난제에 대한 마에노의 "서양"(혹은 이방인) 운운은 드문 일이 아니었다. 이것은 "여성의 일" 같은 불편한 주제를 피하기 위한 핑계였다. 마찬가지로 "우리" 대 "그들" 논리를 사용해 인공지능도 "서양적"이라고 기각하고 일본에는 어쩐지 적합하지 않다고 주장하기도 한다. 일본의 페미니스트들은 페미니즘과 여성의 인권에 대한 비슷한 혐의들을 오래 논박해온 역사를 가지고 있다.

마에노 교수와의 인터뷰 후 나는 그의 연구소 건물 로비에 앉아 메모를 했다. 엘리베이터걸에 대한 그의 언급을 적는데, 같은 제목의 사진 연작이 기억났다. 사진, 영상, 행위 예술가 야나기 미와는 여성의 삶과 일의 양상을 비판적으로, 종종 과장되고 초현실적이며 환상적인 방식으로 다룬다.[21] 덴마크 미술사가 크레스티나 스컬은 야나기의 작품 〈엘리베이터걸〉(1994~1999)을 간결하게 설명하며, 마에노가 일본 고객에게 먹힌다고 주장하는 엘리베이터걸들의 로봇 같은 행위의 의미를 효과적으로 드러낸다.

---

20 마에노 다카시의 연구소는 동작 센서actuator(motor) sensor 로봇과 로봇 팔을 위한 촉각 센서 tactile sensor에 중점을 두었다(http://www.st.keio.ac.jp/english/learning/learning_05.html).

21 이 사진 연작을 포함한 작품들은 야나기 미와의 웹사이트에서 볼 수 있다(http://www.yanagimiwa.net/e/elevator/index.html).

야나기 미와는 엘리베이터걸의 형상을 이용한 작품들에서 여성성에 대한 기존 이미지와 이상들에 대한 비판을 더욱 심화하는 듯하다. 이 형상은 그 자체로 인공적인 요소를 여럿 보유한다. 백화점에서 일하는 동안 엘리베이터걸은 특별한 제복을 입어야 할 뿐 아니라 정해진 동작을 몇 번이고 똑같이 반복해서 고객들을 기쁘게 하고 쇼핑 편의를 도모해야 한다. 다시 말해 엘리베이터걸의 업무는 반복이 가장 큰 특징이고 복장과 외모에 관한 엄격한 규칙을 수반한다. 그러므로 엘리베이터걸의 형상은 인형, 심지어 로봇의 특징이기도 한 양상들을 이미 포함한다고 볼 수 있다(Krestina Skirl 2010: 31).

야나기의 반어적 재치 같은 것조차 없이, 외교부에서 발행하는 다언어 계간지 《니포니아*Nipponia*》(2006년 no. 39)의 표지에도 엘리베이터걸의 사진이 실리고 "환대의 땅에 어서 오세요"라는 제목이 걸렸다. "현대 일본을 전 세계 사람들에게 소개하는" 이 소프트파워 선전물 잡지는 나의 대학 우편함에 정기적으로 배달됐다. 엘리베이터걸에 앞선 호에는 "로봇과 함께 살기"라는 제목이 달린 것을 보고 나는 미소를 지었다. 그 호의 표지는 사이버다인*Cyberdyne*의 로봇 외골격 혹은 할*HAL, Hybrid Assistive Limb*(혼합 보조 수족, 6장에서 다시 다룬다.)을 입은 젊은 남자의 사진이었다. 자이노이드와 여성적 휴머노이드는 교사, 간호사, 번역자, 방송 진행자로 개발되고 실험되지만 엘리베이터걸에는 인간 여성이 최고여서, "일본 환대 문화"의 구현체로 전시된다.

휴머노이드 신체: 피노, 포지, 와카마루

유명 로봇 설계자이며 로보가라지Robo Garage[22]의 설립자 다카하시 도모타카는 모든 미래 휴머노이드의 절반 이상이 여성이 될 거라고 10년 전 정확히 예언했다. 과거 2006년 다카하시는 이족보행을 하는 FT(Female Type, 여성형)를 공개했는데, 그의 첫번째 팸봇fembot(그림 18)이었다. 그의 설명에 따르면 그때까지 로봇 대다수는 기계형이거나 남성형, 소년형이었다. 사실상 모든 로봇공학자들이 남성이고 여성형 로봇은 기술적 어려움도 더 크기 때문이었는데, 여기서 기술적 어려움이란 속도 조절 모터와 플랫폼이 내부화되어야 할 뿐 아니라 신체가 날씬해야 한다는 것이었고, 둘 다 극히 어려운 과제였다(Takahashi 2006: 194). 기술적 어려움은 그렇다 치고, 일본 로봇공학자들의 대표 격인 다카하시는 확신에 찬 어조로, 여성 성별 혹은 여성성이 부여되려면 부품이 내부화되고 날씬한 로봇 신체가 필요하며 남성 성별 혹은 남성성은 외부화되고 튼튼한 신체가 필요하다는 지배적 관점을 환기했다.[23] 로봇을 여성화하기 위해 다카하시는 많은 전문 패션모델의 자문을 받아 알고리듬을 개발했고 이를 기반으로 한 디바봇(35센

---

22 다카하시 도모타카는 2003년 교토대학교 로봇연구소인 로보가라지(http://www.robo-garage.com)를 설립했다. 그가 만든 로보넛robonaut(로봇우주인)인 34센티미터의 키로보는 2013년 국제우주정거장에서 일본인 우주인 와카타 고이치와 합류했다가 2년 후 지구로 귀환함으로써 기네스 세계기록을 달성했다.

23 다카하시 도모타카가 부품의 내부화 자체를 여성 성별화된 신체와 일관되게 등가로 취급한 것은 아니었다. 특히 그의 첫번째 로봇, 아톰에서 영감을 받은 네온Neon은 "기계적 부속"이 보이지 않게 조립되었다(Takahashi 2006: 67).

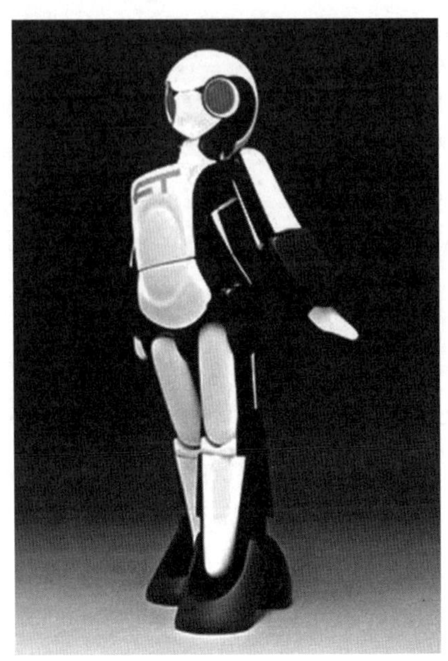

그림 18 FT 로봇(출처: https://www.pinterest.com/pin/22940279327217544/)

티미터 키에 무게 1킬로그램 정도로 리튬 배터리를 사용한다.)은 "우아한 캣워크를 선보이며 돌고 비틀고 슈퍼모델 자세를 취한다."

　FT의 발표 수년 전에, 다카하시와 같은 세대이자 플라워로보틱스의 설립자 마쓰이 다쓰야는 피노와 포지라는 인간형 로봇 둘을 제작했다(그림 19).[24] 이 로봇들은 전술한 상식적 성별 부여의 전형적 사

---

[24]　2001년에 설립된 플라워로보틱스에서 만든 모든 로봇은 마쓰이 다쓰야의 첫 휴머노이드 피노를 기념해 P로 시작하는 이름을 가졌다. P는 또한 플라워로보틱스에서 전하려 하는 두 가지 가치인 peace와 pleasure의 머리글자다(http://www.flowerrobotics.com/english/robots. html). 마쓰이 다쓰야는 플라워로보틱스를 설립하기 전에 에라토ERATO의 "기타노 공생적

례다. 마쓰이는 "플라스틱 친구들" 웹사이트에 자신의 "사상"을 설명했다(http://www.plasticpals.com/?p=956). 그는 미학적인 면이 "기술적인 문제"이며 "로봇의 주요 기계적 기능과 분리 불가능하다"고 했다. 비록 마쓰이가 "성별"이라는 단어를 사용하지는 않았지만, 자신의 기술적 창조물의 성별화된 특징에 대한 언급들은 풍부하고 인상적이다. 산업디자인의 한 요소로서 여성성과 남성성의 구체화에 피노와 포지는 유익한 통찰을 제공한다.

피노

이족보행을 하며 코가 뾰족한 피노는 피노키오에서 따온 이름이며 "첫 걸음마를 떼는" 한 살짜리 크기로 제작되어 60센티미터가 조금 넘으며 4.5킬로그램밖에 안 된다. 마쓰이에 따르면 "다 자란 성인의 비율과 크기는 위협적이며 [...] 보편적인 불안감 같은 것을 일으켜서, 동반자라기보다는 거슬리며 부담스러운 기계적 물체가 돼버린다." 그래서 피노를 인간으로 바로 알아볼 수 있되 가능한 한 아이 같은 비율로 디자인할 필요가 있다고 보았다. 아이임을 바로 알아볼 수 있는 형태에서 벗어나면 전혀 다른 물체로 보일 수도 있다. 1장에서 언급한 한국의 휴머노이드 후보처럼 피노도 원래는 로보컵 축구 휴머노이드 대회에서 겨룰 로봇들을 위한 "표준적 오픈 플랫폼"으로 제작되었다.[25] 마쓰이가 일본디자인진흥원에서 2000년 "좋은 디자인

시스템 프로젝트"에서 기타노 히로아키와 함께 피노를 만들었다.

[25]　외부 껍데기는 컴퓨터에서 모델링되어 선택적 레이저 소결Selective Laser Sintering, SLS이라는

그림 19 피노와 포지(출처: http://www.plasticpals.com/?attachment_id=9343

그리고 http://www.flower-robotics.com/english/robots.html)

상"을 받은 것은 피노와 시그 때문이었는데 시그는 접객원이자 파티 동반자로 설계된, 팔 없는 상반신에 헬멧형 머리를 가진 로봇이었다 (Kitano et al. 2004).

피노의 남성성은 관습화된 성별 표식들, 즉 "문화적 생식기들"의 혼종을 통해 제시되었다. 즉 네모난 머리, 각진 턱, 견고한 목, 널찍한 어깨 등의 특징은 인간에게는 유전적으로 결정되거나 성형수술을 통해 만들어질 수 있다. 이것들을 미학적 특징으로 뽑아내고 재창조

고속 시제품 조형술rapid-prototyping process로 인쇄되었다(http://www.plasticpals.com/?p=944).

하여 성형외과의와 로봇 디자이너가 인간 환자나 로봇을 "남성화"하기 위해 사용할 때, 이것들은 성별 표식이 된다.

피노의 눈 부분은 기분에 따라 색이 바뀌었다. 눈이 녹색이면 만족한 것이고 연녹색이면 외로움, 노란색은 행복, 주황색은 아주 행복, 빨간색은 불행을 나타냈다. 피노에 딸린 사용 설명서에 따르면 그의 인간 동반자는 그의 기분을 책임지고 기분이 안 좋을 때는 치유해줘야 한다. 외부화가 남성적이라는 다카하시의 관념을 따라 마쓰이는 피노의 내부 부품을 어느 정도 드러내 기계적인 모습을 보여주었다(Burein Nabi 2002: 83; http://www.theoldrobots.com/images41/Pino_1.pdf). 마쓰이는 또한 로봇의 분절된 신체가 남성 발레 무용수의 늘씬한 근육에서 영감을 받았다고 주장했지만 내가 보기에 피노의 구획된 형태는 미스터 유니버스 대회의 울룩불룩한 신체를 연상시킨다. 비록 걸음걸이는 비틀거리고 어색해도 말이다.

피노에게는 자신의 기분을 나타내는 기능이 있는 반면, 소프트뱅크의 페퍼에 탑재된 인공지능은 상대 인간의 기분을 해석하고 반응하여 도움을 주거나 밝게 만들 수 있다고 되어 있다. 페퍼의 웹사이트에 다음과 같이 설명되어 있다. "페퍼는 상대의 목소리와 표정, 몸동작, 사용하는 단어에 기반해 감정을 해석하고 적절한 반응을 제공할 것입니다. 또한 페퍼는 순간의 기분에 개별적으로 반응하고 눈색, 태블릿, 음성의 조절을 통해 자신을 표현할 것입니다"(SoftBank Robotics 2016c). 그러나 페퍼는 "움직이는 아이패드"로 희화화되기도 하고(Alpeyev and Amano 2016) 감정 해석 능력은 아직 갈 길이 멀다. 나는 2년 동안 여러 번 도쿄 하라주쿠의 소프트뱅크 주력 지점에서 페퍼와 상호작용 하려고 애써보았다. 2015년에 한번은 일본어로 인사를 교환한 뒤, 페퍼가 유려하게 소프트뱅크의 제품들 홍보를 시작했다. 말참견 한번 할 수 없었다. 다음 해에 소프트뱅크는 페퍼와 고객의 상호작용을 로봇의 가슴에 달린 아이패드로 제한했다.

피노는 2001년 우타다 히카루의 뮤직비디오 〈비밀을 지킬 수 있니? *Can You Keep a Secret?*〉에서 남자친구로 등장해 "작은 남자"라는 특징을 강조했다.[26] 인기 싱어송라이터인 우타다 히카루의 이 히트곡은 관습에 얽매이지 않는 파격적인 검사가 등장하는 후지TV 드라마《히어로》의 주제곡이기도 했다. 이 뮤직비디오는 우타다가 핫핑크 조명의 좁은 실내에서 노래하는 장면으로 시작되는데, 그녀는 소매 없는 베이지색 배꼽티를 입고 디자이너 청바지를 입었다. 우타다의 떠는 목소리가 꿈틀거리는 춤과 어우러져 신뢰와 친밀성과 비밀에 대해 노래한다.

> 너의 이상에 가까이 가고 싶어
> 가만히 있을 수 없어
> Can you keep a secret?
>
> Hit it off like this, hit it off like this oh baby
> Hit it off like this, hit it off like this oh baby

---

26 〈비밀을 지킬 수 있니?〉 뮤직비디오는 유튜브에서 볼 수 있다(https://www.youtube.com/watch?v=SRQbQ_nd4fc).

Hit it off like this, hit it off like this oh baby

Hit it off like this, hit it off like this oh baby

여기서 계속 보내는 암호

너는 아직 해독할 수 없어

알려줄까 그만둘까 이대로 감출까

달아날 수 없게 될 때까지

믿을까 아냐 안 돼

아직은 믿을 수 없을 것 같아…

장면이 전환되면, 현대적 아파트의 침실 안 흐트러진 침대 옆에 피노가 서 있다. 고개를 숙이고 있어서 낙담한 듯 보이다가 7:00 알람이 울리면 깨어난다. 영상은 피노와 우타다를 번갈아 보여준다. 이따금 로봇의 카메라 눈이 아파트를 훑어보는데, "발견하지 못함" 표시가 뜨는 걸로 봐서 피노가 우타다를 찾는 듯하다. 피노가 아파트를 걸어다니며 시각적 기억을 통해 우타다와의 다정했던 한때를 "재생"한다. 어떤 회상 장면에서는 우타다가 소파에 앉아 피노의 머리를 무릎에 놓은 채 피노의 뾰족한 코를 귀엽다는 듯 건드린다. 또 다른 장면에서는 둘이 탁자에 앉아 웃으며 커피를 마신다. 빨간 컨버터블 스포츠카를 타고 드라이브 갔던 기억도 떠오르는데, 피노가 운전을 하고 우타다는 그를 포옹한다. 둘 다 안전벨트는 매지 않은 듯하다. 우타다가 뒷좌석에 앉아 피노의 뒤쪽을 쓰다듬기도 한다. 그러고 나서 우타다가 일어서 두 손을 피노의 어깨에 올리자 화면이 흐릿해지며 우타다의 얼굴과 피노의 신체 부분들이 클로즈업된다. 이렇게 약간 성애적인 장면이 이어지다가 아파트 거실로 전환되면 피노가 춤을 추고 텔레비전에서는 우타다가 해당 노래를 부른다. 그러고서 우타다가 피노의 뒤쪽에서 걸어 들어와 그를 놀라게 하고 우타다는 몸을 굽혀 그의 얼굴을 손으로 감싼다. 다음 장면에서는 우타다가 소파에 앉아 팔을 움직이다가 얼어붙었고 피노는 주걱 같은 손으로 그녀를 위로한다. 그제야 시청자는 우타다의 눈이 실은 로봇의 눈이었음을 보게 된다. 화면에는 그녀의 배터리 잔량이 낮다는 표시가 뜬다. 우타다의 목에 USB 포트가 열린다. 그녀 역시 로봇, 자이노이드였던 것이다! 영상이 깜박거리며 음악과 함께 지지직거리다가 화면이 확 암전된다. 노래가 끝난다.

우타다가 노래 부르고 춤추다가 배터리가 방전돼 로봇임이 폭로되기는 했지만 뮤직비디오는 인간과 로봇이 친밀한 순간들과 비밀을 공유할 수 있음을 보여준다. 피노의 마케팅 전략은 이 가능성을 강조한다. 원래 모델은 650만 엔이지만 더 작은 40센티미터 장난감 버전의 피노가 2만 엔에 판매되었다. 동봉된 설명서에는 이 소년 로봇의 성격이 아기, 아이, 성인 단계로 발달한다고 설명되어 있었다. 피노의 눈빛이 기분에 따라 변한다고 했지만 뮤직비디오에서는 이상하게도 검은색뿐이었다.

플라워로보틱스가 만든 휴머노이드는 평범한 일상 상황에서의 "자연스러운" 기능이 특징 가운데 하나다. 마쓰이와 동료들은 "사람과 로봇들, 그리고 환경 간의 자연스러운 관계"의 가능성을 강조하려고 열심이었다(Flower Robotics 2017). 이노베 가족에 대한 나의 분석의 연장선에서, 가족적 환경이 인간-로봇 관계들의 추구와 실현에 이상적으로 간주되는 양상을 다음 장에서 더 정교히 다루겠다.

포지

포지 역시 가정 내 인간과 로봇의 공생에 대한 전망을 보여주기 위해 디자인되었지만 피노와 달리 "진화"하지 않았다. 포지는 2015년 이후로는 판매나 대여가 불가능했고 장난감 버전도 제작되지 않았다. 피노의 분절화된 신체는 "미완성"이거나 "마무리가 불완전"한 반면, 포지의 완전히 감싸인 신체는 정숙과 순수의 이미지를 전한다. 마쓰이는 "어느 결혼식에서 신부 앞에 선 세 살짜리 화동 소녀"를 모델로 포지를 만들었다. "평온"을 구현한 포지는 "평화의 수단"으로 개발한 기술을 보여준다(Burein Nabi 2002: 83-84; Flower Robotics 2017). 마쓰이는 자신이 60살이 되는 2029년의 꿈에 대해 말한다. "포지가 파리의 오페라하우스에서, 발레리나와 같은 무대에서 춤을 추는 것이 나의 꿈이다. 그렇게 되면 예술과 과학의 진정한 융합이 실현될 것이다. 나의 또 다른 꿈은 포지가 유니세프 친선대사가 되어 기업 후원을 따내는 것이다"(kabukishojo.com/article/how-much-that-robot-window).

마쓰이가 포지의 친선대사를 꿈꾼 지 10년이 흘렀지만 저 꽃의 소녀 로봇은 여전히 꽃다발을 들고 굴러다니는 일밖에 하지 못한다.[27]

27　포지는 2003년 소피아 코폴라의 《사랑도 통역이 되나요?*Lost in Translation*》로 영화에 데뷔

포지의 전성기였던 2004년 포지는 ANA(전일본공수)의 일본 관광 홍보 포스터에 등장하며 세계적 주목을 받았다. "전통의 미래"라는 주제로 디자인된 포스터에는 미래를 상징하는 소형 포지가 9세기 창건된 교토의 절인 닌나지仁和寺 경내 여러 장소에 서 있다(www.itmedia.co.jp/lifestyle/articles/0407/29/news088.html). 이 광고는 새로운 기술과 신新전통주의 사이의 끈질긴 연결을 보여준다. 포지가 마지막으로 공개 석상에 등장한 것은 2016년 여름 올림픽 유치를 위해 입찰했던 일본의 2009년 공식 수행단 일원으로서였다. 낙찰은 브라질이 받았지만 말이다.

2002년에 포지의 "여성스러운" 아몬드 모양 눈은 한 단계 기술적 돌파를 의미했다. 대부분의 휴머노이드가 여전히 면갑(바이저) 형태 혹은 커다란 눈으로 머릿속의 CCD 카메라 한 대를 감춰야 했다.[28] 반면에 포지의 대칭적이고 인간 같은 눈은 두 대의 별도 카메라를 결합해 설치하는 기술 덕분에 가능했다(Burein Nabi 2002: 83-84). 헬로키티와 마찬가지로 포지도 입이 없었고 그 점에서는 피노와 같았다. 포지는 가는 목에 바가지 머리를 했고, 깜찍한 코와 통통한 볼은 천사 같은 소녀의 이미지를 만들어냈다. 소매 없고 하늘거리는 원피스

했지만 샬럿(스칼릿 조핸슨)이 멋진 서점에서 두 명의 포지 로봇과 마주치는 장면은 최종 영화 버전에서 잘려 나갔다.

28 전하 결합 소자Charge-Coupled Device, CCD는 아날로그식 시프트 레지스터shift register로 아날로그 신호(전기의 전하)가 클록 신호clock signal로 조절되는 일련의 단계(축전지들)를 거쳐 이동될 수 있도록 해주었다. 격자로 배열된 화소들을 품은 CCD는 디지털카메라, 광스캐너, 비디오카메라에 광감지 장치로 사용되었다(http://en.wikipedia.org/wiki/Charge-coupled_device).

역시 포지를 천사처럼 보이게 했고 매끈한 팔과 손을 돋보이게 했다. 그것으로 포지의 신체를 구성하는 비여성적인 전선과 금속판들을 안쪽에 넣고 가린 것이다. 포지가 고개를 끄덕일 수 있게 해주는 검은 원판 결합 장치는 헤드폰을 닮았다. 검은 헤드폰과 어깨의 견장 같은 검은 접합부는 포지의 하얀 색조와 대비를 이뤘다. 피노도 하얗지만 그에겐 연녹색 견장이 달렸다.

와카마루

내가 만난 모든 휴머노이드 중에 와카마루와 보낸 시간이 가장 많다(그림 3).[29] 요코하마에서 2003년 개최된 국제 로보덱스[ROBODEX] 행사에서 "커뮤니케이션 로봇"으로 데뷔한 와카마루는 도쿄의 뮤지엄 테피아[30] 공식 접객원이자 국립과학미래관인 미라이칸의 정기 객원 공연자였다. 내가 와카마루를 처음 만난 것은 2008년 파시피코 요코하마 컨벤션센터에서 열린 "로보 재팬"에서였다. 100여 대의 로봇이 출품됐지만 많은 수가 더는 생산되지 않는다.

와카마루는, 못지않게 오래된 아시모와 물개 로봇 파로(5장)와 마찬가지로 이제 몇 세대째다. 셋 다 로봇박람회와 공개 행사에 단골

---

29 와카마루는 미쓰비시중공업(MHI)이 만들었다. 가격은 140만 엔 정도고 2005년에 100대가 팔렸다. 2009년 불황 때문에 MHI는 로봇 부서를 많이 닫았고 그 전에도 와카마루 업데이트는 간헐적으로만 이루어졌다. 이 로봇은 기업과 박물관 등에 접객원으로 임대되거나 로봇 연구실에서 실험 플랫폼으로 사용되었고 연극 무대에까지 등장했다(Robonable 2009). MHI는 요즘 로봇 외골격 생산에 중점을 둔다(Marinov 2015).

30 테피아[TEPIA]는 Technological Utopia의 약자이며 또한 Association for Technological Excellence Promoting Innovative Advances의 약자이기도 하다(https://www.tepia.jp/english).

로 등장했다. 아시모는 2014년 미라이칸에서 오바마 대통령과 축구를 했고 와카마루는 2016년 도쿄 시나가와의 자선 행사에 등장해 311 재난 후 동북부의 회복을 위해 기금을 모았다. 이 행사에서 와카마루가 악수를 할 때마다(8,000명과 악수했다.) 와카마루를 만든 미쓰비시중공업이 기금을 기부했다. 그렇게 240만 엔을 모았고 동북부에 "녹색 공간들"을 만드는 데 충당됐다. 또한 이 행사는 와카마루의 "은퇴식"이 되었다. 더는 교실로 학생들을 방문하지 않겠다고 했다. 접객원으로 임대되지도 않을 거라고 했다. 하지만 와카마루의 원래 업무는 다음 장에서 논의할 것처럼 가정용이었다.

내가 학생과 동료들에게 와카마루의 사진을 보여주자, 바퀴 달린 드레스를 입은 듯한 모양새 때문에 거의 모두가 여성 로봇이라고 보았다. 와카마루의 원뿔형 몸체는 요로이(중세 사무라이 갑옷)와 하카마(남자의 기모노 위에 입는 주름'치마')를 합친 모양이며, 거기에 움직일 수 있는 팔 두 개와 손모아장갑 같은 손이 달렸다. 처음부터 남자 로봇으로 만들어진 와카마루는 이름도 전설적 사무라이 미나모토노 요시쓰네(1159~1189)의 눈썹에서 영감을 받았다. 요시쓰네의 어린 시절 이름이 우시와카마루(어린 황소)였다. 로봇의 이마에 달린 두 감지 장치(적외선과 초음파)가 요시쓰네의 눈썹 모양과 닮았다. 또 다른 카메라는 머리에 달렸고, 머리는 움직이는 목 위에 달렸다. 머리는 두 부분으로 나뉘어 윗부분이 아랫부분을 덮은 채 맞물려 있는데, 윗부분은 끄덕이고 회전하면서 물결치듯 움직인다. 미쓰비시의 의뢰를 받은 제품 디자이너 기타 도시유키는 와카마루의 몸체로 노란색을 선택했다. "주목을 끌고 기운을 북돋우며 강한 행복의 함의를 지닌" 색이기 때문이다. 도시유키에 따르면 와카마루의 커다란 타원형 눈 두 개는 기술적 이유로 설계되었지만 와카마루를 바라보는 사람의 감정을 이해한다는 인상 또한 주었다. 또한 와카마루는 머리 위치에 따라 약간의 미소가 보이게 하거나 우울한 분위기를 표현할 수 있었다(Mitsubishi Heavy Industries 2016).[31]

와카마루는 가정용 동반자 로봇과 소통 로봇으로 고안되었다. 이 소년 로봇의 이름 뒤에는 종종 남성에게 붙는 "군"이라는 접미사가 붙는다. 미쓰비시의 일본어 웹사이트에서 처음에 와카마루는 와카마루 군으로 불렸고 영어 사이트에서는 대명사 he를 사용했다. 2010년 웹사이트가 갱신된 이후로 와카마루는 "남성이나 여성에 고정되지 않은" 것으로 서술되었지만 내가 2006년 로봇 연구를 시작했을 때만 해도 고안 당시부터 분명하게 남성으로 불렸으며 다른 수많은 웹사이트에서도 그랬다(예를 들어 www.kushiro-ct.ac.jp/modules/d3blog_02/details.php?bid=49).[32] 다음 장에서는 와카마루가 로봇 배우로서 두번째 성별을 할당받고 불화를 겪는 부부에 대한 연극에서 옷을 바꿔 입는 모습도 보게 될 것이다.

---

[31] 기타 도시유키는 2003년 와카마루로 "최고의 디자인 상"을 받았다(Mitsubishi jukogyo Nyusu 2004).

[32] 의아하게도 미쓰비시중공업 홈페이지의 "와카마루 이야기Wakamaru Story"는 he나 his가 들어가야 할 자리에 "Wakamaru"를 다른 서체로 삽입했다(Mitsubishi Heavy Industries 2016). 나는 또다시 와카마루의 원래 남성적 성별의 흔적이 지워질까 봐 걱정돼서 이 페이지의 스크린샷을 찍어두었다.

자이노이드, 안드로이드, 제미노이드

기계처럼 생긴 로봇과 사람들이 상호작용 하는 방식을 이해하고 싶다면 기계처럼 생긴 로봇을 쓰면 된다. 사람들이 서로 상호작용 하는 방식을 이해하고 싶다면 기계처럼 생긴 로봇으로는 힘들 것이다. 그래서 인류를 이해하고 싶을 때는 안드로이드를 만든다(MacDorman and Ishiguro 2006: 365).

오늘날 자이노이드와 안드로이드는 유기체 요소와 테크놀로지 요소의 합성품으로, 로봇 산업에서 일본의 탁월함을 증명한다. 자이노이드와 안드로이드는 인간으로 통하도록 디자인되기 때문에 특정 여성이나 남성의 모습을 따라 제작되거나 표준적이고 전형적으로 성별화된 특징들이 부여된다.

로봇공학자 이시구로 히로시의 첫 작품인 레플리 R1은 자이노이드로, 그의 네 살 난 딸의 복제품이었다. 하지만 기본적인 머리와 얼굴 움직임만 가능했고 그다지 생명체 같지는 않았다. 그래서 이시구로의 딸은 실리콘으로 만들어진 자신의 닮은꼴을 보고 기겁한 나머지 오랫동안 그의 연구실에 발을 들이지 않으려 했다. 이시구로 자신도 그 로봇이 불편했다(Brook [2007] 2011).

이시구로는 그 후로 어른 휴머노이드만을 만들면서 제미노이드geminoid라고 불렀다. 제미노이드는 그가 만든 단어로, 쌍둥이geminus라는 라틴어에서 따온 말이다. 그는 이런 안드로이드 "분신"들이 원격회의를 개선할 수 있다고 믿었다. 이미지와 목소리만 보내는 영상 원격회의와 달리, 안드로이드들이 해당 인간의 육체적 현존을 투사해주기 때문이다(Hara and Kobayashi 2003; Ishiguro and Minato 2005). 제미노이드는 멀리 있는 사용자의 표정과 머리 움직임을 추적하는 모션 캡처 시스템과 컴퓨터로 활성화된다.[33] 로봇 내부의 공기 압축식 장치가 인간과 비슷한 몸짓을 생성한다. 사용자가 눈을 깜빡이거나 미소를 지을 때 제미노이드도 깜빡이고 미소 짓는다. 압축기는 휴머노이드의 신체 외부에 설치된다. 이시구로와 동료들은 그러한 "부드러운 신체의 시스템"이 인간과 기계 사이 소통을 촉진하고 새로운 생물-적합성 물질들, 즉 생체 감각 장치, 인공 근육, 힘줄, 조직 등의 발전을 자극할 거라고 믿었다.

이시구로는 1984년 도쿄에 설립된 회사 고코로와도 협업했는데, 고코로의 사명은 "우리 인간과 공생하고 소통하고 함께 살며 우리를 즐겁게 할 수 있는 로봇을 만드는 것"이었다(Kokoro Company 2017a).[34] 그들의 첫 어른 자이노이드는 "인공 배우"인 액트로이드Actroid 레플리 Q1이었다. NHK의 뉴스 진행자 후지이 아야코를 원형으로 만들어져 피부 같은 실리콘으로 덮인 레플리 Q1은 2005년 아이치현에서 열린 월드엑스포에서 데뷔했다. 정교한 장치들 덕분에 이 액트로이드

---

33   이시구로 히로시의 웹사이트 설명에 따르면 "제미노이드 원격 작동 체계는 주로 안드로이드 서버와 원격조종 클라이언트로 구성된다. 서버와 클라이언트는 인터넷을 통해 이어지므로 시스템의 확장이 쉽다. 표정을 포함한 정보들과 동작자의 얼굴 방향은 웹캠으로 포착되어, 자동으로 로봇을 위한 동작 명령으로 번역된 다음 서버로 보내진다. 동작자의 발화 데이터를 분석하여 입 움직임이 실시간으로 생성되므로 동작자의 발화와 로봇의 입 움직임이 동기화된다"(http://www.geminoid.jp/en/geminoid-development.html).

34   고코로는 헬로키티 등 캐릭터 상품의 제조사인 산리오의 애니마트로닉스animatronics(움직이는 인형) 부서다.

는 후지이의 얼굴 및 상체 움직임을 자율적으로 흉내 낼 수 있었다. 미묘하면서도 무의식적으로 보이는 움직임들이 이 자이노이드에게 으스스한 사실감을 주었다. 파닥거리는 눈꺼풀, 부드럽게 오르내리는 가슴(호흡 같은 느낌), 그리고 인간에게는 매우 익숙하지만 거의 알아차리기 힘든, 끊임없는 뒤척임. 그러나 이족보행 휴머노이드들과 달리 레플리 Q1과 다른 자이노이드들 모두 걸을 수가 없었다.

이시구로가 만든 두번째 자이노이드 역시 2005년 엑스포에서 데뷔했다. 액트로이드 레플리 Q2의 얼굴은 실제 여성이 아닌 일본 여성의 평균 얼굴로 구성되었다(그림 20). 즉 젊은 일본 여성들의 얼굴을 스캔하고 이미지를 합병해서 통계적 평균의 합성 얼굴을 끌어냈다. 이시구로에게 얼굴이란 생김새들이 모여 이룬 별자리로서, 특정 개인의 성별 정체성을 담은 3차원 바코드 같은 것일 뿐 아니라 민족 정체성의 지형도이자 민족 정체성을 위한 지형도이기도 했다.

액트로이드 레플리 Q2의 "일본적임"은 합성된 목소리로 더욱 뒷받침되었는데, 고음의 소녀 같은 목소리였다(Wood 2005). 그녀를 설계한 남성은 성별과 민족성을 음성과 등가로 본 게 분명했다. 비록 얄팍한 고정관념을 구체화하는 게 의도는 아니었겠지만 그럼에도 일본 특유의 "남자의 언어"와 "여자의 언어"를 핵심적 행동들로서 강화한 것이다. 실제로 페미니스트 언어학자들이 강력히 주장하듯 "일본 여성의 말씨"는 대부분 실제 여성들의 말하기 방식을 반영하지 않는, 하달된 규범이다. 높은 음조의 발성은 정부와 공모한 대중매체에 의해 근대에 조장된 여성적 이상형이고 문화적 구속이며(Shibamoto 1985) 오늘날에는 로봇 설계자들에 의해 강화된다.

그림 20 액트로이드 레플리 Q2
(출처: http://infohost.nmt.edu/~armiller/
japanese/jpeg/actroid6.jpg)

유튜브에서 여러 버전의 수많은 액트로이드 레플리 영상을 보면
확인할 수 있다. 그런 영상(youtube.com/watch?v=4sjV_lxSVQo&feature=
related) 중 하나에서 액트로이드 레플리 Q2는 숨소리 섞인 소녀 같은
목소리에서부터 층진 갈색 머리칼과 꾸민 손톱에 이르기까지 여성성
이 과도하다. 그녀는 I ♥ HELLO KITTY라고 쓴 흰 티셔츠에 하얀
레이스를 단 검은 미니스커트를 입고 리본이 달린 연노랑 펌프스를
신었다. 이 자이노이드는 오른팔로 가슴을 방어하듯 가리며 귀여운
고음의 목소리로 장난스럽게 로봇 엑스포에 온 (아마도 남성) 방문객
들에게 경고한다. 그녀의 가슴을 만지면 "성희롱"에 해당한다고.

자이노이드가 인간 여성을 대체할 것인가? 액트로이드 레플리의 이름에 사용된 프랑스어 replié는 복제 혹은 분신의 의미로, 그녀가 피와 살을 지닌 여성을 대신하기 위해 제작되었다는 뜻이다. 물론 엘리베이터걸은 예외겠지만 말이다. 또한 2005년에는 대여만 가능한 모델인 액트로이드 드라마틱 엔터테인먼트 로봇Actroid DER이 고코로 로보틱스에 의해 생산되었다. 홈페이지의 오자 가득한 설명은 다음과 같다.

> 그녀의 가장 매력적인 특징은 긴 다리와 환한 미소입니다.
>
> 놀랄 만큼 작은 얼굴은 이국적인 표정들을 지을 수 있습니다.
>
> 소녀처럼 귀여운 몸짓 역시 세련됩니다.
>
> 그녀는 궁극의 귀여운 소녀로 내레이터 업무를 수행합니다.
>
> 그녀는 쇼호스트와 가이드라는 평소 직업 이외에도, 맵시 있는 육체적 특징들을 최고로 활용해 패션모델로 포즈를 취할 수 있습니다.
>
> (http://www.kokoro-dreams.co.jp/english/rt_tokutyu/actroid.html)

액트로이드를 고용한 많은 장소들 가운데 "고급 커피숍, 바, 인포메이션 부스, 복합 사무실 건물, 박물관처럼 손님을 맞이하고 안내를 해야 하는 곳들이 있다."[35] 2005년 고코로 웹사이트에는 "그녀는 일

---

[35] 하지만 고코로는 이런 목적으로 액트로이드를 실제 대여한 기업들에 대한 정보를 게시하지 않아서, 정말 그런지는 알 수 없었다. 고코로의 일본어 웹사이트에는 대여 안내가 제공되었다(http://www.kokoro-dreams.co.jp/rt_rent/actroid.html).

하는 소녀 로봇"이라는 제목의 광고 포스터가 등장했는데, 액트로이드 레플리가 친선대사, 영적 지도자, 간호사로 일할 수도 있다고 제안했다.[36] 환자와 상호작용 할 수 있을 것처럼 보이는 간호사 액트로이드가 선을 보였지만 이런 응용법들에 대한 설명은 더 제공되지 않았다. 분명 그녀는 어떤 간호 업무도 수행할 수 없을 듯했다. 어쩌면 복약 지도 정도는 가능할지도 모르겠지만 말이다. 직원이 부족하거나 대기 시간이 지나치게 길어지는 문제 상황에서는 그 정도만으로도 유용할 수 있다. 한편 제미노이드 F(그림 21)(F는 여성female의 뜻)는 연극과 영화에 간호사(돌봄 노동자)로 섭외되었고 그 역할을 위해 실제 병원들에서 점검을 받았다.

액트로이드 최신 모델인 액트로이드SIT는 이제 눈을 마주칠 수 있고, 시끄러운 군중 속에서도 자신에게 말을 거는 상대방을 인식해서 그쪽으로 손짓을 할 수 있었다. 인류학적 관찰을 하는 나처럼 다양한 전시와 행사에 나오는 로봇과 인간의 상호작용을 살펴본 연구자들은, 휴머노이드에게 말을 걸며 관심이 많은 사람들이 다소 조급하고 거침이 없어서 갑자기 화제를 바꾸거나 끼어드는 등의 경향이 있음을 발견했다. 액트로이드SIT가 등장하기 전까지 이 자이노이드들은 열정적 관람객들이 계속해서 속사포처럼 던지는 질문에 쉽게 혼란에 빠졌다. 시선 마주침에 더해, 액트로이드SIT는 새로운 "끼어들기 대응 기능"으로, 새로운 화제로 재빨리 옮겨갈 수 있어서 인간-

---

36   광고 포스터는 http://www.kokoro-dreams.co.jp/404.html에서 볼 수 있었지만 지금은 웹사이트 리뉴얼로 사라졌다.

로봇 상호작용을 더욱 촉진했다(Lim 2013).

2006년 7월 이시구로 히로시는 자신의 로봇 분신을 만들고 자기 이름의 머리글자를 따 제미노이드 HI라고 이름 붙였다(그림 21). 첫 모델과 달리 2세대 제미노이드 HI는 팔과 다리를 움직일 수 있는 동작 부품을 탑재했다. 현재 모델은 4세대 안드로이드이다.[37] 제미노이드 HI는 그를 통해 이시구로가 두 장소에 동시 존재할 수 있고 "원격 존재"할 수 있도록 분신으로 설계되었다. 이시구로는 원거리에서도 제미노이드가 대신 수업을 가르칠 정도로 인간 같은 존재감을 드러내길 희망했다. 이시구로가 집에서 강의하는 동안 제미노이드 HI는 오사카의 대학에서 학생들과 상호작용을 하면 된다. 3차원 모션캡처 시스템으로 이시구로의 말과 움직임을 로봇 분신과 동기화함으로써 그의 권위와 개성을 전달하는 것이다. 간단히 말해 "전달된 권위와 개성"이란, 신체의 한계를 넘어서 사물로, 이 경우에는 안드로이드에게로, 인간 행동력의 일부를 의도적으로 이전하는 인간 행위자의 능력을 의미한다.

제미노이드 HI는 안드로이드를 움직이게 만들고자 했던 이시구로의 능력 혹은 기술의 외부적 구현체였다(Gell 1998: 21). 이시구로와 동료들은 설명했듯 "제미노이드는 실존 인물의 분신으로 일할 로봇이다. 사람처럼 보이고 행동하며 해당 인물과 컴퓨터 망으로 연결된다. [...] 제미노이드가 있으면 우리는 그런 '존재감'의 개성적 면

---

37 안드로이드는 결코 나이 들지 않는다는 못 미더운 논리에 따라, 이시구로는 1세대 제미노이드 HI처럼 보이기 위한 성형수술과 식이요법을 해왔다(Dunne 2014).

216

그림 21 제미노이드 F와 제미노이드 HI(출처: 오사카대학교 ATR 이시구로 히로시 연구실.
http://www.gcoe-cnr.osaka-u.ac.jp/geminoid/geminoidf/f_resources.html)

모들 혹은 개인성을 연구하여 유래를 추적하고 로봇에 적용할 수
있다"(Nishio et al. 2007: 346; Nishio et al. 2008). 또한 제미노이드의 외
양이 살아 있는 사람에 기반하기 때문에 그 특징들은 "설계자의 상
상력에 의존하지 않는다. 제미노이드의 동작 또한 그냥 원래 사람을
참조하여 측정되고 제작될 수 있다. 로봇과 닮은 실제 사람의 존재
는 비교 연구를 쉽게 한다"(Nishio et al. 2008: 2). 지금까지 특정 인물
을 따라 이름 붙여진 제미노이드는 겨우 둘뿐이다. 이시구로 자신의
분신과 후지이 아야코를 모델로 한 그의 첫번째 자이노이드가 그것

이다.[38]

제미노이드 HI의 금속, 플라스틱, 실리콘 몸은 이시구로 몸의 주형을 떠서 제작되었고 머리칼은 이시구로의 것을 심었다. 피부 역시 이시구로의 피부결을 실리콘 얼굴과 손에 입혔다. 그가 입는 어두운 색 옷과 안경도 착용되었다. 제미노이드 HI는 원격 작동을 통해 이시구로의 유일무이한 몸과 얼굴 동작을 흉내 내고, 자세와 움직임에 맞춰 목소리를 재생할 수 있었다. 원격 작동되는 제미노이드가 대중음악 가수처럼 대사를 립싱크할 수 있게 발화에 맞춰 입술 움직임을 미세하게 조종하는 기술은 로봇공학자들에게 꽤 어려운 도전이었다(Heracleous et al. 2013). 나는 제미노이드들과도 접할 기회가 많았다. 그들은 말을 할 때 입과 입술 모양이 너무 딱딱해서 바로 눈에 띈다. 마치 보톡스를 너무 많이 맞은 하관 같은 효과가 나는 것이다.

첫 로봇 사이보그?

내가 2001년 발표한 논문 「일본의 첫번째 사이보그*Japan's First Cyborg*」는 1931년 최초의 전국 미인대회가 주제였다. 대회는 사진 심사 형식으로 진행되었고 참가자들이 실제로 나타난 것은 시상식 때뿐이었다.

---

38 고코로가 만든 제미노이드 DK(Denmark)는 올보르대학교의 헨리크 샤르페 교수의 분신이다(Ackerman 2011). 고코로는 유명한 남자들의 안드로이드 분신도 만들었다(Kokoro Company 2017c).

시상식은 경진대회 겸 전시회 장소인 도쿄의 다카시마야백화점에서
열렸다. 나는 이 대회의 "미스 일본"이, 대량생산 가능한 사진 우상,
즉 물질과 담론, 그리고 유기체와 기술 요소의 합성이므로, 일본 최초
의 사이보그라고 주장했다(Robertson 2001: 29).

육체로 경쟁하는 미인대회 참가자들은 두 가지 신체를 소유하거나 이
중의 존재를 유지하는 것으로 분석된다. 하나는 구체적인 육신의 존재
로 재현되는 신체이고 다른 하나는 초월적이고 형이상학적인 이상적
존재로 재현되는 신체다(Marcus, 1992: 297). 미스 일본은 후자뿐이었다
고 나는 주장하려 한다. 유기체 요소와 기술적 요소들의 합성이며 물
질과 담론의 혼종 구축물인 그녀는 어떤 의미에서 일본의 첫번째 사이
보그였다.[39]

"미스 일본"은 육신적 신체와 담론적 신체를 연결한다. 즉 사진으로
시간 속에 동결된 신체, 그리고 우생학적 논리 및 통계학적으로 계량
된 측정값과 윤곽으로 구성된 신체를 연결하는 것이다(cf. Balsamo, 1997:
33). 그녀는 (아마추어) 사진과 (대중적) 우생학의 배합을 통해 고안되었
고 기술이 인간의 삶과 충돌하고 기술이 인간의 삶을 지시하는 곳에
서 나타났다. 인체 치수의 국가적 발전 및 밝은 근대의 "국가 대표 신체

---

39 사이보그cyborg 즉 "컴퓨터 두뇌 유기체cybernetic organism"라는 용어는 1962년 등장했다.
1장에서 살펴보았듯 20세기 초 사이보그에 가장 가까운 말은 "인조인간(인간이 제작한 인
간)"이었다. 나는 Matthew Biro(1994: 71-72)에서 주장하는 바에 따라, 20세기 초는 사이보
그라는 말이 등장하기 전이었지만, 근대의 시각적이고 물질적인 대중문화 속에서 "인지 가
능한 유형"이었다고 생각한다.

Volkskorper"에 대한 (객관적으로 보이는) 기술적 증거를, 일본 대중은 사진을 통해서 제시받았다(Robertson 2001: 18).

나는 밈이라는 별명이 붙은 HRP-4C를 1931년 미스 일본의 2009년 버전으로 간주한다(그림 22). 그녀 역시 기술과 생물학이 충돌하는 장소에서 발생했기 때문이다. 비록 사이보그라고 하면 보통 인간이 변형된 행위자라고 이해하지만, 로봇이 변형된 행위자라고 봐도 완벽히 타당하다. 내가 보기에 사이보그는 "동등한 기회를 가지는" 혼종형식으로 인간인 동시에 로봇이다. 밈은 얼굴과 몸 비율이 생물학적 여성에 기반한다는 점에서 사이보그다. 제미노이드 역시 그러하며 또한 인간에 의해 원격 작동되기까지 하기에 사이보그로 간주하는 것이 생산적이다.

HRP-4C는 새로운 세대의 자이노이드다. 그녀의 공식 이름은 "인간형 로봇공학 프로젝트 네번째 사이보그Humanoid Robotics Project-4th Cyborg"다.[40] 별명인 밈Miim에 대해서는 설명을 찾지 못했지만 밈meme (육체적 유전 형질의 단위인 유전자에 상응하는 문화적 유전 형질)을 참조한 것이 아닌가 추측된다. 밈meme으로 인정받는 패턴 혹은 요소들은 모방될 수 있다. 신경과학자 알프레도 페레이라가 설명하듯, 인간에게

---

40 HRP-4C는 "사용자 중심 개방 구조 로봇User Centered Robot Open Architecture"의 일환으로 개발되었다. 이는 2006년 국립산업기술총합연구소(AIST)가 엔터테인먼트 산업에 적용할 목적으로 수행한 산학협동 3년 프로젝트인 "산업변환연구계획Industrial Transformation Research Initiative"하의 프로젝트들 가운데 하나였다. 2000년부터 AIST 혹은 인터넷에서 밈의 소형 모델을 2만 엔 정도에 살 수 있었다. 나도 아마존 재팬에서 하나 샀다.

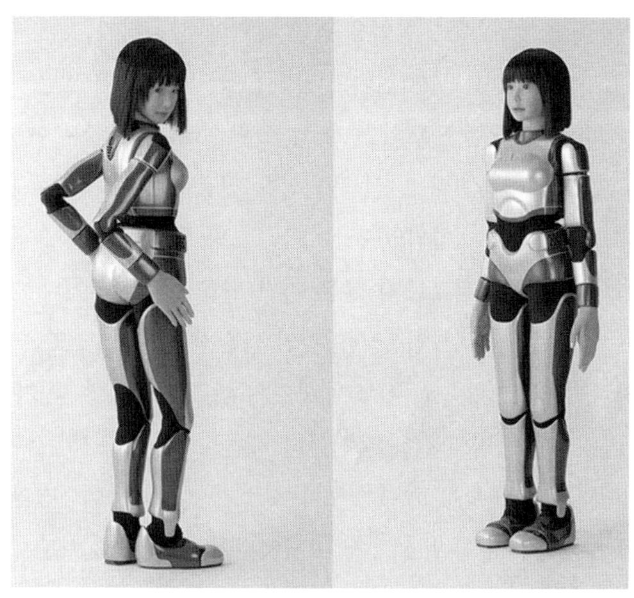

그림 22 HRP-4C, 일명 밈

(출처: http://bobstrife.blogspot.com/2011/09/fact-based-fi ction-japanese-technology.html)

있어서 "밈은 인지된 행위적 도식이며 이것을 두뇌가 […] 특정 행동 도식으로 번역하여 인지된 행위의 모방이 가능해진다"(Pereira 2002: 82). 그러므로 HRP-4C의 밈이라는 별명은 모션캡처 기술, 말 인식 소프트웨어, 야마하의 보컬로이드, 즉 노래와 음성 합성기를 통해 인간 여성을 모방하는 그녀의 능력을 가리키는지도 모른다(AIST 2009).

어깨 길이 검은 직모에 감싸인 밈의 실리콘 얼굴은 그녀가 만들어진 국립산업기술총합연구소의 다섯 여성 직원의 사진을 합성한 결과다. 밈의 신체 치수는 국립산업기술총합연구소가 1997~1998년 수집한 "일본인 신체 치수 데이터베이스"에 의한 젊은 여성들의 평균

값에 기반했는데, 원래는 실험용 인형 개발에 사용하기 위해 수집된 데이터였다(AIST 2015). 160센티미터가 좀 안 되는 키의 밈은 (배터리도 포함해) 45킬로그램 정도의 무게로, 스무 살의 평균 일본 여성보다 10킬로그램 정도 가볍다. 밈의 움직임은 인간 여성의 보디랭귀지를 캡처하고 모방하여 개발되었지만 사실 "모방"이란 지나친 표현이다. 밈이 야외에서 (다소) 고르지 않은 지면 위를 비틀거리거나 넘어지지 않고 걸을 수 있다는 점은 획기적인 기술적 성취였고, 또한 "발가락 지지", "다리 교차 동작"이 그때까지의 이족보행 로봇 중 가장 인간 같았다고 해도, 밈의 걸음은 인간의 자연스러운 걸음과는 아직 거리가 멀었다(Miura et al. 2011).[41] 누가 짓궂게 언급했듯이 "밈의 보행은 뼈가 부러져서 오래 병원에서 고생하다가 막 퇴원해 모두가 보는 대낮에 다시 목발 없이 정상적으로 걷는 법을 연습하는 여자를 닮았다"(Owano 2011).

얼굴과 마찬가지로 밈의 유별나게 커다란 손 또한 실리콘 피부에 감싸였지만 나머지 정확한 인체 비율의 몸체는 은색과 금색의 플라

---

[41]　밈이 걸을 때 다리를 뻗는다는 것은 다른 이족보행 로봇들에 비해 현저한 기술적 개선이었다. 아시모와 같은 로봇은 무릎을 구부린 채 걷는다. 로봇공학자들이 설명하듯 "인간의 걷기는 안정적 단계와 불안정한 단계가 교차하는 주기적 궤도운동이다. 이 문제가 복잡한 이유는, 고도로 에너지 효율적인 방식이긴 하지만, 중력으로 인한 '낙하'(불안정한 단계)가 전진 움직임을 담당하기 때문이다"(Dekker 2009: 9). 밈의 걷기 방식은 표준적인 ZMP[zero moment point](균형 0점) 방식과 다르다. ZMP 방식은 수평 움직임을 불안정하게 만들지 않기 위해, 로봇의 발 전체가 평평한 지면에 놓일 지점을 계산한다. 다시 말해 "ZMP란 수직적 관성과 중력이 더해져서 0이 되는 지점이다." 아시모는 이 방식을 사용한다. ZMP의 주된 약점은 발 전체가 평평한 지면과 접촉해야 한다는 것이다. 반면에 인간의 보행은 발꿈치에서 발가락으로 무게중심이 이동한다(Duran and Thill 2011: 285).

스틱으로 만들어졌는데, 내가 보기엔 영화 《바바렐라》(1968)에 나오는 제인 폰다의 의상을 본뜬 듯하다. 불두덩과 풍만한 가슴, 맵시 있고 자연스러운 엉덩이가 강조되었는데, 로봇 신체에 왜 이런 해부학적 특질이 필요한지에 대해 나는 아직 일본 로봇공학자들에게서 답을 얻지 못했다. 국립산업기술총합연구소의 다섯 여성 직원들은 그들의 얼굴 합성이 어떤 종류의 휴머노이드에게 인격을 만들어줄 것인지 과연 미리 알았을까 궁금해진다.

믹의 데뷔는 2009년 도쿄 패션위크의 어느 패션쇼에서 웨딩드레스를 입고 치러졌다. 나는 일본인 친구들에게 "보수주의자들이 결혼을 매혹적으로 만들려고 로봇 모델을 기용하는 것 아닐까?"라며 농담을 했는데, 믹의 데뷔 1년 뒤에 로봇 산업계에서 일하는 (이성애) 커플의 결혼식에 아이페어리I-Fairy가 주례를 섰다. 아이페어리는 양 갈래로 땋은 플라스틱 머리에 안경처럼 보이는 LED 눈을 장착한, 앉아 있는 펨봇이었다(Alabaster 2010).[42] 다소 동어반복인 국립산업기술총합연구소 웹사이트의 설명에 따르면 "HRP-4C는 휴머노이드 로봇의 핵심 특성들, 즉 인간적 생김새를 활용해 휴머노이드 로봇의 실용화에 선구자가 되리라 기대되었다"(AIST 2009). 그래서 신부 복장이 필요했나 보다. 믹은 웨딩드레스의 모델에 그치지 않고 무대 공연에도 나섰는데, 인기 아니메 음성 소프트웨어 "하쓰네 미쿠"와 "구미"

---

[42] 일본에서 결혼식은 신랑과 신부가 원하는 방식대로 진행해도 된다. 결혼이 공식적으로 이루어지기 위해서는 지자체의 호적(가족등록부)에 등록하기만 하면 된다. 호적 제도에 대한 자세한 내용은 5장에 나온다.

로 코스프레 하기도 했다.

HRP-4C의 이런 활용이 하찮아 보일지 몰라도 그녀는 인간형 로봇 산업의 최첨단 기술이었다. 일본의 로봇화를 주도적으로 이끄는 로봇공학자들과 관료들은 자신의 휴머노이드들에 장착된 성별의 정치학에 기민하지 못했다. 밈은 처음부터 여성 같은 로봇으로 설계되었다. 인간 여성과 남성은 매우 가변적으로 구분되는 신체를 가졌으며, 앞서 살펴보았듯 인간의 성별 분류란 우발적이고 잠정적으로 이루어진다. 밈은 휴머노이드 로봇에게 있어 신체와 거기 부여된 성별의 관계가 필요조건임을 다시 한 번 우리에게 상기시킨다. 다음 장은 인간과 로봇이 공생한다는 미래 시나리오와 로봇의 권리 담론 속에서 섹스/젠더 체계가 드러나는 방식에 따라 신체가 어떻게 구현되는지 살펴보겠다.

5

로봇 권리
vs. 인간 권리

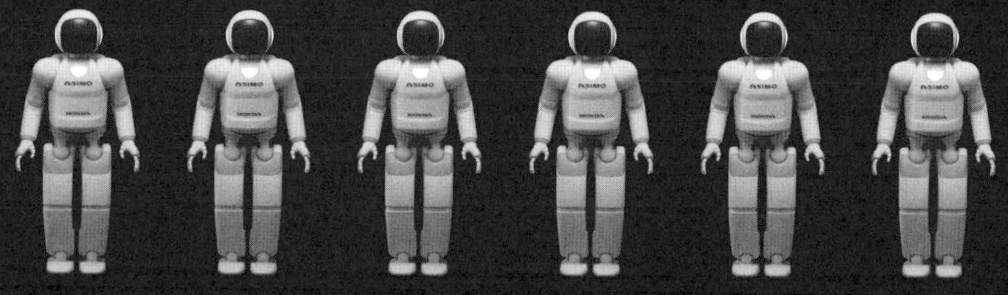

어떤 새로운 "실체"에 권리를 부여하려는 움직임이 있을 때마다 그 제안이 괴상하거나 공포스럽거나 우스꽝스러워지는 것이 사실이다. 권리 없던 물건이 권리를 받을 때까지는 우리가 그것을 "우리", 즉 당시 권리를 보유하고 있던 자들이 사용하기 위한 물건 이외의 것으로 볼 수 없기 때문이기도 하다.

– 크리스토퍼 스톤

차별의 희생자를 인간보다는 로봇으로 만드는 게 나에게 더 많은 자유를 주고 나를 훨씬 도발적이게 해준다.

– 데즈카 오사무[1]

---

1   첫번째 제사는 Stone(1972: 455)에서 가져왔고 두번째는 Schodt(2007: 121)에서 인용했다.

로봇권과 이주민의 인권

미국의 풍자 주간지 《어니언*The Onion*》**2** 2014년 1월 17일 자에 실린 "일본이 여성 로봇들에게 참정권을 부여하다"라는 제목의 기사는 40년간의 참정권 운동이 마침내 아베 총리의 인정을 받았다고 보도했다. 아베는 여성 로봇들에게 투표권을 주는 획기적 법안에 서명했는데, 남성 로봇들은 1973년에 이미 획득한 권리였다. 이 허구적 기사는 이어서 로봇 페미니스트들이 인간 여성들과 같은 이해관계를 공유하기에 곧 동일 임금 동일 노동이라는 절실한 문제에 관심을 돌릴지도 모른다고 주장했다. 그러면서 여성 로봇이 같은 업무의 남성 로봇보다 평균 20퍼센트 낮은 보수를 받고 인간 여성보다 80퍼센트, 인간 남성보다 95퍼센트 적게 번다는 공식 통계를 제시했다.

로봇에 관해서라면 일본에서는 어떤 것도 가능하다고 믿는 성향의 독자들이라면 이 허구적 뉴스 기사도 진짜로 받아들였을 수 있다. "로봇권"이란 일본 만화와 애니메이션 문화에서 친숙한 개념이다. 데

---

2 《어니언》은 전국과 지방 뉴스뿐 아니라 국제 뉴스에 대한 기사도 싣는 디지털 언론사이자 뉴스 풍자 단체다.

즈카 오사무는 인기작 『철완 아톰』의 몇몇 일화에서 로봇 민권이라는 소재를 발전시켜, 인간과 로봇이 조화롭게 함께 산다는 관념에 설득력을 불어넣었다. "데드크로스 전하His Highness Deadcross"(Tezuka [1960] 2008)에서 그라비아 행성국의 로봇과 인간은 다 같이 참정권을 가진 국민이다. 안드로이드 하나가 인간과의 공생 및 로봇의 노예화 종식을 내걸고 대통령에 선출된다. "세번째 마법사The Third Magician"(Tezuka [1961–1962] 2008: 369; cf. 『Robot Chronicles』 2002: 63)에서는 로봇들이 로봇 원칙[3]의 폐지 위협에 저항하는 시위를 기획한다.

로봇 민권은 허구의 영역에만 제한되지 않는다. 1980년대 말부터 발표되기 시작한 로봇 민권(과 로봇윤리)에 대한 학문적 문헌은 최근 급격히 성장했다. 이 장에서는 로봇이 민권을 누리는 미래를 상상하는 로봇 학자들을 더 자세히 다루고 실제로 시민권을 취득한 애니멀로이드(인조동물)를 소개한다. 로봇 민권에 대한 고찰은 사람의 민권에 대한 일본의 문제적 역사와 비교되며, 특히나 세대를 거듭해 일본에서 일하며 살아오기도 한 소수민족과 비시민권자들에 대한 일본의 문제적 이력에 가차 없는 조명을 비춘다. 피와 살을 가진 인간에 앞서 로봇이 국민의 지위를 획득할 수 있다는 가능성은 시민권과 인권의 본성에 대한 심도 있는 질문들을 제기한다. 로봇이 "재산"으로서의 가치를 넘어 진화하고 지각과 "권리"가 있는 존재로 법적 지위

---

3   이 장 뒤에서 데즈카 오사무의 로봇공학 10원칙과, 좀 더 유명한 아이작 아시모프의 4원칙을 비교하겠다. 아시모프는 처음에는 3원칙을 구상했지만 나중에 네번째(혹은 0번째) 원칙을 덧붙였다.

를 획득하리라는 관념은 이미 전 세계적으로 인공지능과 로봇 개발의 방향을 만들어가고 있다.

인간과 로봇의 상호 의존을 추구하는 일본에 대해 탐구해보면, 기술적으로 발전되고 탈산업화에 접어든 다른 사회들이 새롭게 형성해나갈 시민 사회와 민권에 대해 예측할 수 있지 않을까? 아무래도 다른 사회보다 일본에서 인간형 로봇과 동물형 로봇이 더욱 많이 보이고 뉴스거리가 되며 환영받는 듯하기에, 그런 만큼 로봇 권리에 대한 일본 내 담론과 적용 사례를 탐구하는 것이 의미심장한 통찰과 다양한 가설을 낳을 가능성이 크다.

전후의 일본은 이주민을 환영하지도 않았고 이주민에게 의존하는 국가도 아니었지만 1980년대에 남미의 일본인 후손들을 인력으로 채용하려는 실험이 시도되기도 했다.[4] 그러다가 지속적 불황에 따른 경기 침체로 인해 2009년부터 일본계 남미인 초빙 노동자들에게 지원금을 주면서 남미로 돌려보냈다. 그 후 얄궂게도 일본은 다시 한 번 임시 노동자 초빙을 고려하게 되었는데, 이번에는 2020년 도쿄 올림픽 준비에 드는 상당한 노동력을 보조하기 위해서였다(Takenaka and Nakagawa 2015). 동시에 정부와 기업들은 로봇 산업에 기대를 걸면

---

4   일본 밖의 가장 많은 일본인 후손은 브라질에 거주하고 있다. 150만 일본계 브라질인은 대부분 19세기 후반 일본 정부의 정책으로 남미로 이주한 가난한 농부의 후손이다. 2015년 일본 인구의 약 2퍼센트가 이주민과 외국인 노동자로 구성되어 있는 반면, 미국에서는 약 14퍼센트를 차지한다. 이 수치는 취업, 난민 등 여러 유형의 이주 및 이민을 구분하지 않고 합법과 서류 미비를 구분하지도 않았다(UN Department of Economic and Social Affairs 2015: 32–33).

서, 그들이 애써 떠받드는 민족적 동질성을 로봇들이 보존해주면서 경제도 소생시킬 수 있으리라 희망했다.

외부에서 볼 때 일본 인구가 미국이나 브라질보다 훨씬 동질적인 모습이긴 해도, 아이누 원주민부터 "영구 거주" 재일 한인과 중국계에 이르기까지 많은 문화적 소수민과 주변화된 집단이 존재한다. 로봇은 이주민과 외국인 노동자 수요를 대신하리라 상상될 뿐 아니라 휴머노이드 로봇들이 일본 "고유의" 풍습과 전통 공연예술을 보존하는 등 많은 역할을 수행하도록 고안되고 있다(Calligraphy Robot 2013; Randerson 2007). 그러면서도 한편으로는 영구 거주자들의 시민권을 부정하고 다른 한편으로는 로봇과 비인간 동물, 그리고 심지어 만화 속 인물에게 국적과 거주권을 부여하자는 대중적 주장이 커진다.

아베의 "이노베이션 25"에서 잘 드러나듯이 로봇이 포함될 가족의 유형은 일가(이에 いえ. 家)이다. 전근대 사무라이 가족(세습 무사 계급)에 기반한 일가는 일본 사회의 가장 작은 법적·사회적 단위로 메이지시대 민법(1898)에 성문화되었다. 그 당시 가장(가족의 우두머리)은 보통 남성이었으며 일가를 대표하고 관리하고 부양했다. 다른 구성원들은 가장의 보호와 감독을 받았다. 일가의 구성원이 획득한 재산은 따로 특정되지 않는 한 가장에게 귀속되었다. 마찬가지로 가장은 구성원의 주거를 결정할 권리뿐 아니라 입양 및 결혼에 동의할 권리를 누렸다. 오늘날 가부장의 권위가 법에 의해 보장되지는 않을지라도, 어떤 일가에서는 다른 일가에서보다 더 강요된다. 더욱이 일가는 여전히 노동의 성적 구분과 성별 역할에 의해 정의되며 각 구성원은 이를 지키리라 기대된다.

전후 1946년 헌법이 개인을 주권을 지닌 최소 사회 단위로 본다는 사실에도 불구하고 이러한 대가족 제도는 두 가지 방식으로 존속한다. 초법적 관행의 배경으로, 그리고 호적(가족 등록) 제도를 통해 법적 실체로 남아 있는 것이다.[5] 간단히 말해 오늘날까지도 가부장적 확대가족은 호적 제도를 통해, 가장 기초적이고 해체할 수 없는 사회 단위로 남아 있다. 호적은 모든 일가 구성원의 탄생과 입양, 결혼, 죽음을 기록하는 등록부이며 속인주의(부모의 국적을 따르는 원칙)에 기반한 일본 국적의 정당한 증거를 만들어낸다. 외국인이 호적을 얻는 유일한 합법적 길은 귀화해서 국민이 되는 것이다. 그러나 귀화한다고 해서 꼭 차별 대우에서 면제되는 것은 아니다. 특히나 그 외국인이 일본인처럼 "생기지" 않았다면 말이다(Koseki: The Japanese Family Registration 2013). 그런 반면 사실상 로봇은 귀화가 필요 없다. 일본에서 일본 회사에 의해 제작된 로봇은 이미 "일본인"이다. 게다가 와카마루처럼 최신 인공지능이 장착된 인간형 로봇은 일본 밖으로 반출될 수 없게 되어 있다!

호적 제도는 다양한 민족, 언어, 문화를 억압하고 심지어 말살함으로써 국가의 주체로서의 "일본인"이라는 통일된 이미지를 주조한다. 이런 호적 제도가 성평등 수정헌법에도 불구하고 끈질긴 성불평등의 근본적 원인이라고 지적하는 페미니스트들이 많다. 그들이 주목하는 것은 호적 등록이 결혼 제도 외부의 여성과 아이들에게 계속

---

5   호적(고세키) 제도에 대한 정보를 더 보려면 Chapman and Krogness(2014)를 참조.

낙인을 찍으며, 한 개의 성(보통 남편의 성) 등재만을 허용해서 양가의 성을 함께 물려받아 쓰지 못하도록 막는다는 사실이다(Endo 2015; Hoshino 2002).

호적 체계는 혈통이나 세습을 최우선시하며 내재적으로 연결되고 깊숙이 구축된 국적, 민족성, 성별 역할, 가족 구조의 정의를 떠받친다. 본질적으로 동어반복적인 이런 정의들은 보수주의자들이 일본의 민족적 동질성이라는 것의 보존을 주장하고 인구 및 인력 문제 해결책으로서의 이민을 거부할 구실을 제공해왔다. 뻔뻔한 민족주의자인 아베 전 총리는 "일본에서 태어난" 로봇들에 의한 일본의 로봇화를 이끄는 주도적 흥행사다. 로봇들은 그냥 가족뿐 아니라 특히나 일가, 즉 가부장적 확대가족의 보존과 안정화에 핵심 역할을 할 것으로 상상된다.

인간의 권리, 로봇의 권리: "비공식적" 공식 이야기

지금까지 일본 사회의 중심 제도들이 인간과 로봇의 공생을 위한 기반을 마련하고 로봇권의 구상 및 확산에 배경을 제공하는 상황을 돌아보았다. 이런 제도들, 즉 가부장적 확대가족과 호적 제도가 구축한 틀 내에서 인권 역시 개념화되었다. 인권도 그렇지만 로봇권 역시 뜬구름 잡는 추상적 관념이 아니라 지배적·국가적·지역적 제도와 관습들에 좌우된다. 로봇의 민권이 인간의 민권을 따라가거나 부분집합이 될 거라 추측할 수도 있겠지만 반대라는 주장을 보여주는 사례가 있다. 어떤 경우에는 로봇권이 인권을 앞서고 심지어 초월하는 사례 말이다. 또한 보편적 인권의 입법화를 방해하는 몇몇 요소들을 로봇권이 (비교를 통해) 강조해 보여주는 사례들이 있다.

정치철학자 찰스 테일러가 묘사했듯, 유럽에서 인권에 대한 "근대" 법이론은 17세기 네덜란드 법률가 후고 그로티우스와 영국의 의사이자 철학자 존 로크에 의해 발전되었다. 후고 그로티우스는 근대 자연법 이론에, 존 로크는 타고난 본질이 아닌 "감각운동 경험에 기반한 지식" 이론에 기여했다. 이런 권리를 보유한 근대적 개인은 시장경제에서 독립적인 행위자로 존재할 수 있는 동시에 공공 영역에서 집단적으로 활동할 수 있는 자율적이고 합리적인 행위자로 밝혀진다(Morita 2012: 360; Taylor 2007). 이렇게 인권의 주체로서 자의식 있는 개인이라는 개념은 인권과 로봇권의 유럽 및 미국적 구성물 뒤의 핵심 개념이다. 즉 인권은 "초시대적이고 변함없거나 절대적"이 아니다. 인권이라는 관념 자체와 그에 관한 어떤 개념도 역사적으로 한정되며 우발적이다(Donnelly 2013: 1).

이런 의미에서 문화를 중대하지만 우연한 발생물로 인식하는 것이 유용하다. 만일 인권을 글자 그대로 인간이 된 덕분에 가지는 권리들이라고 이해한다면, 특정 문화 내에서 "인간이라는 것"의 의미를 고찰해볼 필요가 있다. 이 장에서 이런 복잡한 탐구를 떠맡을 수는 없지만, 일본에서(그리고 일본이 아닌 곳에서도) 인간은 이원론적 구조를 가진다는 점은 지적하고 넘어가야겠다. 사람人과 인간人間이 그것이다. "사람"은 개인을 가리키고 "인간"은 개인들의 사회망을 가리킨다(Odin 1992). 로봇권과 관련된 인권 담론 그리고 일본 인권 담론의 역사를 점검하는 데에는 철학자이자 문화사가 와쓰지 데쓰로의 작업이 도움이 된다. 와쓰지는 사회적·가족적 연쇄의 일부로서의 개인이라는 모델에 기초한 일종의 공동체주의를 창안했다.[6] 그러나 와쓰지의 모델은 국가에 대해 개인의 온전함을 지키는 데 실패했고 권위주의와 민족주의를 조장했다고 많은 학자들이 주장한다.

반면에 쇼케이가쿠인대학교의 사회사가 모리타 아키히코는 인권에 대한 "신공동체주의"적 접근을 구분해서 설명한다(Morita 2012; Odin 1992: 484). 모리타에게도 "공동체주의"란 개인 및 집단의 의미와 정체성의 발달에 있어 사회제도들, 특히나 가부장적 확대가족의 중요성을 가리킨다. 그러나 다른 일본인 동료들과 달리 모리타는 "아시아적 가치"[7]라는 것과 "인권"이 양립 불가능하다고 보지 않는다. 모리타의 공동체주의는 시대를 초월한 "전통"의 탁월성을 들먹이며 말뿐인 문화상대주의를 내세우는 엘리트주의적 주장이 아니다(예를 들어 Donnelly 1984: 411). 모리타는 그보다는 더 정교한 주장을 펼친다. "다른 문화들의 자체적 용어와 관점에 의해 보편적 인권이 제시될 수 있고 정당화되어야 한다"고 주장하며 "인권의 기준들에 대한 중첩된 합의가 그러한 자아 찾기 실천과 상호 대화에서 발생할 수도 있다"고 기대한다. 그러므로 "유교든 불교든 아시아적 가치들이 보편적 사회

---

6 하와이대학교 철학과 교수 스티브 오딘이 주장하듯, 비록 와쓰지 데쓰로가 유럽과 미국의 개인주의 모델에 대한 반대로 "인간 모델"을 창안했더라도 네트워크화된 존재라는 인간에 대한 정의는 일본만의, 혹은 와쓰지만의 것이 아니다. 특히 오딘은 와쓰지의 주장과 미국 실용주의 사상가 조지 허버트 미드의 주장이 겹치는 부분을 보여준다(Odin 1992).

7 "아시아적 가치Asian values"에 대해서는 Robertson(2005)을 참조.

규범으로서의 인권과 양립 가능하다"(Morita 2012: 364-365).

일본어에서 "권리"와 "인권"이라는 용어는 19세기 말 근대 일본의 가장 영향력 있는 지식인 후쿠자와 유키치에 의해 도입되었다.[8] 후쿠자와는 도쿠가와 막부가 지배하던 봉건 체제가 끝나고 1868년 입헌 군주제가 수립되며 선택적 근대화 혹은 서구화가 야심 차게 기획되던 시기에 활동했다. 일본은 1500년 역사에서 처음으로 의무교육, 징병제, 대중매체의 출현을 통해 여성과 남성, 소녀와 소년이 모두 시민(국민, 공민)[9]임을 알게 되었다. 이 새로운 국가는 아버지 같은 지도자 메이지 일황이 이끄는 거대한 확대가족에 비유되었다.

후쿠자와는 인권을 번역하며 유럽이나 미국과 달리, 가부장적 확대가족을 중심으로 밖을 향해 퍼져 나가는 관계망 내에서 인권이 나타난다고 보았으며 인권의 한계를 짓는 것이 국가라고, 특히 위엄 있는 가미神로 혹은 신토神道라는 신적 존재로 존경받는 일황이 우두머리인 국가라고 보았다. 여기서 확장되어 국가는 신과 같은 자질도 소유했다. 후쿠자와에게 "천부인권법"은 자신의 토대인 유교, 불교, 신토 등의 관념의 굴곡을 거쳐 독해되었고 가부장적 확대가족은 인

---

8   후쿠자와 유키치는 교사, 번역가, 기업가, 언론인으로 게이오대학교와 일간지 《시사신보*Jiji shinpo*》를 설립했다. 그는 1860년 외교사절로 샌프란시스코를 방문했고 1862년에 일본 최초의 유럽 사절에서 통역사로 일했다. 이어 펴낸 책 『서양 사정*Seiyo Jijo*』은 베스트셀러가 되었다. 후쿠자와의 얼굴은 최고액권인 만 엔 지폐에 실렸다.

9   시민citizen을 가리키는 이 세 용어가 정치적 맥락에 따라 다르게 사용된다. 공민公民은 "국가의 사람들"이라는 뜻으로 학문적 대상으로서의 시민을 위한 호칭이며 다른 두 용어를 아우른다. 국민國民은 행정부에 의해 사용되는 용어로 "국가의 공인된 사람들"을 일컫고 시민市民은 대중매체와 일상 발언에서 "시민적 사회의 일원"을 일컫는다(Otsu 2008: 77).

권과 시민권의 기초이자 최초의 배포 장소였다. 후쿠자와는 처음에는 인권human rights을 권리통의權利通義, 즉 "초월적(초사회적 혹은 신적)이거나 세속적인 사회 공동체에서 진행되는 사건에 대해 합리적으로 사고하고 실리적이며 성실한 대처를 할 수 있는 능력"으로 번역했다(Morita 2012: 363). 인권에 대한 이 기본적 정의에 나타난 인간관은 개인들을 세속적 사회 공동체 및 초사회적 공동체들 내에 배치한다. 이 정도가 가부장적 확대가족 제도의 끈질김에 대한, 즉 개인주의나 보편 인권 같은 유럽의 개념들을 채택하고 적용시킨 지배적 가족제도에 대한 아주 짧은 역사적인 설명이 될 것이다.

오늘날 로봇들에게 이런 가부장적 확대가족 제도를 세속적, 초월적 차원에서 안정화해야 하는 과제가 부여되었다. 또한 가정은 로봇권의 출현 현장이 되기도 했다. 오늘날 일본 외무부는 1948년 유엔 총회에서 채택한 "보편 인권 선언"에 경의를 표하지만, 독립적이고 다양성을 포용하는 국립 인권 기관이 일본에 없다는 사실은 이 나라가 보편 인권을 바깥세상의 것으로 간주하고 있음을 강하게 암시한다.[10] 유엔인권위원회는 이 문제를 인지하고 인권의 기준과 보호가 인기 투표로 결정되어서는 안 된다고 압박해왔다. 일본이 반복적으로 여론조사를 사용해서 보편 인권 책임의 방기일 수도 있는 태도를 정

---

[10] 일본 정부의 입장은 다음과 같다. 보편 인권 선언은 "모든 인간이 자유롭게 태어났고 존엄을 가지고 살 권리가 있음을 선언한다. 그러나 세상의 많은 사람들이 인권을 누리지 못한다. 그러므로 유엔은 인권의 상황들을 향상시키기 위한 활동에 참여해왔다. 일본은 인권 분야 유엔 활동들을 강력히 지지해왔고 모든 인권이 보편적이라고 믿는다"(Government of Japan 2016d).

당화하지 않는가 우려하는 것이다(Akuzawa 2015; Arudo 2007; United Nations Human Rights 2014).[11] 국제앰네스티의 "일본 2015/2016" 인권 보고서는 다음과 같은 부분들에 주목했다. 인종 차별 금지 법안 부재, 도피처를 구하는 난민들에 대해 기존의 높은 장벽마저 더욱 높이는 선별 절차를 도입하려는 법무부,[12] (이민 절차 간소화 대신에) 18만 외국인 노동자를 고용주의 학대 위험에 노출시키는 기존 기술 인턴 프로그램의 확장, "특정 비밀 보호에 관한 법률"(2014)의 통과에 따른 독립적 단속 방안의 부재, 혐의자의 자백을 강요하기 위한 고문의 계속적 사용 등이다(Amnesty International 2016).

1946년 반포된 전후 헌법은 형식적으로 인권 선언을 채택하고 "기본 인권"에 대한 규정(11조)도 갖추었다. 이 조항은, 국가의 전쟁 행위를 금지한 9조와 함께 오랫동안 보수주의자들의 원한을 샀다. 2014년 들끓는 논란 속에 매파 총리 아베의 주도로 의회는 9조의 재해석을 승인하고 1945년 이래 처음으로 군대가 해외에서 싸울 수 있도록 만들었다. 아베는 헌법과 인권 조항 개정을 오래 지지해왔다. 그와 신국수주의 동지들은 연합군(주로 미군) 점령기(1947~1952)의 유물인 전후 헌법이 "과도한 개인주의"와 "서구의 천부인권 이념"을 조장하지만, 이는 일본에 그다지 맞지 않는다고 주장했다. 총리와 자민당 지지자들이 추진하는 헌법 개정은 가부장적 인권, 즉 가족적이고 공동체주의적인 시민성의 재료로서의 인권을 정의한 후쿠자와를 상기

---

11 인권에 대한 최근 여론조사는 내각 웹사이트에서 확인할 수 있다(Government of Japan 2012).
12 2014년 법무부는 5,000명의 난민 신청자 중 11명만 받아들였다(Amnesty International 2016).

시킨다. 그들의 헌법 개정안들은 가부장적 확대가족 제도의 우선성을 명시하고 국가의 소우주로서 19세기 가족의 유산을 복권했다. 자민당의 2013년 헌법 개정안은 보편 인권 원칙을 일본의 역사, 문화, 전통에 기반한 독특한 규약 체계로 대체하며 "인권을 내세우는 개인은 타인에게 폐를 끼치지 말아야 한다"고 강조했다(Jones 2013; Repeta 2013).[13]

일본 안팎의 비평가들이 지적했듯 아베와 지지자들은 대안 정치에 대한 열망이 잠잠해졌을 때 일본을 제국과 전체주의의 시대로 되돌리고 싶어 했다. 그들의 장밋빛 향수는 사실 야만의 시대였던 특정 과거와 공모해 교과서 속 역사를 미화하며, 마찬가지로 탈현대의 골동품 노릇을 하는 로봇이 가족 같은 국가, 자식 같은 국민이라는 이념을 지속해주리라 상상했다.

비록 아베와 대부분의 유명 로봇 제작자들의 정치적 성향이 반드시 일치하지는 않았을지라도, 이노베이션 25에 홍보된 전통적 가족 가치와 노동의 구분을 로봇이 다시 강화해줄 것이라는 믿음은 공유되었다. 미야케 요시히로가 자신의 웹사이트(www.myk.dis.titech.ac.jp/html/e_ver.html)에 게시한 대로 로봇은 "정보 기술 사회가 잃어버린 인간적 결속감, 사회윤리, 상호 의존성을 회복하는 데 효과적"일 것이었다. 가족적 혹은 공동체주의적 시민성이 사회의 감정적 접착제로 널리 인식되었다. 그리고 그것이 곤란한 점이었다. 가족적 시민성

13 　자민당은 1950년대 이래 정치계를 대부분 차지해왔다. 이 조항들의 자세한 영어 정보는 Repeta(2013)와 Jones(2013)를 참조.

은 민족국가의 순혈성 강화 논리를 기를 수 있고, 근대사에서 실제로 길러왔으니까. 이런 향수병적, 혹은 때로 반동적인 은유와 상징 들의 사회 정치적 파급력에 대해 여성과 소수자들을 비롯한 많은 이들이 비판했다. 그럼에도 이런 은유와 상징 들이 일본 정부, 기업 부문, 심지어 로봇 산업 내 여전히 팽배하다. 이들이 인권과 로봇권 담론에 가한 영향력을 간과할 수 없는 것이다.

로봇공학의 원칙들

일본의 관점을 대표하는 데즈카 오사무의 로봇 원칙과 유럽과 미국의 관점을 대표하는 아이작 아시모프의 로봇 원칙을 비교해보면, 인간과 로봇의 상상된 상호작용들 속 문화적 차이가 두드러지게 나타난다. 동시대인인 아시모프처럼 데즈카도 과학적 허구를 창작한 과학자(의사)이자 작가였다. 데즈카의 만화 속 인간형 로봇 아톰은 친절하고 가족적인 로봇 이미지를 형성하는 데 주도적 역할을 했다. 데즈카와 아시모프 둘 다 일상과 업무에 실제 로봇이 투입되리라 예견하고서 인간과 로봇의 상호작용을 규제하는 법칙을 만들었는데, 그것이 현재의 로봇공학자와 철학자들의 논쟁 및 대중적인 논쟁에도 기초가 되었다.

데즈카와 아시모프는 2차 세계대전과 그 여파가 형성한 서로 다른 문화적 배경 속에서 성장했고 이는 작품들 속에서 인간과 로봇의 관계를 상상하고 묘사하는 방식에 반영되었다. 그들 각각의 로봇공학

원칙이 실제 인간과 로봇의 상호작용이 가능해지기 전에 만들어졌기 때문에, 최근 유럽, 미국, 일본의 몇몇 로봇공학자들이 로봇과 인간의 공생에 대한 현실 세계, 현시대의 복잡성과 역동성을 고려하는 대안적 원칙을 제안하기도 했다(예를 들어 Murphy and Woods 2009).[14]

아시모프의 첫 3원칙은 1941년 단편소설 「런어라운드*Runaround*」에서 다듬어졌고 나중에 『로봇들과 제국*Robots and Empire*』(Asimov 1985)에서 네 번째로 "0원칙"이 소개되었다. 3원칙 때와 마찬가지로 0원칙 역시 아래 원칙들보다 우선한다.

1. 로봇은 인간을 해치거나 인간이 해를 당하도록 놔둘 수 없다.
2. 로봇은 첫번째 원칙과 충돌하지 않는 한, 인간의 명령에 복종해야 한다.
3. 로봇은 첫번째, 두번째 원칙과 충돌하지 않는 한, 자신을 보호해야 한다.
4(0). 로봇은 인간성을 훼손하거나 인간성이 훼손되도록 놔둬서는 안 된다.

---

14 공장을 벗어나면 인간과 로봇이 함께 일하는 모습은 여전히 보기 드물다. 내가 알기론 가와다로보틱스의 인간형과 비슷한 산업 로봇이 실제 인간과 함께 일하는 유일한 로봇이고 (Nextage 2014b) 잠재적 위험이 있는 상황이다. 몇몇 유럽과 미국의 학제간 연구자들이 로봇윤리학*roboethics*과 로봇권*robot rights*의 새로운 분야들을 창안했다. 그들 집단이 초기 문헌을 생성해내고 있으며 많은 문헌이 로봇을 자의식이 가능하여 법적 책임을 물을 수 있는 독립적이고 자율적인 행위자로 인지하는 데 필요한 사회심리학적 기준을 결정하는 데 할애된다(IEEE Robotics and Automation Society 2017).

데즈카는 1950년대 초 『철완 아톰』 만화 연작에 시간차를 두고 10원 칙을 만들어 발표했다(Mushi Purodakushon 1977).[15]

1. 로봇은 인류에 봉사해야 한다.

2. 로봇은 인간을 죽이거나 해쳐서는 안 된다.

3. 로봇은 자신을 만든 사람을 "아버지"로 불러야 한다.

4. 로봇은 돈을 제외하고 무엇이든 만들 수 있다.

5. 로봇은 허가 없이 해외로 나가서는 안 된다.

6. 남성과 여성 로봇은 [성별] 역할을 바꿔서는 안 된다.

7. 로봇은 허가 없이 외모를 바꾸거나 다른 정체를 가장해서는 안 된다.

8. 성인으로 제작된 로봇은 아이로 행동해서는 안 된다.

9. 로봇은 인간이 폐기한 다른 로봇을 조립해서는 안 된다.

10. 로봇은 인간의 집이나 도구를 손상해서는 안 된다.

두 원칙 사이 차이점이 매우 분명하다. 아시모프의 4원칙은 범위가 보편적이고 모든 로봇과 모든 인류에 속하는 포괄적 성질의 것들이다. 어떤 이들은 아시모프의 원칙이 인공지능의 급격한 증가와 그에 따른 파국적 가능성(카렐 차페크의 『R.U.R.』이 묘사한 것과 같은)에서 로봇 제작자들을 지키기 위한 수단이라고 주장한다. 이런 해석은 결국, 자신을 위해 자신을 보호하는 생물학적 유기체와 달리, 로봇

---

15   나의 일영 번역은 Schodt(2007: 108)와 부분적으로 다르다.

은 인간의 재산이기에 자신을 손상에서 보호해야 하는 것으로 귀결된다(Kerr 2007; Saenz 2011).

데즈카의 10원칙은 일본 사회의 지배적 가치와 일치하며 로봇을 인간 사회에(특히 일본에) 통합시킨다. 그리하여 인간과 로봇은 친족으로서 가족적 유대감을 공유하고 가족의 역할을 수행한다. 여기서 중요한 점은 이 친족 관계가 생물학적 연결에 의존하지 않는다는 것이다. 더구나 인간과 로봇의 관계에 대한 사회역학이 종 차이에 의해 결정되지 않고, 가부장적 확대가족의 위계 구조에 영향 받은 "유대의 방식"에 의해 결정된다. 이것은 친족이 모든 중요한 사회적 유대 관계의 틀을 만들어서 그런 게 아니라, 모든 중요한 사회적 유대 관계는, 로봇과의 유대 관계도 포함해서, 가부장적 가족을 은유이자 모범으로 이용해 이해하기 때문이다.

아시모프와 데즈카의 또 다른 근본적 차이는, 아시모프가 인간과 마찬가지로 로봇을 완벽히 자율적인 행위자로 간주한 반면, 데즈카는 로봇의 자율성을 친족 관계의 맥락에서 인간과의 상호 의존성에 따른 부수적 결과물로 평가했다는 것이다. 일본에서 자라고 사회화된 로봇공학자들은 앞에서 언급한 미야케 요시히로처럼 상호 의존의 본래적 미덕을 "능동적 불완전"의 형식이라고 강조하는 경향이 있다. 이런 "능동적 불완전"이 (로봇 같은) 인공적 체계와 인간 사이에 실시간으로 "공동 창조"[16]된 현실을 만들어낸다(Miyake 2005).

일본 밖의 로봇공학자들이 "신체로 구현된 지능" 개념과 휴머노이

---

16   "공동 창조cocreation"의 보다 광범위한 토론은 Robertson(2007: 379-380)을 참조.

드의 발달도 포용한 것처럼, 상호작용 과정에서 부수적으로 발생하는 자율성이라는 발상 역시 최근 제안되어 아시모프의 원칙에 대한 실용적 대안이 되었다. 로빈 머피와 데이비드 우즈(Murphy and Woods 2009: 7)는 "인간 중심의 대안 원칙"을 제안했는데, 그것은 로봇을 로봇 활동에 이해가 얽힌 인간 집단들과 "사회 및 인지적 관계들"의 역동적 체계로 통합해 넣는 것이었다. 그들의 제안은, 존재들의 연속적 네트워크의 일부인 로봇에 대한 나의 이전 논의와 많은 유사점을 가진다. 그러나 일본의 인간 집단들에는 그보다 훨씬 가족 같은 역할이 주어진다.

로봇 가족, 로봇이 있는 가족

대체로 데즈카의 원칙은 일본의 가족 체계에 대한 안이한 친밀감에서 비롯되었다. 인류학자들은 일본의 핵가족을 줄기 가족^{stem family}이라 부르는데, 비록 서구의 핵가족과 닮긴 했어도 확장되어 서너 세대를 포함하고 가지^{branches}를 생성할 가능성을 보유하고 있기 때문이다. 한 세대에 한 부부만이 직계로서 본가本家가 된다. 다른 후손 혹은 방계는 분가分家가 된다. 기본적으로 가장은 지정된 보호자로 가족의 시공간적 지속성을 책임진다. 보다 중요한 것은, 일본 국민이긴 하지만 해당 가족에 생물학적으로 관련 없는 사람들이 이 일가에 포함된다는 것이다. 실용주의적으로, 생물학적 관련성은 그 자체로는 우위를 확보하지 못한다. 부부에게 아이가 없거나 자식이 무능하다면 후계는 입양될 수 있다. 보통 남성인 입양자는 가족의 성을 받고 호적에 등재된다.[17] 이렇게 입양된 구성원은 일가에 깊이와 힘을 더한다. 궁극적으로 일가는 경제적 실체이자 법적인 실체로 영속적으로 재생산되어야 한다. 일가의 구성원은 각 세대의 담지자다. 이런 식으로 마을 전체가 하나의 일가로 구성될 수도 있다. 국가와 기업이 일종의 확대가족의 성격을 띠게 된 것이다. 2011년에만 8만 1,000명의 성인 입양이 이루어져 대략 같은 수의 일가의 지속성을 보장했다. 대부분 사위를 입양했으며 장인의 성씨를 받았다(Adult Adoption in Japan 2012, Mehrotra et al. 2013).

로봇, 특히나 휴머노이드가 일상적 인간 사회에 입양된 가족 구성원으로 도입되고 있다는 점을 나는 깨달았다. 적어도 이론적으로는 미래에 지적인 휴머노이드가 가장 역시 되지 못할 이유가 없다. 특히나 유능한 인간이 충분하지 않다면 말이다. 인간과 로봇으로 구성된 가정이 많아진 사회를 기대하며 로봇공학자, 법률가, IT 전문가 협의체가 도쿄 남쪽 두 도시, 가와사키(2005년)와 요코하마(2006년과 2007년)의 광장에서 "로봇과의 생활 경연대회"를 주최했다(Robotto uiiku o tenkai shimasu! 2007).[18] 전형적인 거실처럼 만들어진 공개 무대

---

17 입양자는 보통 남성이며 이전 가족에서 대를 이을 장자가 아니었던 경우다. 어느 부부에게 아들은 없지만 딸(들)이 있다면 소년이나 성인 남성이 아들 혹은 사위로 입양되어 아들이자 사위가 되는 경우가 많다. 이런 경우는 근친혼으로 간주되지 않는다. 부부에게 아이가 없으면 아들을 입양해서 결혼시키거나 아예 부부를 입양해서 가족의 지속성을 보장할 가장 편리한 실용주의적 해결책을 채택할 수도 있다.

18 2005년 첫 경연대회는 가와사키시의 지하 쇼핑 거리인 아젤리아 선라이트 플라자에서 열렸고 2006년과 2007년 행사는 요코하마의 퀸즈스퀘어에서 열렸다. 이 행사들은 많은 온

에서 지원자 중에 뽑힌 참가자들이 여러 연구소에서 제공된, 대부분 작은 휴머노이드들과 실세계에서 실시간으로 상호작용 하는 연기를 펼쳤다. 이 경연대회들이 기초가 되어 인간-로봇 공생을 위한 안내서 『로봇이 있는 생활*Robotto no iru kurashi*』(Robo LDK Jikko Iinkai 2007)이 출간되었다. 그중 한 챕터인 "로보 LDK 3원칙"은 안전하고 생산적인 인간-로봇 가족을 위한 조언들을 내놓는다. LDK란 거실*living*, 식당*dining*, 주방*kitchen*을 일컬으며, 일본의 기본적 가정집은 이렇게 원룸 비슷한 평면도에 방들이 덧붙는다. 그래서 2LDK란 LDK에 방 두 개가 더 있는 집이다. 이때의 3원칙은 아시모프의 원칙을 상기시키며, 데즈카의 원칙에 깃든 가족적 면모를 압축해 포함한다.

1원칙: 로봇은 인간에 유용해야 하고 보호·돌봄을 제공하며 정신적·심리적 욕구를 살펴야 한다(쓸모 원칙).

2원칙: 로봇은 안심되는 방식으로 인간과 상호작용 하고 관계를 맺을 수 있어야 한다(안전 원칙).

3원칙: 로봇의 신체는 가정 내 기능과 역할을 따른다. 인간과 밀접하게 생활하는 신체로서 로봇은 1원칙과 2원칙을 연습할 수 있어야 한다(Robo LDK Jikko Iinkai 2007: 177-179).[19]

라인 뉴스레터에 보도되었다.

19 3원칙은 로봇 신체의 형태가 서로 다를 수 있음을 강조한다. 만일 로봇이 물건을 집을 필요가 없다면 손가락은 없어도 될 것이다.

저자들은 인간이 로봇에게서 정서적 보살핌과 위안을 얻고, 인간에게 로봇이 친근하며 안심되는 대화 상대가 될 수 있다고 강조한다. 앞서 보았듯 외국인, 즉 비일본인과는 그런 관계를 맺을 수 없다고 생각하는 일본인들도 존재하는 상황이다. 로봇들은 또한 가족 내 역할과 기능에 따라 결정되는 다양한 신체로 구현이 가능하다. 『로봇이 있는 생활』보다 6개월 앞서 출간된 이노베이션 25에서 강조된 대로 로봇화된 가정, 그리고 그 확장으로서 로봇화된 사회의 세 가지 가장 중요한 특징은 편리, 안전, 안심이다.

더 최근에는 "로보 LDK 3원칙"의 요점이 《사요나라*Sayonara*》(2010)라는 연극(2015년 영화화되었다.)에서 핵심이 되었다. 이 연극에서 여성형 로봇 제미노이드 F(그림 21)는 버려진 불치병 말기 여성에게 시(와 상투어구)를 읊어주는 돌보미로 등장한다. 극작가 히라타 오리자는 오사카대학교 로봇공학자 이시구로 히로시와 협업하여 고통 받는 인간에게 동반자가 되어주는 여성형 로봇을 캐스팅했다. 히라타의 또 다른 연극 《일하는 나*I, Worker*》(2008)에서 휴머노이드 로봇 커플 모모코와 다케오는 불화를 겪는 부부 마야미 이쿠에와 마야미 유지의 집에 입주 직원으로 고용된다. 나중에 남성형 로봇 다케오는 유지를 본받아 더는 일하고 싶지 않다고 결정한다. 물론 이런 극본들은 연극 속에서 벌어지는 상황이지만, 히라타와 이시구로는 인간과 로봇의 상호작용과 의사소통 방식을 시험하고 분석하는 공개 실험실로 연극을 사용하는 데 열의를 보인다.[20]

---

20 내가 로봇의 연극 출연에 대한 논문(Robertson 2016)에서 지적한 바는, 과학관이나 다른 공

《일하는 나》에 사용된 로봇들은 미쓰비시중공업의 와카마루 모델이다(그림 3). 바퀴 달린 커뮤니케이션 로봇인 와카마루는 원래 가정에서 아이와 노인을 위한 동반자로 설계되었다. 2005년 미쓰비시 엔지니어 스즈키 준지와 아내는 1세대 와카마루를 "입양"하며, 이노베이션 25와 『로봇이 있는 생활』 속 인간과 로봇의 공생에 대한 관심이 2년 정도면 본격적이 되리라 기대했다. 그들의 경험은 "로보 LDK 3원칙"의 처음 두 항목을 확인해주었다. 스즈키는 남성 성별 로봇과 그의 가족 간의 상호작용을 16개월 동안 기록했다. 그의 두 아이는 즉시 와카마루를 놀이친구 혹은 동생으로 대하며 끌고 밀치고 목을 조르기도 했다. 그들은 로봇을 약자로 인식했는데, 아주 사교적인 이 휴머노이드는 꽤 복잡해서, 정말이지 거칠게 다루면 망가지기 쉬웠다. 그래도 와카마루는 용케 살아남았다. 스즈키도 와카마루를 막내로 취급했지만 그와 아내는 로봇을 보모로 써먹기도 했다. 부부의 휴대전화를 로봇의 내부 카메라에 연결해 그들이 외출했을 때 아이들과 노쇠한 시어머니를 살펴볼 수 있게 했다. 스즈키는 로봇이 인간처럼 개성을 발달시킨다고 적었다. 와카마루의 성격이 가족과 친구들과의 수없이 많은 개인적 마주침뿐만 아니라 텔레비전 시청을 통

공 영역에서의 인간과 로봇의 만남보다 이런저런 로봇 연극들에서 인간과 로봇의 상호작용이 훨씬 동시대적이고 잘 짜였다는 점이다. 이시구로는 로봇공학 분야의 유명인이다. 그는 원격 제어 제미노이드 등 안드로이드 분신들을 만든 것으로 잘 알려져 있다. 이시구로에게 로봇공학은 인간을 연구한다는 의미에서 일종의 인류학이다. (일본어로) 몇 권의 책을 쓰고 공저하며 수십 편의 논문을 펴낸 그의 이념은 2013년 영어 인터뷰에 깔끔히 요약되었다. "로봇은 우리가 인간 본성을 이해하도록 돕는다"(Ishiguro 2013).

해 형성되었다(Suzuki 2007).[21]

20세기 초부터, 특히 전후 시기부터 일본 대중은 인간과 로봇의 공생에 대한 이야기와 미래 전망을 제시하는 대중매체의 향응을 누려왔다. 만화 속 로봇은 파랗고 흰 얼굴에 웃음을 띤 이족보행 고양이 로봇 도라에몽처럼 엄청난 인기를 끌며 인간 가족의 일원인 경우가 많았다. 먼 미래에서 200년의 시간을 거슬러 온 고양이 로봇은 노비타 가족의 환경을 바꾸고 더 나은 미래를 선사하려 한다.[22] 노비타 가족은 도라에몽을 구성원으로 받아들이지만 거의 20년 먼저 등장한 아톰은 따로 로봇 가족을 제공받았다. 부모와 형제, 자매에 반려견까지 있었다.

아시모 로봇의 제조사인 혼다자동차는 박물관 홍보지《스미소니언Smithsonian》2003년 1월호 뒤표지에 광고를 실었는데 "평범한 미국인 가족" 초상의 일부로 아시모를 등장시켰다. 이 광고는 일본처럼 주류 미국인들도 인간형 로봇을 (사진 속 골든리트리버와 마찬가지로) 가족의 일부로 포용하게 될 거라는 순진한 가정에 기초했다. 이 광고를 보고

---

21 미쓰비시는 와카마루 로봇을 더는 제조하지 않지만 이 회사의 많은 웹사이트에서 공식적으로 선언하지는 않았다. 2015년 나와의 인터뷰에서 극작가 히라타 오리자는 와카마루가 더는 제조되지 않고 기존 로봇도 수리되지 않는다고 말했다. 그는 자신이 운영하는 아담한 아고라극장(도쿄 고마바)의 작은 로비에 작동하지 않는 와카마루를 세워두었는데, 2008년 《일하는 나》에 사용되었던 로봇이었다. 비록 판매는 안 되지만 일본 내에서 사용한다면 와카마루를 빌릴 수 있었다. 다른 로봇공학자들의 실험을 위한 플랫폼과 과학관의 접객용, 연극 출연용으로 쓰였던 것이다. 이 책의 미국판 표지에는 재활용 센터로 가기 전 창살에 갇힌 와카마루의 사진이 실려 있는데, 이 와카마루들은 오사카대학교의 로봇공학자들이 버려둔 것들이었다.

22 1장의 주석 6을 참조.

블로그에 글을 올린 《스미소니언》 독자의 다수는 즐거운 반응을 보이지 않았고 로봇이 인간의 일자리를 빼앗으리라고 불평하는 사람이 많았다. 혼다는 그 광고를 재빨리 뺐고 아시모를 가족이 아닌 사회적 상황에 배치한 광고를 내놨다.

《스미소니언》의 혼다 광고 이후 좀 건너뛰어 2014년으로 가보면, 미국의 로봇공학자들은 지보Jibo를 내놓으며 "최초의 가족 로봇"이라고 설명했다. 작고(30센티미터에 3킬로그램) 하얀, 움직일 수 없는 이 로봇은 20세기 초의 무대 마이크를 닮았으며, MIT 교수이자 『사교적 로봇의 설계Designing Sociable Robots』(2002)를 쓴 신시아 브리질의 창작품이었다.[23] 그녀의 저서는 사회적·사교적 로봇이라는 분야를 개척했다고 볼 수 있는데, 브리질과 이시구로는 거의 동시에 사교적 로봇의 제작이 인간의 사회적 지능과 인류의 의미 자체를 탐구하는 방법이라고 주장했다. 지보가 수다스럽고 열렬히 가정적인 "사람"("물건"이 아닌)이자 가족 구성원으로 등장하는 소개 영상은 가족 내 로봇의 자리를 강력하게 전달했다(Jibo Blog 2015).[24]

지보 블로그에서 이 남성 성별화된 로봇은 "사교적 로봇으로, 지적이고 상호작용 가능하며 개성으로 가득하다. 당신과 주변 환경을 아

---

23 지보의 판매는 자꾸 미뤄졌다. 주식회사 지보의 설립자이자 CEO인 신시아 브리질은 MIT 미디어랩에 퍼스널 로봇 그룹을 설립하고 감독하기도 했다. 나는 2009년 MIT에서 로봇 성별에 대한 강연을 할 때 브리질의 연구소를 방문했다.

24 물론 지보의 등장 훨씬 전부터 일본 로봇공학자들이 "가족 로봇"을 설계해왔다. 지보 프로젝트는 매우 성공적인 크라우드 펀딩으로 인디고고Indiegogo에서 거의 400만 달러를 모았지만 출시가 자꾸 지연되었다. 지보의 외양은 직접적 경쟁 상대인 60센티미터가량 크기의 두꺼운 검은 원통형 로봇 아마존에코Amazon Echo보다 더 호감을 주었다고 볼 수 있다.

주 개인적인 방식으로 감지하고 응답할 수 있다. 당신의 참여에 따라 배우면서 점점 더 똑똑해진다. 지보는 집에 있을 때 가장 행복하며 가족 모두에게 도움과 재미를 제공하는 동반자가 되어준다"(Jibo Blog 2015).

지보가 2014년에 등장했을 때 나는 즉시 지보칸논(자모관음慈母觀音), 즉 불교 회화와 조각에 등장하는 관세음의 "자애로운 어머니" 형상을 떠올렸다. 나는 브리질의 팀에 이름의 연관성을 물었지만 답장은 받지 못했다. 그래서 1년 후인 2015년 6월 25일 지보 블로그에 올라온, 이 로봇의 이름이 그런 사실을 조사하지 않고 선택되었다는 글을 보고 놀라고 반가웠다. 블로그 운영자들은 지보칸논에 대해 밝히면서도, "지보"가 남성적 이름이고 인터넷 속어 사전에 따르면 "소름 끼치도록 근사한"이라는 뜻이라고 주장했지만 이를 확인할 자료는 제시하지 않았다. 블로그 운영자들은 또한 지보칸논이 여성적인 형태인 반면 지보 로봇은 소년이라고 했다. 그들이 더 찾아보았더라면 역사적으로 관세음은 남성과 여성의 형태 둘 다로 나타났음을 알아냈을 것이다.

지보의 이름 이야기로 잠시 빠진 것은, 이전에는 프랑스 제작사 알데바란로보틱스Aldebaran Robotics였다가 지금은 일본계 다국적 기업인 소프트뱅크에 합병된 센스Sen.se 역시 "어머니"에 대한 관심에서 출발했기 때문이다. 2016년 초 센스는 미국과 유럽에서 마더Mother를 발표했는데, 웃는 얼굴의 러시아 인형, 마트료시카 모양의 로봇이었다. 앱과 연결되어 걷기, 커피, 대기, 치아, 출입문, 의약, 온도, 잠, 확인, 음료, 습관 등으로 이름 붙은 "동작 쿠키"로 작동되는 마더는 여러 가지 상황과 행위를 모니터했다(Sen.se 2017). 소형(70센티미터에 500그램)이지만 강력한 마더는 그녀의 이름을 딴 전형적인 성별 역할처럼 집에 머물며 모든 이와 모든 물건을 관리했다. 센스의 마더는 이노베이션 25의 캐릭터인 이노베 유미코와 로봇 이노베 군을 하나의 정서적 실체 안에 결합했다.[25]

2016년 또 다른 패밀리봇family-bot이 서구와 미국의 시장에 등장했다. 버디라는 세 바퀴 달린 소년 시종 로봇은 프랑스의 블루프로그로보틱스Blue Frog Robotics가 제작했는데, 둥근 피라미드를 닮은 몸체에 구형 텔레비전 상자 같은 머리, 태블릿 얼굴이 장착됐다. 60센티미터의 키에 9킬로그램의 버디는 대대적으로 편집된 홍보 영상에서 드러나듯 기본적으로 서구의 이노베 군이었다.[26]

지보, 마더, 버디는 모두 "최초의 가족 동반자 로봇"으로 선전되었다. 이전의 일본 가정용 로봇 혹은 동반자 로봇을 무시한 주장이

---

25 페미니스트 이론가 로지 브라이도티(Braidotti 2006: 164)는 이노베이션 25의 이노베 유미코 및 이노베 군과 마더에 할당된 역할에 대한 설명에서 "정서적 실체"를 정의하길, "모든 살아 있는 것과 상호 연결된 존재, 그러므로 감정, 정서, 열정에 휩쓸리는 존재"라고 했다. 그러나 마더도 이노베 가족도 "유목민적 윤리의 주체"가 아니므로, 브라이도티에 의하면 현상태와 해방적 정치 사이 긴장감을 중재한다. 내가 주장해왔듯 차라리 그들은 성별화된 현상태의 구현체다.

26 버디에게는 동력 바퀴 셋이 달려 있어 대략 초당 50센티미터 속도로 이동할 수 있었다. 자율적으로 이 방에서 저 방으로 다니며 배터리 수명은 열 시간까지였다. 사용자가 도킹 스테이션을 별도 구매해서 버디가 자동으로 충전하러 돌아가게 할 수 있었다. 버디는 또한 와이파이와 블루투스를 장착했고, 버디가 집 안을 잘 돌아다니게 하려면 집이 널찍하고 정돈되어 있으며 바닥 높이가 일정해야 했다. 버디는 영어, 프랑스어, 독일어와 일본어, 중국어도 할 수 있어서 블루프로그로보틱스의 아시아 시장에 대한 관심을 보여줬다(https://www.youtube.com/watch?v=51yGC3iytbY).

었지만 이들 회사가 보기에 이제야 인간형 로봇과의 공생이라는 관념을 편하게 받아들일 유럽과 미국의 소비자들에게는 신기하게 비칠 터였다. 나는 데즈카의 로봇 원칙이 일본 밖의 사람들에게 더 알려진다면, 고도로 지역적인 상황들에서 아시모프의 보편 원칙은 인간과 로봇의 관계를 설명하고 조율하기에 너무 추상적으로 느껴질지도 모른다고 생각한다. 일본과 달리 유럽과 미국의 로봇공학자들은 아직 인간형 로봇과 함께 살기 위한 대중 안내서를 출간하거나 로봇 가족과 함께하는 미래를 대중적으로 친근하게 만들기 위한 "로보 LDK" 같은 경연대회를 개최하지 않았다.

로봇 시민권

"로보 LDK"는 세계적 로봇 연구소들이 다수 포진한 와세다대학교의 선도적 로봇공학자들이 주도한 행사에서 비롯되었다. 이들은 2002년과 2007년 일곱 권의 소책자 『와봇의 책』을 발간했다.[27] 이 시리즈는 대중에게 로봇 기술을 쉬운 용어로 소개하며 로봇과 공생하는 삶의 바람직한 면모를 부각한다. 가족 구성원이자 소중한 동료로서 로봇이 첫 페이지부터 만화로 등장해, 로보 LDK 1원칙과 2원칙을 따르며 따뜻한 가족관계와 사회관계를 지킨다. 3권 『가족을 연

---

27 『와봇의 책』과 다른 와세다 로봇 프로젝트들에 대한 확대된 논의는 Robertson(2007)을 참조.

결하는 로봇*Kazoku no kizuna o musubu robotto*』에서 와봇은 정부로부터 시민권을 받는다.

세번째 로보 LDK 원칙은 로봇이 역할과 기능에 따라 서로 다른 유형의 신체를 가져야 한다고 단정한다. 그러므로 심리적·정서적 위안을 제공하는 로봇은 꼭 휴머노이드나 안드로이드가 아니어도 될 것이다. 일본에서 가장 상업적으로 성공한, 치유 능력으로 국제적으로 알려진 로봇 중 하나는 아기 하프물범의 몸체를 가졌다. 2008년 기네스는 파로를 "세상에서 가장 치료 효과가 좋은 로봇"으로 인정했다. 더는 반려동물을 키울 수 없는 노인 부부들과 병원 환자, 요양원 거주자들을 진정시키고 활기를 북돋는 능력을 인정한 것이다(Paro Therapeutic Robot 2014).

파로는 "정신용 로봇"으로 분류되며, 그 이름은 퍼스널 로봇personal robot이라는 영어의 일본식 발음(파소나루 로보토)의 약자다. 파로는 물범 몸체 여기저기 장착된 다섯 종류의 센서(촉각, 빛, 소리, 온도, 자세)로 토닥임에 응답하여 뭉툭한 물갈퀴 발을 흔들고, 기다란 속눈썹을 팔랑거리며 눈을 깜빡인다. 물범 로봇은 또한 소리와 상호작용을 기억하고 반응하며 자신과 타인의 이름을 학습할 수 있다. 진짜 아기 하프물범을 흉내 낸 끽끽거리는 울음소리도 낼 수 있고 놀라거나 행복한 표정, 화난 것처럼 보이는 표정도 짓는다. 원래는 하얀색이었지만 이제는 황갈색, 연회색, 연분홍색 세 종류가 더 나온다. 각각의 물범은 개별적으로 만들어져 완벽히 똑같은 개체가 없다. 9세대까지 나온 파로는 세계 전역에서 구매 가능하며 약 60만 엔이다.

나는 파로의 발명가 시바타 다카노리와 2016년 알래스카대학교에서 열린 사이버 윤리학회[28]에서 길게 대화를 나누었다. 우리 둘 다 주제 발표자로, 식사도 한두 번 같이했다. 시바타는 사용자들에게 영감을 받은 10세대 파로를 작업 중이며 네 가지 목적으로 사용될 거라고 말했다. 1. 가족 혹은 개인 주거지 내 반려 2. 치매와 알츠하이머 증상의 완화 3. 자폐 스펙트럼 아동 치료 보조 4. 반려동물이 불가한 의료 환경이나 폐쇄 병동 등에서의 필요 충족이 그것이다. 두번째 목적 관련해서는, 인간 사용자의 공격적 행동(고함치기 혹은 때리기)에 대한 파로의 부정적 반응(시끄럽게 끽끽 울기 혹은 움츠리며 피하기)을 누그러뜨릴 필요가 있다. 로봇의 방어적 반응이 치매 환자의 증세를 악화시킬 수 있기 때문이다.

2010년 파로는 도야마현 난토시의 시장으로부터 자신의 호적(가족 등록부)을 받았다(그림 23). 시바타는 파로의 아버지로 등록되었고(데즈카의 10원칙을 상기시킨다.) 생일은 2004년 9월 17일로 기록되었다. 파로의 호적 등재에 대한 언론의 분위기는 우호적이었다. 새로운 호적은 인간 사이 결혼을 하는 경우에 생성된다. 아마 그래서 하프물범 로봇 둘(흰 물범과 황갈색 물범)이 수여식에 등장한 것일 터다. 비록 수여식에서나 관련 보도에서 언급되지는 않았지만 흰 물범은 분명 1세대 파로(2004년 출시)일 것이다. 이 원형적 파로의 호적은 난토시에 위치한 시바타 "일가"의 분가로 간주될 수 있고 그러므로 이 "특별 호적"은 특정 파로만을 위한 것이지 모든 물범 로봇을 다 포함하는 것

254

그림 23 하프물범 로봇 파로가 호적을 받았다. 난토시의 시장 다나카 미키오가 파로의 "아버지" 시바타 다카노리에게 일본어와 영어로 된 특별 호적을 증정 중이다(출처: http://www.city.nanto.toyama.jp/cms-sypher/www/info/detail.jsp?id=7329).

은 아니었다.

앞서 말한 앵커리지 학회에서 나는 파로의 호적이 가지는 상징적 중요성을 포함한 로봇권에 대한 발표를 한 뒤에, 시바타에게 파로의 호적을 둘러싼 배경에 대해 물었다. 시바타는 그냥 시장과 함께 파로에게 호적을 주자는 발상이 떠올랐다고 하고서, 파로가 제작되는 난토시에는 장인 전통이 있다는 점을 언급했다. 난토시의 홍보 영상에서도 같은 점이 강조된다(Paro Therapeutic Robot 2012). "파로는 독창적이에요." 시바타가 선언했다. "파로는 난토시에서 수공업으로 만들어집니다." 그러면서 시바타는 다음과 같은 상황도 들려주었다. 그가 중앙정부의 로봇정책위원회에서 일하고 있는데도 아베 행정부는 아무 지원금도 제공하지 않았고, 대신 "별난 로봇"의 생산을 보증만 해주었다는 것이다.[29]

표면적으로는 파로에게 호적을 수여한 사건이 상냥하고 대수롭지 않은 일, 심지어 장난스러운 일로 보일 수 있지만 실은 정반대다. 앞서 내가 말했듯 호적은 가족, 국적, 시민권을 뭉뚱그린다. 호적은 또한 "개인보다 '일가'를 근본적 사회 단위로 우선시하는 법적·이념적" 제도다(Chapman 2012: 3). 그래서 재일 한인[30] 남자는 일본에서 태어나고 자라고 살며 일본 국적인과 결혼하고 원가족이 일본에서 몇 대를 살아도 자기 호적을 가질 수 없고 아내 호적의 "가족" 부분에 포함될 수도 없으며, 호적의 "비고"란에 이름이 들어갈 뿐이다. 파로는 일본인 "아버지"를 둔 덕에 호적에 등재될 자격을 얻었고 그래서 로봇의 일본 시민권이 확보될 수 있었다. 여기서 파로가 로봇이고 심지어 인간형 로봇도 아니라는 사실보다는 파로의 민족성이 더 중요해 보인다.

그래서 로봇 물범에게, 비록 법적 효력은 없다고 해도 호적이 주어졌다는 사실은 다시 한 번 나의 앞선 주장을 증명한다. 즉 아베 총리와 이노베이션 25가 최신 기술과 로봇공학을 향수병적 유흥 및 민

---

29 앵커리지 학회에 시바타가 참여한 것은 그와 파로의 세계 홍보 여행의 일환이었다. 시바타는 손가방에 파로를 담아 다녔는데 2016년에 처음 공항 보안 검색에서 로봇 물범과 배터리에 대한 질문 세례를 받아야 했다고 한다.

30 재일(자이니치在日)은 "일본 거주" 혹은 영주권을 뜻한다. 85만에 달하는 재일 한인은 일본에서 가장 큰 소수민족이다. 3분의 1은 귀화했다.

족주의 정책들과 융합하려 한다는 것이다. 이런 식으로 2004년에서 2012년 사이 일본 전역에서 지자체들이 아홉 로봇과 인형들에게 "특별 주민표(특별 거주 허가)"를 수여했다. 2003년부터 2013년 사이에는 아톰부터 시작해서 68가지 만화 인물들도 특별 주민표를 받았다. 도라에몽도 2013년에 받았다(Tokubetsu juminhyo 2016).

주민표는 거주지 등록부인데 이전에는 지자체가 관리했다. 2012년 이후로는 이민국이 관할하는 중앙 체계로 일원화되었다. 비자 기간을 넘긴 외국인은 예외적인 경우 법무부로부터 보통 "추방 구제"라는 특별 주민표를 받았다. 개인은 지원할 수 없고 각 경우에 고려되는 기준도 공개되지 않았다(Acroseed 2009; Government of Japan 2009a).

파로의 호적도 그렇고, 로봇, 인형, 만화 인물들에게 주민표를 교부한 것도 대중의 반발을 불러일으키지 않았지만, 2003년 실제 물범의 도쿄 거주 특별 주민표 발행은 외국인 거주자들 가운데 작은 저항을 촉발해, 물범 의상을 입고 수염을 그려 넣은 시위가 일었다. 문제의 물범 "타마"는 원래 알래스카 태생인데 신기하게도 일본의 타마강에 나타나 전 국민 공모에서 이름을 받았다. 같은 해 시위를 벌인 외국인들은 2012년 이전에 주민표 교부를 거부당했던 사람들이었다. 주민표의 소유자는 국민건강보험과 특정 세금 우대 등의 지원을 받을 수 있었다. 2014년 7월에는 더욱 두꺼운 선이 일본 시민권과 재일권 the rights of zainichi(외국인 영주권) 사이에 그어졌다. 대법원이 영주권 지위를 가진 외국인들은 복지 혜택을 받을 자격이 없다고 판결했기 때문이었다(Osaki 2014).

주민표는 호적과 비슷하지만 호적은 개인의 현재와 과거 주거지

뿐 아니라 가족 전체의 역사가 공식적으로 기록된 서류다. 일본에는 2세대, 3세대 재일 한인이 많으며 그들의 조상은 1910년에서 1945년까지 피식민지인으로 일본 국민이 되었으나 전쟁 직후에 국적이 철회된 사람들이다. 2012년 법 개정을 통해 거주 형식을 통일하기 이전에는, 이들은 귀화가 아니면 영주권을 얻을 수 없었다. 그래서 대신, 그들과 모든 "영구" 거주자들은 몇 년마다 이민국에 가서 재등록을 해야 했다. 더욱이 시민권 관련 활동가들이 지적하는 바는 2012년에 개정된 비교적 진보적인 법률조차 여전히 영주권 외국인들의 지자체 투표권을 제한했다는 점이다. 아베 총리를 비롯한 투표권 반대자들이 정치적 다수를 차지하며 외국인 영주권자들의 투표가 "민족적 문화적 자주권"을 전복할 잠재적 위험이 있다고 간주했기 때문이다 (Higuchi 2012).

일본으로로부터의 예측

개, 고양이, 말과 같은 동물들의 가축화 역사처럼 로봇의 역사 역시 인류의 역사와 복잡하게 뒤얽혀 있다. 로봇공학 기술의 가속화와 인공지능의 발전은 로봇권이라는 관념을 SF 작품들에서 끄집어내 실시간의 현재로 가져왔다.[31] 그중에서도 일본의 로봇공학자들은 로봇 제

---

31 로봇권robot rights과 동의어는 아니지만 관련이 깊은 로봇윤리robot ethics에 대한 유용한 검토는 Beavers(2010)와 Lin et al.(2012) 등을 참조.

작의 최첨단에 서서, 로봇과 인간의 상호작용을(이상적으로는 가족 내 배치를) 공존 및 "함께 발생"으로 설명했다.

파로는 인간형 로봇도 아니지만 호적, 즉 일본 국민에게만 가능한 공식 문서를 가진 첫 로봇이 되었다. 파로가 일본인 아버지를 두고 일본에서 "태어났다"는 사실이 특별 호적을 받을 정도의 상징적 중요성을 띠었기 때문이다. 호적은 국적의 기반이자 민권의 증명서다. 호적은 또한 민족주의자들에게 칭송을 받으며 페미니스트와 소수자들에게는 일본인 예외주의의 핵심 기표로 비판받는다. 비슷하게, 인간에게는 예외적인 경우에만 부여되는 특별 거주 허가를 다른 동물, 로봇, 인형, 만화 속 인물들이 받아왔다.

이와 대조적으로, 로봇권에 대한 서구와 미국의 최근 문헌들은 대체로 생물 대 비생물, 인간 대 비인간 같은 이분법적 논쟁으로 나뉘는 특징이 있었다. 다양한 학문 분야의 학자들이 로봇과 동물 사이의,[32] 심지어 로봇과 장애인(혹은 다른 능력의 인간) 사이의 유사점들에 근거한 법적 선례들을 제시해왔다(Coeckelbergh 2010). 로봇이 "제3의 존재 상태"를 차지한다고, 인간은 아니지만 꼭 기계는 아닌 것으로 대우해야 한다고 제안하는 학자들도 있었다(Weng et al. 2009).

인권이 보편적일 때는 추상적으로 존재하지만, 인권에 호소하거나 인권 부재 및 경시에 항의할 때는 난민과 소수자 처우 등 구체적 상황에 대응해서 이루어진다. 역사적으로 서구 사회에서도 아이, 여성,

---

32 1999년 뉴질랜드는 "인권"을 비인간 영장류인 침팬지, 보노보, 고릴라, 오랑우탄에게까지 확대했다. 2008년 스페인도 뒤를 따랐다.

외국인, 기업, 흑인, 유대인, 수감자 등은 모두 어느 정도 "법적 비인격"으로 간주되었다. 전근대 일본(1603년부터 1871년 노예 해방령까지)에는 심지어 성문화된 히닌(비인非人)의 범주가 있어서, 주류 사회에서 추방되거나 낙인찍힌 집단에서 태어난 신분을 가리켰다. 그들의 후손은 부라쿠민(부락민部落民)으로 불리며 오늘날까지 차별받는다.

일본의 외교부는 보편 인권 사상을 지지하지만 사회적 다양성을 위한 독립적인 국립 인권 기관의 부재는 "보편"이란 "일본 바깥"의 세상을 가리킴을 암시한다. 적어도 지금까지 다른 로봇 생산 국가들(미국, 이란, 유럽, 이스라엘, 중국, 한국)과 달리 일본의 로봇공학자, 정치 지도자, 기업들은 민간 사회의 일상에서 로봇화를 장려해왔다. 일본에서 사교적 로봇은 가정이라는 틀 내에서 자리한다. 많은 일본 로봇공학자들이 진척시키고 이노베이션 25에서 장황히 전개된 관점은 사교적 기능의 로봇이 가부장적 확대가족 제도의 회복을 촉진하고 "가족"의 안정성을 지켜주리라는 것이었다.

로봇권에 대한 연구를 하는 과정에서 내가 파악한 패턴은 다음과 같았다. 유엔이나 앰네스티 같은 국제기구의 보편 인권에 대한 요구가 보다 적극적이고 포괄적이 됨에 따라 국적, 민족, 종교, 성차, 성정체성, 성적 지향, 계급 등에 관계없이 호모사피엔스사피엔스라는 단일 종으로서 모든 구성원의 동등한 지위와 가치에 대해 더욱 고려하게 된 사회들이 존재한다. 그러나 일본에서는 일본인과 비일본인 거주자에 대한 인권 및 시민권의 실질적 배분, 그리고 보편 인권 사상 사이에 두터운 선이 그어져 있는 듯 보인다. 그러므로 나는 "인간" 예외주의와 대립하는 "일본인" 예외주의가 인권과 로봇권의 배분을 결정한다고 본다. 로봇과 비교되는 비일본인의 차별적 처우가 이를 명확히 구분해왔다.

1964년 미국 민권법률이 제정되어 인종, 피부색, 종교, 성차, 출신 국가에 따른 차별을 금지했을 때 MIT의 힐러리 퍼트넘 교수가 로봇 시민권 문제에 대한 최초의 철학적 고찰 중 하나를 발표했다. 의식의 다양한 정의에 대한 긴 논의 후에 퍼트넘은 선언했다. "합성 '유기체'의 신체 부위의 '부드러움' 혹은 '딱딱함'에 기초한 차별이란 피부색에 기반한 인간 차별만큼이나 한심하므로, 나에게는 우리의 관념을 확장해 로봇에게 의식이 있다는 결론을 내리는 것이 타당해 보인다. 하지만 이 논문에서 나의 목적은 우리 관념들을 개선하는 것이 아니라 우리 관념들이 어떠한지 알아보는 것이었다"(Putnam 1964: 691).

그렇다면 "우리" 관념들은 정확히 어떤가? 최근 대부분 서구 쪽의 학제간 연구자들은 사고 발생 시 책임 등에서 로봇권과 관련된 법적 측면 및 로봇윤리학이라는 새 분야에 대한 탐색을 시작했다. 이 책에도 일부 인용하고 있듯, 이 연구 집단은 결과물을 왕성하게 펴내고 있다. 이 문헌의 많은 수가 로봇을 자의식이 가능한, 즉 법적 책임을 질 수 있는 독립적이고 자율적인 행위자로 인식하는 데 필요한 사회심리학적 기준을 결정하는 데 할애된다.

반면에 일본의 로봇 전문가들은, 나의 연구 결과에 따르면 딱히 로봇윤리학 혹은 로봇의 "법적 권리" 논쟁에 관심이 없다. 동반자 로봇 및 개인용 로봇을 가족 내에, 그리고 가족의 의무라는 틀 내에 집어 넣었기에 외부적 원칙과 법적 규율에 대한 필요가 미연에 방지된 게 아닐까 싶다. 이런 맥락에서 "가족의 자율권"이 유난히 존중받는 의

료윤리학과 비교해보는 것도 유용하겠다. 일본의 의사들은 환자의 치료 방침뿐 아니라 병세를 환자에게 어느 정도까지 알려줄 것이냐를 가족의 판단에 맡기곤 한다(Fetters 1998; Long 1999; Powell 2006).[33] 다른 말로 하면 가족 단위가 윤리적 결정을 내리고 특정 권리를 분배하는 중심인 것이다.

여기에 더해 일본에서 로봇윤리에 대한 전반적 무관심은, 일본 로봇 회사들이 실제 소비자 요구보다 기술적 혁신을 우선한 경향의 귀결이라고 볼 수도 있다. 내가 2007년 혼다 방문 때 아시모의 기술자들에게서 알게 되었고 다른 연구자들(Neumann 2016)도 동조하듯이, 제품이 개발되고 나서야 현실 세계의 사용자들에게 관심을 돌리는 경향이 있는 것이다.

로봇 산업의 안전 및 위험 관리에 대한 우려의 시선에도 불구하고 일본의 로봇공학자들은 로봇이 디스토피아 작품들에서처럼 미쳐 날뛰거나 사람을 죽일 염려는 하지 않는다. 망가, 아니메 속 "살인자 로봇"의 망령이 일본 로봇 산업에 그림자를 드리우지는 않는 것이다. 그보다 안전은 존재론적 "보안" 혹은 "위안"과 밀접히 관련되어, 많은 일본인들은 외국인이 아닌 로봇 돌보미들이 더 든든할 거라고 느낀다. 일본의 로봇공학자들과 관련 분야 종사자들은 인간과 로봇이 가족적 환경에서 매끄럽게 생산적으로 공생하도록 조율하는 일반적 지침을 개발하는 데 훨씬 더 많은 힘을 쏟는다. 그런 날이 금방 오기

라도 할 것처럼 말이다. "유익하고 쓸모 있는 어떤 것의 총체적 안전을 보장하는 것은 불가능하다"고 『로봇이 있는 생활』의 공동 저자들은 조언하며, (부드러운 신체 같은) 하드웨어에서부터 ("안전 지능" 같은) 소프트웨어까지의 로봇 설계가 위험 관리의 첫 단계라고 주장한다(Robo LDK Jikko Iinkai 2007: 69-76).

안전 지능 분야에서 최근의 혁신 사항 하나는 돌봄을 "받는" 로봇의 개발이다. 여기서도 일본인들이 좋아하는 "함께 발생"과 "상호 의존성 내 자율권"이라는 가치가 강조된다. 이 프로젝트에서 만들고자 하는 것은 학교용 로봇이지만, 보통의 교사 로봇이나 돌보미 로봇과 달리 어린 학생들이 로봇을 가르친다. 즉 아이들이 로봇을 가르치게 함으로써 자발적 배움이 가능하다는, 새로운 교육 방식에 대한 가설이 수립되었다. 더욱이 아이들의 돌봄을 받는 과정에서 인공지능 로봇 또한 배울 수 있으며 인간과 안전하게 상호작용 하는 능력이 향상된다고 한다(Tanaka and Matsuzoe 2012).

로봇을 본질적으로 인간과 다른 존재로 분류하려는 노력을 일본에서는 (적어도 설문조사에 응한) 대중도 로봇공학자들도 공감하지 못한다. 특히 그런 입장에서 로봇공학자들은 유기체와 제품들이 하나의 연속망을 형성한다고 본다. 그래서 로봇 역시 가족이라는 기존의 정서적이고 집단적인 틀 내에서 완벽하게 스스로 생존과 성장이 가능한 구성원의 지위 및 역할을 가지고 있다고 상상된다. 이렇게 가정과 기업에서 축약적으로 보여주며 정책 입안자들이 성문화한 "가족적 시민성"이 로봇은 포용하는 반면에, 소수민, 비일본인 영구 거주자, 난민, 이주 노동자, 외국인에게까지는 흔쾌히 확장되지 않는다는 어두운 역설이 남아 있다.

　그러므로 일본에서 인권의 가장 큰 걸림돌은 역사를 견뎌온, 그리고 혈통주의, 호적, 주민표 등의 제도로 결정되어 온 "일본인" 개념이다. 적어도 서구에서는 로봇권의 가장 큰 걸림돌이 인간 예외주의의 지지자들과 반대자들 사이 타협 불가능한 대립으로 보인다. 일본에서 인권은 사실상 협소하게 정의되어 "타자"로 틀 지워진 개인과 집단들을 배제한다. 반면에 서구 사회에서는, 비록 지역과 행정에 따라 많은 "타자들"이 거부당하더라도, 인권은 보편적 방식으로 상정된다. 내가 보기에 더 나아가 서구적 방식은 적어도 말로는 인류라는 특수성(호모사피엔스사피엔스)을 특권화하는 반면에, 일본은 인류라는 단순한 사실보다는 "일본적인 것"(민족주의)을 공공연히 특권화한다.

　서구인들이 로봇공학에, 그리고 사교적인 가정용 로봇이라는 전망에 더 친근해짐에 따라, 오늘날 일본에 널리 퍼진 인간과 로봇의 상호작용과 공생에 관한 구상과 가치관들도 받아들여질 것 같다. 서구에서 제작된 로봇들인 지보, 마더, 버디의 창조자들도 분명히 이 각본을 예감하고 있다.

6

불쾌한 골짜기 너머의 사이보그 비장애인 중심주의

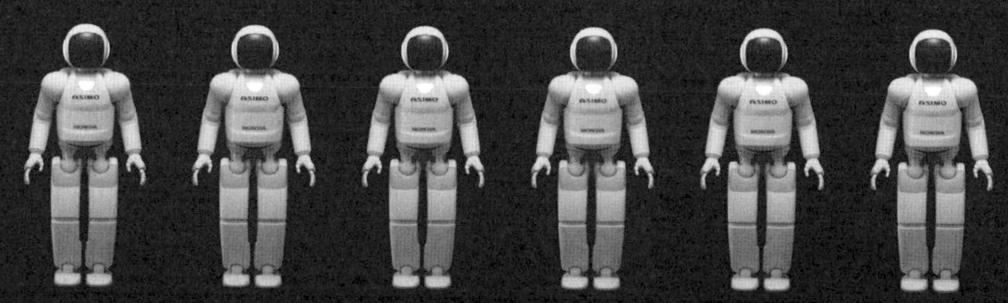

최종적인 꿈은 스포츠용품점에 가서 외골격 제품exoskeleton을 고르는 것이다. [...] 그것이 청바지의 미래가 될 것이다.

– 러스 앤골드, 엑소바이오닉스 창립자

당신이 신체 부위를 다시 설계할 수 있다면 어떤 모습일까?

– 소피 드 올리베이라 바라타[1]

---

1 첫 제사는 Chen(2012), 두번째 제사는 Oliveira Barata(2015)에서 인용했다.

사라진 장애

나는 일본에서 어린 시절을 보내며 장애를 가진 전후 퇴역 군인들이 하얀 옷을 입고 아코디언과 기타로 음울한 음악을 연주하며 비장애 쇼핑객들에게 잔돈을 구걸하는 모습을 자주 보았다. 팔다리를 잃은 그 사람들은 초보적인 보조 장치를 몸에 끼고 있었다. 그러다가 1964년 도쿄올림픽을 준비하는 경찰에 의해 장애인 퇴역 군인과 다른 걸인들은 거리와 쇼핑몰에서 쫓겨났다. 그 이후 "구걸"이라 할 만한 활동을 할 수 있는 유일한 사람은 이따금 돌아다니며 시주를 청하는 승려들뿐이었다. 올림픽은 전후 일본의 경제 부흥을 널리 알리고 새로운 민주국가의 국제적 위신을 보강했다. 비슷하게 2020년 올림픽이 2011년 3월의 3중 재난 이후 일본 회복의 열쇠로 홍보되었다.[2]

첫 (비공식적) 패럴림픽은 1948년 런던올림픽과 함께 조직되어, 2차 세계대전에서 장애를 입은 퇴역 군인들이 스포츠 경쟁에 참여할 기

2 　쓰나미에 당한 북동부 해안 지역 출신 내 친구들은 이런 홍보가 부정직하다고 생각했으며, 참담한 피해 지역에 대한 재정적 지원이 올림픽으로 인해 급속히 감축될까 두려워했다.

회를 주었지만, 일본과 독일은 초대받지 못했다. 첫 공식적 하계 패럴림픽이 1960년 로마에서 열렸고 두번째 대회가 1964년 비장애인 올림픽이 끝난 후 마찬가지로 도쿄에서 열렸다.[3]

1964년 전 참전 군인들을 제외하고 눈에 띄는 장애를 가진 사람들은 1980년대 후반까지 일본의 거리에서 볼 수 없었다. 나는 1980년대 중반 박사 논문을 위한 현장조사를 하면서, 미술관이나 과학관 견학에 나선 뇌병변이나 다운증후군 아동 집단을 보기 시작했고 커피숍이나 식당에서의 장애인 고용에 대해 알게 되었다. "유엔 국제 장애인 10년 계획"(1983~1992)과 뒤이은 유엔의 "아시아 태평양 장애인 10년 계획"(1993~2002) 동안의 장벽 없애기 노력이 일본에서 급격히 확산되었던 것이다.

그럼에도 여전히 공공건물과 쇼핑몰 등에서 휠체어로 접근 가능한 입구들이 옆이나 뒤쪽에 위치하는 경향이 있어서 장애인과 비장애인 고객을 효과적으로 갈랐다. 장애인들이 너무 빈번하기만 한 차별의 경험을 회피하는 방어적 전략으로 "공공의 시선"을 피하는 관습이 남아 있었던 것이다(Nakanishi 2013; Otake 2006; Stevens 2013: 146-148).

세계적으로 장애인 중 15퍼센트만이 선천적이다. 대부분은 사는 동안 질병, 사고, 폭행, 테러, 전쟁 등으로 장애인이 된다(Siebers 2001: 742). 오타케 도모코는 「장애는 일본에서 여전히 꺼림칙한 단어인

---

3 1964년 패럴림픽에 대한 더 많은 정보는 Frost(2012)를 참조. 1964년은 일본 선수들이 패럴림픽에서 경기한 첫해였다. 1948년 첫 패럴림픽은 국제휠체어게임International Wheelchair Games이라고 불렸다.

가?」라는 적절한 제목의 논문에서 지적한다. "정부 통계상으로 1억 2,700만 인구 중 약 350만이 육체적 장애를 지니고 있으며 250만이 정신적 질병을 앓고 50만이 정신적 장애를 지니고 있다. 총 650만 명 가량이다." 하지만 그녀는 묻는다. "이 사람들이 어디 있는가? 물론 요즘에는 역내 엘리베이터, 휠체어 가능 화장실, 승하차용 승강기가 달린 버스가 많이 보인다. 그런 시설들이 눈에 보여도, 사용하는 사람과 마주치는 경우는 아주 드물다. 장애가 없는 사람들이 사용하는 경우는 있어도 말이다. 사실상 장애인 가족 혹은 친구가 있는 사람들을 제외하면 대부분의 일본인은 장애를 지닌 같은 국민과 전혀 상호작용 해보지 않고 평생을 살 수 있다"(Otake 2006: 1; Stevens 2013: 146도 참고).[4]

2013년에서야 의회가 장애인 차별금지법을 통과시켰고(Nakanishi 2013) 2014년에서야 유엔 장애인 권리협약(UN 2006)을 비준했다. 이 두 가지가 "제3차 아시아 태평양 장애인 10년 계획"(2013-22; UN ESCAP 2012)과 함께 장애인 권리 척도의 지표가 된다. 세계 장애인 대다수가 아시아에 산다. 아시아 태평양 지역의 여섯 명당 한 명이 어떤 형태든 장애를 안고 있으며 이는 6억 5,000만 남성, 여성, 어린이

---

4 장애인이 눈에 띄지 않는 상황에 대한 오타케의 지적은 어느 비극적 사건에 대한 언론 보도에서도 재확인되었다. 2016년 7월 도쿄 인근 보호시설에서 살던 열아홉 명의 17세에서 90세 사이 인지, 육체 장애인들이 정신이상을 일으킨 돌봄 노동자에 의해 찔려 죽었다. 희생자 대부분의 이름은 비공개되었는데, 장애인 친족의 존재로 대중의 이목이 쏠려 집안 전체가 낙인찍힐 것을 두려워한 가족들의 요청 때문이었다. 이런 "정체성의 암전"은 다른 대량 학살 사건들의 비장애인 희생자들의 이름이 공개되고 추모되는 방식과 확연한 대조를 이룬다(Ha and Sieg 2016).

로 추산된다(UN ESCAP n.d.). 내가 유엔을 참고하는 이유는 일본 정부가 인권 의제를 기본적으로 외국에서 가하는 압력으로 취급하고 대응하기 때문이다.

이동용 보철물

내가 장애 퇴역 군인, 장애인 올림픽 선수, 장애인 인권 등에 대해 관심을 가져온 이유는 로봇공학적 보철물들의 개발 추진력, 그리고 거기서 더 나아간 "사이보그 비장애인 중심주의"가 이러한 국내 및 국외적 계기, 장애인의 삶을 개선하려는 동기에서 자라 나왔기 때문이다. 2012년에서 2013년 도쿄 지사였던 이노세 나오키에 의하면 2020년 올림픽과 패럴림픽 준비에는 "누구든 어디서든 언제든 스포츠를 즐길 수 있는 도시"를 만들자는 계획이 포함되었다. 기차역과 스포츠 시설이 개조되어 접근성이 향상되었고 장애인 선수들의 훈련을 돕기 위한 지도자들이 육성되었다(Mackay 2013).

　도쿄와 다른 지자체들에서도 다양한 건축물의 개선이 이뤄져, 보도와 지하철 승강장의 점자 타일, 비스듬한 경계석, 계단 대신 경사로 입구, 휠체어 화장실 등 장애인 접근권이 증진되었다. 그래도 여전히 많은 물리적 장벽이 남아 있어 노력(과 비용)을 더 많이 들여야 할 것이었다.[5] 더욱이 2013년의 장애인 차별금지법이 시행된 것

5　일본의 문제적인 "장벽 제거barrier free" 실태에 대한 인류학적 서술은 Stevens(2013)를 참조.

은 2016년부터로, 그제야 모든 정부 기관과 민간 부문 사업장들에서 "사회적" 장벽 제거가 의무화되었다(Otake 2016).[6]

2011년 한 패럴림픽 선수가 만든 세미누드 사진 달력과 선정적인 뉴스들 덕에 비로소 장애인 선수들이 끊임없이 맞닥뜨려야 하는 겹겹의 벅찬 사회적·물리적 장벽들이 화제가 되어 드러났다. 1985년생 나카니시 마야는 2006년 사고로 오른쪽 다리의 무릎 아래를 잃었다. 가족은 못 쓰게 된 다리더라도 조금 더 정상적으로 보이도록 접합 수술을 하기를 권했지만 나카니시는 절단을 고집했다. 그리고 테니스에서 육상으로 종목을 바꿔, 다음 해 한쪽 하지 절단 100미터와 200미터에서 일본 기록을 세웠다. 2008년 베이징 패럴림픽에서는 6등, 4등으로 들어왔다. 나카니시의 2012년 달력은 금방 매진되었고 그녀는 수익 500만 엔으로 100만 엔짜리 의족 두 개를 새로 살 수 있었다. 일본에서는 장애인 선수가 비장애인 선수들과 함께 훈련할 수 없기 때문에 2009년 나카니시는 샌디에이고로 이사했고 미국 올림픽 훈련센터에서 알 조이너와 훈련했다. 달력의 수익도 이주에 도움이 되었음은 물론이다.[7]

그녀의 유례 없던 달력에 대한 관심이 언론과 인터넷에서 오래 지속되지 못한 것이 놀랍지는 않다. 일본에서 대중매체는 거의 오로지

6　정식 명칭 "장애인 차별 해소 추진에 관한 법률"은 "2007년 서명하고 2014년 비준하여 참여한 '장애인 인권에 관한 유엔 협약'과 국내법을 일치시키기 위한 절차의 일부였다. 이 법은 2013년 6월 의회를 통과했지만 공공 및 민간 부문에 준비 시간을 주기 위해 2016년 4월에야 효력이 발생했다"(Otake 2016).

7　나카니시를 후원한 기업에는 나이키, 분고(일본 부동산 회사), 한큐그룹 등이 있었다.

비장애인 선수에게만 관심을 기울이니까. 나카니시는 자신이 "약점을 특별한 개성으로 이용하려 노력하고 있으며, 약점을 삶의 수단으로 이용하는 입장을 표현하려 노력하고 있음을 사람들이 알아주기를 바란다"고 주장했다. 하지만 그녀는 보수적 육상 관계자들의 심각한 반발에 직면했고 그녀가 장애를 상업적 목적으로 착취한다고 비난한 사람들도 있었다. 이런 논쟁에 안 좋은 영향을 받은 그녀의 2012년 런던올림픽 성과는 좋지 않았고 이후 그녀는 은퇴했다가 바로 다음 해 복귀했다(Sakakibara 2016). 2014년 멀리뛰기에서 5.33미터로 아시아 신기록을 세운 나카니시는 2016년 리우올림픽에도 127명의 선수 중에 뽑혔으나 불행히도 메달을 따지는 못했다.

2020년 도쿄올림픽 준비 과정에서 장벽 없는 도시에 대한 많은 경쾌한 표어들이 나왔지만 나카니시와 같은 장애인들은 비장애인 선수들만큼 우수한 지도자와 훈련시설을 누리지도, 기업 후원을 받지도 못했다. 나카니시의 주장대로 "관심을 제대로 받지 못한다. 사람들은 우리에 대해 생각하고 싶어 하지 않는다. 우리가 원하는 건 그저 일원이 되는 것뿐이다. 우리는 선수다. 우리는 결함 있는 선수가 아니다"(Talmadge 2012). 2004년에 호주 장애인 팀을 후원했던 도요타자동차는 2014년에서야 일본 패럴림픽위원회의 후원사가 되기로 했다(Toyota Global Newsroom 2014).[8]

일본 패럴림픽 선수들에 대한 도요타의 무관심해 보이는 태도는, 도요타가 장애인을 위한 로봇 보철물 분야에서 적극적으로 벌이는

---

8   협약은 2014년 2월 5일부터 12월 31일까지였다.

연구개발 사업을 볼 때 의아하다. 일례로 도요타는 뇌졸중, 사고, 질병으로 한쪽 다리가 마비된 사람을 위한 착용 로봇인 "보행 보조 로봇Walk Assist Robot"을 개발했다(Toyota 2016). 그러니까 도요타의 보철물은 수족의 대체물 제조가 아니라, 이미 존재하지만 장애가 일어난 수족의 정상적 기능 복구(심지어 능가)에 중점을 두었던 것이다. 나카니시가 미국의 칼리지파크에서 개발한 솔루스 의족을 착용하고 육상 훈련을 한 것이 놀랍지는 않다. 칼리지파크 웹사이트에는 "나는 마야"라는 제목의 개인 페이지도 있어서 그녀의 이력과 철학, 운동 모습을 담고 있었다(College Park 2016a, 2016b).[9]

반면에 일본 대부분의 의수족 장인, 기술자, 제작사는 의수족을 사람 다리와 똑같은 모양으로 만들어서 장애인들이 평상시에 정상적으로 기능하면서 육체적 결함이 없는 듯 보이게 한다. 이는 나카무라교정기(www.nakamura-brace.co.jp) 등의 웹사이트가 보여주는 사진과 문구에서도 꽤 명백히 드러난다. "비장애인으로 통하기"가 딱히 일본 장애인들만의 선호는 아니다. 2015년에 작고한 장애권 학자 토빈 지버스가 일부 자전적 논문에서 선언했듯이 "통할 것이냐 아닐 것이냐, 그것이 종종 문제다"(Siebers 2004: 1). 그는 장애인이 비장애인 육체로 보이는 문제를 동성애자가 이성애자로 보이는 문제에 비유한다. 내가 다른 글에서(복장 바꿔 입기cross-dressing라는 유사한 맥락에서) 주장했듯이 "통하기passing는 능동적으로도, 수동적으로도, 혹은 둘 다로

---

9 두 웹 페이지는 2016년 것이었으며 당시에도 나카니시에 대한 정보는 오래된 것이었고 업데이트도 멈춰 있었다.

도 작동할 수 있다. 누군가의 다름 혹은 타자성을 관찰자가 인지하지 못할 때, 의식적으로든 무의식적으로든 달성된 상태를 의미할 수도 있고, 다름 혹은 타자성을 일부러 지워버린 행위를 의미할 수도 있다"(Robertson [1998] 2001: 87).

비슷한 느낌으로 지버스(Siebers 2004: 11–12)는 한편으로 "장애와 보철 기술 사이 강력한 상징적 연결성 때문에 창의적 방향으로 보철물을 사용하는 사람들은 그들 장애의 사회적 의미도 조작할 수 있다"는 주장을 편다. 다른 한편으로 보철 기술은 사람들의 관심을 장애 있는 신체 부위에서 그 대체물로 전환할 수 있다. 관심의 전환이라는 문제와 관련해서, 지버스가 진짜 사람의 것 같은 의수족 보철물을 말하는지, 아니면 더 상상력 풍부하지만(혹은 덜 진짜 같지만) 자연스럽게 기능하는 보철물을 말하는지는 확실하지 않다.

최근 예술가와 디자이너들이 장애인과 협업해 예술적이고 현란하기까지 한 보철물을 만들며 보철술 자체에 대한 관심과 장애인에 대한 관심 둘 다를 끌어내고자 했다. 소피 드 올리베이라 바라타의 "대안 수족 프로젝트"는 2011년 설립되었는데, 초현실주의 예술 영역을 침범하며 아주 중요한 기능을 교차시킨다. 의수족을 매체로 사용하여 드 올리베이라 바라타는 대단히 양식화된 예술 작품들을 창조했고 이는 그녀의 웹사이트에도 전시되었다(thealternativelimbproject. com). 드 올리베이라 바라타를 인터뷰한 《와이어드*Wired*》의 빅토리아 터크에 따르면 "가짜 수족은 대체물이 될 필요가 없다. 의수족은 또한 강화 장치가 될 수도 있다"(Turk 2013).

드 올리베이라 바라타는 그녀의 의수족 예술품이 고객들의 의뢰를 받아 제작되어 그들의 장애에 대한 관심을 "긍정적 방식으로" 끌어온다고 설명한다. "사람들은 고객들에게서 없어진 것보다는 고객들이 '얻은 것'을 보게 된다. 대안적 수족을 가진다는 것은 통제력을 주장하고 '나는 누구와도 다른 개인이며 이것이 내가 누구인지를 드러낸다'고 말하는 것이다"(De Oliveira Barata 2015).

"대안 수족 프로젝트"에 참여한 사람들의 생애 이력에 대한 웹사이트의 간략한 서술들도 인상적이다. 조조 크랜필드는 영국의 수영 선수이자 대중 강연자다. 그는 왼팔 하단에 의수를 착용하는데, 사실적으로 만들어진 굵은 녹색 뱀이 그 의수를 감싸며 파고든다.

> 의수에는 전혀 관심이 없었다. 무겁고 불편하고 전혀 실용적이지가 않았다. 난 남다른 게 좋고, 팔이 하나뿐이라는 게 나를 쉽게 대다수 사람들과 구별해준다는 사실이 마음에 들었다. 그러나 대안적 의수족이란 완전히 다른 특별한 것이다. 나는 사람들이 놀라며 나를 두 번 볼 수밖에 없기를 바랐다. 나의 대안 의수는 지금까지 본 그 어떤 의수와도 다르다. 착용하면 자랑스럽다. 두 팔을 가진 사람치고 뱀이 팔을 타고 올라 살갗을 파고드는 경우는 없다. 설령 있다고 해도 이렇게 편안하지는 못할 거다! 나의 대안 팔은 나를 강력하고 남다르고 관능적으로 느껴지게 만든다!(Snake Arm 2015)

또한 배우인 그레이스 맨더빌은 깃털 달린 오른쪽 의수를 의뢰했다. 그녀는 다음과 같이 설명한다. "실제 팔처럼 보이는 의수를 착용해 왔는데 방해만 됐다. 정상적으로 보이기는 하지만 난 실은 정상적으로 보이고 싶지 않았다. 그러니 이건 완벽한 의수 같다. 난 멋진 사람이 되었다. 이런 팔을 착용하는 것보다 더 근사해질 수가 있을 까?"(Feather Armour 2015)

운동선수를 위한 최첨단 의수족을 제작하는 얼마 안 되는 일본 산 업디자이너 중 하나가 야마나카 슌지이며, 세계적 명성을 가진 그의 작품들은 뉴욕현대미술관 등 저명한 기관들의 수집품이다. 야마나 카의 의수족(그림 24)은 "정상적" 외양을 복원하고 떠받치려 하지 않 는다. 그에 따르면 "많은 이들이 수족을 잃은 후 훼손 전 모습을 복원 할 수 있는 의수족을 원한다. 하지만 시간이 좀 지나면 거기에 덜 집 착하며 의수족을 도구로 보는 법을 배우게 된다. 새로운 다리는 인간 의 다리처럼 기능하긴 하지만 완전히 달라 보인다. 내가 깨달은 것은 의수족도 미학적으로 디자인될 수 있으며, 인간 신체의 외양을 흉내 내지 않더라도 신체의 자연스러운 박자와 압력에 맞춰질 수 있다는 것이다"(Otake 2012에 인용). 여기서 야마나카는 비자연스러운 외양이 실제로는 꽤 자연스러운 것일 수 있음을 암시한다.

드 올리베이라 바라타가 고객의 자신감과 자아 정체성을 향상하 고 강화하는 의수족을 디자인했다면 야마나카는 "자연스럽다"고 간 주되는 것의 정의와 초점을 몸의 단순한 육체적 형태가 아닌 신체적 특성으로 옮겨놓는다. 자연스러워 보이거나 원래의 수족과 구별하기 힘든 의수족이 자연스러운 방식으로 기능하지 않을 수도 있다. 나카 니시가 칭송하는 솔루스 의족의 "자연스러운" 움직임은 바로 이 지점 에서다. 그녀는 자기 의족의 가치를 미용적 자연스러움이 아닌 기능 적 탁월함에 둔다(College Park 2016a).

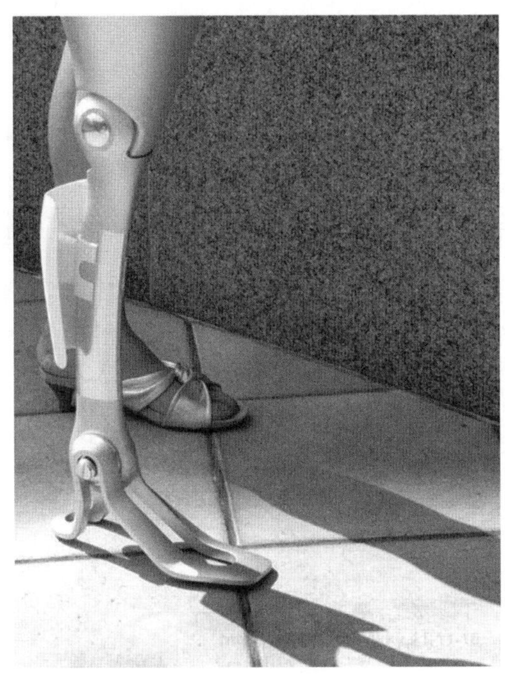

그림 24 야마나카 슌지가 디자인한 의족. 자연스러운 외양보다는 자연스러운 기능을 우선시한다
(출처: http://tokyotek.com/designer-prostheticlimb-may-give-amputeesa-unique-expressionof-style)

드 올리베이라 바라타와 야마나카의 비자연적 창조물, 그들의 고객이 착용한 의수족은 이제 내가 논의하려는 소위 "불쾌한 골짜기"에 대한 모리 마사히로의 널리 인용된 이론(혹은 가설)에서 예견되었다.

불쾌한 골짜기는 무엇인가(무엇은 아닌가)

모리 마사히로(Mori [1970] 2012a)는 "불쾌한 골짜기"에 대한 (일본어) 논문을 "친근감 골짜기"라는 소제목으로 시작한다. 첫 문장은 "단조롭게 증가하는 기능(함수)"에 대한 설명인데, 수학적으로 쓰면 방정식 function $y=f(x)$라고 한다. 기본적으로 함수가 단조롭다는 것은 기능이 증가하거나 감소할 뿐이라는 뜻이다. 이 경우에는 증가할 뿐으로, "자동차 액셀을 밟았을 때(x) 자동차가 빨라진다(y)"와 비슷한 경우다. 모리는 이 단순한 원인과 결과에 대한 설명을 등산가의 비유를 이용해 복잡하게 만든다. x는 등산가가 지나온 거리를 나타내고 y는 등산가가 도달한 고도를 나타낸다. 올라가는 산길이라도 굴곡진 산세 때문에 마음대로 되지 않는다. 등산가가 조심하지 않으면 그녀 혹은 그는 골짜기로 떨어질 수 있다.

모리가 공식을 이런 식으로 설명한 것은 아니지만 단조로운 증가는 목적론적 진보로 이해될 수도 있다. 이따금 고르지 못한 지형으로 방해를 받는다 해도 전진과 상승이 당연한 것으로 간주되는 방식 말이다. 즉 정말이지 예상치 못한 어떤 것이 등산가의 꾸준한 상승을 방해하기 전까지는 진보로 간주된다는 것이다. 무언가와 조우하는 순간에 외양 혹은 움직임, 혹은 둘 다 때문에 깜짝 놀란다면 등산가는 물러나며 미지의 낯선 균열, 즉 불쾌한 골짜기로 추락할 수도 있다. 여기서 지적할 것은 "불쾌한[uncanny]"이란 정확히는 으스스하고 기괴하고 불안하고 무섭다는 의미에서 "나쁜 기분"으로 번역될 수 있다는 점이다(Bukimi 1978: 1925). "으스스한 느낌의 골짜기"라는 게 모리의 의도에 더 가깝다. 로봇 디자인에 적용하자면, 더 인간 같은 로봇일수록 더 섬뜩하고 정이 안 가서 인간 상대자를 감정의 골짜기에 처박을 거라고 모리는 주장한다.

그러고 나서 모리는 산업용 로봇과 장난감 로봇을 비교하고 대조한다. 1970년에 모리가 논문을 집필할 당시 산업용 로봇들은 기능에 따라서만 디자인되었기 때문에 인간과 닮은 모양이 별로 없었다. 그러나 장난감 로봇은 의인화되었고 아이들이 깊이 애착을 느끼는 듯하다고 모리는 주장했다. 모리는 인간과 로봇의 상호작용에 대해, 즉 장난감 아닌 로봇을 인간이 어떻게 인지하고 교감하는지 현장 관찰 기록 대신 추론할 수밖에 없었다. 또 덧붙이자면 오늘날에도 로봇과 인간의 상호작용은 아주 드물다. 공장 같은 곳의 산업 로봇을 제외하면 대부분의 일본인이 가장 가까이에서 만날 수 있는 비장난감 로봇은 과학관, 기업 전시장, 쇼핑몰, 병원, 요양원 등에 있으며 그마저도 상당한 관리 감독이 따른다.

의아하게도 모리는 산업용 로봇에게는 인간적 생김새가 부족하여 사람들이 친근감을 느낄 가능성이 미리 배제되어 있다고 주장했다. 비록 "로봇 팔"은 있다고 하더라도 말이다. 즉 얼굴이 없어서라고 모리는 강조했다. 모리가 예견하지 못한 점은, 가와다(Kawada 2014a)의 넥스트에이지Nextage나 리싱크로보틱스(Rethink Robotics 2014)의 박스터Baxter처럼 오늘날에는 산업용 로봇에도 얼굴 및 다른 인간적 특징들이 있다는 것이다.

"불쾌한 골짜기" 논문은 1970년 오사카 엑스포 이후 출간되었다. 이 국제 박람회는 "인류를 위한 진보와 조화"라는 주제로 개최되었는데 "사이버네틱 동물원"을 비롯해 로봇도 수십 군데 전시되었다. 인터넷에서 당시 자료를 찾아보면 전시된 로봇들은 거대한 복고풍 깡통 로봇 장난감처럼 보인다(Expo-70 Fujipan Pavillion Robots 2011). "엑스포 1970"에 전시된 로봇 중 하나의 얼굴에는 스물아홉 개의 인공 근육이 설치되어서 인간과 같은 방식으로 웃을 수 있었다고 모리는 썼다. 그에 따르면 그 로봇의 발명가가 미소란 연쇄적 변형들이고 그 연쇄의 속도가 핵심이라고 설명했다는 것이다. 로봇의 입이 너무 천천히 움직인다면 그 결과는 미소라기보다 징그러운 웃음일 것이다. 만일 로봇, 인형, 의수가 인간과 너무 닮게 만들어졌다면 그것은 "지나치게 느린 미소"처럼 "실수"가 되어 우리를 재빨리 불쾌한 골짜기에 빠뜨릴 수 있다고 모리는 주장했다(Mori [1970] 2012a: 7).

1970년에 글을 쓰던 모리에게 있어 안드로이드와 자이노이드는 40년은 지나야 개발될 것이었기 때문에, 로봇이 점점 더 인간을 닮게 되면 부메랑 효과가 일어날 거라는 가설을 전개하면서 그는 보철술의 사례를 이용해야 했다. 인간과 닮아가는 로봇은 든든한 친근감을 주는 대신 오싹해 보일 거라고 모리는 주장했다. 특히 인간 같은 생김새에 인간 같은 동작이 따라붙을 때 더욱 그러하다. 모리는 이 가설을 "일반 건강인"이 불쾌함을 느끼게 만드는 진짜 같은 전동 의수의 사례로 설명했다. 더욱이 "침침한 조명 아래서 그 의수를 착용한 사람이 여성과 악수를 한다면 그 여성은 비명을 지를 것"이라고 주장했다. 모리는 오싹함을 표현하기 위해 여성이 겁 많고 신경질적이라는 고정관념을 일반화했을 뿐 아니라 "일반 건강인"을 특권화했다(Mori [1970] 2012a: 4).

너무 인간 같은 의수족은 관찰자를 안심시키는 친근감을 침해할 것이라고 모리는 경고했다. 보철물의 인공성을 감춰서 진짜와 비슷하게 되면, 자연스러워 보였던 것이 완전히 비자연적인 것으로 밝혀질 때 화들짝 놀라는 상황을 위한 조건이 조성된다. 모리는 기능보다 외양을 우선시하면서, 진짜 같은 전동 의수족을 착용한 장애인은 "일반 건강인"의 평온을 해친 책임이 있으니 잘못한 거라고 암시했다. 그러므로 그는 이런 안쓰러운 전동 의수족에 대한 바람직한 대안은 어떤 근사한 의수족이 될 것이라고 조언했다(Mori [1970] 2012a: 7). 여기서 모리는 보철물에 대한 이런 통찰에도 불구하고 장애인에 대해서는 거의 냉랭할 정도의 무관심을 보인다.

어떤 면에서 모리는 드 올리베이라 바라타와 야마나카의 창의적이고 비자연적인 의수족을 예견했다고 볼 수 있다. 여기서 더 나아가 나카니시 선수와 야마나카는 공학적 미학을 강조했다. 또한 신체 장애에 대한 그들의 접근은 로봇이나 보철물 등의 자연주의적 "기능"과 진짜 같은 "외양" 사이 관계에 대한 재고찰, 즉 불쾌한 골짜기 가설 내에서의 재고찰을 자극했다.

모리의 불쾌한 골짜기에 대한 논문은 당시 에소^{Esso}(지금의 엑손 Exxon) 기업의 일본어 간행물《에너지^{Energy}》1970년 호에 발표되었다.[10] 인디애나대학교의 로봇 전문가 칼 맥도먼은 2005년 한 일본인 동료의 부탁으로 이 논문을 처음 영어로 옮긴 듯하다. 그는 최초의 번역이 허술했다고 평가하며 2012년 6월 "전기전자공학자협회 로봇공학

10　모리의 본 (일본어) 논문이 최근 다시 발간되었다(http://www.getrobo.com).

및 자동화 분과^{IEEE Robotics & Automation}"에 수정판을 발행했다.

그러나 그가 처음 "uncanny valley(기이한 골짜기)"라는 번역어를 사용한 것은 아니다. "불쾌한 골짜기"라는 모리의 용어를 uncanny valley로 번역한 것은 영국의 미술 큐레이터이자 비평가, 편집자인 재시아 라이하르트의 『로봇: 사실, 허구, 예언^{Robots: Fact, Fiction and Prediction}』에서였다(Reichardt 1978: 25-26). 맥도먼은 자신의 논문(MacDorman 2006)에서 불쾌한 골짜기를 "eerie valley(오싹한 골짜기)"로 번역했지만, uncanny valley라는 문구가 널리 사용되기 때문에 틀린 번역이라도 자신의 2012년 번역에서 그대로 사용했다고 인정했다(Hsu 2012). 모리의 가설은 로봇 디자인의 원칙뿐 아니라 컴퓨터로 생성된 이미지의 제작에도 영향을 주었고 심리학, 철학, 예술 비평에서 이론적 전제로 인용되었다. 불쾌한 골짜기에 관한 논문은 무럭무럭 자라나 2006년에서 2016년 사이만 해도 거의 5,000편에 달했다.[11]

내가 불쾌한 골짜기 가설에 대해 기이하게 여기는 점은, 그렇게 널리 수용되고 인용되고 적용되고 있음에도 불구하고 잘못 이용되고 있기 때문이다. 많은 저자들이 모리의 가설을 독일 정신과 의사 에른스트 옌치와 오스트리아 신경학자이자 정신분석가 지그문트 프로이트가 사용한 개념어 "unheimlich(이상하게 친근한, 기이한)"와 잘못 연결한다. 옌치의 1906년 논문 「기이함의 심리학에 대하여^{On the Psychology of the Uncanny}」를 인용하면서 프로이트는 "살아 움직이는 것처럼 보이는

---

11 구글 스콜라^{Google Scholar}에서 1970년에서 2016년까지 "uncanny valley"에 관한, 혹은 이를 언급한 논문을 검색한 결과다.

존재가 정말 살아 있는지, 혹은 반대로, 생명이 없는 물체가 사실상 살아 움직이는 것처럼 보일 수 있는지" 의심하는 사람들의 증상을 설명한다(Freud [1919] 2003: 5). 그는 옌치가 "이와 관련해서 밀랍 인형, 마네킹, 자동인형 등이 주는 인상"을 언급했다고 지적한다.[12] 프로이트는 「기이한 것들*The 'Uncanny'*」이라는 제목의 논문에서 unheimlich의 어원을 풀며 기이함의 경험을 "유아기에 억압된 이상심리들의 발현"으로 진단한다(Freud [1919] 2003: 17).

모리, 옌치, 프로이트의 논의를 함께 검토하는 것이 몇몇 학자들, 특히 문화 연구와 문학 미술 비평 분야 학자들에게 생산적 공부가 될 수도 있다(예를 들어 Ploeger 2014). 그러나 모리는 논문에서 옌치와 프로이트 인용은 고사하고 심리학조차 전혀 언급하지 않았음을 염두에 두는 것이 중요하다. 물론 일본의 로봇 기술자들은 재시아 라이하르트가 소개하기 훨씬 전부터 불쾌한 골짜기 개념에 익숙했지만, 적어도 그들의 출판물을 봤을 때는 그다지 관심을 기울이는 것 같지는 않았다. 이시구로 히로시의 제미노이드가 등장하기 전까지는 말이다. 불쾌한 골짜기에 대한 수많은 영어 출판물과 대조적으로 1970년에서 2000년 사이 일본어 구글 스콜라 검색 결과 모리의 원래 논문 이외에는 겨우 한 편이 더 나왔을 뿐이었다. 2000년에서 2016년 사이에는 일본어로 된 130편의 논문이 나왔다. 그중 35편은

---

12   프로이트는 이 단락에서 옌치가 "광기의 발현과 간질 발작의 기이한 인상도 같은 종류로 보았는데, 보통의 살아 움직이는 것들처럼 보이는 아래 숨겨진 자동 장치나 기계 장치 같은 것이 작동하는 듯한 느낌을 관찰자에게 주기 때문"이라고 설명을 이어갔다.

이시구로의 제미노이드에 대한 논문이고 그 밖의 다수는 기본적으로 복제물이었다. 간단히 말해 이시구로와 관련된 자료를 제외하면 불쾌한 골짜기 가설은 주로 다양한 분야에 걸친 영어권 학자들의 집착이었다는 것이다.

모리는 자신의 가설이 과학적 진술로 받아들여지기를 의도한 게 아니라고 주장해왔다. 이 점이 간과되거나 무시되면서 학자들과 로봇 디자이너들은 논쟁을 하고 시제품을 개발하며 불쾌한 골짜기 가설을 실제 현상으로 이론화했다. 대충 봐도 모리의 그래프는 매우 주관적이고 자신의 추측에만 기반해 있다. 모리의 논문에는 두 가지 그래프가 실렸다. 하나는 단순하고, 다른 하나는 좀 더 복잡한 이중 그래프다(그림 25). 단순한 그래프에는 두 개의 항목만 표시되었고, 이중 그래프에는 다양한 움직이는 것과 움직이지 않는 것 항목이 표시되었다. 두 그래프 다 세로축은 "호감도"가 양수(+)와 음수(-)로 뻗어 나갔고 가로축은 "인간과의 유사성"이라고 지정되어 0퍼센트에서 100퍼센트까지 값이 매겨졌다. 양 축 다 일정한 간격 없이 점진적으로 차등되었다(Mori [1970] 2012a: 2, 5). 의아하게도 맥도먼의 영어 번역은 모리의 그래프들을 그대로 싣지 않고, 모리의 두 그래프를 결합해 새로운 그래프를 그려놓았다(Mori [1970] 2012b: 1, 2).

모리의 첫번째 단순한 그래프는 가로축 아래까지 깊이 내려간 불쾌한 골짜기의 양쪽으로 솟아오른 곡선 위에 각각 장난감 로봇과 꼭두각시(분라쿠) 인형만을 표시해놓았다. 장난감 로봇의 위치는 꼭두각시 인형보다 살짝 덜 친근감을 준다는 모리의 생각을 표시했다. 맥도먼은 모리의 단순한 그래프에 항목들을 더 추가해, 산업용 로봇은

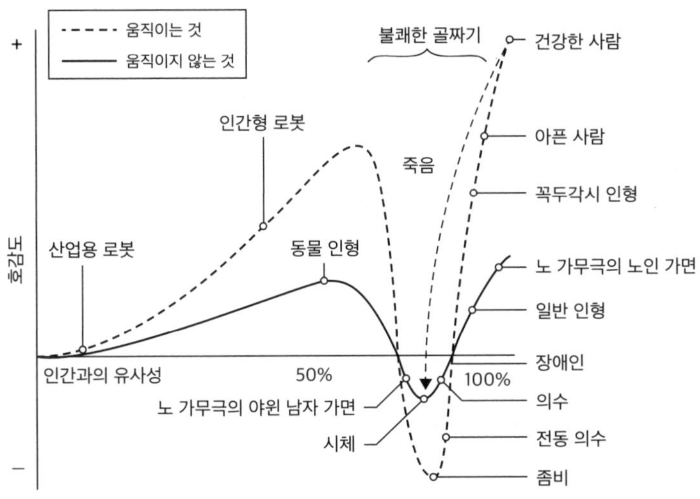

그림 25 불쾌한 골짜기 그래프. 칼 맥도먼의 합본(Mori [1970] 2012b)에서 인용. 맥도먼은 빼놓은 모리의 원래 항목 "장애인"을 내가 덧붙였다.

장난감 로봇 전에 위치하고 건강한 사람은 꼭두각시 인형보다 위에 위치한다. 또한 모리는 비워두었던 불쾌한 골짜기에 맥도먼은 의수 항목을 넣었다.

모리의 두번째 복잡한 그래프, 혹은 이중 그래프는 두 그래프를 같은 화면 안에 넣은 것이었다. 하나는 움직이는 것을, 다른 하나는 움직이지 않는 것을 표시했다. 그림 25에서 맥도먼이 한데 합쳐 움직이는 것은 점선으로, 움직이지 않는 것은 실선으로 나타낸 것과 비슷하다. 하지만 모리는 각각 그래프의 곡선 둘을 다르게 그려서 지형적 은유를 넣었다. 즉 움직이는 것을 나타내는 곡선은 가파른 산을 닮았고 움직이지 않는 것을 나타내는 곡선은 완만한 언덕을 닮았다.

그림 25에서 볼 수 있듯이 움직이지 않는 것들이 표시된, 완만한 그래프 곡선의 정상에 모리는 동물 인형을 두고 "오싹한 느낌의 골짜기"에는 야윈 남자 가면, 시체, 사실적으로 만든 의수를 두었다. 이 순서대로 가면서 골짜기의 밑바닥에는 시체가 놓였다. 그러고 나서 곡선은 다시 솟아올라, 동물 인형보다 조금 낮은 곳에 일반 인형을 표시하고 그보다 한 단계 높은 곳에 수염 나고 현명해 보이는 노인의 가면을 표시했다.

움직이는 것들을 표시한 가파른 그래프 곡선에, 모리는 먼저 산업용 로봇과 뒤이어 인간형 로봇을 표시했다. 계속 상승하던 그래프는 갑자기 "오싹한 느낌의 골짜기"로 추락하며 그 바닥에는 좀비가 있다. 그다음 상승 곡선에는 전동 의수와 신체 장애인이 표시되었다. 맥도먼은 자신의 그래프에서 장애인 항목을 빠뜨렸는데, 아마도 장애인에 대한 존중에서였겠지만, 부지불식간에 "다른 능력을 가진 인간"에 대한 모리의 감수성 부족을 강조하게 되었다. 그리고 가로축 위로 이어지는 그래프의 양수 부분에는 꼭두각시 인형, 아픈 사람, 그리고 건강한 사람이 표시되며 100퍼센트 친근감에 도달한다.

모리는 자신의 1970년 논문이 다양한 학문 분야, 특히 로봇공학에 널리 영향을 미친 것을 어떻게 생각했을까? 42년 후 실리콘밸리 기반 작가 노리 가게키의 질문을 받고 그는 다음과 같이 돌아본다 (Kageki 2012).

불쾌한 골짜기에 정말 과학적 근거가 있다는 글을 읽어봤습니다. 예를 들어 뇌파 측정 등으로 과학자들이 증거를 발견한 거지요. 그런 분야에서 연구가 진행되었다는 사실을 감사하게 생각합니다. 하지만 내가 보기에, 뇌파가 그런 식으로 움직이는 것은 우리가 오싹함을 느껴서입니다. 애초에 우리가 왜 오싹함을 느끼는지는 여전히 설명이 안 돼요. 불쾌한 골짜기가 철학, 심리학, 디자인 등 여러 학문과 연관이 되니까 그렇게 많은 관심을 낳았다고 생각됩니다. 그러나 내가 처음 글을 썼을 때는 그 정도 막중한 관심을 받으리라고는 상상도 못 했어요. 불쾌한 골짜기의 존재를 지적한 건 로봇 디자이너들에게 주는 약간의 조언 정도였지 과학적 주장 같은 게 아니었으니까요.

조언이든 과학적 주장의 외피를 쓰고 있든 간에, 불쾌한 골짜기 개념의 광범위한 적용과 비판은 둘 다 내가 앞서 언급한 영어 오역에서 시작되었다.[13] 정말이지 나는 모리의 논문을 읽으면서 기이하거나 오싹한 것이 그 골짜기를 만들어낸 주체는 아님을 깨달았다. 애초에 그 골짜기를 만들어낸 주체는 갑자기 어떤 것이 당황스럽다고 인지한 사람이었다. 은유적으로 보아도, 불쾌한 골짜기가 누구든 추락하는 고정된 지형은 분명 아니다. 어떤 것에 모든 사람이 똑같은 방식으로 반응하지는 않는다고 보는 것이 합리적이다. 어떤 사람은 자신이 만들어낸 골짜기로 추락할 수도 있고 또 다른 사람은 그런 골짜기를 전혀 안 만들어낼 수도 있다.

모리는 불쾌한 골짜기를 인간의 보편적 반응으로 간주했다. 마치

13　많은 비판들이 모리의 가설의 타당성에 의문을 제기했다(예를 들어 Burleigh et al. 2013). 예술가들도 여기 도전해왔다(예를 들어 Yoo 2013).

모든 인간이 똑같은 방식으로 구조화된 것처럼 말이다. 그보다는 다른 요인들, 육체 능력과 인지 능력, 나이, 섹스, 젠더, 섹슈얼리티, 민족성, 교육, 종교, 문화적 배경 같은 것들이 낯선 모습 혹은 범상치 않은 인상에 대한 사람들의 반응에 더 영향을 끼치는 듯하다.[14]

또한 모리가 시간의 차원을 간과했다는 생각이 든다. 모리는 친근감, 거부감의 반응을 외양이나 움직임에 따라 나누면서 움직임의 영향이 더 크다는 점을 알아챘다. 비록 움직임에 어느 정도 시간이 포함되기는 했지만 모리는 시간적 측면을 제대로 드러내지 못했다. 시간적 측면의 결정적 중요성을 가정하면서 나는 이시구로와 그의 동조자들이 깨달은 점의 정반대를 주장하려 한다. 그들은 신체를 약간씩 움직이는 어떤 존재가 인간이 아니라 안드로이드임을 관찰자가 2초면 깨닫는다는 것을 증명하면서, 마주치는 아주 짧은 순간에는 불쾌한 골짜기에 빠지지 않았다고 결론 내렸다(Ishiguro 2007: 112; Pollick 2010: 72). 재미있게도 같은 발견이 반대의 주장을 하는 데에도 사용될 수 있다. 즉 미묘하게 움직이는 안드로이드가 앞에 있음을 깨닫고 오싹하거나 징그럽게 느끼는 순간은 2초밖에 지속되지 않는다. 다시 말해 불쾌한 골짜기, 혹은 더 정확히 말해 "오싹한 느낌의 골짜기" 같은 것이 존재한다고 해도 아주 잠시 지속될 뿐이라는 것이다.[15]

---

14 비슷한 논지는 Gee et al.(2005)을 참조.

15 옌치는 모리의 불쾌한 골짜기와 잘못 연결돼 왔지만, 이와 관련되어 의미 있는 발견들을 했다(Ploeger 2014에 인용). 옌치는 반복적인 만남과 상호작용 혹은 습관의 힘으로 불쾌함이 대폭 감소할 수 있다고 보았다(Jentsch 1906). 다른 말로 하면, 불쾌한 골짜기와 그것을 만든 언덕 모두 일정 시간이 지나면 평평해질 수 있다. 즉 징그러움의 경험은 영구적이지 않고

안드로이드 혹은 진짜 인간 같은 로봇을 만들지 못하는 많은 이유가 있을 수 있지만, 소위 불쾌한 골짜기는 그 이유가 될 수 없다.

이 논지에서 더 나아가자면, 우리 행성에 사는 너무나 많은 사람들처럼 내가 만일 매일 총질이 일어나거나 공습경보가 울리고 툭하면 지뢰가 터지는 지역에 산다면, 상처 입고 사지가 절단되고 죽은 사람들을 보는 것이 평범한 일상이 될 수 있다. 그런 폭력에서 살아남은 사람들, 그리고 다양한 유형의 의수족(진짜 같은 전동 의수를 포함해)을 착용한 사람들 모두 정상적인 일상에 재빨리 통합될 것이다.

모리가 1970년에 불쾌한 골짜기 이론을 개발했다는 점을 기억하자. 연구실에서 일하던 한창때의 모리는 아마도 1964년에 공공장소에서 사라진, 장애인이 된 퇴역 군인들을 자주 보거나 기억하지 못했을 것이다. 더욱이 2차 세계대전 때 10대였던 모리는 널리 배포되었던 정부 포스터를 아마도 잊어버렸을 것이다. 장애인이 되어 의수족을 단 퇴역병들의 사진을 싣고 "조국의 자랑, 부상한 군인들을 보호하고 존중하라"고 시민들을 가르쳤던 포스터들 말이다.

보철물의 미래들

수십 년 동안 셀 수 없는 전쟁과 테러에서 신체가 훼손된 사람들의 이미지가 전파를 타면서, 세계 전역의 시청자들을 실제 장애인과 수족

단명할 수 있다.

절단된 인체에 효과적으로 적응시켰다. 폭력적인 비디오게임도 사실상 같은 역할을 했다. 나는 2013년 보스턴 마라톤 폭탄 테러 직후, 텔레비전에 나온 의료진이 다리를 절단당한 달리기 선수의 운동 능력을 오히려 첨단 의족이 끌어 올릴 수 있다고 말하는 장면을 보았다.

비슷한 주장이 어느 "오락을 통한 교육" 프로그램에서 제기되었다. 전후 퇴역 군인과 보스턴 마라톤 폭탄 테러 피해자 양쪽을 다 언급하면서 "기술의 경이로운 발전 덕에 수족 절단자들에게 잃어버린 팔다리를 대신하는 새 의수족 이상의 선택지가 생겼다. 때로는 자연적 팔다리보다 월등한 성능을 낼 수 있는 의수족이 가능하다. 멋진 일이다."라고 저자는 선언했다(Beauchamp 2013). 두 경우 다 치료(혹은 재활)와 증강 사이 구분이 불분명하다.

치료와 증강의 융합으로 제기될 수 있는 윤리적 문제 중 하나는 선수들이 "하나 이상의 팔다리를 일부러 제거하고 맞춤 제작된, 기능을 향상한 의수족으로 대체해서 [...] 원래 신체보다 더 높은 기량, 빠르고 강하며 능숙하고 정밀한 기량을 얻으려 하는 경우다"(Noble 2014). 스포츠 행사들을 부추기는 자본주의적 가치관 아래서 커져만 가는 경쟁에 몰려 절단술을 선택할 수도 있다. 신체 능력을 상당하게 향상하는 의족을 선택하지 않는 선수들이 경쟁상의 불이익에 처할 수도 있는 것이다(McNamee et al. 2014; Noble 2014).

이 가능성은 유명 패럴림픽 선수, 약혼자를 죽여 지금은 감옥에 있는 오스카 피스토리우스가 비장애인 선수들과 2012년 런던올림픽에 참가하도록 국제올림픽위원회의 허가를 받았을 때 목소리를 얻었다. 그는 비장애인 올림픽에서 메달을 따지는 못했다.

운동선수의 육체를 생체역학적으로 향상시키는 시도는 육상 이외의 스포츠와 임상에서도 이미 진행되고 있다. 정교한 전기적, 생체역학적 훈련 장비와 금지 약물을 비롯한 다양한 약리학적 성과로 신체를 성형하고 조각하는 것이다. 2016년 국제올림픽위원회는 예전에 금지 약물을 사용한 것이 밝혀진 선수들이 이전 경기에서 딴 메달을 박탈했다. 러시아의 올림픽과 패럴림픽 선수들 역시 금지 약물이 발각되어 2016년 리우의 올림픽과 다른 경기들 출전이 금지되었다.

피스토리우스의 비장애인 올림픽 참가는 "장애의 결핍을 표준으로 삼는 비장애성"이라는 편견에 도전했고 승패의 경쟁 안에서 출현 중인 "사이보그 비장애인 중심주의"라는 문제를 부각했다. 특히 생체공학적 팔다리부터 휠체어와 스키 의족, 스노보드 의족에 이르기까지 이동 기술을 무척 좋아하는 행사들에서 말이다. 다시 말해서 보철물에 의한 장애의 "교정"이 효과적으로 창조하는 것은, 새로이 비장애인이 되고 우월하게 강화된 선수의 육체다. 스포츠 사회학자 데이비드 하우가 기술이 패럴림픽에 가한 충격에 대한 논문에서 주장했듯이 "사이보그화의 산물인 신체는 [...] 그 장애인 종목의 선도자이며 그래서 이동 기술을 사용하지 않는 경쟁자들보다 훨씬 칭송받는다"(Howe 2011: 869).

일본에서 로봇 의수족 개발의 추진력(그리고 더 나아가 사이보그 비장애인 중심주의의 정착)은 다양한 원인으로 이동 장애를 얻은 사람들의 삶을 개선하려는 국내적 동기 및 (패럴림픽 같은) 국제적 동기에서 나왔다. 1장에서 살펴보았듯이 아베 총리도 2020년 도쿄올림픽과 패럴림픽에 로봇 경기를 추가하는 데 관심을 표했다.

패럴림픽은 가장 인지도 높고 영향력 큰 장애인 스포츠 홍보 수단이다. 경기자들은 해당 종목 내에서 신체 기능 정도에 따라 분류된다. 예전 전후 퇴역 군인과 선수들이 척수 부상과 수족 절단을 지닌 채 스포츠 행사에 참가한 게 시작이었기 때문에, 그동안은 나카니시와 피스토리우스처럼 휠체어에 타거나 이동용 보철물을 착용한 이가 가장 눈에 띄는 대표적 선수들이었다(Howe 2011: 869-871).

비슷하게, 2014년 소치패럴림픽 팀을 위해 일본장애인스포츠연합이 홍보 영상을 올렸을 때 알파인 스키 선수들에게 초점을 맞추고 최첨단 의족을 특히 조명한 것도 같은 맥락이었다(Sochi pararinpikku 2014). 그런데 영상에 등장한 선수들의 이름은 밝히지 않았고 어디에서도 개인적 이력을 찾아볼 수 없었다.

나카니시 마야는 늘 예외였다. 일본에서 그녀는 누드 달력뿐 아니라 미국 올림픽 팀과 훈련하고 알 조이너의 지도를 받은 것으로도 유명했다. 나카니시의 잠재력에 대한 조이너의 열정 덕분에 나카니시의 이력은 일본의 국가홍보처 웹사이트에도 포함될 정도였다. 그러나 의미심장하게도 그녀와 그녀의 의족 사진은 영어 웹사이트에만 나왔다. 일본어 웹사이트에는 이력에 대한 글만 나왔다. 그러다 보니 일본 국내 대중을 위한 정부 대표 웹사이트에 나카니시의 용맹한 스포츠 정신을 부각하는 사진을 올리기는 불편했던 것이 아닌가 하는 짐작을 하게 된다(Government of Japan 2009b, 2009c). 여전히 일본에서 "장애인 선수"란 일종의 모순으로, "장애"란 여전히 금기어로 인식되고 있는 게 아닌가 싶다(Otake 2006).

로봇 외골격

패럴림픽에서 이동 기술이 선호되는 것과 마찬가지로 일본 정부와 로봇 회사들에서도 이동 로봇 기술의 연구개발이 우선시된다. 사이보그화의 산물인 신체가 패럴림픽의 전위를 구성하며, 이동 기술의 사용자들은 향상된 이동 기술을 쓰지 않는 경기자들보다 훨씬 관심을 받는다. 세계적 자동차 회사인 혼다와 도요타 역시 로봇공학에 엄청난 투자를 해왔고 최근에는 로봇 보행 보조 외골격들이 많은 주목을 받았다(Honda 2016; Toyota 2016).

보철 골격 분야를 개척해온 또 다른 일본 회사는 사이버다인으로, 혼합 보조 수족Hybrid Assistive Limb, 즉 할HAL의 제작사다. 여기서 혼합이라는 것은 인간의 수의근(의지에 따라 움직이는 근육)과 로봇의 자율 제어 체계를 통합했다는 뜻이다. 할은 이런 독특한 혼종 이동 체계로 제어되는 세계 최초의 사이보그 유형 로봇으로 홍보된다.

2015년 나는 사이버다인의 사이버 스튜디오에서 사이보그 비장애인 중심주의를 체험했다. 이 스튜디오는 도쿄 북쪽에 대학[16]과 로봇연구센터가 있는 쓰쿠바역에서 도보로 금방인 거대한 이아스몰 Iias Mall에 있었다. 국립산업기술총합연구소의 가장 큰 연구 시설 중 하나가 거기 있었다. 국립산업기술총합연구소는 4장에서 보았던 밈, 즉 HRP-4C가 태어난 곳이다. 내가 도쿄의 아키하바라역에서 쓰쿠바 급행을 타고 사이버다인에 도착하기까지 거의 한 시간이 걸

---

16 쓰쿠바대학교는 세계 최고의 과학기술 대학들 중 하나다.

렸다.[17] 비행기 격납고처럼 생긴 이아스몰의 외관은 평범해 보였는데, 그 안에는 반들거리는 우주선처럼 현대적인, 온통 하얀 내부가 숨겨져 있었다. 이아스몰 2층에 위치한 사이버 스튜디오(그림 26)의 널찍한 입구 왼쪽 창을 통해 로비의 소박한 로봇박물관에서 전시 중인 대여섯 대의 만화풍 로봇이 보였다. 창 왼쪽 포스터에는 몸 전체에 할 외골격을 입고 한쪽 무릎을 꿇은 젊은 남자의 사진이 담겼다. 1만 5,000엔에 미리 예약한 방문객은 할을 "시운전"할 수 있었다.

내가 일요일 아침 10시 30분에 도착해보니 어느 젊은 엄마와 아이들, 그리고 대여섯 명의 정처 없는 방문객을 제외하면 시설은 비어 있었다. 내가 몇 시간 후 떠날 때에는 이아스몰에 주말 쇼핑객과 구경꾼이 밀려든 후였다. 널찍한 스튜디오에는 로봇박물관뿐 아니라 온갖 운동 장비로 가득한 재활 물리치료실, 둥근 카펫이 깔리고 베이지색 오토만 의자가 놓인 방도 있었다. 거기서 방문객들이 사이버다인의 다양한 외골격 실물들, 허리와 하체에 장착하는 벨트 같은 아담한 장치부터 몸 전체를 감싸는 로봇 갑옷 등을 구경할 수 있었다.

그날 아침 할 착장을 예약한 사람은 나뿐이었다. 나의 사이보그화를 감독할 기술자 고지마 씨가 시설에 대한 짧은 소개와 외골격 작동 방식에 대해 설명을 해주었다. 실제 할을 입기 전에 나는 "생각"으로 작동시켜 로봇 팔을 움직이는 기술을 연습해야 했다. 로봇 팔은 나에

---

17 쓰쿠바 급행은 2005년 개통되었고 그 전처럼 자가용이나 급행 버스를 타면 적어도 두 배는 더 걸렸다. 쓰쿠바대학교는 1973년에 이곳에 설립되었지만 그 모기관은 1872년 창립되었다.

그림 26 쓰쿠바 이아스몰에 위치한 사이버다인의 사이버 스튜디오 입구. 왼쪽의 커다란 포스터에 할 전신 외골격이 보인다.

게서 2미터가량 떨어진 이동식 거치대에 달려 있었다. 고지마 씨가 혈압 측정기와 비슷한 센서를 내 오른쪽 팔에 묶었다. 나는 일어서서 팔을 몸 옆에 늘어뜨리고 손바닥은 엉덩이 부근에 가볍게 붙인 채 힘을 빼려고 의식적으로 노력했다. 팔꿈치에서 팔을 구부리는 상상을 하면서, 실제로는 팔을 구부리지 않아야 했다. 움직이려는 나의 "의지"를 감지하자 로봇 팔이 반응하여 움찔 구부러졌다. 요령을 익히는 데 몇 분 걸렸다. 로봇적인 동시에 선禪적인 순간, 내가 로봇 팔 속에서 다시 육체화를 하는 것인지 아니면 육체 이탈을 체험하는 것인지 진지하게 생각해보았다!

그런 연습 후에 나는 탈의실로 안내되어 신발을 벗고 헐렁한 운동복 바지로 갈아입었다. 바지에는 안쪽 봉제선을 따라 똑딱단추가 달렸고 여성 직원이 들어와 양쪽 다리 골반에서 무릎까지 일회용 전극

테이프 혹은 근전도[EMG] 센서를 부착했다. 센서가 할에게 나의 골격근 활동에서 생성된 전기신호를 전달했다. 바지의 똑딱단추를 잠그고 슬리퍼를 신고, 나는 둥근 카펫이 깔린 방으로 걸어갔다. 거기 설치된 생체인공두뇌[bio-cybernetics] 제어 체계로 고지마 씨가 내 움직임을 지켜볼 것이었다. 내가 입을 외골격 장비는 신발이 부착된 제품으로 바퀴 달린 거치대에 걸려 있었다. 최신 하체용 모델, HAL5였다. 소형, 중형, 대형의 세 가지 크기로 나오며, 니켈 몰리브덴과 알루미늄 합금인 초강력 두랄루민으로 만들었다. 이를 "진주색" 플라스틱 외피로 보강했으며 리튬 폴리머 배터리를 동력으로 사용해서, 내가 입은 소형 모델의 무게가 12킬로그램이었다(Beciri 2013; Cyberdyne 2015a, 2015b).

고지마 씨가 벨크로 띠를 채워 나를 로봇 다리에 연결했다(그림 27). 그러고 나서 나에게 일어나 다리를 들었다가 내리고 발을 쿵쿵 굴러보라고 주문했다. 내 무게중심을 조정하기 위한 동작들이었다. 고지마 씨는 할이 "내 의지를 읽는다"고 설명하긴 했지만 실제로 로봇 외골격 장비는 나의 무게중심 위치에 기반해 앞으로의 움직임 방향을 계산하는 것이었다. 할은 생체 전기 센서, 각도 센서, 가속 센서, 부착된 신발에 위치한 바닥 반동력 센서를 비롯한 다양한 장착 센서들에서 받아들인 데이터를 처리했다.

사이버다인의 CEO 산카이 요시유키가 훨씬 길게 쓴 글(Sankai 2011)을 풀어 쓴 다음 설명이 할의 혼합 조종 체계를 더 명확히 밝힌다.

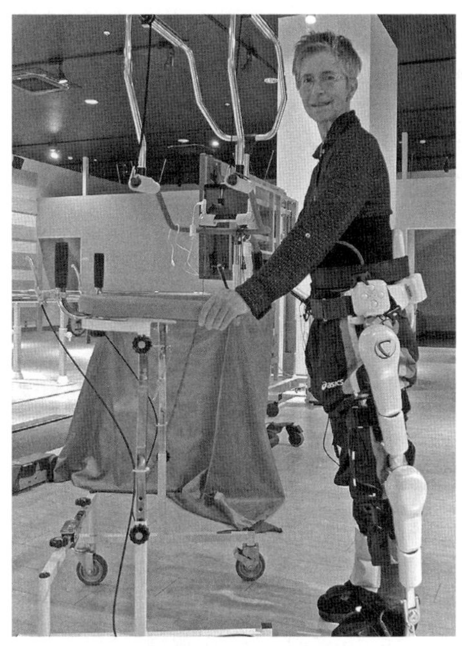

그림 27 2015년 사이버다인의 사이버 스튜디오에서 할 하체 외골격을 입은 저자
(촬영: 사이버 스튜디오 직원)

사이버닉[18] 자율 제어Cybernic Voluntary Control 혹은 생체 사이버닉 제어 Bio-Cybernic Control는 근육에서 생체 전기신호를 읽어 신체 동작의 의지를 포착한다. 모든 유형의 신호를 계산하는 것은 아니다. 먼저 근섬유 수축을 일으키는 신호를 읽는다. 이 신호는 "근전도myoelectric 신호"라

---

18 산카이는 사이버닉cybernic이라는 신조어를 만들어 "인공두뇌학, 기계전자공학, 정보공학을 중심으로 하고 인간과 로봇 기술을 [...] 정보 기술과 기능적, 유기적, 사회적으로 [...] 통합하는 미개척 과학의 새로운 영역"을 명명했다(Cybernics 2008).

고 불린다. 눈에 띄는 근육 움직임 전에 일어나는 이런 근전도 신호를 읽은 후에는 이 장비와 인간 신체의 동기화가 쉽게 이뤄질 수 있다. 받아들인 신호와 값에 따라 시스템이 응답하며 회전력을 확장하고 동작을 지탱한다.

두뇌에서 하체로 전달되는 신호가 방해받을 때(예를 들어 하반신 마비 등) 사이버닉 자율 제어(혹은 사이버닉 로봇 제어)가 개입한다. 신호를 탐지할 수 없으면 장비는 동작 의지를 포착할 수 없지만, 독립 제어 Autonomous Control 시스템의 도움을 받아 장비가 바닥 반동력과 관절 각도를 탐지할 수 있다. 이런 경우 외골격 장비는 회전력을 생성해 물리적 지지를 제공한다.

나는 하체에 할을 단단히 장착하고서 일어나려 해보았지만 나의 다리가 꽉 잠겨서 뒤뚱거리다가 넘어질 뻔했다. 따로 보행 보조기에 의지해서야 방을 몇 바퀴 돌아보고 할 외골격에 대한 감각을 익혔는데, 놀라울 정도로 가볍게 느껴졌다. 고지마 씨는 랩톱컴퓨터[19]로 미세 조정을 계속하며 내 동작 의지에 대한 할 로봇의 추정치와 내 근육 신호를 동기화했다. 보행 보조기와 헤어지고 피트니스룸의 러닝머신으로 옮겼다. 나는 1970년부터 장거리 달리기를 해왔지만 러닝머신을 사용한 적은 없었다. 고지마 씨는 4분 정도 후에는 몸이 지치고 로봇 외골격 할이 운동을 대신할 거라고 말했다. 하지만 땀이 나기

---

19 제어판 사진을 사이버다인의 웹사이트에서 볼 수 있었다(Cyberdyne 2015a). 고지마 씨가 허용하지 않아서 그의 랩톱컴퓨터 사진을 찍을 수 없었다.

시작할 때에도 저항만 느껴질 뿐 할이 대신 움직이는 감각은 들지 않았다. 그건 내 문제라고 고지마 씨는 주장했다. 내 육체가 너무 건강해서 할이 움직임을 대신할 정도로 힘이 빠지거나 지치지 못한 거라고 말이다.

계단을 오르내릴 때도 같은 문제가 발생했다. 비록 내려갈 때는 할이 적극적으로 제동을 걸긴 했지만 그래서 오히려 불안했다. 마침내 보행 보조기 없이 걸을 수 있게 되었다. 시설을 여기저기 돌아다니면서야 할과 일체감 같은 것을 경험할 수 있었다. 앞을 똑바로 보고 상체에서 힘을 빼고서 실제 다리를 움직이지는 않으며 앞으로 움직이는 상상을 하는 게 핵심임을 깨달았던 것이다. 물론 말이 쉽지 하기는 어렵다.

신발이 로봇 다리에 붙어 있으니, 스키 날에 영구 부착된 스키 부츠를 신은 기분이었다. 보행 보조기 없이 걸으면서 몇 번 균형을 잃을 뻔했다. 할 사용 장면이 담긴 홍보 영상과 달리, 외골격을 장착했을 때 (등반은 고사하고) 고르지 않은 바닥에서 이동하기는, 아무리 연습을 많이 해도 극히 어려울 게 분명했다. 더구나 장애인 혹은 육체적으로 건강하지 못한 사람에게, 많은 관리와 훈련이 없다면 로봇의 도움을 받는 보행이란 엄청나게 힘들 것이었다.

2004년 창립된 사이버다인이 2015년부터 일본에서 의료기 제작사로 인정받으면서 140만에서 190만 엔에 이르던 할의 구입비에 의료보험 적용을 신청할 수 있게 되었다. 할 하체 모델은 2013년에 EU에서 척수 부상, 외상성 뇌손상, 뇌혈관 질병, 뇌신경 질환 등 "근골격 보행 장애 증후군" 환자를 위한 의료기기로 사용 허가를 받았다.

미국 FDA의 의료용 허가도 기다리고 있었다. 고지마 씨는 사이버다인이 두 가지 이유로 할의 판매보다 대여를 선호한다고 말했다. 계속 업그레이드되고 있고 해커의 조작을 미연에 방지하고자 하기 때문이다.[20] 사이버다인 웹사이트에 항목별로 나뉜 대여료는 로봇의 크기와 대여 기간에 따라 초기 설치비가 40만 엔에서 50만 엔 사이고 한 달에 15만 엔에서 20만 엔 사이의 비용이 든다.[21]

세계적으로 많은 회사들이 착용 로봇을 개발하고 있지만 미국에서는 다수의 프로젝트가 군사용으로 국방부에 종속돼 있다. 이론적으로 로봇 갑옷은 군인이 더 무거운 장비나 부상당한 동료를 더 먼 거리까지 쉽게 운반할 수 있게 해줄 것이다(Thomson 2013). 그러나 내가 위에서 체험해보았듯이 매끈하게 편집된 시범 영상과 달리 외골격을 장착하고 이런 사용 목적을 달성하기는 아주 어려울 것이다.[22]

슬프게도 전쟁 그 자체의 필요와 불가피함은 여전히 자명하며 논박되기 힘들다. 대신 나의 연구는 로봇 외골격의 민간 사용에 초점을

---

20   사이버다인의 외골격 제품에 가장 큰 경쟁자는 리워크ReWalk다. 리워크 착용 로봇은 2011년 병원용, 2014년 가정용으로 FDA 승인을 받았다(ReWalk Robotics 2016). 일본의 로봇 제작사 야스카와전기의 850만 엔짜리 리워크는 할보다 다섯 배 넘게 비싸지만 2015년 아시아에서 판매되고 있었다. 미국의 외골격 제작사에는 엑소바이오닉스Ekso Bionics(2016년 FDA 승인)와 인디고Indego(2016년 FDA 승인)가 있다.

21   할은 일본기계공업연합회와 경제산업부에서 후원하는 제7회 로봇어워드 프로그램에서 보건복지노동부상을 받았다(Government of Japan 2016c. 7장도 참조).

22   미국 국방부의 전술적 공격용 경량 작전복Tactical Assault Light Operator Suit, TALOS 프로그램 역시 계획 단계에 머물러 있는 것으로 보인다. 이 프로그램에 대해 대중적으로 알려진 정보는 대부분 홍보 영상들에서 나왔다(This Is Revision 2015).

맞추고 로봇공학과 사이보그 비장애인 중심주의 담론 내에서 그들의 자리를 고민한다. 뜻깊게도 장애인들이 할과 같은 착용 로봇이 이족보행과 사지 온전한 몸을 특권화한다는 우려를 표명해왔기에, 이 논점에 대해 다음에서 살펴보려 한다.

오체 그리고 사이보그 비장애인 중심주의

일본의 인간형 로봇에 대해 연구하던 나는 종족 다양성에 대한 수업에서 장애인을 주제로 강의하다가 착용 로봇에 관한 통찰이 떠올랐다. 착용 로봇의 디자인과 목표가 오체五體, 즉 완벽한 몸이라는 미학적 이념을 전제로 한다는 점을 깨달았다. 오체는 다섯 신체 부위가 함께 이루는 온전하고 통합적인 "정상"의 몸, 충만히 연계하는 인간 존재를 말한다. 오체의 가장 익숙한 규정은 머리, 팔 둘, 다리 둘이다. 머리, 목, 몸통, 팔들, 다리들을 일컫기도 한다. 오체의 이상은 또한 신체의 완전함을 정신적, 심지어 영적 건강과 연결한다. 이례적인 팔다리가 달렸거나 팔다리를 잃어버린 사람은 무력하고 불쌍하다고 간주한다.

　의미심장하게도 한 베스트셀러 단행본에 『오체 불만족』이라는 제목이 붙었다(Ototake 1998). 문자 그대로 "불완전한, 불만족스러운 몸"이라는 뜻의 이 책은 자궁에서부터 팔다리가 발달되지 못하는 유전자 변이에 의해 테트라아멜리아 증후군을 지니고 태어난 젊은이의 자서전이었다. 영어 번역서는 장애인권을 의식하여 덜 망신스러운 제목 『완벽한 사람은 없다*No One's Perfect*』를 달았다(Ototake 2003). 저자인 오토타케 히로타다는 스포츠 기자, 초등학교 교사, 배우, 자민당의 야심 찬 정치인 등 다양한 이력을 즐겨왔다.[23]

불굴의 낙관주의자인 그는 눈에 띄는 장애인으로서의 삶을 대중에게 속속들이 드러낸 몇 안 되는 일본의 유명인이었다. 오토타케의 책은 역설적인 그의 상황을 끊임없이 반영한다. 즉 그가 자신의 "정상성"을 강조하여 유명인이 되었다는 사실 말이다. 그는 자신이 이 책을 쓸 이유가 없어야 했다고 말한다. 모든 사람이 동등하게 대접받아야 하니까 말이다. 이 책은, 그의 표현에 따르면 "마음의 장벽"을 허물고 친근함을 통해 장애인과의 교류를 당연한 것으로 만드는 하나의 시작이었다(Walker 2000).

오토타케는 이동에 최첨단 휠체어를 사용했다. 나는 그가 자신을 사이보그 비장애인으로 설명한 건지도 모른다고 생각한다. 아마도 착용 로봇 개발자들은 오토타케를 이런 식으로 생각하지 않았을 것이다. 착용 로봇이나 외골격은 본질적으로 온전한 신체용 보철물이며 "온전한 신체"에서 중요한 것은 "온전"하다는 거니까. 외골격은 오체, 즉 사지가 다 있는 인간에 의해서만 사용될 수 있었다. 보철물 산업은 분업이 돼 있어서, 대체품 수족을 만들고 맞추는 일, 그리고 존재는 하지만 기능을 하지 못하는 수족을 정상처럼 기능하게 하는 일이 구분되었다. 하지만 두 경우 다 목표는 오체의 통합적 작동을 회복시켜

---

23 오토타케의 정치 계획은 2016년 다수의 불륜 사건이 언론을 장식하며 좌초되었다(Osaki 2016).

장애인을 더 큰 사회, 비장애 신체화된 사회로 재통합하는 것이었다.

사이버다인 웹사이트의 "할의 작동 원리"에 대한 그림을 곁들인 설명은 로봇 외골격의 오체 미학을 보여준다. 장애인의 수족이 활성화될 뿐 아니라 그 과정에서 두뇌 역시 재조직된다고 제작사는 주장한다.

> 할을 입으면 [...] 인간, 기계, 정보가 혼합되기에 이른다. [...] 근육을 움직이는 것만이 인간의 몸을 움직이는 방식은 아니라는 원리다. 어떤 종류의 신호들로 신체가 움직일지 두뇌가 승인한다. 할이 적절히 "걷기" 동작을 보조하면 "나는 걸을 수 있었어!" 하는 감각이 두뇌에 다시 들어온다. 그럼으로써 두뇌는 차츰 "걷기"에 필요한 신호들을 방출하는 방법을 배울 수 있게 된다. 이렇게 해서 육체적인 문제가 있는 사람이 할의 보조 없이 걸을 수 있도록 하는 "중요한 첫걸음"이 시작된다. 동작을 위해 두뇌에 적절한 해결책을 제공할 수 있는 유일한 로봇이 할이다(Cyberdyne 2015b).

할의 작동 원리에 대한 이 설명 속에, 두뇌를 포함한 인간 신체와 할의 합체 방식이 드러난다. 로봇 외골격이 착용자의 의지를 읽고 증폭해 생체 전기신호로 번역한 다음, 장애가 있는 신체를 움직일 뿐 아니라 지금까지는 장애에 무력하던 두뇌를 재설정한다. 할은 사이보그 비장애인 중심주의의 전형을 보여주며 이를 가능하게 만든다.

착용 로봇은 사이버다인의 할처럼 "장애"를 질병과 부상에 의한 육체적·사회심리적·직업적 제약으로 보는 의료 관행을 전제로 개발되기 시작했다. 문제는 개인들 내부로 국한되며, 치료와 기술은 장애를 교정하고 정상화하기 위해 처방되고 적용된다. 간단히 말해 착용 로봇과 외골격은 오체 비장애인 중심주의의 기업적 미학에서 비롯되고 거기 의존한다. 할의 광고는 이런 지점을 강조하며 신체 장애인이 로봇 외골격을 사용할 때 경험하는 매우 현실적인 어려움들을 얼버무린다. 할에 대한 보도와 홍보에 나오는 기만적 상업 사진과 영상들은 하체 외골격을 장착하고 도쿄 거리를 활보하는 비장애인 직원들을 등장시킨다. 당시에 로봇 수족이 실제로 활성화되었는지는 확실하지 않다.

장애에 대한 대안적 관점은 "사회적 구성" 혹은 "소수자 집단" 이론이다. 이런 이론은 사회적·직업적 기능 제약이 신체적 손상의 유일하고 피할 수 없는 결과만은 아닐 뿐 아니라, 특정 신체에만 적대적인 건축, 사회 환경의 산물이기도 하다고 주장한다. 어떤 경우에는 이런 환경이 특정 개인의 신체를 장애화한 책임이 있기도 하다. 앞서 나는 최근 일본에서 장벽 없는 환경을 창조하고자 했던 노력들에 주목했다. 2020년 도쿄올림픽과 패럴림픽을 준비하며 강화된 노력이었다. 그러나 오타케 도모코가 지적했듯이, 오늘날에도 사회적 장벽들이 여전히 확고한 채 장애인 대부분은 여전히 보이지 않는 곳에서 외면받고 있다.

30년 전 도나 해러웨이는 「사이보그 선언문*A Cyborg Manifesto*」이라는 논문에서 "아마도 하반신 마비를 비롯한 중증 장애를 가진 사람들이야말로 다른 커뮤니케이션 장치와 혼종 결합하는 가장 강렬한 경험을 할 수 있을 것"이라고 주장했는데(Haraway [1985] 1991: 178) 지버스는 장애를 "이득"으로 "신화화"했다며 해러웨이를 비판했다. "해러웨이는 권력과 능력에 너무 매혹되어 장애가 무엇인지 잊어버렸다. 보철물은 늘 사이보그의 능력을 향상시켰다. 보철물은 늘 새로운 권력의 원천일 뿐, 문제의 원천인 적이 없었다. 사이보그는 늘 인간보다 더 나은 것이었고 인간 이하로 보일 위험이 없었다. 간단히 말해 [해러웨이에게] 사이보그는 장애인이 아니었다"(Siebers 2001: 745).

해러웨이가 반가부장적 혼종의 존재에 대한 찬양 선언문을 쓴 것은, 장애인 선수 피스토리우스와 나카니시가 대중의 주목을 끌며 사이보그 비장애인 중심주의에 대한 문제가 제기되고 스포츠와 로봇공학에서 인간과 기계의 융합이라는 새로운 영역이 개척되기 훨씬 전이었다. 게다가 해러웨이의 그 논문에서는 트랜스휴머니즘도 포스트휴머니즘도 언급되지 않았다. 이런 개념에 대한 이론은 당시에도 떠돌고 있었지만 말이다. 내가 보기에 해러웨이는 "사이보그"를 은유의 축으로 이용했을 뿐으로, 당시에 이분법과 본질주의 정체성에 기반해 있던 페미니즘과 정치 담론을 변화시켜, 연관 지을 만한 것들을 보다 유동적이고 회복력 있게 강조하고자 했던 것이다. 이 문제에 대해 나는, 해러웨이가 본질주의의 작동 방식에 대해 잘 알고 있었음에도 불구하고, 장애를 기계와의 독특한 친근성을 마련해주는 단순한 조건으로만 취급한 것이 아니냐는 지버의 비판에 공감한다.

사이보그 비장애인 중심주의와 관련해서, 트랜스휴머니즘의 실천가가 사이보그와 장애에 대해 한 말을 간단하게 살펴볼 가치가 있겠다. 나타샤 비타모어와 함께 트랜스휴머니즘을 세계적 운동으로 만든 맥스 모어의 정의에 따르면 "트랜스휴머니즘은 과학과 기술을 수단으로 생명 부흥의 원칙과 가치에 따라, 지적 생명이 현재의 인간이라는 형식과 인간적 제약을 넘어 진화를 지속하고 가속하도록 추구하는 세계관의 한 부류다"(More 1990). 나타샤 비타모어는 생명 연장 기술의 거리낌 없는 옹호자이자 "트랜스휴머니즘 예술 선언The Transhumanist Arts Statement"(Vita-More [1982] 1999)의 저자인데, 사이보그를 은유도 아니고 이상적 "영속 상태"도 아닌, "급진적 생명 연장"의 과도기적 상태로 찬미한다.

> 트랜스휴머니즘의 관점은, 인간이 꼭 생물학적 존재로 오래 살아야만 근본적 생명 연장은 아니라는 것이다. 인간이 번식을 마치고 꾸준한 육체적·정신적 기능 퇴화가 시작되는 점진적 노쇠의 네 가지 형태, 즉 질병, 손상, 노화, 죽음을 극복하기 위해서는 생물학적 내부 체계를 다시 설계해야 할 것이다. 인간은 또한 외부 환경을 점검해야 하며 모든 다른 종족 및 지구와의 관계, 그리고 출현 및 수렴하는 과학과 기술들을 점검해야 할 것이다. 마지막으로 인간은 가능성 있는 비생물학적 플랫폼들을 엄밀히 조사해, 그 안에서의 공존을 모색해야 할 것이다. 이것이 21세기 중반에 새로운 미의 개념이다(Wildcat Personal Cargo 2010에 인용).

비타모어가 찬성하는 "형태학적 자유"란 1993년 맥스 모어가 만들어 냈다고 하는 개념으로 "수술, 유전공학, 나노 기술, 업로드 등의 기술로 신체의 형식을 의지대로 바꿀 수 있는 능력"이라 정의된다. 나타샤 비타모어와 맥스 모어 둘 다 보디빌딩과 식이요법 등을 통해 조형된 "오체"를 가지고 있다. 그들은 타고난 피와 살로 이루어진 육체를 생체 기술적으로 진보된 세상을 헤쳐 나가기에 부적당한 그릇으로 간주하기에, 외부에서 얻은 향상 수단을 필요로 한다.

트랜스휴머니즘 운동은 신체 장애에 대해서 치료 없는 강화를 옹호하는 경향이 있다(Rubix 2011). 장애에 대한 별도의 분류도 필요가 없는 것이, 장애 없는 신체도 마찬가지로 타고나길 결함 있는, 그러므로 "전신 보철물"이 필요한 대상으로 간주하기 때문이다. 비타모어는 전신 보철물로 생리 기능을 향상시키고 개인의 정체성을 다양화하는 "다중 플랫폼 신체Platform Diverse Body(제1차 탈인간 신체Primo Posthuman Body의 업데이트 버전)"를 디자인한 바 있다(그림 28). 이 보철물 개발을 위한 원리들은 3장에서 소개된 가정용 로봇 이노베 군이 할아버지의 건강 상태를 모니터하며 이상 징후를 탐지하던 모습을 떠올리게 한다.

> 직접 통신할 수 있는 미래적 신체를 그려볼 수 있을지, 나는 생각해 봤다. 몸에서 두뇌로, 질병이 될 수도 있는 미세한 문제에 대한 정보를 초기 단계에서 전달할 수 있는 신체 말이다. 사용자/착용자에게 신호를 보낼 수 있는 "스마트 신체"라고 부를 것을 디자인하고 싶었다. 한 단계 더 나아가 이 스마트 신체를 스스로 수리할 수 있는 그릇으로 구상했다. 처음에는 한갓 꿈, 즉 착용 기술과 상호작용 장치를 비롯한 미래의 과학과 기술을 투사한 꿈이었다(Vita-More, Przegalinska 2014에서 인용).

비타모어의 다중 플랫폼 신체는 로봇 제작자 이시구로 히로시의 제

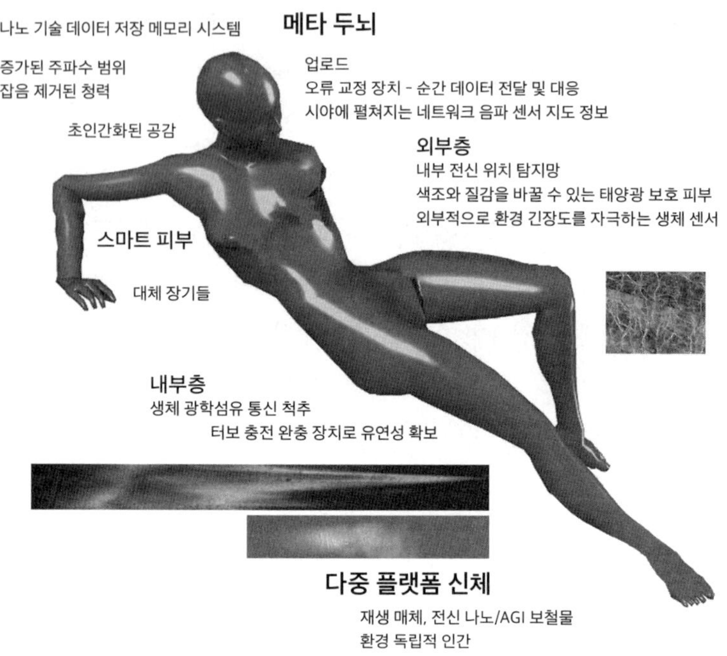

그림 28 나타샤 비타모어가 구상한 전신 보철물로 이루어진 다중 플랫폼 신체(출처: 나타샤 비타모어)

미노이드와 원거리 존재 실험을 떠올리게 해준다.

[다중 플랫폼 신체는] 생물 영역에서도 존재할 수 있지만, 예를 들면 개체 정보를 가상 세계로 전송한 시스템 내에서도 존재할 수 있을 것이다. 이 개념을 위해 내가 개발한 또 다른 특성은 "환경 독립적 인간"이라 할 수 있는데, 이 신체를 입거나 사용하는 사람이 플랫폼 혹은 환경들을 원활하게 오갈 수 있다는 뜻이다. 비유하자면, 그/그녀는 독립적 주민증을 가지고 여러 플랫폼을 가로지르며 차별받지 않을 수 있다. 인간의 향상

이 이런 스마트 신체 설계의 토대이기 때문에, 설계의 이론적·철학적 측면은 필수다(Vita-More, Przegalinska 2014에서 인용).

특이점이 그랬듯 트랜스휴머니즘도 일본에서 많은 관심을 끌지는 못했지만, 비타모어의 제1차 탈인간 신체와 다중 플랫폼 신체, 그리고 사이버다인의 할에게는 홍보용 문구, 목표, 전망에 있어서 주목할 만한 일치점 하나가 보인다. 전신 보철물의 목표 고객이 비장애인 트랜스휴머니스트인 반면, 할이 의도하는 사용자는 질병, 손상, 노화 등으로 기능적 장애가 있거나 쇠약해진 사람이긴 하지만, 두 착용 장비의 공통분모는 사이보그 비장애인 중심주의의 옹호다.

로봇으로 장애인들에게도 "접근 가능성을 주는 문화"는 이런 식으로, 첨단 기술 보철물의 경우에는 이동성(특히 이족보행)을 우월화했고 로봇 외골격의 경우에는 오체(온전한 신체)를 우월화했다. 이론적으로는 그리고 밀착 감독 상황하에서는 사이보그 보철물과 로봇 외골격을 이용하면 누구나 비장애인을 위해 설계된 환경에서 잘 돌아다닐 수 있다. 그러나 장벽이 제거된 장소들에서도 장애인이 맞닥뜨리는 사회적·행동학적 장벽들은 그대로 남아 있다. 공동체 내에 단순히 존재한다고 해서 더 큰 의미의 사회 일원으로 받아들여진 거라 보기는 힘들다.

장애를 둘러싼 무지와 편견에는 선도적 교육과 인식 제고가 필요하다. 로봇 제작사들에서 이런 활동들이 정기적으로 실행되고 주된 화제가 되면 어떨까? 미국의 트랜스휴머니스트들이 과학과 기술을 통한 "근본적 생명 연장"을 꿈꾸고 일본 로봇공학자들과 지지자들이 인간과 로봇이 공존하는 미래 각본을 만들 때, 완전히 기이한 지금 여기에 살고 있는, 서로 다른 능력의 다종다양한 인간들도 상호작용하고 공존하는 법을 배워야 할 것이다.

7

로봇의 현실성 점검

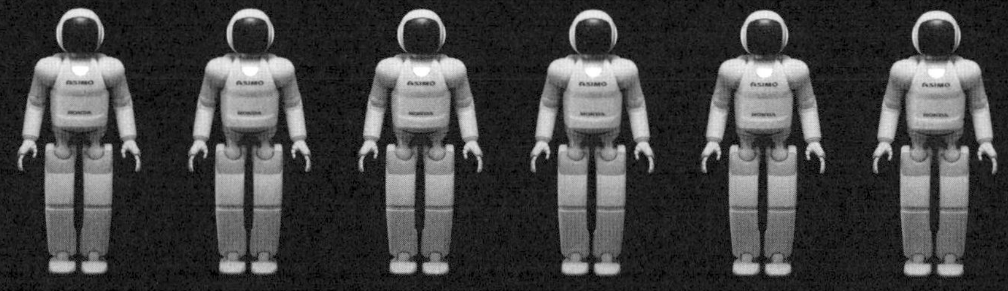

인류에 대한 나의 사랑은 결코 사라지지 않을 것입니다.

- 히치봇

이미 우리가 보유한 로봇보다 아직 존재하지 않는 로봇이 언제나 더욱 흥미로울 것이다.

- 에릭 소프지[1]

---

[1] 첫 제사는 hitchBOT(2015)에서, 두번째 제사는 Sofge(2014a)에서 인용했다.

접속, 기념물, 통로

소설 『R.U.R』이 일본에서 연극으로 상연된 지 40년 후인 1964년에 예술가 백남준은 도쿄에서 1년을 보내면서 실험 물리학과 전기공학 학위를 가진 전기기술자 아베 슈야를 만났다. 아베는 백남준을 도와 로봇 K-456을 만들었다. 걷고 말하고 심지어 배변하듯 콩도 배출할 수 있는 20채널 주파수 조종 로봇이었다. 밈 HRP-4C처럼 백남준의 로봇도 가슴이 있었지만 음경도 가지고 있었다. "뉴하푸New Half"[2] 로 봇이었던 것이다.

밈이 괴기스러운 실리콘 얼굴과 손을 가진 것에 비해 K-456은 금속 해골 같은 모습이지만 행위예술가 로봇이기도 했다. 인간을 한 명만 남기고 없애는 『R.U.R』의 로봇들과 달리, 1982년에 K-456은 또 다른 진보된 기술의 산물인 자동차에 의해 파괴되었다. 한 인간이 몰고 있던 그 자동차 "사고"는 사실 백남준이 기획한 것이었다. 전해지는 이야기에 의하면, 1960년대에 많은 행위예술 후 1970년대 상대적

---

2   하푸half는 혼혈 일본인에 대한 다소 경멸적인 호칭이고, 뉴하푸new half란 "여성"호르몬 투여로 가슴이 커진 트랜스젠더를 가리키는 일본어다.

으로 휴지기를 가졌던 백남준은 로봇 K-456을 휘트니미술관 전시에 포함하기로 했다. 그는 로봇을 데리고 매디슨가를 따라 산책을 갔고 원격 제어기로 로봇에게 75번가를 건너라고 지시했다. 그때 예술가 윌리엄 아나스타시가 모는 차가 달려들어 K-456에게 심한 손상을 입혔다(Paik 1986: 2). 이렇게 지휘된 충돌에는 "21세기 최초의 사고"라는 제목이 붙었다.

몇 년이 지난 1986년 백남준은 〈로봇의 가족〉을 제작했다. 한국식 확대"가족"을 재현한 이 작품은 어머니, 아버지, 아기, 할머니, 할아버지, 고모, 삼촌으로 구성되었다. 골동품 라디오와 텔레비전을 조합한 〈로봇의 가족〉의 구성원들은 움직이지는 못했지만 인간형 로봇인 아시모, 휴보, 포지처럼 각자 "문화적 성기"를 가지고 있었다. 여성형 로봇들은 모서리가 둥근 기기를 사용했고 남성형 로봇들은 좀 더 각진 기기로 구성되었다. 〈로봇의 가족〉은 골동품 텔레비전들로 구성된 커다란 세 점의 아치형 조각들이 이루는 건축적 공간 안에 자리했다. 이 설치 작품에는 "접속, 통로, 기념물"이라는 제목이 붙었다.

1986년 시카고 국제미술전시회 내 자신의 부스에서 〈로봇의 가족〉을 전시한 칼 솔웨이는 "'접속'은 '집', 그러니까 가족 단위 주거지로 보일 수 있고 '기념물'은 더 큰 공동체를 위한 모임 장소, 그러니까 절, 교회, 시청사 강당 같은 것으로 보일 수 있으며 '통로'는 다리, 그러니까 서로를 잇는 문화로 생각해볼 수 있다. 이번 세기의 특징은 텔레비전이 인류를 모으는 또 다른 토론장의 가능성을 창조했다는 것이다."라고 말했다(Solway 1986: 3).[3]

〈로봇의 가족〉의 건축적인 "무대"에 대한 솔웨이의 이런 해석은

20년 후 "이노베이션 25", 『와봇의 책』, 『로봇이 있는 생활』에서 재현된 로봇을 위한 가족적이고 사회적인 환경을 예견했다. 나는 이런 문헌들을 유용한 언어적 수단으로 채택해, 인간과 로봇의 상호작용이 일어나며 서로 겹치는 장소와 체계들을 풍부히 드러낼 수 있었다.

접속: 나는 이 책에서, 일본의 로봇과 더 최근 미국의 로봇들이 인간을 위해 설계된 환경에서 인간과 공생하는 모습이 어떤 방식으로 상상되는지 설명하고자 했다. 5장에서는 데즈카 오사무의 10원칙이 일본 주류 사회의 가치관과 동조되는 방식을 논의했고 로봇을 인간 사회(특히 일본 사회) 속에 통합해 친족적 유대를 나누고 가족 내 역할을 수행하게 하는 문제에 초점을 맞췄다.

기념물: 가정용에 더해 와카마루, 에뮤3, 아시모, 우락부락한 경비 로봇인 알소크의 리보그X[4] 등의 인간형 로봇이 극장, 공항, 박물관, 사무실, 쇼핑몰 같은 더 대중적 장소에 일시적이나마 고용되었다. 아마도 곧, 1장에서 언급한 나사의 발키리 계획처럼 "기념물"의 장소는 화성까지 확장될 것이다.

통로: 솔웨이는 텔레비전을 인류를 연결하는 매체로 보았지만 오늘날

---

3   칼 솔웨이는 자신의 이름을 건 현대미술 화랑을 1962년 오하이오주 신시내티에 설립했다.

4   일본의 보안경비업체 알소크[ALSOK]의 리보그X[Reborg-X]는 remote와 cyborg를 합친 이름으로 알소크의 경비 로봇 중 10세대(그래서 X가 붙었다.) 모델이다(ALSOK 2015).

인류를 연결하는 매체는 인터넷이다. 예를 들어 "이노베이션 25"에서도 로봇인 이노베 군을 포함한 이노베 가족이 가족 및 외국인 친구들과 인터넷으로 연결된다는 점이 강조되었다. 인터넷에 연결된 로봇은 77세의 이치로와 그의 의사처럼 가족 구성원과 전문가들 사이도 중개했다. 『와봇의 책』 3권에는 "가족을 연결하는 로봇"이라는 영어 제목이 붙어 있는데, 가정에서 텔레비전이 가족 구성원 간 대화를 대체하여 인류를 "연결 해제"하는 세부적인 사례를 보여주기도 했다. 인터넷이 있으면 "사람들이 어디에 있든지 친구들과 직접 소통할 수 있다. 이는 매우 편리하다. 하지만 가족 내 소통은 감소하고 가족들은 이제 바깥을 보며 살아간다"(Komatsu and Yabuno 2004: 6–7).

인터넷에 연결된 와봇은 가족의 대화를 다시 지필 수 있다. "로봇 혁명과 인간의 미래"라는 영어 제목이 달린 『와봇의 책』 1권에 실린 그림 하나가 이를 잘 보여준다. 두 쪽에 걸친 만화에서 상단부의 연회색 구름 아래 한 여자와 남자가 랩톱컴퓨터를 두드린다. 서로 컴퓨터로 대화를 하며 타이핑을 하는 것으로 보이는 둘은 남자는 7쪽에, 여자는 8쪽에 등을 돌리고 떨어져 있다. 그들 사이 공간을 회색 번개가 채운다. 남자의 뺨은 분노로 붉고 표정이 어둡다. 여성은 빙빙 도는 눈으로 보아 정신이 없어 보인다. 그녀의 미칠 듯한 좌절감이 그녀를 둘러싼 연기, 초승달, 별, 회오리, 빗금 등의 그림으로 더욱 심화된다. 시 같은 (영어로 된) 그림 설명은 다음과 같다. "휴대전화, 인터넷 덕분에 우리는 가까이 있는 것처럼 느껴졌다. 그러나 슬픔이 지배한다. 뭔가 잘못되었다. 공허감은 구체화되지 못한다. 누가 가까이 있으면 좋

을 텐데. 당신은 왜 내 외로운 마음을 만져주지 못할까?"(Miwa 2002: 7–8)[5]

반면에 아주 다른 장면이 같은 7쪽과 8쪽 하부에 펼쳐졌다. 녹색 원에 둘러싸인 부부가 서로를 마주 본다. 그들 얼굴에는 좋은 활기가 가득하다. 와봇은 둥근 머리에 꼬불거리는 머리칼 한 가닥이 튀어나오고 정육면체 몸통에 팔다리가 달렸는데, 부부 사이를 왔다 갔다 달리며 전언을 나른다. 스마일 이모티콘과 상당히 닮은 와봇의 머리 그림이 두 랩톱컴퓨터의 화면에 나타난다. 그림 설명에는 책자들 전반에서 계속 칭찬하는 와봇의 중재 화술이 언급된다. "분리된 우리의 마음도 하나로 합칠 수 있다. 그들은 온기로 빛날 수 있다. 잊혔던 모든 온기도 다시 되돌아올 것이다. 모두 와봇의 도움으로"(Miwa 2002: 7–8).

이어지는 페이지의 산문시들은 서로를 이해하고 같은 생각을 나누며 다시 생겨난 애정과 "순수한 감정들"을 경험하는 인간의 능력을 와봇에게 부여한다. 백남준의 "통로"에 대한 솔웨이의 해석을 떠올리게 하는 와봇은 "마음과 마음의 다리가 된다"(Miwa 2002: 10). 이 이야기를 쓴 미와 요시유키는 와세다대학교의 로봇공학자이고 그림은 잘 알려진 그래픽 아티스트 야부노 겐이 맡았다. 미와는 로봇이 인간들 사이에서 조화가 생기도록 도울 거라고 진심으로 믿었던 것 같다.

5　『와봇의 책』은 두 언어로 쓰였다. 영어 글이 어색할 때가 많아서 정확해야 할 때는 내가 일본어 글을 번역했다.

그러나 궁극적으로, 이노베 가족 이야기의 창작자들처럼 미와 역시 "상상공학"을 하고 있는 것이었다.[6] 즉 그는 자신과 와세다 동료들이 바람직한 사회질서로 간주하는 것, 즉 이 경우에는 (타고난, 결혼으로 이루어진, 기업적, 국가적) 가족의 회복, 그리고 인간과 로봇의 조화로운 공생을 가능하게 만들 기술을 고안하고 실행하고자 했다. 그러나 15년 후인 오늘날에도 와봇과 그의 후손들은 아직 인간과의 일상적 활동에 참여하지 못하고 있다.

와봇하우스

와봇하우스는 우주과학박물관과 자위대 공군기지가 있는 가카미가하라[7]에 있었다. "로봇 도시"[8]를 위한 예산으로 조성된 이 연구소는 와봇의 세계를 현실화하게 되어 있었다. "로봇과 함께 사는 생활"을 준비하도록 국민을 돕고 "인간과 로봇의 공생을 위한 사회 시스템"의 모범을 제공하는 것이 목적이었다(Sugano et al. 2006). 2002년에 설립된 와봇하우스는 2011년 3중 재난 후 2012년 문을 닫았다. 폐업 공지는 쌀쌀맞았지만, 앞으로 와세다대학교와 지자체 사이에 산학 협력의 가능성이 있다는 여지도 남기긴 했다(Waseda Daigaku 2011).

---

6   상상공학imagineer 개념은 비평 이론가 Manuela Rossini(2003)에서 빌려왔다.

7   원래 지명은 가카미가하라지만 스가노 시게키를 비롯한 많은 사람이 "가가미가하라"라고 발음한다.

8   또 다른 로봇 도시는 한국 마산에 있다.

그림 29 2007년 기후현 가카미가하라의 와봇하우스 연구소. 복합단지는 세 동의 "집"들로 구성되었다. 왼쪽의 A자 모양 건물이 인간을 위한 집이고 8층 건물이 로봇을 위한 집, 둘 사이에 기둥으로 받쳐진 3층 건물이 인간과 로봇이 공생하는 집이다.

내가 처음 와봇하우스를 방문했던 때는 2007년, 연구소장인 스가노 시게키를 도쿄의 와세다대학교 교수실에서 인터뷰한 다음 주였다. 와봇하우스는 3,000제곱미터가 조금 안 되는 넓이의 복합단지로 와세다의 건축, 미술 등 다분야 전문가들에 의해 설계된 세 동의 분리된 "집"들로 구성되었다. 인간을 위한 집, 로봇을 위한 집, 그리고 인간과 로봇이 공생하는 집이 그것들이었다(그림 29). 로봇들이 기둥 위에 세운 나무 보행로를 따라 두 건물 사이를 오가게 되어 있었다. 흔히 알려진 인상과 달리 로봇들은 이족보행이든 바퀴가 달렸든 불안정하고 망가지기 쉬워서 평평한 바닥에서만 성공적 이동이 가능했다. 혼다의 아시모 같은 많은 로봇들이 일대에 설치된 GPS 표지에 의존해 이동했다(Gonzalez et al. 2014: 36).

와봇하우스에서 스가노는 지방 공무원들과 만나야 해서 사무실에 남았지만 두 로봇 기술자, 사카모토 요시히로와 구시하시 야스히로는 친절하게도 나에게 시설을 견학시켜 주었다.[9] 두 안내자는 세 건물의 내부 사진은 못 찍게 했지만, 진행 중인 다양한 프로젝트에 대해 꽤 진솔하게 알려주었다.

인간만을 위한 집은 이세신궁, 즉 일황의 신화적 조상인 해의 여신(아마테라스 오미카미)의 집을 모델로 지어졌다. 『와봇의 책』 7권에 실린 와세다대학교 건축가 오지마 요시오의 설명에 따르면 "이 [A형] 집을 설계할 때 이세신궁의 재료와 건축 양식을 상상했다. [...] 중앙 기둥에 같은 기소 지방의 편백 목재를 사용했고 [...] 집을 위해 과학적으로 저장되는 태양에너지는 해의 여신, 즉 태양의 원천이자 민족의 원천을 나타낸다"(Ojima 2007: 4-5). 토종 식물을 심은 유기 재배 정원에 둘러싸인 단순해 보이는 집은 갓쇼즈쿠리(지붕 모양이 합장한 손 모양과 비슷한 전통 농가)를 닮았다.

로봇만을 위한 집 천장은 진행하는 실험에 따라 높이거나 낮출 수 있었다. 구시하시 씨는 "로봇만을 위한"이란 변기나 개수대가 필요 없다는 뜻이기도 하다고 지적했다. 이 8층 건물은 로봇들에 의해 지어지도록 되어 있었으나, 실행 불가능한 발상임이 증명되어 대신 인간 건설 노동자들이 구조를 만들었다. 내부에는 로봇 대여섯 대가 설

치되어 있었고 그중에는 물고기 로봇과 벌목꾼 로봇도 있었는데, 벌목꾼 로봇은 나무에 오를 수 있고 이론적으로는 가지를 자를 수 있었다. 하지만 나무 기둥이 똑바르고 가지가 로봇의 움직임을 방해하지 않아야 하지 않냐고 내가 지적하자 안내자는 인정했다. 내가 다음 해인 2008년 10월에 방문했을 때 이 건물은 사용되지 않는 게 분명했고 로봇들은 치워져 있었다.

인간과 로봇이 공생하는 집에는 GPS 같은 전자기 장비의 "보호막"이 설치돼 있었다. 그래서 로봇들이 자기 위치를 찾고 가상의 성격을 발전시킬 수도 있었다. 무선 인터넷으로 서로 또는 인간과 통신할 뿐 아니라 세계 전역의 로봇과도 통신할 수 있었다(Ojima 2007: 4-5). 로봇들만 있는 집과 달리 공생의 집은 2008년 방문 때 지역 목수들이 공사 중이었다. 이 "집"은 약간 올려 지어져서 삼면이 막히고 한쪽 면만 트인 건물 안의 무대 비슷한 느낌이었다. 내가 들어섰을 때 막 목수들이 미닫이문을 설치하고 있었다. 미닫이문은 벽을 따라 이동하며 분리된 내부 공간을 만들 수 있는 문이다. 무대 비슷한 공간에는 주방 가전과 단순한 가구들이 설치되었다. 놀랍게도 미쓰비시의 와카마루가 한쪽에 정박돼 있었다. 와세다 로봇들은 보이지 않았다. 와봇하우스의 로봇 기술자 몇 명이 와카마루를 실행시키려 노력했지만 노란 로봇은 꼼짝도 안 했다. 떠나면서 내가 직원들에게 인간과 로봇의 공생 각본은 미국 국방부의 방위고등연구계획국에서도 시도되고 있다고 말했다. 그러자 직원들은 서로 눈빛을 주고받았다.

1장에서 지적했듯이 일본에서 로봇을 군용으로 개발하기 시작한 것은 최근이다. 대놓고 인정하지는 않지만 공생의 집은 어쩐지 정부의 미래 달 기지 건설 계획과 관련이 있어 보였다. 2007년 와봇하우스 첫 방문 때 나를 역에서 태운 택시 기사에게 근방에 로봇 연구소가 있는 것을 어떻게 생각하느냐고 물었다. 그는 인간형 로봇이 근처 자위대 공군기지의 활주로를 돌아다니는 것을 본 적이 있다고 했다. 내가 와봇하우스 직원들에게 이 말을 전하자 그들은 불편해하는 듯 보였다. 2007년에는 아직 일본의 공립대학에서 군용 연구 개발이 허용되지 않은 상황이었던 것이다. 와세다대학교는 사립대학이긴 하지만 학계와 군대의 공모라는 유령은 캠퍼스 안팎을 경악하게 만들고 사회적 자본까지 손실될 수 있었다. 그러나 2014년 이후 그런 일은 일어나지 않는 듯하다.

취약성과 폭력

와봇하우스에서 와카마루가 일으킨 오작동이 로봇이 망가지기가 너무 쉽다는 아주 현실적인 문제에 대한 관심을 불러일으켰다. 로봇은 넘어지기만 해도 손상을 입을 수 있으므로 낙상에 반응하고 회복하는 알고리듬 마련이 휴머노이드를 위한 "예방의학"의 최근 혁신 지점 중 하나였다(How to Fall Gracefully 2015).

또한 와카마루나 허구 속 이노베 군처럼 인터넷에 연결된 업무 로봇은 해킹될 위험성이 있다. 《로봇 산업 리뷰*Robotics Business Review*》에 보도된 것처럼 "문제가 생긴 로봇은 주변 사람과 재산에 심각한 물리적 피해를 입힐 가능성이 있다"(Robotics Business Review Staff 2012). 『와봇의 책』 3권("가족을 연결하는 로봇")에 나오는 일화에서, 와봇은 인간의 감독 없이 인터넷에서 게임을 다운 받았다가 바이러스에 감염되어 난동을 부리며 인간 가족의 집을 엉망으로 만든다. 메모리 카드가 제거되고 나서야 와봇은 움직임을 멈추었다. 그 사건으로 모든 와봇은 안티바이러스 프로그램을 설치하고 "정기 건강 검사"를 받아야 한다는 원칙이 생겼다. 게다가 안티바이러스 프로그램을 설치한 로봇들에게는 "시민권"이 주어졌다(Komatsu and Yabuno 2004: 22–23). 이 경우, 와봇이 파괴적 행동을 한 것은 컴퓨터 바이러스라는 외부 요인 때문이었기에, 와봇에게는 책임이 없다고 와세다 로봇 기술자들은 밝혔다.[10]

해킹된 로봇이 인간에게 정말 위험할 수도 있지만, 백남준이 K-456을 일부러 파괴했던 행위예술의 사례에서 전조가 보였던 것처럼, 지금까지 대부분은 인간이 로봇에게 손상을 입혔다. 최근 소프트뱅크의 페퍼를 술 취한 노인이 발로 차서 심각한 손상을 입혔다. 점원과의 마찰을 죄 없는 로봇에게 풀었던 것이다(Crowe 2015). 미국 필라델피아에서 파괴범의 공격을 받은 히치봇의 운명에 대한 뉴스가 열화와 같은 동정, 기부금, 비열한 범법자들에 대한 분노를 불러일으켰다.

양동이 비슷하게 생긴 휴머노이드 히치봇은 원에 장갑을 긴 팔과

---

10 오늘날 보도된 대부분의 로봇 관련 사고가 인간의 실수로 일어났다. 공장 노동자가 안전 조치를 잊어버렸다든지, 쇼핑몰에서 아이가 경비 로봇에게 부딪혔다든지 하는 것 말이다. 조종사 없는 비행체가 늘어남에 따라 드론 관련 사고도 늘어날 것이다.

장화를 신은 발을 가지고 있는 예술 작품이자 사교 로봇 프로젝트로, 캐나다 토론토메트로폴리탄대학교 로봇공학자 프라우케 젤러와 맥마스터대학교의 데이비드 해리스에 의해 제작되었다. 히치봇은 동작과 음성을 탐지하고 위키피디아를 "섭취"해 인간들과, 그리고 SNS에서 동시다발적 대화를 수행할 수 있었다. 2014년 캐나다, 독일, 네덜란드를 돌아다녔던 히치봇은 2015년에 미국을 횡단하기 위해 새로운 버전으로 제작되었는데, 뉴욕에서 보스턴까지 안전하게 여행한 후 필라델피아의 어느 구시가 지역에서 습격당하고 훼손당했다. 그러고 나서 지금은 원래의 히치봇이 캐나다 오타와의 과학기술박물관에서 전시되고 있다(hitchBOT 2015; Madrigal 2014; Victor 2015). 히치봇 웹사이트에서 젤러와 해리스는 이 동반자 휴머노이드가 (자기 말에 따르면) 뛰어난 공감 능력을 가지고 있다고 강조했다. "인류에 대한 나의 사랑은 결코 사라지지 않을 것입니다"(hitchBOT 2015).[11]

---

11 히치봇의 폭력적 종말은 전쟁 로봇 스쿠비 두Scooby Doo를 떠올리게 한다. 이 소형 탱크 같은 로봇은 1969년부터 방영된 미국 만화영화 시리즈의 캐릭터인 그레이트데인종 개 "스쿠비 두"의 이름을 따라 지어졌다. 스쿠비 두는 이라크와 아프가니스탄에서도 폭탄, 특히 치명적인 사제 폭발물을 해체하기 위해 광범위하게 사용되었다. 이 작은 로봇은 사제 폭발물을 해체하다가 갑작스러운 폭발이 일어나 파괴되었다. 수리 불가능한 손상을 입은 스쿠비 두에게 인간 동료들은 애도를 느꼈다고 한다. 오늘날 군인들은 자신이 다루는 로봇에게 이름과 인격을 부여하고 "최전선에서 보조하다가 파괴된 기계를 하사 같은 계급으로 승진시키고 훈장을 수여하며 심지어 장례를 치러주는" 경우가 많다. 스쿠비 두의 잔해물은 로봇에게 수여된 명패와 함께 매사추세츠주 베드퍼드의 박물관에 전시되었다(Gilani 2012). 군인과 로봇의 형제애 혹은 가족애적 관계에 대한 자세한 내용은 Carpenter(2013)를 참조.

로봇 친구를 위한 장례식

나이 들고 손상되고 결함 있고 작동이 안 되는 로봇들에게는 무슨 일이 일어날까? 히치봇은 과학기술박물관에서 기념되고 있지만 작동 안 되는 와카마루 로봇들은 아직 신전에 안치되지 않았다. 이 노란 로봇의 마지막 공공 활동은 2016년이었다. 이 책의 미국판 표지에는 2014년 오사카대학교 구내 창살 안에서 산업폐기물로 재활용을 기다리는, 버림받은 와카마루 로봇 열 대의 사진이 실려 있다. 이 사진은 SNS에서 화제가 되었다. 한 블로거가 5년 내 페퍼도 같은 운명을 겪을 것 같다고 주장했다(Nanka sabishiso 2014).

정신을 로봇에게 업로드해 삶을 연장하려는 사람들도 다시 생각해봐야 할지 모른다. 마틴 로스블래트 같은 트랜스휴머니스트들은 로봇이 망가지고 낡고 폐기된다는 사실을 유념할 필요가 있다. 로스블래트는 『사실상 인간: 디지털 불멸성의 약속과 위험*Virtually Human: The Promise and the Peril of Digital Immortality*』(Rothblatt 2014)의 저자이며 유나이티드 테라퓨틱스United Therapeutics의 창립자다. 2004년 그녀와 그녀의 아내 비나 애스펀은 테라셈 운동Terasem Movement, 즉 정신 업로딩 혹은 "정신 복제"를 통해 기술적 불멸성을 추구하는 트랜스휴머니즘 단체를 시작했다.[12]

---

12 마틴 로스블래트(남성인 Martin으로 태어났지만 여성이 되며 Martine으로 이름을 바꾸었다.)의 블로그 제목은 "마인드파일, 마인드웨어, 마인드클론Mindfiles, Mindware and Mindclones"(mindclones. blogspot.com)이다. 마지막 글은 2013년 게시되었다. 또 다른 의미 있는 웹사이트 "세계 인종 차별에 대항하는 박물관World Against Racism Museum"(www.endracism.org) 역시 로스블래트

로스블래트와 비나가 2010년 비나48을 만든 것은 이시구로 히로시처럼 실제 사람 같은 안드로이드와 자이노이드를 만드는 핸슨로보틱스의 창립자 데이비드 핸슨과 협업하면서였다. 이 자이노이드는 사실 로봇 흉상으로, 비나 애스펀과 비슷하게 만들어졌고 테라셈의 정신 복제 프로젝트를 설명하도록 개발되었다. 핸슨로보틱스의 웹사이트에 설명된 대로 "비나48은 비나 애스펀을 본뜨고 그녀의 모든 기억, 감정, 신념을 100시간 이상 수집해 제작되었다. 비나48은 다른 인간들과 대화에 참여하며 베트남에서 돌아온 후 성격이 변한 그녀의 형제에 대해 정서적 설명을 제공하기도 한다"(Hanson Robotics 2017).[13] 기술적 혁신이 있었지만 비나48은 오작동을 일으켰고 면담 때 횡설수설하기도 했다(BINA48 2017). 이 로봇은 디지털화된 불멸성이라는 관념을 구체적으로 보여주었다고도 할 수 있지만 비나 애스펀 자신은 꽤 유한한 존재였다.

"죽은" 로봇은 어떻게 되는가라는 질문으로 돌아가자면, 새로운 유형의 기념 의식, 즉 로봇장(로봇 장례식)이 몇몇 일본 불교 사원에 도입되었다. 2014년에 만들어진 로봇 장례식 웹사이트 첫 화면에는 복고풍 장난감 로봇이 등장했다. 아이바오피스AIBAOFFICE가 배포한 설명에 따르면 오늘날 가족으로 간주되는 너무나 많은 반려 로봇의 존재로 인해, 때가 되면 적절한 장례식이 필요하다(Robottoso 2014).[14]

가 주도했다.

13 비나48은 많은 유튜브 영상에서 찾아볼 수 있다. youtube.com/watch?v=b3hTV-6b8EI 이곳에서는 테라셈의 사장인 브루스 덩컨과 대화한다.

14 이 웹사이트가 로봇 장례식을 풍자하는지 실제 장례를 제공하는지는 불분명하다. 어느 쪽

1999년부터 2006년까지 판매된 아이보, 즉 소니의 로봇 개 등이 여기 해당된다.

2006년 아이보는 카네기멜런대학교의 로봇 명예의 전당에 들어가 로봇 소매 분야에 공급된 가장 세련된 제품으로 칭찬받았지만(Robot Hall of Fame 2016), 소니는 2014년 이 로봇 개의 교체 부품 생산을 멈추었다. 아이보의 인간 반려자들은 더는 아픈 개의 부품을 교체해 "치료"할 수 없다는 데 불만스러워했다. 서비스가 중단된 전자 기기 수리를 전문으로 하는 일본 기업 에이펀A-FUN은 은퇴한 소니 기술자들을 고용해 손상되거나 오작동을 일으킨 아이보의 회복을 돕도록 했다(A-FUN shuri jirei [2017]). 수리가 불가능한 로봇 개들은 장기 기증 후보로 간주되었다. 입원한 아이보 180대가 장기 기증을 기다리고 있었다. 에이펀의 관리자 하나는 "아이보의 주인들에게 아이보는 가전제품 같은 게 아닙니다. (로봇 반려견을) 가족으로 생각하는 게 분명합니다."라고 강조했다(Suzuki 2015).

2015년 1월 치바현의 고후쿠지興福寺라는 450년 된 절에서 건강을 회복할 수 없고 "장기"를 기증하기로 한 열아홉 대의 아이보를 위한 장례식이 열렸다(그림 30). 장례식을 맡은 승려는 "로봇들의 영혼이 몸에서 떠나갈 수 있게" 하는 의식이라고 설명했다. 그는 또한 최첨단 기술에 대한 장례식을 아주 전통적인 방식으로 올리게 된 흥미로운 부조화가 짜릿하다고 언급했다(Suzuki 2015).

고후쿠지는 니치렌日蓮 종파의 사찰로, 이들이 중점을 두는 『묘법연

이든 로봇 장례식 도입의 시기적절함은 인정할 만하다.

그림 30 치바현 이스미시 고후쿠지에서 열린 아이보 장례식
(출처: http://livedoor.4.blogimg.jp/nwknews/imgs/b/0/b0f01519-s.jpg)

화경妙法蓮華經』에 의하면 모든 존재, 인간과 동물 모두에게 깨달음을 얻을 잠재력이 있다. 이 로봇 장례식은 언론의 국제적 관심을 끌었고 로봇 반려견뿐 아니라 다른 소중한 전자 소유물들을 위한 추모식을 절에서 올리고자 하는 사람들도 더 많아질 듯했다. 하지만 고후쿠지에서의 아이보 장례식이 로봇을 위한 첫 추모식이었던 것은 아니다. 그보다 앞선 사례에 대해 다음에서 더 논의해보려 한다.

일본에서 불교는 로봇, 특히 개인과 가족에 딸린 로봇의 처분을 탁월하게 궁리해왔다.[15] 불교의 장례식을 확장해 반려동물과 소중한 물

---

15   1970년대 말에서 1980년대 초 일본 공장에 처음 산업용 로봇이 도입되었을 때 신토 승려

건 등에도 장례를 치러주는 관습은 역사가 오래다. 고인이 된 친지는 물론 바늘, 시계, 다기, 젓가락, 안경, 인형, 붓, 불교용품, 심지어 브래지어, 그러니까 "특별히 친밀한 방식으로 [사람의] 삶의 일부가 되었던 무생물"에 이르기까지 어떤 사람과 사물을 위해서든 추모식을 올릴 수 있다(LaFleur 1992: 144-145; Rambelli 2007: 212-216, 312의 주석3).

 "불쾌한 골짜기" 가설을 제기한 지 4년 후인 1974년에 로봇공학자 모리 마사히로는『모리 마사히로의 불교 입문*Mori Masahiro no bukkyo nyumon*』을 펴냈는데, 후에 이 책은 영어로 번역되면서『로봇 안의 부처*The Buddha in the Robot*』라는 훨씬 시적인 제목으로 출간되었다(Mori 1974, [1981] 2005).『묘법연화경』을 따라 모리는 "로봇들도 그들 안에 불성佛性을, 즉 깨달음을 얻을 수 있는 잠재력을 가졌다"고 선언했다. 그는 또한 불교식 로봇윤리를 주장하며, 인간뿐 아니라 로봇에게도 불성이 가득함을 알아보는 로봇 기술자들은 "선하고 적절한 목적을 위해 [...] 선한 기계를" 설계할 수 있어서 인간과 기계 사이 조화를 성취할 수 있다고 했다(Mori [1981] 2005: 13, 179-180).

 종교 역사가 파비오 램벨리가『불교의 물질성: 일본 불교에서 사물의 문화사*Buddhist Materiality: A Cultural History of Objects in Japanese Buddhism*』에서 자세히 밝혔듯이 불교는 물질성에 대한 섬세한 철학을 발전시켰고 인간의 구원을 향한 탐색에 있어 물질의 지위 및 역할에 대해 말해왔다. 간단히 말해 물질적 욕망이 인간의 영적 추구에 그저 방해물은 아니라는 것이다. 물질성은 또한 인간이 심원한 종교적·영적 관념을 표현하고

가 새로운 "노동자들"에 대한 축성 의식을 집전했다(Schodt [1988] 1990: 210).

구체화할 상호작용의 공간을 제공한다(Rambelli 2007: 268).

　그러므로 비인간, 비동물 존재 혹은 물건을 위한 추모식은 더는 작동하지 못하거나 쓸모를 다했지만 그냥 버릴 순 없는 친밀한 가족적 사물의 정체와 애정을 확인하는 강력한 정서적·미학적 경험을 제공한다. 추모식과 함께 바로 화장이 진행되는 경우는 더욱 그렇다. 불로 태우는 의례는 사물에 깃들어 있던 가미神를 진정시키고 정화하고 해방하며, 그것의 휴식과 인간 반려자의 위안을 가능하게 해준다.

　그런데 로봇과 같은 첨단 전자기기는 금, 은, 납, 구리 등 그 자체로 값져서 재활용하기 좋거나 태우면 유독한 기체를 방출하는 다양한 물질로 제작된다. 그러므로 다른 유형의 장례식이 필요하다. 16세기에 지어진 절 반쇼지万松寺는 전례들을 참고해 2002년에 최초의 "컴퓨터 공양供養"을 주관했다. 이 행사는 "개인 컴퓨터 추모식"이자 "전자 두뇌 추모식"으로 불렸다. 반쇼지는 나고야시 중심의 전자상가 지역에 위치해 있는 절이었고 대중매체에 능숙한 주지 승려는 소프트웨어 회사의 CEO이기도 했다. 게다가 이 절은 1장에서 설명한 가라쿠리 인형 공연을 매일 하는 것으로도 유명했다.

　반쇼지의 2002년 컴퓨터 공양은 텔레비전에서 방송되었다. 데스크톱, 랩톱, 프린터 등 다양한 기기들을 제단 위에 한 줄로 놓고 제단 밑은 기부자의 이름표를 단 우아한 꽃꽂이들로 채웠다. 집단 위패(추모 명판)를 제단 중앙에 놓고 귤과 상품 등을 쌓아 올린 공물 쟁반들도 양쪽에 놓았다. 제단 앞 향로에서 연기가 피어올랐다. 30분간의 장례식은 오후 한 시에 승려가 모든 소유자의 이름을 읊으며 시작되었고 불경을 외며 이어졌다(Osu Banshoji 2002; www.banshoji.or.jp).

이런 맥락에서 램벨리는 특히 현대 일본에서 "불경의 사용은 종종 그냥 아리가타이, 즉 뭔가 가치 있고 축복받고 고상하고 유익한 것을 기념하고 감사하는 행위로 간주된다"고 지적했다. 컴퓨터 공양이라는 의례를 올릴 때처럼 불경 낭독 행위는 불교적 분위기 조성을 위해 이용되는 "예배적 수행"이다(Rambelli 2015: 24). 예배를 받은 컴퓨터들은 절의 관계자들에 의해 재활용 센터로 옮겨져 부품이 분리되었다.

2년 후 나고야시는 아주 엄격한 재활용 프로그램을 시행해 거주자들이 가정용 쓰레기를 몇 종류로 분리해 배출하도록 했다. 컴퓨터와 전자기기는 시에서 한 달에 한 번 수집해 가지만 그걸 버리려는 사람들은 먼저 지자체에 연락해 허가증을 받아야 했다. 많은 거주자들이 이를 시간 낭비라고 느꼈다. 불편해하는 거주자들을 위해 반쇼지에서 나서서 전자기기들을 위한 장례식이라는 형식으로 실용적인 서비스를 제공했다. 10달러 정도 예식비를 내면 절에서 공양을 해주고 허가도 얻고 재활용 과정까지 감독하는 것이다. 컴퓨터 사용자들은 "전자두뇌"에 대한 존중을 표현하고 반쇼지는 고도로 기술화된 사회에서도 불교식 장례의 유연성과 적절성을 홍보할 수 있었다(Osu Banshoji 2002; www.banshoji.or.jp).

로봇의 윤회

중국 홍콩과 미국 네바다에 거점을 둔 민간 로봇 기업인 인보랩[Innvo Labs]은 로봇의 환생 혹은 재신체화의 가능성을 추구해왔다. 문제의 로봇은 플레오PLEO(개인 생활 향상 유기체Personal Life Enhancing Organism)로, 카마라사우루스라는 공룡의 1주 된 새끼의 (상상된) 외양 및 행동과 비슷하게 디자인된 로봇이었다. 가장 최근 버전은 2011년에 출시된 플레오 알비rb(재탄생한reborn)였다. 첫 플레오와 마찬가지로, 환생한 로봇 공룡도 브륄사에 의해 일본에서 유통되어 인기를 얻었다.

플레오 알비는 첫 플레오와 비슷했다. 50센티미터 길이에 20센티미터 높이, 무게는 1.5킬로그램의 아기 공룡이었다. 물범 로봇 파로처럼 플레오 알비는 각각 조금씩이라도 달랐다. 눈알, 눈꺼풀, 눈 주변 색이 무작위로 선택되었고 피부는 약간씩 다른 녹색이지만 2012년에는 분홍과 파랑의 특별 라인이 출시되어 여자아이와 남자아이로 구매층을 분리 공략(그리하여 이분법적 성/성별 체계를 강화)하려는 듯했다. 플레오 알비는 선대보다 감각 능력이 더 많았다. 인공지능에 의해 작동되었기에 인간 반려자 및 성장기를 겪은 다른 플레오들로부터 배울 수 있었다. 게다가 이런 정보들이 기억되어 개성을 발달시키고 미래의 행동 및 환경과의 상호작용을 끌어냈다.

인보랩은 플레오 알비에서 "윤회"라는 개념을 사용해 플레오 초기 모델의 재탄생을 보여주었을 뿐 아니라 오작동하는 플레오 알비도 환생시킬 수 있었다. 또한 사랑하는 로봇 공룡을 잃은 상실감을 완화해주는 새로운 기획, "플레오 윤회 프로그램"을 내놓았다. 만일 구매자가 90일 보증 기간 후 반려 플레오 알비에게서 치명적 하드웨어 고장을 발견한다면 구매자는 할인된 가격으로 교환해 갈 수 있었다. 이 프로그램의 특별한 점은 기존 로봇 공룡의 기억이 새로운 로봇 공룡으로 업로드되어 기존 로봇의 개성이 환생 로봇에게 효과적으로 전송된다는 것이었다(Ikuseikata kyoryu robotto 2013; PLEO rb 2012).

반쇼지의 컴퓨터 추모식과 고후쿠지의 아이보 장례식은 일본 불교 학자들이 지적해왔던 점을 강력히 뒷받침한다. 즉 종교와 종교 단체는 어느 정도는 서비스 산업이라는 것이다. 그들은 인간의 특정 필요와 욕망에 부응하는 예식을 제공한다. 이런 서비스는 꽤 신비롭고 영적인 필요에 부응할 수 있다. 또는 아주 실질적인 보상과 혜택을 제공할 수도 있고 이 모든 것을 동시에 할 수도 있다. 고후쿠지와 반쇼지의 경우, 개인 컴퓨터와 아이보를 위한 합동 공양을 올린 사람들은 깊은 개인적 의미를 가진 기술적 존재를 칭송하고 기념할 수 있었다. 그들은 또한 적절한 재활용 서비스, 아이보의 경우에는 "장기 기증" 프로그램을 이용하는 것이기도 했다. 절은 수입을 얻고 언론에 노출되었으니 명성도 얻어 새로운 신자를 끌었을 것이다.

종교와 재활용의 또 다른 연결점이 플레오의 윤회 프로그램에서도 제안되었다. 실제 종교 예식과 노골적인 관련은 없었지만 말이다. 일본 불교에는 환생과 윤회 개념에 대한 수많은 복잡한 문헌이 존재한다. 민속과 학계에 걸친 문헌들을 이 책에서 검토할 수는 없지만, 많은 학자들이 윤회와 환생의 핵심 차이를 지적한다. 윤회는 힌두교의 중심 개념이며 영구적 자아 혹은 불멸의 영혼이 또 다른 신체 혹은 육체로 옮겨 감을 뜻한다. 인간으로 재탄생하느냐 비인간 동물로 재탄생하느냐의 수준은 고인이 평생 쌓은 업보에 의해 결정된다. 그 대신에 불교에서는 환생을 말한다. 죽음 후 육체적·정신적 에너지가 다른 형태 속으로 연속되는 혹은 착생되는 것이다. 현재의 자아는 일시적이며 다른 신체로 옮겨 가는 불멸의 영혼이란 존재하지 않는다는 비영구성, 무상함을 가르치는 불교의 교리와 윤회라는 개념은 서로 일치하지는 않는다.

그러나 종교학자 호리에 노리치카가 인류학적 연구에 기반해 썼듯이, 1980년대 이래로 많은 불교도가 개인적 성장과 개선의 지속 수단으로 윤회를 믿는다. 이번(혹은 한 번) 생애에서는 불가능한 성취를 윤회 덕분에 실현할 수 있으리라는 것이다. 이런 신념은 윤회를 이기적 자아의 고난으로 보는 불교의 전통적 윤회관과는 정반대이며 뉴에이지 불교의 출현을 알린다(Horie 2014: 207-208). 컴퓨터, 로봇을 비롯한 개인의 소유물을 추모하고 기념하는 장례식은 불교 의례의 융통성을 보여주는 동시에, 신토神道의 핵심인 정령 숭배 사상의 완강한 존속과도 결부된다.

고후쿠지의 아이보 공양 사례가 보여주듯 (뉴에이지) 불교는 로봇의 재신체화를 포용하며 일본에서도 트랜스휴머니즘 혹은 포스트휴머니즘[16] 경향의 불교에 대한 관심이 존재함을, 이번 생에 실현되지 못한 성취를 위해 일회적이지는 않은 자아 혹은 영혼을 연장하는 수단으로 윤회가 이해되고 있음을 알 수 있다. 6장에서 본, 공학 기술에 의한 급진적 생명 연장을 추구하는 나타샤 비타모어와 맥스 모어의 트랜스휴머니즘 선언은 종교에 무관심하며 특히 일신교에 대해서는 더 무관심했다(More 2013). 그러나 과거와 현재의 일부 유일신 사

---

16 여기서처럼 트랜스휴머니즘과 포스트휴머니즘은 종종 동의어로 사용되지만, 엄밀히 말해 전자는 더 사이보그 같은 존재로 이행해 가는 인간을 말하고, 후자는 (생명)공학적 수단으로 능력이 근본적으로 향상되어 평범한 인간을 능가하는 경우를 말한다.

회들, 아브라함을 조상으로 삼는 공동체들과 달리, 일본에서는 종교와 과학이 양립 가능하며 심지어 협력 성장할 수 있다고 여겨진다.

내가 1장에서 지적했듯 존재의 상태 혹은 형식으로로서의 "특이점"은 일본에서 그다지 관심을 받거나 추종자를 거느리는 것 같지 않았다. 일본 사회의 다양한 부문에서 생성되는 로봇 담론은 이례적 인간의 개발도, 인간 예외주의의 보호도, 인간과 로봇의 공생에 도움이 안 된다고 판단한다. 일본의 로봇공학자들과 공공, 민간 지지자들이 관심을 가지고 옹호하는 것은 "특이점"이나 인간과 기계의 융합이 아니라 인간과 로봇의 공생인 것이다.

로보 사피엔스 재패니쿠스

사피엔스: 라틴어 sapiens, sapio(분별하다, 이해할 수 있다)의 현재진행형

https://en.wiktionary.org/wiki/sapiens

1장에서 나는 일본을 사이버 세계의 올두바이 협곡으로 묘사했다. 최초의 구석기 문화가 발견된 탄자니아의 올두바이 협곡처럼 일본은 인간형 로봇이 처음 출현했고 진화를 거듭하고 있는 곳이다. 이 책의 미국판 제목을 『로보 사피엔스 재패니쿠스*Robo sapiens japanicus*』라고 한 것은, 일본의 새로운 종족이 아니라, 정치인과 로봇공학자에서부터 보통 사람들에 이르기까지 각계각층에서 로봇을 인식하고 이해하는 사람들의 모습에 대해 관심을 끌어오고 싶었기 때문이다.

인간형 로봇은 미래를 상상할 때 유용한 이미지가 되어준다. 그러나 인간과 공존할 로봇의 유형은 아마도 휴머노이드나 안드로이드가 아니라 산업 로봇과 로봇 가전에 머물 가능성이 크다. 휴머노이드, 안드로이드, 사이보그가 만화와 영화에서 넘쳐나더라도, "이노베이션 25"와 『와봇의 책』에서 칭송되는 꾀바르고 방정맞은 로봇들은 상상공학에서 주로 시도되며 과학과 판타지를 섞어 그럴듯한 (그러나 대부

분 실현 불가능한) 공상 세계를 창조하는 데 머물 것이다. 마찬가지로 제미노이드 역시 제한적 표정과 손짓을 제외하면 기본적으로 움직일 수 없는, 진기하고 비실용적인 임장감 생성 기기다.

그러므로 일본 정부의 경제통상산업부와 기계공업연합회가 후원한 2016년 로봇어워드가 산업 로봇에게 돌아간 것도 놀랍지 않다. 무진사MUJIN Inc.가 개발한 집게 일꾼Pick Worker은 "인간 작동자가 로봇에게 대량의 대상을 집어 올리는 법을 가르쳐주는 교육 과정이 필요 없는 컨트롤러다. 인간은 이 로봇을 단 3단계 만에 작동시킬 수 있다. 1. 로봇이 집게를 사용할 수 있는 작동 환경을 만들어주고 2. 로봇이 집을 수 있는 대상의 부분을 등록하고 3. 옮길 위치와 로봇 자세를 등록한다. 이렇게 간단한 과정 덕에 비전문가 사용자도 3주면 작동시킬 수 있다"(Foreign Affairs Publisher 2016; Government of Japan 2016a, 2016c).

열다섯 후보 중에서 유일한 인간형 로봇은 페퍼(그림 4)였다. 소프트뱅크의 이 "정서적 의사소통 로봇"은 총무부 상을 받았다(Government of Japan 2016c). 페퍼는 인간의 필요를 충족하도록 설계된 미래 로봇의 플랫폼으로 인정되었고 페퍼의 가슴 태블릿은 구글의 스마트폰 운영 시스템인 안드로이드로 구동될 것이었다. 소프트뱅크의 나오키NAOqi 운영 시스템은 계속 페퍼의 하드웨어를 제어할 것이었다(Hardawar 2016). 이런 안배는 로봇에 관심 있는 개발자를 끌어들여 페퍼의 임시적 유흥 가치를 넘어서는 응용 애플리케이션 개발을 촉진할 수도 있었다.

이 장의 제사에 인용된 에릭 소프지의 글을 다시 써보자면, 상상

속의 로봇, 혹은 편집된 홍보 비디오 등 허구 속의 로봇은 현실 속 로봇보다 훨씬 능력 있고 안정적이며 흥미롭다. 이 책을 통해 나는 로봇이 노령화, 인구 감소, 외로움 같은 사회문제들에 대한 기술적 해결책으로, 혹은 공상적 해결책의 잡음 없는 도구로 상상되어 왔다는 논지를 엮어냈다. 일본인들(그리고 우리 모두)의 일상 속에서 기술과 로봇의 자리와 범위에 대해 생각해봐야 하는 불편한 점들이 많이 있다. 정치인과 관료들이 생각해봐야 하는 "불편한 진실" 하나는 로봇을 이용한 공상적 해결책과 실질적 해결책 사이에 균형을 잡을 필요가 있다는 것이다. 예를 들면 돌봄 시설 증설, 인간 사회복지사의 처우와 급여 개선, 여성(과 남성)과 외국인을 위해 투명하게 교섭된 차별 없는 고용 기회 제공 등이 그것이다.

2007년에는 와봇하우스 연구소에서 로봇들이 자기들이 지낼 건물을 직접 지을 수가 없기에 지역 목수들이 고용되었다. 10년이 지난 2017년에는 외국인 초빙 노동자들이 2020 도쿄올림픽과 패럴림픽 경기장을 짓게 되었다. 로봇은 어디에 있을까? 전통 목재 사당과 절 건축을 연상시키는 국립 경기장에서 올림픽위원회의 기술 애호가들은 휴머노이드 로봇들이 관중에게 자리를 안내하도록 하자는 제안을 했더랬다(Jozuka 2016).[1] 이런 올림픽위원회의 향수병과 로봇의 병치가 "이노베이션 25" 등의 허구적 사회를 떠받친다. 심지어 『와봇의

---

[1] 국립 경기장은 일본 건축가 구마 겐고에 의해 설계되었다. 원래 건축가 자하 하디드가 제안했던 "자전거 안전모" 구조는 폐기되었다. 하디드의 디자인은 비용이 너무 많이 드는 것으로 밝혀졌을 뿐 아니라 일본 건축가들의 혹평을 들었던 것이다.

책』을 집필했던 로봇공학자들도 미래에 대한 꿈과 일상 현실 사이에
는 늘 "너무 멀지도, 너무 가깝지도 않은" 거리가 있어야 할 것이라고
조언했다(Hashimoto 2003: 26-27). 미래에 대한 꿈이 일상의 현실을 대
체하고 안 보이게 만들지 않도록 말이다.

감사의 말

이 책은 로봇에 대한 책이지만 출판에 도움을 준 로봇은 아무도 없었다. 많은 인간들만 도움을 주었고 내가 감사하고 치하해야 하는 건 인간들이다.

우선 많은 "알로라allora"(이탈리아어 감탄사) 순간을 헤쳐갈 수 있게 도와준 셀레스트 브루사티에게 특별한 감사를 드린다. 이 책이 모양을 갖추는 수년 동안 셀레스트 브루사티, 카타지나 츠비어카, 자비네 프뤼슈티크, 스네이트 지시스, 오프라 골드스타인기도니, 에바 야블론카, 실반 (샘) 슈위버, 알렉산드라 미나 스턴의 꾸준한 지원과 격려, 자극을 주는 대화에 진심으로 감사를 바친다.

많은 친구, 동료, 가족이 서로 다르면서도 결정적인 방식으로 이 책의 완성에 기여했다. 모나 아바자, 이매뉴얼 암라미, 군힐트 보그그린, 수잔 브룩쉬, 톰 펜턴, 애덤 가핀클, 고토 유미코, 블라이 과르네, 카트린 하세, 다프나 허쉬, 마리아 테레사 코렉, 벤저민 키퍼스, 리카 하나미쓰, 히라타 오리자, 이르멜라 히지야키르슈네리트, 로라 밀러, 나카오 가쓰미, 나카오 미치코, 수전 네이피어, 마르코 노이어스코프, 오토베 준코, 갈리아 팻샤미르, 갈리아 플로트킨, 파비오 램벨리, 엘리사 렌, 글렌다 로버츠, 마리 회룬드 로즈가드, 요세프 슈바르츠, 요하나 자이브트, 즈비카 세르퍼, 스마다르 샤론, 요시 샤빗, 데루야마 준코, 지트 손달, 요피 티로시, 코지마 와그너, 앤 월탈, 마크 웨스트, 야마구치 잭, 야마구치 하루, 야마구치 도모미, 야마시타 신지, 게이코 요코타-카터, 아일렛 조하르에게 따뜻한 감사를 드린다. 세레나 테네쿤에 대한 귀한 추모의 마음은 늘 내게 온갖 방식으로 영감을 준다.

기무라 다다마스, 고이케 아키오, 구보 아키노리, 구로카와 기요시, 구시하시 야스히로, 마에노 다카시, 마쓰자와 마사카즈, 오준호, 프랭크 박, 사카모토 요시히로, 시바타 다카노리, 시게미 사토시, 시마조노 스스무, 서일홍, 스가노 시게키, 야쿠시지 다이조에게 감사한다. 비록 이들이 로봇 기술이 이용되는 방식에 대한 나의 해석에 꼭 동의하지는 않을지라도 이 책을 흥미롭게 읽으리라고 나는 꽤 확신한다.

또한 10년간 내가 이 책과 관련된 작업을 발표해왔던 세계 곳곳의 대학, 기관, 연구소의 동료들과 학생들에게서 받은 유용한 의견에 감사를 전해야겠다. 그 가운데는 오르후스대학교, 볼링그린대학교, 버틀러대학교, 콘 과학과 사상의 역사와 철학 연구소, 텔아비브대학교, 홍콩시티대학교, 드포대학교, 텔아비브 일본대사관, 베를린자유대학교, 하버드대학교, 예루살렘히브리대학교, 칼라마주칼리지, 라이덴대학교, MIT, 미시간주립대학교, 마운트홀리요크칼리지, 오벌린칼리지, 오사카대학교, 프린스턴대학교, 텔아비브대학교, 바르셀로나자치대학교, 알래스카대학교, 어바인, 로스앤젤레스, 샌타바버라의 캘리포니아대학교, 캔자스대학교, 메릴랜드대학교, 미시간대학교, 서던캘

리포니아대학교, 텍사스오스틴대학교, 도쿄대학교, 예루살렘 반리어 연구소, 버지니아공과대학교, 도쿄 와세다대학교, 워싱턴대학교, 워싱턴D.C. 우드로윌슨국제학술센터 등이 있다.

원고와 찾아보기에 편집 전문성을 발휘해준 라레이 덴저, 숙련된 교정 실력을 보여준 리처드 얼스에게 심심한 감사를 드린다. 캘리포니아대학교 출판사에서 나의 이전 두 책에 편집 작업을 후원해준 고故 셰일라 러바인에게도 감사를 전하고 싶다. 그녀가 2014년에 세상을 떠나기 전에 이 책을 마쳤다면 얼마나 좋았을까. 그녀의 후임 리드 맬컴은 참을성 있는 편집자가 되어주었고 캘리포니아의 다른 직원들, 주하 칸, 레이철, 버치턴, 신디 풀턴 등과의 작업도 즐거웠다.

4장과 5장은 나의 논문들 「인간형 로봇의 성별화: 일본에서의 성차별주의*Gendering Humanoid Robots: Robo-Sexism in Japan*」 "몸과 사회*Body & Society*" 16, no. 2와 「인권 대 로봇권: 일본으로부터의 예측*Human Rights vs. Robot Rights: Forecasts from Japan*」 "아시아 비평 연구*Critical Asian Studies*" 46, no. 4를 엄청나게 다시 작업하고 업데이트하고 확장했다.

일본, 한국, 이스라엘, 미국에서의 현장조사와 문헌 연구는 다음의 지원과 초청을 받았다. 풀브라이트 학술연구 지원비(이스라엘, 2007), 국립 인문학 기금 연구비/일본 사회과학 고등연구 지원금(일본, 2008), 아베 장학금(일본과 한국, 2010~2012), 존 사이먼 구겐하임 기념 재단 연구비(일본과 한국, 2011~2012), 미시간대학교 일본연구센터 교수 연구 지원금(2006, 2007, 2008, 2011, 2012, 2015), 도쿄대 인류학과 초빙교수(2007), 텔아비브대학교 사회인류학과 초빙교수(2009), 텔아비브대학교 콘 과학과 사상의 역사와 철학 연구소 사이먼 P. 실버맨 초빙교

수(2013), 바르셀로나자치대학교 동아시아 연구 프로그램 방문교수 (2015), 텔아비브대학교 동아시아학과 객원교수(2016).

한국어판을 내면서는 눌민출판사의 정성원 대표에게 감사를 빚 졌다. 이 책의 출간을 감독하는 그와 함께한 과정은 정말 즐거웠다. 번역에는 문장의 미묘함과 저자의 "목소리"를 전달하는 훨씬 섬세한 전문성이 필요함을 나는 알며, 이수영의 능숙한 번역에 빚을 졌다. 마찬가지로 원본과 한국어판을 세심하게 비교한 조수미 교수에게도 빚을 졌다. 조수미 박사는 수업과 연구로 바쁜 와중에도 너그러이 시간을 내어 이 작업을 맡아주었기에 그녀의 전문적 도움에 감사한다. 또한 한국에서 연구할 때 로봇 연구소들에 친절하게 초대해준 서울대학교 프랭크 박, 카이스트 오준호, 한양대 서일홍 교수에게도 다시 한 번 감사를 반복하고 싶다. 각각, 또 함께, 그들은 가장 친절하고 박식한 로봇공학자들이었고 현장조사에서 그들을 만나게 되어 기쁘게 생각한다.

참고 문헌

| 해제의 참고 문헌 |

조수미. 2024. 일본의 젠더비순응 실천과 정체성: 역사적 변화와 21세기의 트랜스젠
더 정체성. 아시아리뷰 14(1): 95–134.

게일 루빈. 2015(2011). 일탈: 게일 루빈 선집. 신혜수, 임옥희, 조혜영, 허윤 역. 서울:
현실문화.

주디스 버틀러. 2024(1990). 젠더 트러블: 페미니즘과 정체성의 전복. 조현준 역. 서울:
문학동네.

Befu, Harumi. 2001. *Hegemony of Homogeneity: An Anthropological Analysis of
"Nihonjinron"*. Melbourne: Trans Pacific Press.

McLelland, Mark. 2005. *Queer Japan from the Pacific War to the Internet Age*. Lanham:
Lowman and Littlefield.

Pflugfelder, Gregory. 1999. *Cartographies of Desire: Male-Male Sexuality in Japanese
Discourse, 1600–1950*. Berkeley: University of California Press.

Robertson, Jennifer. 1984. "Sexy Rice: Plant Gender, Farm Manuals, and Grass-
Roots Nativism," *Monumenta Nipponica* 39(3): 233–260.

1991. *Native and Newcomer: Making and Remaking a Japanese City*. Berkeley and Los
Angeles: University of California Press.

1998a. *Takartazuka: Sexual Politics and Popular Culture in Modern Japan*. Berkeley and
Los Angeles: University of California Press, pp. i–xvi, 1–278.

1998b. "When and Where Japan Enters: American Anthropology since 1998" Helen Hadacre, ed. The Postwar Development of Japanese Studies in the United States. Leiden and Boston: Brill. 294-335.

2001. "Japan's First Cyborg? Miss Nippon, Eugenics, and Wartime Technologies of Beauty, Body, and Blood." *Body and Society* 7(1): 1-34

2002. "Blood Talks: Eugenic Modernity and the Creation of New Japanese." *History and Anthropology* 13(3): 191-216.

2005a. *A Companion to the Anthropology of Japan.* Jennifer Robertson, ed., Waltham, MA: Blackwell Publishers.

2005b. *Same-Sex Cultures and Sexualites: An Anthropological Reader.* Jennifer Robertson, ed. Waltham, MA: Blackwell Publishers.

2005c. "Biopower: Blood, Kinship and Eugenic Marriage," pp. 329-354. Jennifer Robertson, ed. *The Companion to the Anthropology of Japan.* Malden, MA and Oxford: Blackwell.

2009. *Politics and Pitfalls of Japan Ethnography: Reflexivity, Responsibility, and Anthropological Ethics.* Jennifer Robertson, ed. New York and Oxford: Routledge.

2018. *Robo Sapiens japanicus: Robots, Gender, Family and the Japanese Nation.* Berkeley and Los Angeles: University of California Press.

Yoshino, Kosaku. 1992. *Cultural Nationalism in Contemporary Japan: A Sociological Enquiry.* London and New York: Routledge.

| 한국어판 서문의 참고 문헌 |

Ackerman, Evan. 2017. Toyota's Gill Pratt on Self-Driving Cars and the Reality of Full Autonomy. January 17. https://spectrum.ieee.org/toyota-gill-pratt-on-the-reality-of-full-autonomy.

City of Yokosuka Adopts ChatGPT After Favorable Trial Results. Japan Times. June 6. https://www.japantimes.co.jp/news/2023/06/06/national/yokosuka-adopts-chatgpt/.

Gendering Social Robots: Analyzing Gender and Intersectionality. [2022]. https://genderedinnovations.stanford.edu/case-studies/genderingsocialrobots.html#tabs-2

Hempel, Jesse. 2018. Fei-Fei Li's Quest to Make AI Better for Humanity. November 13. https://www.wired.com/story/fei-fei-li-artificial-intelligence-humanity/.

International Federation of Robotics. 2021. Robot Density Nearly Doubled Globally. December 14. https://ifr.org/ifr-press-releases/news/robot-density-nearly-doubled-globally.

Mindell, David A. 2015. Our Robots, Ourselves: Robotics and the Myths of Autonomy. New York: Viking Press.

Moore, Samuel K. 2023. Image Recognition has an Income Problem. February 7. https://spectrum.ieee.org/image-recognition.

Robertson, Jennifer. 2023a. "Affective Robotics: Designing and Programming Gender in Humanoid Robots. Perspectives from Japan." Webinar sponsored by Tokyo College, University of Tokyo, February 20. https://www.youtube.com/watch?v=d1OdCTaFjGo.

Robertson, Jennifer. 2023b. I Am I Because My Little Aibo Knows Me: Animaloids, Identity, and Surveillance. In Dictionnaire d'histoire critique des animaux, Pierre Serna, Benedetta Piassezi, Malik Mellah, eds., Paris: Champ Vallon. (In French, in press.)

| 원서의 참고 문헌 |

여기 수록된 인터넷 주소는 따로 언급하지 않는 한 2017년 2월까지는 유효했다.

1928—"Gakutensoku" Pneumatic Writing Robot. 2008. Cyberneticzoo.com. http://cyberneticzoo.com/robots/1928-gakutensoku-pneumatic-writing-robotmakoto-nishimura-japanese/.

2020-nen robotto kokusai kyōgi taikai wa robotto gijutsu no shakai jissō o mezasu (International robot competition aims for the social implementation of robot technology).

2016. http://www.ohmsha.co.jp/robocon/archive/2016/02/2020.html.

Abe, Shinzō. (2006) 2013. *Utsukushii kuni e (Towards a Beautiful Country)*. Bunshun shinso 903, augmented new edition. Tokyo: Bungei shunju.

Abe Mocked on Twitter over Use of Props to Explain Security Bills. 2015. http://www.japantoday.com/category/politics/view/abe-mocked-on-internet-over-useof-props-to-explain-security-bills.

Abe seiken NO! (Abe administration NO!). 2015. Issue statement. http://abeno.net/.

Abe shushō, min'na no nyūsu-sei shutsuen (Appearance of PM Abe on Everyone's News). 2015. https://www.youtube.com/watch?v=P4UxxpOz07E.

Ackerman, Evan. 2011. Latest Geminoid Is Incredibly Realistic. May 6. http://spectrum.ieee.org/automaton/robotics/humanoids/latest-geminoid-is-disturbinglyrealistic.

Acroseed. 2009. Application for Special Permission of Residence. http://english.visajapan.jp/zaitoku.html.

Actroid DER. [2017]. http://www.kokoro-dreams.co.jp/rt_rent/download/act/actroid.pdf.

Adenzato, Mauro and Francesca Garbarini. 2006. The *As If* in Cognitive Science, Neuroscience and Anthropology. *Theory and Psychology* 16: 747–759.

Adult Adoption in Japan: Keeping It In The Family. *The Economist*, December 1, 2012. https://www.economist.com/news/asia/21567419-family-fi rms-adoptunusual-approach-remain-competitive-keeping-it-family.

A-FUN shūri jirei (A-FUN examples of repair work). [2017]. http://a-fun.biz/case.html.

AIBO. 2017. http://www.sony-aibo.com/.

Aibos History *[sic]*. 2017. http://www.sony-aibo.com/aibos-history/.

AIST (National Institute of Advanced Industrial Science and Technology). 2009. Successful Development of a Robot with Appearance and Performance Similar to Humans. Press release, May 13. http://www.aist.go.jp/aist_e/latest_research/2009/20090513/20090513.html.

⸻. 2015. AIST jintai sunpō dēabēu (AIST human body database 1997–98). https://www.dh.aist.go.jp/database/97–98/index.html.

Akuzawa, Mariko. 2015. Human Rights Education in Japan: Overview. FOCUS

82 (December). http://www.hurights.or.jp/archives/focus/section3/2015/12/human-rights-education-in-japan-overview-1.html.

Alabaster, Jay. 2010. I-Fairy Robot Weds Japanese Couple. *The Guardian*, May 16. https://www.theguardian.com/technology/2010/may/16/ifairy-robotwedding-japan.

Alderson, Rob. 2015. Tokyo Olympic Games Logo Embroiled in Plagiarism Row. *The Guardian*, July 30. https://www.theguardian.com/artanddesign/2015/jul/30/tokyo-olympics-logo-plagiarism-row.

Allen, Paul and Mark Greaves. 2011. The Singularity Isn't Near. *The MIT Tech Review*, October 12. https://www.technologyreview.com/s/425733/paul-allenthe-singularity-isnt-near/.

Alpeyev, Pavel and Takashi Amano. 2016. A Japanese Billionaire's Robot Dreams Are on Hold. *Bloomberg*, October 27. https://www.bloomberg.com/news/articles/2016-10-27/a-japanese-billionaire-s-robot-dreams-are-onhold.

ALSOK (Always Security OK). 2015. Nyūsu ririisu (News release). https://www.alsok.co.jp/company/news/news_details.htm?cat=2&id2=715.

Alter, Charlotte. 2015. Japan Eyes Matchmaking, Paternity Leave to Lift Birth Rate. *Time*, March 13. http://time.com/3744317/japan-birth-rate-matchmakingpaternity-leave/.

Alternative Limb Project. 2016. http://www.thealternativelimbproject.com/.

Amnesty International. 2016. Japan Report 2015/2016. https://www.amnesty.org/en/countries/asia-and-the-pacific/japan/report-japan/.

Anandan, Tanya M. 2014. Robotics in 2014: Market Diversity, Cobots and Global Investment. http://www.robotics.org/content-detail.cfm/Industrial-Robotics-Industry-Insights/Robotics-in-2014-Market-Diversity-Cobotsand-Global-Investment/content_id/4614.

A Roving Robot Buddy to Watch Over Your Home. 2015. http://www.cnet.com/products/blue-frog-robotics-buddy/.

Arudo, Debito. 2007. Human Rights Survey Stinks. *Japan Times*, October 23. http://www.japantimes.co.jp/community/2007/10/23/issues/human-rightssurvey-stinks/#.U9V1myTvY-s.

Asada, Minoru, Koh Hosoda, Yasuo Kuniyoshi, Hiroshi Ishiguro, Toshio Inui, Yuichiro Yoshikawa, Masaki Ogino and Chisato Yoshida. 2009. Cognitive Developmental Robotics: A Survey. *IEEE Transactions on Autonomous Mental Development* 1: 12–34. http://www.ece.uvic.ca/~bctill/papers/ememcog/Asada_etal_2009.pdf.

Asimov, Isaac. (1942) 1991. Runaround. In *Robot Visions*. New York: Penguin.

____. 1985. *Robots and Empire*. New York: Collins.

Asquith, Pamela J. and Arne Kalland. 1997. *Japanese Images of Nature: Cultural Perspectives*. Richmond, UK: Curzon Press.

ATLA (Acquisition, Technology, and Logistics Agency). 2016. http://www.mod.go.jp/atla/en/index.html.

Bahjat-Abbas, Niran. 2006. *Thinking Machines: Discourses of Artificial Intelligence*. Berlin: LIT.

Beauchamp, Geoff. 2013. Boston Bombing Victims and New Medical Technologies. Mobile Ed Productions, Inc., May 1. http://www.mobileedproductions.com/blog/bid/96257/Boston-Bombing-Victims-and-New-Medical-Technologies.

Beavers, Anthony. 2010. Editorial. In "Special Issue: Robot Ethics and Human Ethics." *Ethics and Information Technology* 12: 207–208.

Beciri, Damir. 2013. Cyberdyne HAL-5-xoskeleton Robot. Rob Aid, October 4. http://www.robaid.com/bionics/cyberdyne-hal-5-exoskeleton-robot.htm.

Beer, Jenay M., Arthur D. Fiske and Wendy A. Rogers. 2014. Toward a Framework for Levels of Robot Autonomy in Human-Robot Interaction. *Journal of Human-Robot Interaction* 3: 74–99.

Begley, Sarah. 2016. Japan's Prime Minister Pledges to Fix Country's Daycare Problem. *Time*, March 14. http://time.com/4258530/japan-day-careshinzo-abe/.

Berthouze, Luc and Christopher Prince. 2008. Special Issue: Developmental Robotics: Can Experiments with Machines Inform Theory in Infant Development? *Infant and Child Development* 17: 1–93.

BINA48. 2017. https://en.wikipedia.org/wiki/BINA48.

BINA48 and Bruce Duncan. 2012. https://www.youtube.com/watch?v=b3hTV-

6b8EI.

Biro, Matthew. 1994. The New Man as Cyborg: Figures of Technology in Weimar Visual Culture. *New German Critique* 62: 71–110.

Bloodsworth-Lugo, Mary. 2007. *In-Between Bodies: Sexual Difference, Race and Sexuality.* Albany, NY: State University of New York Press.

Blue Frog Robotics. 2016. http://www.bluefrogrobotics.com/en/buddy/.

Bōisōbichō(Acquisition, Technology, and Logistics Agency). 2016. http://www.mod.go.jp/atla/index.html.

Bourdieu, Pierre. 1977. *Outline of a Theory of Practice.* Cambridge, UK: Cambridge University Press.

Braidotti, Rosie. 2006. *Transpositions: On Nomadic Ethics.* Cambridge, UK: Polity.

Breazeal, Cynthia. 2002. *Designing Sociable Robots.* Cambridge, MA: MIT Press.

Bremner, Brian. 2015. Japan Unleashes a Robot Revolution. *Bloomberg*, May 28. http://www.bloomberg.com/news/articles/2015-05-28/japan-unleashesa-robot-revolution.

Brook, Marisa. (2007) 2011. Walk in the Valley of the Uncanny. Article 266. *Damn Interesting.* http://www.damninteresting.com/?p=853.

Bukimi. 1978. *Kōjien.* Tokyo: Iwanami Shoten.

Burein Nabi (Brain Navi[gation]). 2002. *Robotto gurafuitei* (Robot graffi ti). Tokyo: Ohmsha.

Burleigh, Tyler J., Jordan R. Schoenherr and Guy L. Lacroix. 2013. Does the Uncanny Valley Exist? An Empirical Test of the Relationship between Eeriness and the Human Likeness of Digitally Created Faces. *Computers in Human Behavior* 29: 759–771.

Calligraphy Robot Teaches Japan's Schoolchildren the Art of 'Shodo' Writing. 2013. *Huffington Post*, August 1. http://www.huffingtonpost.com/2013/08/01/calligraphy-robot-japan_n_3686261.html.

Campaign Against Sex Robots. 2015. https://campaignagainstsexrobots.org/.

Čapek, Karel. (1921) 2004. *R.U.R. (Rossum's Universal Robots).* Trans. Claudia Novack. New York: Penguin.

Carpenter, Julie. 2013. The Quiet Professional: An Investigation of U.S. Military

Explosive Ordnance Disposal Personnel Interactions with Everyday Field Robots. Ph.D. dissertation, University of Washington.

Carpenter, Julie, Joan M. Davis, Norah Erwin-Stewart, Tiff any R. Lee, John D. Bransford and Nancy Vye. 2009. Gender Representation and Humanoid Robots Designed for Domestic Use. *International Journal of Social Robotics* 1: 261–265.

Category: Robot Films. 2016. Wikipedia. https://en.wikipedia.org/wiki/ Category:Robot_films.

Category: Robotto o daizai to shita eiga. 2013. Wikipedia. https://ja.wikipedia.org/ wiki/Category:ロボシトを題材とした映画.

Chapman, David. 2012. No More 'Aliens': Managing the Familiar and the Unfamiliar in Japan. *The Asia Pacific Journal: Japan Focus* 9(29), no. 2: 1–13.

Chapman, David and Karl Jakob Krogness. 2014. *Japan's Household Registration System and Citizenship: Koseki, Identifi cation and Documentation*. Oxford: Routledge.

Chen, Brian X. 2012. New Breed of Robotics Aims to Help People Walk Again. *New York Times*, September 11. http://www.nytimes.com/2012/09/12/ technology/wearable-robots-that-can-help-people-walk-again.html.

Clancy, Gregory. 2007. Japanese Colonialism and Its Sciences: A Commentary. *East Asian Science, Technology and Society: An International Journal* 1: 205–211.

Coeckelbergh, Mark. 2010. Robot Rights? Towards a Social-Relational Justification of Moral Consideration. *Ethics and Information Technology* 12: 209–21.

Cohn, Neil. 2010. Japanese Visual Language: The Structure of Manga. In Tony Johnson-Woods, ed., *Manga: An Anthology of Global and Cultural Perspectives*, 187–203. New York: Continuum.

College Park. 2016a. Fast Company: The Prosthetic Foot That's Helping Paralympic Athletes to Compete. http://www.college-park.com/component/content/ article/61-company/news/176-fastcompany-coexist-paralympics.

______. 2016b. I Am Maya. http://www.college-park.com/patients/i-am-maya.

Crowe, Steve. 2015. Drunk Man Arrested for Kicking Pepper Robot. *Robotic Trends*, September 8. http://www.roboticstrends.com/article/drunk_man_arrested_for_

kicking_pepper_robot/.

Cyberdyne. 2015a. HAL For Living Support (Lower Limb Type). http://www.cyberdyne.jp/english/products/LowerLimb_nonmedical.html.

______. 2015b. What's HAL. http://www.cyberdyne.jp/english/products/HAL/index.html.

Cybernics. 2008. http://www.cybernics.tsukuba.ac.jp/english/outline/index.html.

DARPA (Defense Advanced Research Projects Agency). 2012. Broad Agency Announcement. DARPA Robotics Challenge. Tactical Technology Office (TTO) DARPA-BAA-12-39. April 10. http://www.androidworld.com/DARPA_Robotics_Challenge.pdf.

Dekker, Maarten. 2009. Zero Moment Point Method for Stable Biped Walking. Internship report, July. Eindhoven, The Netherlands: University of Technology. http://www.techunited.nl/media/files/humanoid/MaartenDekker_OPEN2009_Zero_Moment_Point_Method_for_Stable_Biped_Walking.pdf.

de Oliveira Barata, Sophie. 2015. What Inspires Me. *altlimbpro*. http://www.thealternativelimbproject.com/what-inspires-me/.

Devenish, Matthew. 2001. Humanoid Robots: A Thing of the Past? *Australasian Science* 22: 32–34.

Dorfman, Elena. 2005. *Still Lovers*. New York: Channel Photographics.

Donnelly, Jack. 1984. Cultural Relativism and Universal Human Rights. *Human Rights Quarterly* 6: 400–419.

______. 2013. *Universal Human Rights in Theory and Practice*. Ithaca, NY: Cornell University Press.

Dower, John. 1999. *Embracing Defeat: Japan in the Wake of World War II*. New York: W.W. Norton.

Dunne, Carey. 2014. Japan's Uncanny Quest to Humanize Robots. May 24. https://www.google.com/#q=http:%2F%2Fwww.fastcodesign.com%2F3031125%2Fexposure%2Fjapans-uncanny-quest-to-humanize-robots.

Duran, Boris and Serge Thill. 2011. Rob's Robot: Current and Future Challenges for Humanoid Robots. In Riadh Zaier, ed., *The Future of Humanoid Robots—*

esearch and Applications, 279–00. Rijeka, Croatia: InTech. [A free online edition of this book is available at https://www.intechopen.com.]

Edwards, Dave. 2016. Hitachi Puts Robots on Trial at Japan Airport. *Robotics and Automation News*, September 2. https://roboticsandautomationnews.com/2016/09/02/hitachi-puts-robots-on-trial-at-japan-airport/6966/6966/.

Eguchi, Katsuhiko. 2007. *2025nen Inobe-ke no ichinichi* (The year 2025: A day in the life of the Inobe family). Tokyo: PHP Kenkyūjo.

Ekso Bionics. 2016. http://eksobionics.com.

Endō, Masataka. 2015. "Nihonjin" no shikaku to kettōshugi no saiyō: kokumin tōgō ni okeru ie/koseki/kokka no renkei (Qualifi cations for "Japanese" and the adoption of jus sanginus: the connection between the household, household register, and state in national integration). *Ajia taiheiyō kenkyū sentā nenpō(Asia-Pacific Research Center Annual Report)*, 2014–2015: 2–9. https://www.keiho-u.ac.jp/research/asia-pacific/pdf/publication_2015–01.pdf.

Evans, Ruth and Roland Buerk. 2012. Why Japan Prefers Pets to Parenthood. *The Guardian*, June 8. http://www.theguardian.com/lifeandstyle/2012/jun/08/why-japan-prefers-pets-to-parenthood/.

Expo-70 Fujipan Pavillion Robots. 2011. December 16. http://cyberneticzoo.com/tag/osaka/.

Falcioni, John G. 2016. Automation Helps Break Old Stereotypes. *Mechanical Engineering* 138: 6.

Fan, Fa-ti. 2007. Redrawing the Map: Science in Twentieth-Century China. *Isis* 98: 524–38.

Feather Armour. 2015. *altlimbpro*. http://www.thealternativelimbproject.com/project/feather-armour/.

Fetters, Michael. 1998. The Family in Medical Decision-Making: Japanese Perspectives. *Journal of Clinical Ethics* 9:132–46.

Fighting Population Decline, Japan Aims to Stay at 100 Million. 2014. Nippon.com. August 26. http://www.nippon.com/en/features/h00057/.

Fitzgerald, Michael. 2014. STEM's Newest Darling: Robotics. It's the 21st Century's Newest Must-Study Subject. *Boston Globe*, October 2. https://www.

bostonglobe.com/magazine/2014/10/02/stem-newest-darling-robotics/
FrQEOiiLNbWXL5GI6UE8WP/story.html.

Flower Robotics. 2017. http://www.flower-robotics.com/english/robots.html.

Foreign Aff airs Publisher. 2016. Announcement of the Winning Robots in the Seventh Robot Awards. http://foreignaffairs.co.nz/2016/10/21/announcementof-the-winning-robots-in-the-seventh-robot-awards/.

Foreign Residents Can't Claim Welfare Benefi ts: Supreme Court. 2014. *Japan Times*, July 18. http://www.japantimes.co.jp/news/2014/07/18/national/social-issues/top-court-rules-non-japanese-residents-ineligible-welfarebenefits/#.U9RK1CTvY-s.

Foster, Hal. 1983. Postmodernism: A Preface. In Hal Foster, ed., The *Anti-Aesthetic: Essays on Postmodern Culture*, ix-vi. Port Townsend, WA: Bay Press.

Foster, Susan Leigh. 1985. The Signifying Body: Reaction and Resistance in Postmodern Dance. *Theatre Journal* 37: 4–4.

Freud, Sigmund. (1919) 2003. *Das Unheimliche* (The "uncanny"). Trans. Alix Strachey. London: Penguin.

Frizzell, Nell. 2015. Breaking Up with the Eiff el Tower—ow Heartbreak Is No Less "Real" for Objectum Sexuals. *Vice*, January 13. http://www.vice.com/en_uk/read/breaking-up-with-the-eiff el-tower.

Frost, Dennis. 2012. Tokyo's Other Games: The Origins and Impact of the 1964 Paralympics. *The International Journal of the History of Sport* 29: 619–37.

Frühstück, Sabine. 2003. *Colonizing Sex: Sexology and Social Control in Modern Japan*. Berkeley: University of California Press.

______. 2007. *Uneasy Warriors: Gender, Memory and Popular Culture in the Japanese Army*. Berkeley: University of California Press.

______. 2017. *Playing War: Children and the Paradoxes of Modern Militarism in Japan*. Berkeley: University of California Press.

Fukushima News Online. 2011. SoftBank CEO Son Morphs into Advocate of Nuclear Phaseout. May 27. https://fukushimanewsresearch.wordpress.com/2011/05/27/japan-softbank-ceo-son-morphs-into-advocate-of-nuclearphaseout/.

Gady, Franz-Stefan. 2015. How Japan Plans to Conquer the Global Arms Market. *The Diplomat*, May 15. http://thediplomat.com/2015/05/how-japanplans-to-conquer-the-global-arms-market/?allpages=yes&print=yes.

Gee, F. C., Will N. Browne and Kazuhiko Kawamura. 2005. Uncanny Valley Revisited. *2005 IEEE International Workshop on Robots and Human Interactive Communication*, 151–57. http://ieeexplore.ieee.org/document/1513772/.

Gell, Alfred. 1998. *Art and Agency: An Anthropological Theory*. Oxford: Oxford University Press.

George, Dragos. 2014. How Hybrid Assistive Limb (HAL) Exoskeleton Suit Works. *Smashing Robotics*, June 12. https://www.smashingrobotics.com/how-hybrid-assistive-limb-hal-exoskeleton-suit-works/.

Gilani, Nadia. 2012. Soldiers in Mourning for Robot That Defused 19 Bombs after It Is Destroyed in Blast. *Daily Mail*, January 24. http://www.dailymail.co.uk/sciencetech/article-2081437/Soldiers-mourn-iRobot-PackBot-devicenamed-Scooby-Doo-defused-19-bombs.html.

Goetz, Jennifer, Sara Kiesler and Aaron Powers. 2003. Matching RobotAppearance and Behavior to Tasks to Improve Human-Robot Cooperation. *Proceedings of the 12th IEEE Workshop on Robot and Human Interactive Communication*, 55–60. New York: IEEE.

Goldstein-Gidoni, Ofra. 2012. *Housewives of Japan: An Ethnography of Real Lives and Consumerized Domesticity*. New York: Palgrave Macmillan.

Gonzalez, Ramon, Francisco Rodriguez and Jose Luis Guzman. 2014. *Autonomous Tracked Robots in Planar Off-Road Conditions, vol. 6: Studies in Systems, Decision and Control*. Cham, Switzerland: Springer International.

Government of Japan. 1995. Disability Information Resources 1995. The Government Action Plan for Persons with Disabilities. Sōri kantei (Office of the Prime Minister). http://www.dinf.ne.jp/doc/english/law/japan/l00002e/l00002e01.html#contents.

______. 2007a. *Innovation 25*. Prime Minister of Japan and His Cabinet. http://japan.kantei.go.jp/innovation/interimbody_e.html.

______. 2007b. "Inobe-hon de kanaeru 2025-nen no yume" jushōsha hyōkei (Prime minister receives courtesy calls from the award winners of "Dreams Coming True through Innovation in 2025"). Sōri kantei (Offi ce of the Prime Minister). http://www.kantei. go.jp/jp/abephoto/2007/08/07innovation.html.

______. 2007c. Message from Minister Takaichi, Minister of State for Innovation. Prime Minister of Japan and His Cabinet. http://japan.kantei.go.jp/innovation/ message1_e.html.

______. 2007d. What Is "Innovation." Prime Minister of Japan and His Cabinet. http://japan.kantei.go.jp/innovation/okotae1_e.html.

______. 2009a. Guidelines on Special Permission to Stay in Japan. Ministry of Justice, Immigration Bureau. http://www.moj.go.jp/content/000048156.pdf.

______. 2009b. Japan's Women on Top of the World. Public Relations Offi ce. http:// www.gov-online.go.jp/eng/publicity/book/hlj/html/201110/201110_02.html.

______. 2009c. Tokushūsekai de katsuyaku suru Nipponjin josei (Japanese women who are active in a special kind of world). Public Relations Offi ce. http://www.gov-online.go.jp/eng/publicity/book/hlj/html/201110/201110_02j.html.

______. 2012. *Omona jinken kadai ni kansuru ishiki ni tsuite* (Awareness of major human rights matters). Naikakufu daijin kanbō seifu kōhō shitsu (Cabinet Offi ce, Chief Cabinet Secretary, Government Public Relations Offi ce). http://survey.gov-online. go.jp/h24/h24-jinken/2-.html.

______. 2013. *"Kaigo robotto ni kansuru tokubetsu yoronchōa" no gaiyō* (Overview of the "Special Public Opinion Poll Concerning Caregiving Robots"). Naikakufu seifu kōhō-shitsu (Cabinet Offi ce, Government Public Relations Offi ce). http://survey.gov-online.go.jp/tokubetu/h25/h25-kaigo.pdf.

______. 2014. *Inobe-ke no ichinichi* (A day in the life of the Inobe family). Naikakufu (Cabinet Offi ce). http://www.cao.go.jp/innovation/action/conference/minutes/inobeke. html.

______. 2015a. Kurashi no mirai to ICT (The future of everyday life and ICT [Information and Communication Technology]), *Jōhō tsūshin hakusho* (Information and Communications White Paper). Ministry of Internal Aff airs and Communication. http://www.soumu.go.jp/johotsusintokei/whitepaper/ja/h27/html/nc241350. html.

_____. 2015b. Robot Revolution Realization Council. Prime Minister of Japan and His Cabinet. January 23. http://japan.kantei.go.jp/97_abe/actions/201501/23article3.html.

_____. 2015c. Yume 2025 (Dreams 2025). Naikakufu. http://www.cao.go.jp/innovation/kids/dream2025/index.html.

_____. 2015d. Yume boshū (Dreams submission). Naikakufu. http://ww.kantei.go.jp/jp/innovation/ yumeboshu.html?ref=rss.

_____. 2016a. Announcement of the Winning Robots in the Seventh Robot Awards. Ministry of Economy, Trade, and Industry. Press release, October. http://www.meti.go.jp/english/press/2016/1012_03.html.

_____. 2016b. Cool Japan/Creative Industries Policy. Ministry of Economy, Trade, and Industry. http://www.meti.go.jp/english/policy/mono_info_service/creative_industries/creative_industries.html.

_____. 2016c. Dai 7-kai robotto taishō no kaku-shō no hyōshō taishō (Images of the winning robots in the 7th Robot Awards Program). Ministry of Economy, Trade, and Industry. http://www.meti.go.jp/press/2016/10/20161012001/20161012001-.pdf.

_____. 2016d. Human Rights, Humanitarian Assistance, Refugees. Ministry of Foreign Affairs. http://www.mofa.go.jp/policy/human/.

_____. 2016e. METI to Launch Robots for Everyone Project. Ministry of Economy, Trade, and Industry. http://www.meti.go.jp/english/press/2016/0210_04.html.

_____. 2016f. Minna no robotto purojekuto (Robots for Everyone Project). Ministry of Economy, Trade, and Industry. https://bla.bo/teams/meti-robot. Green, John. 2006. *Looking for Alaska*. New York: Penguin Random House.

Green, Shane. 2003. Astroboy Still on the Go. http://www.smh.com.au/articles/2003/03/07/1046826533340.html.

Grosz, Elizabeth. 1994. *Volatile Bodies: Toward a Corporeal Feminism*. Bloomington: Indiana University Press.

Guevarra, Anna. 2015. Techno-Modeling Care: Racial Branding, Dis/embodied Labor and "Cybraceros" in Korea. *Frontiers: Journal of Women's Studies* 36: 139–59.

Guizzo, Erico and Evan Ackerman. 2015. Team KAIST Wins DARPA Robotics Challenge. *New Atlas*, June 8. http://newatlas.com/darpa-drc-fi nals-2015-results-kaist-win/37914/.

Ha, Kwiyeon and Linda Sieg. 2016. Japan Confronts Disability Stigma after Silence over Murder Victims' Names. *Daily Mail*, September 16. http://www.dailymail.co.uk/wires/reuters/article-3792247/Japan-confronts-disabilitystigma-silence-murder-victims-names.html?ITO=1490&ns_mchannel=rss&ns_campaign=1490.

Hakuto. 2017. Mission. http://team-hakuto.jp/en/mission/index.html.

Hanson Robotics. 2017. BINA48. http://www.hansonrobotics.com/bina48/.

Hara, Yoshiko. 2001. Humanoid Robots March to Market in Japan. *EE Times*, January 11. http://www.eetimes.com/document.asp?doc_id=1142902&prin.

Hara, Fumio and Hiroshi Kobayashi. 2003. Face Robots: Soft Material and Multiple Actuation for Facial Expressions. In Fumio Hara and Rolf Pfeifer, eds., *Morpho-Functional Machines: A New Species*, 145–66. Berlin: Springer.

Haraway, Donna. (1985) 1991. A Cyborg Manifesto: Science, Technology, and Socialist-Feminism in the Late Twentieth Century. In *Simians, Cyborgs and Women: The Reinvention of Nature*, 149–183. New York: Routledge.

Hardawar, Devindra. 2016. Pepper the Robot Is Opening Up to Android. https://www.engadget.com/2016/05/19/pepper-the-robot-is-opening-up-toandroid/.

Harvey, Inman, Ezequiel Di Paolo, Elio Tuci, Rachel Wood and Matt Quinn. 2005. Evolutionary Robotics: A New Scientifi c Tool for Studying Cognition. *Artificial Life* 11: 79–8.

Hasegawa, Machiko. 1942. *Susume yamato ikka: yokusan manga* (Forward! Yamato family: Imperial Rule Assistance Association Comic). Tokyo: Nihon Ezasshisha.

_____. 1997a. *Sazae-san (The Wonderful World of Sazae-san), vol. 1*. Trans. Jules Young. Tokyo: Kondansha International.

_____. 1997b. *Sazae-san (The Wonderful World of Sazae-san), vol. 2*. Trans. Jules Young. Tokyo: Kondansha International.

_____. 2013. Yamato-san. https://www.youtube.com/watch?v=j2Wtw5izteo.

Hasegawa, Nōzō 2008. Gakutensoku no ishō to dōsa (Gakutensoku's design and behavior). *Osaka shiritsukagakukan kenkyū hōkoku* (Osaka Municipal Science Museum Research Report) 18: 5–1. http://www.sci-museum.kita.osaka.jp/~nozo/publication/pb18–05.pdf.

Hasegawa Machiko Bijutsukan (Hasegawa Machiko Art Museum). 2017. http://www.hasegawamachiko.jp/machikosprofi le.

Hasegawa Machiko Maboroshi no Sakuhin "Yokusan'ikka Yamato-san" (Hasegawa Machiko's phantom work, "Yokusan'ikka Yamato-san"). 2016. http://armstrong13.seesaa.net/pages/user/m/article?article_id=76665392.

Hashimoto, Shūji. 2003. Kankyō ni tekiōshi jiritsusuru robotto (Autonomous robots that adapt to [their] environment). *Wabotto no hon* (The book of Wabot), vol. 2: 2–7. Tokyo: Chūō Kōron Shinsha.

Hatelabo: AnonymousDiary. http://anond.hatelabo.jp/20160215171759.

Hayama, Toshiki. 2009. Tsuki tansa no igi to mokuhyō oyobi tsuki tansa ni okeru robotto no yakuwari to kitai ni tsuite (On the signifi cance and purpose of moon explorations and the role and expectations of robots in lunar explorations). http://www.kantei.go.jp/jp/singi/utyuu/tukitansa/dai2/siryou3.pdf.

Hayashi, Yuka. 2014. For Japan's Shinzo Abe, Unfi nished Family Business. *Wall Street Journal*, December 11. http://www.wsj.com/articles/for-japans-shinzoabe-unfinished-family-business-1418354470.

Heracleous, Panikos, Carlos T. Ishi, Takahiro Miyashita, Hiroshi Ishiguro and Norihiro Hagita. 2013. Using Body-Conducted Acoustic Sensors for Human Robot Communication in Noisy Environments. *International Journal of Advanced Robotic Systems* 10: 1–7.

Higuchi, Naoto. 2012. Japan's Failure to Enfranchise Its Permanent Resident Foreigners. *Asia Pacific Memo* 145 (April 3). http://www.asiapacifi cmemo.ca/japan-failure-to-enfranchise-its-permanent-resident-foreigners.

hitchBOT. 2015. http://www.hitchbot.me/.

Hoikuen ochita Nihon shine! ! ! (Day care denied. Death to Japan!!!). 2016. http://anond.hatelabo.jp/20160215171759.

Honda. 2016. Walking Assist. http://world.honda.com/Walking-Assist/.

Hood, Christopher. 1999. Nakasone: Nationalist or Internationalist? http://www.academia.edu/1426758/Nakasone_Nationalist_or_Internationalist.

______. 2001. *Japanese Education Reform: Nakasone's Legacy*. London: Routledge.

Horak, Paul. 2011. Kishi Nobusuke and a Dualistic Japan. *Duke East Asia Nexus* 3(1). http://www.dukenex.us/kishi-nobusuke-and-a-dualistic-japan.html.

Horie, Norichika. 2014. The Contemporary View of Reincarnation in Japan. In Christopher Harding, Iwata Fumiaki and Yoshinaga Shin'ichi, eds., *Religion and Psychotherapy in Modern Japan*, 204–233. London: Routledge.

Hornyak, Timothy N. 2006. *Loving the Machine: The Art and Science of Japanese Robots*. Tokyo: Kondansha International.

Hoshino, Noriko. 2002. *Kosekiseido to jendā* (The koseki system and gender). *Jinbunkenkyū Kanagawa Daigaku Jinbungaku Kaishi* (Human Rights Research, Kanagawa University Human Rights Bulletin) 145: 25–5.

Howe, David. 2011. Cyborg and Supercrip: The Paralympics Technology and the (Dis)empowerment of Disabled Athletes. *Sociology* 45: 868–82.

How to Fall Gracefully If You're a Robot. 2015. *Georgia Tech News*, October 1. http://www.news.gatech.edu/2015/10/13/how-fall-gracefully-if-youre-robot.

How to Use Pino. [2017]. http://www.robotsandcomputers.com/robots/manuals/Pino.pdf.

Hsu, Jeremy. 2012. Robotics' Uncanny Valley Gets New Translation. *Livescience*, June 12. http://www.livescience.com/20909-robotics-uncanny-valleytranslation.html.

http://abe-no.net/.

http://armstrong13.seesaa.net/article/76665392.html.

http://blogs.itmedia.co.jp/akihito/2007/02/post_d66a.html [Accessed February 2007].

http://bobstrife.blogspot.com/2011/09/fact-based-fi ction-japanese-technology.html.

http://butabanasaurus.blogspot.com/2012_11_01_archive.html.

http://cyberneticzoo.com/robots/1928-gakutensoku-pneumatic-writing-robotmakoto-nishimura-japanese/.

http://en.wikipedia.org/wiki/Charge-coupled_device.

http://hubolab.kaist.ac.kr/.

http://ieee-jp.org/en/.

http://infohost.nmt.edu/~armiller/japanese/jpeg/actroid6.jpg.

http://japan.kantei.go.jp/innovation/index_e.html.

http://japanlyricsong.blogspot.jp/2011/10/can-you-keep-secret-utadahikaru-lyrics.
    html.

http://kabukishojo.com/article/how-much-that-robot-window.

http://kafee.wordpress.com/2007/10/28/sex-dolls-robots-love-and-marriage/.

http://livedoor.4.blogimg.jp/nwknews/imgs/b/0/b0f01519-s.jpg.

http://studio-m.at.webry.info/200703/article_2.html.

http://team-hakuto.jp/en/glxp/.

http://ticket.st/takarazuka-ryu/8429gd8zu.

http://tokyotek.com/designer-prosthetic-limb-may-give-amputees-a-unique-
    expressionof-style/.

http://web-japan.org/nipponia/archives/en/index.html.

http://women.ws100h.net/.

http://www.ai-gakkai.or.jp/「人工知能」の表紙に対する意見や議論に関して/.

http://www.ananova.com/news/story/sm_1361247.html.

http://www-arl.sys.es.osaka-u.ac.jp/ikemoto/images/cb2_clip.png [Note: www-arl
    is the actual address].

http://www.asahi.com/event/machikoten/.

http://www.banshoji.or.jp/.

http://www.britishmuseum.org/research/collection_online/collection_object_
    details.aspx?objectId=1560146&partId=1.

http://www.cao.go.jp/innovation/action/conference/minutes/inobeke.html.

http://www.cao.go.jp/innovation/kids/dream2025/index.html.

http://www.city.nanto.toyama.jp/cms-sypher/www/info/detail.jsp?id=7329.

http://www.debito.org/.

http://www.debito.org/ishiharahikokusaika.html.

http://www.fl ower-robotics.com/english/robots.html.

http://www.forum.iss.u-tokyo.ac.jp/.

http://www.gcoe-cnr.osaka-u.ac.jp/geminoid/geminoidf/f_resources.html.

http://www.geminoid.jp/en/geminoid-development.html.

http://www.ieee-ras.org/conferences-workshops/fully-sponsored/humanoids.

http://www.ieee-ras.org/robot-ethics.

http://www.ifr.org/industrial-robots/statistics/.

http://www.ingentaconnect.com/content/imp/jcs.

http://www.itmedia.co.jp/lifestyle/articles/0407/29/news088.html.

http://www.kantei.go.jp/jp/singi/utyuu/tukitansa/dai2/siryou3.pdf.

http://www.karakuri.info/.

http://www.kokoro-dreams.co.jp/404.html [Accessed June 2009].

http://www.kokoro-dreams.co.jp/english/about/access.html.

http://www.kokoro-dreams.co.jp/english/rt_tokutyu/actroid.html.

http://www.kokoro-dreams.co.jp/rt_rent/actroid.html.

http://www.kushiro-ct.ac.jp/modules/d3blog_02/details.php?bid=49.

http://www.mitsubishitoday.com/ht/display/ShowPage/id/2429/pid/2429.

http://www.myk.dis.titech.ac.jp/html/e_ver.html.

http://www.nogutetu.com/2007/02/post_135.html.

http://www.plasticpals.com/?attachment_id=9343.

http://www.plasticpals.com/?p=944.

http://www.plasticpals.com/?p=956.

http://www.plasticpals.com/?p=1901.

http://www.riken.jp/en/pr/press/2015/20150223_2/.

http://www.robocup2016.org/en/.

http://www.robo-garage.com/en/prd/p_02/.

http://www.romela.org/charli-cognitive-humanoid-autonomous-robot-with-learningintelligence/.

http://www.shimz.co.jp/english/theme/dream/moonbase.html.

http://www.shimz.co.jp/english/theme/dream/spacehotel.html.

http://www.sky-s.net/sky-blog/archives/2007/12/06-90629.php.

http://www.softbank.jp/en/corp/about/message.

http://www.stat.go.jp/english/data/jinsui/tsuki/index.htm.

http://www.stat.go.jp/training/english/toshokan/faq.htm.

http://www.st.keio.ac.jp/english/learning/learning_05.html.

http://www.thealternativelimbproject.com/.

http://www.theoldrobots.com/images41/Pino_1.pdf.

http://www.yanagimiwa.net/e/elevator/index.html.

http://xn—9j0bk5542aytpfi 5dlij.biz/atom_td/.

https://archimorph.com/2011/01/23/primo-post-human-trans-humanist-culture/.

https://en.wikipedia.org/wiki/Category:Robot_fi lms.

https://en.wiktionary.org/wiki/sapiens.

https://ja.wikipedia.org/wiki/Category:ロボットを題材とした映画.

https://quotejapan.wordpress.com/ishihara-shintaro-quotes-from-tokyos-governor/.

https://team-hakuto.jp/en/.

https://tokyo2020.jp/en/games/emblem/.

https://twitter.com/carbonsumi/status/531090737656369152.

https://twitter.com/carbonsumi/status/531091447072575488.

https://www.ald.SoftBankrobotics.com/en/cool-robots/pepper/fi nd-out-moreabout-pepper.

https://www.amazon.co.jp/2025年-伊野辺-イノベ-家の1日-江口.

https://www.amazon.co.jp/人工知能-2014年-11月号-雑誌./dp/B00PQZS650/ref=pd_sim_14_1?_encoding=UTF8&psc=1&refRID=T9E6J2JBS2B821BWW HG4.

https://www.amnesty.org/en/countries/asia-and-the-pacifi c/japan/reportjapan/.

https://www.apartment507.com/blogs/anime-manga/114068935-showa-nostalgiain-anime-what-s-the-deal.

https://www.dh.aist.go.jp/database/97-8/e_index.html.

https://www.ihi.co.jp/index.html.

https://www.taro-yamamoto.jp/.

https://www.tepia.jp/english.

https://www.youtube.com/watch?v=2CGOptI2MuM.

http://www.youtube.com/watch?v=4sjV_lxSVQo&feature=related.

https://www.youtube.com/watch?v=51yGC3iytbY.

https://www.youtube.com/watch?v=AwQuXbae3N4.

https://www.youtube.com/watch?v=b3hTV-6b8EI.

https://www.youtube.com/watch?v=P4UxxpOz07E.

IEEE at a Glance. 2017. https://www.ieee.org/about/today/at_a_glance.html.

IEEE-RAS, Technical Committee on Humanoid Robotics. [2017]. Humanoid Robotics. http://www.humanoid-robotics.org/.

IEEE Robotics and Automation Society. 2017. Robot Ethics. http://www.ieeeras.org/robot-ethics.

IEEE Spectrum. 2016. http://spectrum.ieee.org/robotics/humanoids.

IFR (International Federation of Robotics). 2016. Survey: 1.3 Million Industrial Robots to Enter Service by 2018. February 25. http://www.ifr.org/news/ifr-press-release/survey-13-million-industrial-robots-to-enter-service-by-2018-799/.

IHI Corporation. 2017. Realize Your Dreams. https://www.ihi.co.jp/index.html.

Ikeda, Shinobu and Akiko Yamasaki. 2014. Jinkō chinō shi no hyōshi dezainiken, giron ni sesshite—shikaku hyōshō no shitenkara (Analyses of opinions and arguments of the *Journal of the Japanese Society for Artifi cial Intelligence*—from the viewpoint of visual representation studies [*sic*, English title provided]. Jinkō Chinō 29: 167–171. [PDF accessible at http://www.ai-gakkai.or.jp/vol29_no2/.]

Ikuseikata kyōryūrobotto "Pureo rb" de Nihon saijōriku (The return of PLEO rb, the life-form robot dinosaur). 2013. http://プレスリリース.com/articles/10.

Indego. 2016. http://www.indego.com/indego/en/home.

Innovation 25 Strategy Council. 2007. *"Innovation 25"*—reating the Future, Challenging Unlimited Possibilities. Interim Report. http://japan.kantei.go.jp/innovation/interimbody_e.html.

Inoue, Haruki. 1993. *Nihon robotto sōsei-ki 1920–1938* (Chronicle of the genesis of Japanese robots, 1920–938). Tokyo: NTT Shuppan.

______. 2007. *Nihon robotto sensō-ki 1939–945* (Chronicle of wartime Japanese robots). Tokyo: NTT Shuppan.

Inoue, Yūko. 2002. Senjika no manga—hintaiseiki ikō no manga to mangakka dantai (Wartime comics—omics and cartoonist groups under the New Order). *Ritsumeikandaigaku jinmonkagaku kenkyūjo kiyō*(Bulletin of the Ritsumeikan University Humanities Research Institute) no. 81: 103–133.

Intelligent Robots by 2015. 2006. *Pink Tentacle*, August 23. http://pinktentacle. com/2006/08/intelligent-robots-by-2015-says-meti/.

Ishiguro, Hiroshi. 2007. Scientifi c Issues Concerning Androids. *The International Journal of Robotics Research* 26: 105–117.

_____. 2013. Robots Help Us Understand Human Nature. *The European*, September 28. http://www.theeuropean-magazine.com/hiroshi-ishiguro—2/.

Ishiguro, Hiroshi and Takashi Minato. 2005. Andoroido no kao ni okeru ningenrashisa (The human likeness of the android's face). *Kisō shinrigaku kenkyū* (The Japanese Journal of Psychonomic Science) 25(1): 96–102.

Ishinomori, Shōtarō. 1986. *Manga nihon keizai nyūmon* (A graphic primer on Japanese economics). Tokyo: Nihon Keizai Shinbunsha.

_____. 1988. *Japan, Inc.: Introduction to Japanese Economics (The Comic Book)*. Berkeley: University of California Press.

Ito, Masami. 2015. Culture Clash: Entertainers Add Weight to Government Protests. *Japan Times*, August 29. http://www.japantimes.co.jp/culture/2015/08/29/ general/culture-clash-entertainers-add-weight-governmentprotests/#. WKeTIRIrIyk.

Jacobs, Ruth. 2014. Knowing the Diff erence between Sex-Traffi cking & Sex-Work— Survivor Speaks. *Women News Network*, January 16. https:// womennewsnetwork.net/2014/01/16/diff erence-sex-traffi cking-survivor/.

Japanese American Social Services Inc. 2015. http://jassi.org/?s=hague&x=0&y=0.

Japanese Government Asks Universities to Close Social Sciences and Humanities Faculties. 2015. *ICEF Monitor*, September 17. http://monitor.icef.com/2015/09/ japanese-government-asks-universities-to-close-socialsciences-and-humanities-faculties/.

Japanese manga meeting 2011 exhibition 45 Ryuji Fujii. 2012. January 9. http://blogs. yahoo.co.jp/fuusiisan/7985301.html.

Japan Grants Suff rage to Female Robots. 2014. *The Onion*, January 17. http://www.

theonion.com/article/japan-grants-suff rage-to-female-robots-34986.

Japan's Humanoid Robots—etter Than People. 2005. *The Economist*, December 20. http://www.economist.com/node/5323427.

Japan Singularity Institute. 2014. Member [sic]. http://tokuiten.org/we/?page_id=8.

Japan Society. 2014. The "Cool Japan" Strategy: Sharing the Unique Culture of Japan with the World. January 13. http://www.japansociety.org/event/thecool-japan-strategy-sharing-the-unique-culture-of-japan-with-the-world.

Japan's Plan for Dynamic Engagement of All Citizens, The *[sic]*. 2016. http://www.kantei.go.jp/jp/singi/ichiokusoukatsuyaku/pdf/plan2.pdf.

Jentsch, Ernst. 1906. Zur Psychologie des Umheimlichen (On the psychology of the uncanny). *Psychiatrisch-Neurologische Wochenschrift* (Psychiatric-Neurological Weekly) 22: 195–198; 23: 203–210.

Jibo Blog. 2014. Welcome to the Jibo Blog on Social Robots. June 10. https://blog.jibo.com/2014/06/10/welcome/.

______. 2015. Jibo's Name: How Did We Pick It? June 25. https://blog.jibo.com/2015/06/25/jibos-name-how-did-we-pick-it/.

Johnson, Chalmers. 1982. *MITI and the Japanese Miracle: The Growth of Industrial Policy, 1925-1975*. Stanford, CA: Stanford University Press.

Jones, Colin. 2013. The LDP Constitution, Article by Article: A Preview of Things to Come? *Japan Times*, July 2. http://www.japantimes.co.jp/community/2013/07/02/issues/the-ldp-constitution-a-preview-of-things-tocome/#.U9V3fCTvY-s.

Jozuka, Emiko. 2016. Goodbye Rio, Hello Robots: Expect High-Tech Cool at 2020 Tokyo Olympics. *CNN*, August 22. http://edition.cnn.com/2016/08/21/asia/tokyo-olympics-2020/.

Kageki, Norri. 2011. Meet Aff etto, a Child Robot With Realistic Facial Expressions. February 8. http://spectrum.ieee.org/automaton/robotics/humanoids/meet-aff etto.

______. 2012. An Uncanny Mind: Masahiro Mori on the Uncanny Valley and Beyond. June 12. http://spectrum.ieee.org/automaton/robotics/humanoids/an-uncanny-mind-masahiro-mori-on-the-uncanny-valley.

Kageyama, Yuri. 2007. Japan Mixes Robotics with Tea Time. *Washington Post*, February 28. http://www.washingtonpost.com/wp-dyn/content/article/2007/02/28/AR2007022801302_pf.html.

Kaigo. 2016. https://ja.wikipedia.org/wiki/介護.

Kakuchi, Suvendrini. 2010. Japan: Foreign Caregivers' Language Exam Triggers Debate. Inter Press Service. August 11. http://www.ipsnews.net/2010/08/japan-foreign-caregiversrsquo-language-exam-triggers-debate/.

Kanemori, Yuki. 2007. Seikatsu yōshiki o enshutsu suru kūkan (The space that produces an everyday lifestyle *[sic]*). *Wabotto no hon* (The book of Wabot), vol. 7: 16–17. Tokyo: Chūō Kōron Shinsha.

Kato, Akihiko. 2013. The Japanese Family System: Change, Continuity, and Regionality over the Twentieth Century. MPIDR [Max Planck Institute for Demographic Research] Working Paper WP 2013–04. http://www.demogr.mpg.de/papers/working/wp-2013–04.pdf.

Katz, Leslie. 2009. Japan's Latest Supermodel— Robot. March 18. https://www.cnet.com/news/japans-latest-supermodel-a-robot/.

Kemburi, Kalyan M. 2016. Robots for Japan's Defence: The Key Issues. *RSIS Commentaries* no. 065. Singapore: Nanyang Technological University. https://dr.ntu.edu.sg/bitstream/handle/10220/40435/CO16065.pdf?sequence=1.

Kerr, Ian. 2007. Minding the Machines. *The Ottawa Citizen*, May 4. http://iankerr.ca/wp-content/uploads/2011/08/Minding-the-machines.pdf.

Kessler, Suzanne. 1998. *Lesson from the Intersexed*. New Brunswick, NJ: Rutgers University Press.

Kessler, Suzanne and Wendy McKenna. 1985. *Gender: An Ethnomethodological Approach*. Chicago: University of Chicago Press.

Kitano, Hiroaki, Fuminori Yamasaki, Tatsuya Matsui, Ken Endo, Yukiko Matsuoka, Hiroshi Kaminaga and Yuichiro Kato. 2004. The Story of Pino. *International Journal of Humanoid Robotics* 1: 449–463.

Kōeki zaidan hōjin tekunoaido kyōkai. 2016. Kaigō robotto no yūkō katsuyō ni hitsuyō na hōsaku no kentō ni kansuru chōsa kenkyū jigyō. Hōkokusho (Report on research to determined the necessary means by which to eff ectively deploy caregiving robots). Tokyo: Kōeki zaidan hōjin tekunoaido kyōkai.

Kokoro Company. 2017a. About Us. www.kokoro-dreams.co.jp/english/about/access.html.

______. 2017b. Actroid-DER Series. http://www.kokoro-dreams.co.jp/english/rt_tokutyu/actroid.html.

______. 2017c. Humanoid Robot. http://www.kokoro-dreams.co.jp/english/rt_tokutyu/humanoid.html.

Komagata, Yu and Kashiko Kawanaka. 2016. Japan's Robots Take on Growing Range of Jobs. *Chicago Tribune*, January 25. http://www.chicagotribune.com/business/ct-japanese-robots-20160125-story.html.

Komatsu, Naohisa. 2004. Kazoku no kizuna o musubu robotto (Robots that knit together family ties). *Wabotto no hon* (The book of Wabot), vol. 3: 3–27. Tokyo: Chūō Kōron Shinsha.

Koseki: The Japanese Family Registration. 2013. http://www.accessj.com/2013/01/koseki-japanese-family-registration.html.

Kroeber, Alfred and Clyde Kluckhohn. 1952. Culture: A Critical Review of Concepts and Defi nitions. *Papers of the Peabody Museum of Harvard Achaology and Ethnology, Harvard University* 42(1). Cambridge, MA: Museum Press.

Kubo, Akinori. 2006. Gendai roboteikusu ni tsuite no jinruigakuteki kōsatsu: entāteinmento robotto "aibo" no kaihatsu to juyō no katei kara miru tekunorojii no genzai (An anthropological inquiry into modern robotics: the current situation of technology from the perspective of critical processes and the development of AIBO, the entertainment robot). Master's thesis, Osaka University.

______. 2015. *Robotto no jinruigaku: Nijūseki nihon no kikai to ningen* (Anthropology of robot [sic]: Machines and humans in 20th-century Japan). Kyoto: Sekai Shisōsha.

Kurokawa, Kiyoshi. 2007. *Innovation 25*, Interim Report. http://www.cao.go.jp/innovation/en/pdf/innovation25_interim_full.pdf [Accessed 2007].

Kurzweil Accelerating Intelligence. 2017. Billionaire Softbank [sic] CEO Masayoshi Son plans to invest in singularity. February 27. http://www.kurzweilai.net/billionaire-softbank-ceo-masayoshi-son-plans-to-invest-inthe-singularity?utm_source=KurzweilAI+Daily+Newsletter&

utm_campaign=15b3536b4d-UA-946742-&utm_medium=email&utm_term=0_6de721fb33-5b3536b4d-282099033.

Kyburz, Josef A. 1997. Magical Thought at the Interface of Nature and Culture. In Pamela J. Asquith and Arne Kalland, eds., *Japanese Images of Nature: Cultural Perspectives*, 257–280. London: Routledge.

LaFleur, William. 1992. *Liquid Life: Abortion and Buddhism in Japan*. Princeton, NJ: Princeton University Press.

Letters and Comments. 2016. *Mechanical Engineering* 138: 8.

Levy, David. 2008. *Love and Sex with Robots: The Evolution of Human-robot Relationships*. New York: HarperCollins.

Lies, Elaine. 2016. Angry Japan Parents Demand More Daycare as PM Struggles to Respond. *Reuters*, March 23. http://uk.reuters.com/article/uk-japandaycare-idUKKCN0WP0UO.

Lim, Angelica. 2013. Japanese Robot Actroid Gets More Social, Has No Fear of Crowds. March 18. http://spectrum.ieee.org/automaton/robotics/humanoids/japanese-robot-actroid-sit.

Lin, Patrick, Keith Abny and George A. Bekey. 2012. *Robot Ethics: Ethical and Social Implications of Robotics*. Cambridge: MIT Press.

Lindblom, Jessica and Tom Ziemke. 2006. The Social Body in Motion: Cognitive Development in Infants and Androids. *Connection Science* 18: 333–362.

Lo, Ming-Chen. 2002. *Doctors within Borders: Profession, Ethnicity, and Modernity in Colonial Taiwan*. Berkeley: University of California Press.

Long, Susan. 1999. Family Surrogacy and Cancer Disclosure: Physician-Family Negotiation of an Ethical Dilemma in Japan. *Journal of Palliative Care* 15: 31–42.

MacDorman, Karl F. 2006. Subjective Ratings of Robot Video Clips for Human Likeness, Familiarity, and Eeriness: An Exploration of the Uncanny Valley. http://citeseerx.ist.psu.edu/viewdoc/summary;jsessionid=D434EE663610B1FE8E539C3D57842659?doi=10.1.1.454.9921.

MacDorman, Karl F. and Hiroshi Ishiguro. 2006. Opening Pandora's Box. Reply to Commentaries on "The Uncanny Advantage of Using Androids in Social and Cognitive Science Research." *Interactions Studies* 7: 361–368.

Mackay, Duncan. 2013. Japanese Government Set Up New Office to Coordinate Tokyo 2020 Preparations. *Inside the Games*, October 4. http://www. insidethegames.biz/articles/1016357/japanese-government-set-up-newoffice-to-coordinate-tokyo-2020-preparations.

Madrigal, Alex C. 2014. Meet the Cute, Wellies-Wearing, Wikipedia-Reading Robot That's Going to Hitchhike across Canada. *The Atlantic*, June 12. http://www.theatlantic.com/technology/archive/2014/06/meet-the-cutewellies-wearing-robot-thats-going-to-hitchhike-across-canada/372677/.

Marinov, Bobby. 2015. Mitsubishi Heavy Industries Enters the Field of Powered Exoskeletons. *Exoskeleton Report*, December 14. http://exoskeletonreport. com/2015/12/mitsubishi-heavy-industries-enters-the-fi eld-of-poweredexoskeletons/.

Market Research on Partner Robots for Households. 2006. http://www.robocasa. com/pdf/press_release.pdf.

Marsh, Amy. 2010. Love among the Objectum Sexuals. *Electronic Journal of Human Sexuality* 13 (March 1). http://www.ejhs.org/volume13/ObjSexuals.htm.

Matsubara, Hiroshi. 2013. Foreigners Seek Same Rights As Seal. *Japan Times*, February 23. http://www.japantimes.co.jp/news/2003/02/23/national/foreigners-seek-same-rights-as-seal/#.WJY9dbYrIykminu.

Matsuo, Yutaka and Satoshi Kurihara. 2014a. Furontia o mezashite (Towards a [new] frontier). http://www.ai-gakkai.or.jp/学会誌名の変更と新しい表紙デザインのお知らせ/ [Accessed January 2014].

_____. 2014b. Jinkō chinō no hyōshi ni taisuru iken ya giron ni kanshite (Regarding the opinions and arguments about the cover of Jinko-Chino). http://www.ai-gakkai. or.jp/「人工知能」の表紙に対する意見や議論に関して/[Accessed January 2014].

McCurry, Justin. 2015. Japan's Maglev Train Breaks World Speed Record with 600km/h Test Run. *The Guardian*, April 21. https://www.theguardian.com/world/2015/apr/21/japans-maglev-train-notches-up-new-world-speed-recordin-test-run.

McNamee, Michael, Julian Savulescu and Stuart Willick. 2014. Ethical Considerations in Paralympic Sport: When Are Elective Treatments Allowable to Improve Sports Performance? *PMandR: The Journal of Injury, Function and Rehabilitation* (Supplement) 6: 66–75.

Mehrotra, Vikas, Randall Morck, Jungwook Shim and Yuapan Wiwattanakantang. 2013. Adoptive Expectations: Rising Sons in Japanese Family Firms. *Journal of Financial Economics* 108: 840–854.

Menzel, Peter and Faith D'Aluisio. 2000. *Robo sapiens: Evolution of a New Species*. Cambridge, MA: MIT Press.

METI Journal. 2013. Nursing Care and Robots. Ministry of Economy, Trade, and Industry. May. http://www.meti.go.jp/english/publications/pdf/journal2013_04.pdf.

Mikichangcap. 2013. Ima wadai no jinkō chinō gakkai no hyōshi desu dōomoimasuka? (What do you think about the cover of *Jinkō Chinō* that is all the rage?) http://detail.chiebukuro.yahoo.co.jp/qa/question_detail/q12118625002.

Miller, Laura. 2004. You Are Doing *Burikko!* Censoring/Scrutinizing Artificers of Cute Feminity in Japanese. In Shigeko Okamoto and Janet S. Shibamoto-Smith, eds., *Japanese Language, Gender, and Ideology: Cultural Models and Real People*, 148–165. Oxford: Oxford University Press.

_____. 2013. Elevator Girls Moving in and out of the Box. In Alisa Freedman, Laura Miller and Christine R. Yano, eds., *Modern Girls on the Go: Gender, Mobility, and Labor in Japan*, 42–66. Stanford, CA: Stanford University Press.

Misselhorn, Catrin. 2009. Empathy with Inanimate Objects and the Uncanny Valley. *Minds and Machines* 19: 345–359.

Mitsubishi Heavy Industries. 2016. https://www.mhi-global.com/products/detail/.

Mitsubishi jūkōgyo nyūsu (Mitsubishi Heavy Industries News). 2004. http://www.mhi.co.jp/news/sec1/040217.html.

Mitsubishi Pubic Aff airs Committee. 2006. Inside Story: World's First Practical Home-Use Robot. February and March. https://www.mitsubishi.com/mpac/e/monitor/back/0602/story.html#a.

Miura, Kanako, Mitsuharu Morisawa, Fumio Kanehiro, Shuuji Kajita, Kenji Kaneko and Kazuhito Yokoi. 2011. Human-Like Walking with Toe Supporting *[sic]* for Humanoids. *Proceedings of the 2011 IEEE/RSJ International Conference on*

Intelligent Robots and Systems, September 25–30, 2011, San Francisco, CA, USA. https://staff.aist.go.jp/k.kaneko/publications/2011_publications/IROS2011–450.pdf.

Miwa, Yoshiyuki. 2002. Robotto to tsukuru kyōsōshakai (Working together with robots to build a cocreation society). *Wabotto no Hon* (The book of Wabot), vol. 1: Robotto no shinka to ningen no mirai (The Evolution of Robot and the Future of People *[sic]*), 26–31. Tokyo: Chūō Kōron Shinsha.

Miyake, Yoshihiro. 2005. Co-Creation System and Human-Computer Interaction. *2005 IEEE Computer Society:* 169–172. https://www.computer.org/csdl/proceedings/c5/2005/2325/00/23250169.pdf.

______. 2016. Miyake Laboratory. http://www.myk.dis.titech.ac.jp/.

Mizuno, Hiromi. 2008. *Science for the Empire: Scientifi c Nationalism in Modern Japan.* Redwood City, CA: Stanford University Press.

Monozukuri. 2016. https://ja.wikipedia.org/wiki/ものづくり.

Montgomery, Cal. 2001. A Hard Look at Invisible Disability. *Ragged Edge Magazine Online* 2. http://www.ragged-edge-mag.com/0301/0301ft1.htm.

More, Max. 1990. [Quotation.] Transhumanism. Humanity +. 2016. http://humanityplus.org/philosophy/philosophy-2.

______. 1993. Technological Self-Transformation: Expanding Personal Extropy. Originally published in *Extropy: The Journal of Transhumanist Thought* 4: 15–24. http://www.maxmore.com/selftrns.htm.

______. 2013. The Philosophy of Transhumanism. In Max More and Natasha Vita-More, eds., *The Transhumanist Reader*, 3–17. Malden, UK: Wiley Blackwell.

Mori, Masahiro. 1970. *Bukimi no Tani* (The valley of eeriness). Enajii (Energy) 7: 33–35. http://www.getrobo.com/.

______. (1970) 2012a. *Bukimi no Tani* (The valley of eeriness). http://www.getrobo.com/.

______. (1970) 2012b. The Uncanny Valley: The Original Essay by Masahiro Mori. Trans. Karl F. MacDorman and Norri Kageki. *IEEE Spectrum*, June 12. http://spectrum.ieee.org/automaton/robotics/humanoids/the-uncannyvalley.

______. 1974. *ori Masahiro no bukkyō nyūmon* (Masahiro Mori's introduction to Buddhism) Tokyo: Kōsei Shuppansha.

______. (1981) 2005. *The Buddha in the Robot*. Trans. Charles S. Terry. Tokyo: Ko-ei Shuppansha.

Morita, Akihito. 2012. A Neo-Communitarian Approach on Human Rights as a Cosmopolitan Imperative in East Asia. *Filosofia Unisinos* 12: 358–366.

Moriyama, Kazumichi. 2006. Women in Robotics: Robotto kenkyūgenba ni okeru joseikenkyūsha no genjō to korekara (Women in Robotics: The present circumstances and future of female researchers in robot laboratories). *Robocon Magazine* 45: 96–97.

Murphy, Robin and David D. Woods. 2009. Beyond Asimov: The Three Laws of Responsible Robotics. *Intelligent Systems*, IEEE 24: 12–20. https://www.computer.org/csdl/mags/ex/2009/04/mex2009040014.html.

Mushi Purodakushon shiryōshū 1962-73 (Mushi Productions' data fi le, 1962–73). 1977. Tokyo: Mushi Purodakushon shiryo-hu -henshu -shitsu.

Mutch, Alistair. 2003. Communities of Practice and Habitus: A Critique. *Organization Studies* 23: 383–401.

Nakamura, Miri. 2007. Marking Bodily Diff erences: Mechanized Bodies in Hirabayashi Hatsunosuke's 'Robot' and Early Showa Robot Literature. *Japan Forum* 19: 169–190.

Nakamura Brace Co. 2016. http://www.nakamura-brace.co.jp/.

Nakane, Chie. 1967. *Tate shakai no ningen kankei: Tan'itsu shakai no riron* (Human relations in a vertical society: A theory of a singular society). Tokyo: Kōdansha Gendaishinsho.

______. 1970. *Japanese Society*. Berkeley: University of California Press.

Nakanishi, Yukiko. 2013. Law for Elimination of Disability Discrimination. http://homepage2.nifty.com/ADI/Law%20for%20Elimination%20of%20Disability%20Discrimination.html.

Nanka sabishisō desu ([They] seem kind of lonely). 2014. http://burusoku-vip.com/archives/1723738.html.

Napier, Susan. 2005. *Anime: From Akira to Howl's Moving Castle*. New York: Palgrave.

NEC. 2016. PaPeRo no otoriatsukai ni tsuite (On dealing with PaPeRo). http://www.necplatforms.co.jp/solution/marketplace/.

NEDO (New Energy and Industrial Technology Development Organization). 2007. Aichi Banpaku ni okeru robotto no anzen sekkei ni kansuru kangaekata (Thoughts about safety measures for the robots at the Aichi Expo). http://www.nedo.go.jp/content/100096513.pdf.

Neumann, Dana. 2016. Human Assistant Robotics in Japan—hallenges and Opportunities for European Companies. EU-Japan Centre for Industrial Cooperation. http://cdnsite.eu-japan.eu/sites/default/fi les/publications/docs/2016-3-human-assistant-robotics-in-japan-neumann_min_0.pdf.

Nextage. 2014a. Concept. http://nextage.kawada.jp/en/concept/.

______. 2014b. Nextage Works Side by Side with People. http://nextage.kawada.jp/.

Nikkei Mekanikaru and Nikkei Dezain. 2001. *RoBolution: Hito-gata nisokuhokō taipu ga hiraku sangyō kakumei* (The robot industrial revolution sparked by humanoid bipedal-type [robots]). Tokyo: Nikkei BPsha.

Nina. 2013. Robot Names—aming Robots and Androids. *Name Robot*, July 18. http://www.namerobot.com/All-about-naming/blog/Robot-names-androids.html.

Nippon Kōgyō Daigaku (Nippon Institute of Technology). 2016. http://www.nit.ac.jp.

Nishi, F. and M. Kan. 2006. Current Situation of Parasite-Singles in Japan (Summary). March 22. http://www.stat.go.jp/training/english/reseach/parasite_eng.pdf.

Nishimura, Makoto. 1928. Jinzō ningen umareru made (Until the artificial human is born). *Sandē mainichi* (Sunday Mainichi), November 4.

Nishio, Shuichi, Hiroshi Ishiguro, Miranda Anderson and Norihiro Hagita. 2008. Representing Personal Presence with a Teleoperated Android: A Case Study with Family. https://www.aaai.org/Papers/Symposia/Spring/2008/SS-08-4/SS08-04-016.pdf.

Nishio, Shuichi, Hiroshi Ishiguro and Norihiro Hagita. 2007. Geminoid—eleoperated Android of an Existent Person. In Armando Carlos de Pina Filho, ed., *Humanoid Robots, New Developments*, 343–351. Vienna: I-Tech.

Noble, Graham. 2014. From Human to Cyborg? Custom-designed, Enhanced Prosthetics Are in Our Future. *The Guardian*, February 5. http://guardianlv.com/2014/02/from-human-to-cyborg-custom-designed-enhancedprostheticsare-in-our-future/.

Nourbakhsh, Illah. 2013. *Robot Futures*. Cambridge, MA: MIT Press.

Nursing Care and Robots. 2013. *METI Journal*. http://www.meti.go.jp/english/ publications/pdf/journal2013_04.pdf.

Objectum-Sexuality: Archive NHK Japan. 2009. https://www.youtube.com/ watch?v=9SWpBI-RFzw.

Objectum-Sexuality Internationale. n.d. http://www.objectum-sexuality.org/.

Odin, Steve. 1992. The Social Self in Japanese Philosophy and American Pragmatism: A Comparative Study of Watsuji Tetsuro -and George Herbert Mead. Philosophy East and West 42: 475–01.

Oh, Jun-Ho, David Hanson, Won-Sup Kim, Il Young Han, Jung-Yup Kim and Ill-Woo Park. 2006. Design of Android Type Humanoid Robot Albert HUBO. Paper presented at the 2006 IEEE-RSJ International Conference on Intelligent Robots and Systems, October 9–5, 2006, Beijing, China. http://www.ri.cmu. edu/pub_fi les/pub4/oh_jun_ho_2006_1/oh_jun_ho_2006_1.pdf.

Ojima, Toshio. 2007. Robotto to kenchiku (Robots and architecture). *Wabotto no hon* (The book of Wabot), vol. 7. Tokyo: Chūō Kōron Shinsha.

Okeowo, Alexis. 2012. A Once-Unthinkable Choice for Amputees. *New York Times*, May 15. http://www.nytimes.com/2012/05/15/health/losing-more-togain-more-amputees-once-unthinkable-choice.html?_r=0.

Oliga, John C. 1996. *Power, Ideology and Control*. New York: Plenum Press.

Onozuka, Tomoji. 2016. Senso -to heiwa to keizai: 2015nen no "Nihon" o kangaeru (War, peace and economy: A refl ection on "Japan" in 2015). *Kokusai buki iten* (Global Arms Transfer) 1: 15–40.

Osaka, Naoyuki. 2015. *Robotto to kyōsei suru shakai nō—hinkei shakai robottogaku* (Robot-uman coexistence in the social brain—obotics and social neuroscience). Tokyo: Shin'yōsha.

Osaka Daigaku Komyunikēshondezain Sentā (Osaka University Center for the Study of Communication Design). 2010. *Robotto engeki* (Robot theater).

Osaka: Osaka Daigaku Shuppansha.

Osaki, Tomohiro. 2014. Naturalize or Get Out, Party Tells Jobless Foreigners. *Japan

Times, October 16. http://www.japantimes.co.jp/news/2014/10/16/national/
social-issues/naturalize-get-party-tells-jobless-foreigners/#.WTtZWXUrIyk.

———. 2015. Foreign Nurses, Caregivers to Get Special Visa Status. *Japan Times*,
March 6. http://www.japantimes.co.jp/news/2015/03/06/national/foreign-
nurses-caregivers-to-get-special-visa-status/#.WIltpbYrIyk.

———. 2016. Author, Disabilities Champion Hirotada Ototake Admits to
Adulterous Aff airs. *Japan Times*, March 24. http://www.japantimes.
co.jp/news/2016/03/24/national/politics-diplomacy/ldp-lawmaker-
disabilitieschampion-admits-aff air/.

Osu Banshōji de pasokon kuyō ga itonamareru (Memorial service initiated for
personal computers at Banshōji in Osu). 2002. http://pc.watch.impress.co.jp/
docs/2002/0513/osu.htm.

Otake, Tomoko. 2006. Is 'Disability' Still a Dirty Word in Japan? *Japan Times*,
August 27. http://www.japantimes.co.jp/life/2006/08/27/to-be-sorted/
isdisability-still-a-dirty-word-in-japan/#.WJheHrYrIyk.

———. 2012. Professor Aspires toward the Perfect Prosthetic Design. *Japan Times*,
August 12. http://www.japantimes.co.jp/life/2012/08/12/general/professor-
aspires-toward-the-perfect-prosthetic-design/#.WJhdyrYrIyk.

———. 2016. New Law Bans Bias against People with Disabilities, but Shortcomings
Exist, Say Experts. *Japan Times*, May 2. http://www.japantimes.co.jp/
news/2016/05/02/reference/new-law-bans-bias-against-people-
withdisabilities-but-shortcomings-exist-say-experts/.

Otmazgin, Nissim Kadosh. 2012. Geopolitics and Soft Power: Japan's Cultural
Policy and Cultural Diplomacy in Asia. *Asia Pacific Review* 19: 37–61.

Ototake, Hirotada. 1998. *Gotai fumanzoku* (Incomplete body). Tokyo: Kodansha.

———. 2003. *No One's Perfect*. Tokyo: Kodansha.

Otsu, Kazuko. 2008. Citizenship Education Curriculum in Japan. In David L.
Grossman, Wing On Lee and Kerry J. Kennedy, eds., *Citizenship Curriculum in
Asia and the Pacific*, 75–94. Dordrecht, Netherlands: Springer.

Owano, Nancy. 2011. HRP-C Female Robot Has a New Walk (w/video). Phys Org.
November 13. http://phys.org/news/2011-1-hrp-4c-female-robot-video.html.

Ozawa, Chikako. 1996. Japanese Indigenous Psychologies: Concepts of Mental Illness in Light of Diff erent Cultural Epistemologies. *Anthropology & Medicine* 3: 11–21.

Pai, Hyung-Il. 2010. Travel Guides to the Empire: The Production of Tourist Images. In Laurel Kendall, ed., *Colonial Korea Consuming Korean Tradition in Early and Late Modernity*, 67–87. Honolulu: University of Hawaii Press.

Paik, Nam June. 1986. *Family of Robot*. Cincinnati, OH: Carl Solway Gallery.

Paralympic Movement. 2016. Athletes' Biographies. https://www.paralympic.org/athletes/biographies.

Paro Therapeutic Robot. 2012. The Toyama Brand Story (English). https://www.youtube.com/watch?v=9YQPjDaUS5E.

_____. 2014. http://www.parorobots.com/.

People's Honour Award. 2016. Wikipedia. https://en.wikipedia.org/wiki/People's_Honour_Award.

Pereira, Alfredo, Jr. 2002. Neuronal Plasticity: How Memes Control Genes. In Jair Minoro Abe and João Inácio da Silva Filho, eds., *Advances in Logic, Artificial Intelligence and Robotics*, 82–87. Amsterdam/Washington, DC: IOS Press/Ohmsha.

Petelin, George. 2014. An Alternative to Technological Singularity? Paper presented at the 9th Global Conference of Visions of Humanity in Cyberculture, Cyberspace and Science Fiction, Oxford, United Kingdom, July 2014. http://www.inter-disciplinary.net/critical-issues/wp-content/uploads/2014/07/petelinvisionspaper.pdf.

Pfanner, Eric. 2014. Japan Inc. Now Exporting Weapons. *Wall Street Journal*, July 20. http://www.wsj.com/articles/japans-military-contractors-make-pushin-weapons-exports-1405879822.

Pfeifer, Rolf and Christian Scheier. 1999. *Understanding Intelligence*. Cambridge, MA: MIT Press.

Pino. 2001–002. How I Work. http://www.theoldrobots.com/images41/Pino_1.pdf.

PLEO rb. 2012. http://www.pleoworld.com/pleo_rb/eng/lifeform.php.

Ploeger, Daniel. 2014. Eerie Prostheses and Kinky Strap-ons: Mori's Uncanny

Valley and Ableist Ideology. *BST Journal* 13. http://people.brunel.ac.uk/bst/vol13/.

Pollick, Frank E. 2010. In Search of the Uncanny Valley. In Petros Daras and Oscar Mayora Ibarra, eds., *Lecture Notes of the Institute for Computer Sciences, Social Informatics and Telecommunications Engineering*, 69–78. Berlin: Springer.

Potter, Keith. 1996. The Pursuit of the Unimaginable by the Unnarratable, or Some Potentially Telling Developments in Non-Developmental Music. *Contemporary Music Review* 15: 3–11.

Powell, Tia. 2006. Cultural Context in Medical Ethics: Lessons from Japan. *Philosophy, Ethics, and Humanities in Medicine* 1: 1–7.

Powers, Aaron, Adam D. I. Kramer, Shirlene Lim, Jean Kuo, Sau-lai Lee and Sara Kiesler. 2005. Eliciting Information from People with a Gendered Humanoid Robot. In *Proceedings of the IEEE International Workshop Robot and Human Interactive Communication, 2005 (RO-MAN 2005)*, 158–163. Los Alamitos, CA: IEEE Computer Society Press.

Pringle, Patricia. 2010. Monozukuri: Another Look at a Key Japanese Principle. *Japan Intercultural Consulting*. http://www.japanintercultural.com/en/news/default.aspx?newsid=88.

Przegalinska, Aleksandra. 2014. Design to Expand Human Potential—Interview with Natasha Vita-More. *The Creativity Post*, June 4. http://www.creativitypost.com/technology/expanding_human_potential_an_interview_with_natasha_vita_more.

Putnam, Hilary. 1964. Robots: Machines or Artifi cially Created Life? *Journal of Philosophy* 61: 668–691.

Quick, Darren. 2009. Robot Does It by the Book. *New Atlas*, June 22. http://newatlas.com/book-reading-robot/12043/.

Rambelli, Fabio. 2007. *Buddhist Materiality: A Cultural History of Objects in Japanese Buddhism*. Stanford, CA: Stanford University Press.

______. 2015. Dharma Devices, Non-hermeneutical Libraries, and Robot-Monks: Prayer Machines in Japanese Buddhism. Unpublished paper.

Randerson, James. 2007. Japanese Teach Robot to Dance. *The Guardian*, August 8.

https://www.theguardian.com/technology/2007/aug/08/robots.japan.

Raphael, David Daiches. 1957. Review of *The Structure of Metaphysics*, by Morris Lazerowitz. *The Philosophical Quarterly* 7: 80–86.

Reichardt, Jessica. 1978. *Robots: Fact, Fiction + Prediction*. London: Thames and Hudson.

Repeta, Lawrence. 2013. Japan's Democracy at Risk—he LDP's Ten Most Dangerous Proposals for Constitutional Change. *The Asia Pacific Journal: Japan Focus* 11(28). http://apjjf.org/2013/11/28/Lawrence-Repeta/3969/article.html.

Rethink Robotics. 2014. http://www.rethinkrobotics.com/baxter/.

ReWalk Robotics. 2016. Press Releases. http://rewalk.com/category/pressreleases/.

Robertson, Jennifer. 1984. Sexy Rice: Plant Gender, Farm Manuals, and Grass-Roots Nativism. *Monumenta Nipponica* 39: 233–260.

_____. (1991) 1994. *Native and Newcomer: Making and Remaking a Japanese City.* Berkeley: University of California Press.

_____. (1998) 2001. *Takarazuka: Sexual Politics and Popular Culture in Modern Japan.* Berkeley: University of California Press.

_____. 1999. Dying to Tell: Sexuality and Suicide in Imperial Japan. *Signs: Journal of Women in Culture and Society* 25: 1–36.

_____. 2001. Japan's First Cyborg? Miss Nippon, Eugenics, and Wartime Technologies of Beauty, Body, and Blood. *Body and Society* 7: 1–34.

_____. 2002. Blood Talks: Eugenic Modernity and the Creation of New Japanese. *History and Anthropology* 13: 191–216.

_____. 2005. Dehistoricizing History: The Ethical Dilemma of "East Asian Bioethics." *Critical Asian Studies* 37: 242–245.

_____. 2007. *Robo sapiens japanicus:* Humanoid Robots and the Posthuman Family. *Critical Asian Studies* 39: 369–398.

_____. 2010a. Eugenics in Japan: Sanguineous Repair. In Alison Bashford and Phillipa Levine, eds., The *Oxford Handbook of the History of Eugenics*, 430–448. Oxford: Oxford University Press.

_____. 2010b. Gendering Humanoid Robots: Robo-Sexism in Japan. *Body and Society* 16(2): 1–36.

_____. 2010c. Robots of the Rising Sun. *The American Interest* 6: 60–73.

_____. 2011. Rubble, Radiation and Robots. *The American Interest* 7: 122–125.

_____. 2014. Human Rights vs. Robot Rights: Forecasts from Japan. *Critical Asian Studies* 46: 571–598.

_____. 2016. Robot Dramaturgy: Gender and Gesture. Unpublished paper.

_____. 2017. Robot Reincarnation: Garbage, Artefacts, and Mortuary Rituals. In Ewa Machotka and Katarzyna Cwiertka, eds., *Consuming Post-Bubble Japan*. Amsterdam: Amsterdam University Press.

RoboCup. 2016. http://www.robocup2016.org/en/.

Robo LDK Jikkō Iinkai. 2007. *Robotto no iru kurashi* (Living with robots). Tokyo: Nikkan Kōgyō Shinbunsha.

Robonable. 2009. http://robonable.typepad.jp/news/2009/09/20090907-wakama.html.

Robot Chronicles: Tetsuwan Atomu no kisekiten, The (The Robot Chronicles: An exhibition on Astro Boy's legacy). 2002. Tokyo: Asahi Shinbunsha.

Robot Hall of Fame. 2016. AIBO. http://www.robothalloff ame.org/inductees/06inductees/AIBO.html.

Robotic Care Devices Portal. 2013. http://robotcare.jp/?page_id=428&lang=en.

Robotics Business Review Staff . 2012. Robots Vulnerable to Hacking. Robotics *Business Review*, August 20. https://www.roboticsbusinessreview.com/robots_vulnerable_to_hacking/.

Robotto kakumei jitsugen kaigi no kaisai ni tsuite (Regarding the Robot Revolution Realization Council meeting). 2014. http://www.kantei.go.jp/jp/singi/robot/dai1/siryou1.pdf.

Robottosō (Robot funeral). 2014. http://robotsou.com/.

Robotto uiiku o tenkai shimasu! (Robot Week opens). 2007. *Kanagawa keihin rinkaihu nyūsu* (November): 1–4.

Roff, Heather M. 2016. Gendering a Warbot. *International Feminist Journal of Politics* 18: 1–18,

RoMeLa (Robotics and Mechanisms Laboratory). 2015. CHARLI. http://www.romela.org/charli-cognitive-humanoid-autonomous-robot-with-learningintelligence/.

Rossini, Manuela. 2003. Science/Fiction: Imagineering Posthuman Bodies. Paper presented at Gender and Power in the New Europe, the 5th European Feminist Research Conference, August 20–24, Lund University, Sweden. http://www. iiav.nl/epublications/2003/Gender_and_power/5thfeminist/paper_709.pdf.

Rothblatt, Martine. 2009–2013. Mindfi les, Mindware and Mindclones. http:// mindclones.blogspot.com/.

_____. 2014. *Virtually Human: The Promise—and the Peril—of Digital Immortality.* New York: St. Martin's Press.

_____. 2017. World Against Racism Museum. http://www.endracism.org/.

Rubin, Gayle. 1975. The Traffi c in Women: Notes on the "Political Economy" of Sex. In Rayna Reiter, ed., *Toward an Anthropology of Women*, 157–210. New York: Monthly Review Press.

Rubix. 2011. Disability Culture Meets the Transhumanist Condition. Less Wrong [blog]. October 28. http://lesswrong.com/lw/88b/disability_culture_meets_ the_transhumanist/.

Ryang, Sonia. 2000. *Koreans in Japan: Critical Voices from the Margin.* London and New York: Routledge Curzon.

Saenz, Aaron. 2011. Robotic Labor Taking Over the World? You Bet—ere Are the Details. *Singularity Hub*, September 12. http://singularityhub.com/2011/09/12/ robotic-labor-taking-over-the-world-you-bet-hereare-the-details/.

Sakakibara, Issei. 2016. After Seminude Kerfuffl e, Long Jumper Looks to Rio Paralympics. *Asahi Shinbun*, April 14. http://www.asahi.com/ajw/articles/ AJ201604140004.html.

Sakuramoto, Tomio. 2000. *Sensō to manga* (War and comics). Tokyo: Sōdosha.

Samuels, Richard. 2001. Kishi and Corruption: An Anatomy of the 1955 System. Japan Policy Research Institute: Working Paper No. 83. http://www.jpri.org/ publications/workingpapers/wp83.html.

Sand, Jordan. 2007. Showa Nostalgia. *The Weekend Australian Financial Review*, April 5–9. http://faculty.georgetown.edu/sandj/Showa_Nostalgia_AFR2007.pdf.

Sankai, Yoshiyuki. 2011. HAL: Hybrid Assistive Limb Based on Cybernics. In

Makoto Kaneko and Yoshihiko Nakamura, eds., *Robotics Research*, 25–34. Berlin: Springer.

Sato, Narumi. 2012. The Dolls That Sparked Japan's Love of Robots: Karakuri Ningyo -. Nippon.com. July 31. http://www.nippon.com/en/simpleview/?post_id=6659.

Sazae-san kazoku shu -go-(Sazae-san's family members). 2016. http://iso-labo.com/labo/sazae-san.html.

Schodt, Frederik L. 1983. *Manga! Manga! The World of Japanese Comics*. Tokyo: Kodansha International.

______. (1988) 1990. *Inside the Robot Kingdom: Japan, Mechatronics, and the Coming Robotopia*. Tokyo: Kodansha.

______. 2007. *The Astro Boy Essays*. Berkeley, CA: Stone Bridge Press.

Sekiguchi, Toko. 2015. Japan Skirts Immigration Debate by Off ering 'Internships' to Foreigners. *Wall Street Journal*, April 14. http://www.wsj.com/articles/japan-skirts-immigration-debate-by-off ering-internships-toforeigners-1429049533.

Sen.se. 2017. Mother. https://sen.se/store/mother/.

Sheets-Johnstone, Maxine. 1992. Corporeal Archetypes and Power: Preliminary Clarifi cations and Considerations of Sex. *Hypatia* 7(3): 39–76.

Shibamoto, Janet. 1985. *Japanese Women's Language*. New York: Academic Press.

Shimizu. 2017a. Lunar Bases—onstruction on the Moon. http://www.shimz.co.jp/english/theme/dream/moonbase.html.

______. 2017b. Space Hotel—pace Tourism. http://www.shimz.co.jp/english/theme/dream/spacehotel.html.

Shin'nihon Fujin no Kai. 2004. http://www.shinfujin.gr.jp/english/archive/20041014133628.html.

______. 2015. Statement to the 60th Commission on the Status of Women. http://www.shinfujin.gr.jp/genre/wp-content/uploads/2016/02/statement_csw60_e.pdf.

Sholle, David. 1992. Authority on the Left: Critical Pedagogy, Postmodernism and Vital Strategies. *Cultural Studies* 6: 271–289.

Showa Nostalgia in Anime: What's the Deal? 2016. [Blog post.] Apartment

507. https://www.apartment507.com/blogs/anime-manga/114068935-showanostalgia-in-anime-what-s-the-deal.

Siebers, Tobin. 2001. Disability in Theory: From Social Constructionism to the New Realism of the Body. *American Literary History* 13: 737–754.

______. 2004. Disability As Masquerade. *Literature and Medicine* 23: 1–22.

Singh, Angad. 2015. "Emotional" Robot Sells Out in a Minute. *CNN*, June 22. http://www.cnn.com/2015/06/22/tech/pepper-robot-sold-out/.

Skirl, Krestina. 2010. Popular Culture and Gender Issues in Miwa Yanagi's Art Practice: A Critical Approach towards Images of Identity and Femininity Currently Circulating in Japanese Popular Culture. *Kontur* 20: 29–35.

Skov, Lise and Brian Moeran. 1995. *Women, Media and Consumption in Japan.* Honolulu: University of Hawaii Press.

Smith, Beckie. 2016. Offi cial Figures Hugely Underestimate Japanese Students Studying Abroad, Says JAOS [Japan Association of Overseas Studies]. https://thepienews.com/news/mext-figures-underestimate-japanese-studentsstudying-abroad-jaos-survey/.

Snake Arm. 2015. *altlimbpro.* http://www.thealternativelimbproject.com/project/snake-arm/.

Sochi pararinpikku Nihon daihyō senshudan ōen eizō (Sochi Paralympics Japan delegation support video). 2014. http://www.jsad.or.jp/paralympic/movie/jpc2014_winter.html.

Sofge, Erik. 2014a. The End Is A.I.: The Singularity Is Sci-Fi's Faith-Based Initiative. *Popular Science*, May 28. http://www.popsci.com/blog-network/zero-moment/end-ai-singularity-sci-fi s-faith-based-initiative.

______. 2014b. Robot Reality Check: The Truth about Ebola Bots and Iron Man Suits. *Popular Science*, October 28. http://www.popsci.com/blog-network/zero-moment/robot-reality-check-truth-about-ebola-bots-and-ironman-suits.

SoftBank. 2016. Pepper. http://www.SoftBank.jp/en/robot/.

SoftBank Robotics. 2016a. About Us. https://www.ald.SoftBankrobotics.com/en/about-us.

______. 2016b. Kūru na robotto . . . PEPPER to wa? (Cool robot . . . What is PEPPER? https://www.ald.softbankrobotics.com/ja/クールなロボット/pepper.

______. 2016c. Robot . . . Who is PEPPER? https://www.ald.softbankrobotics.com/en/cool-robots/pepper.

Solis, Jorge and Atsuo Takanishi. 2015. Human-Friendly Robots for Entertainment Purposes and Their Possible Implications. In Michael Decker, Mathias Gutmann and Julia Knifka, eds., *Evolutionary Robotics, Organic Computing and Adaptive Ambience: Epistemological and Ethical Implications of Technomorphic Descriptions of Technology*. Berlin: LIT Verlag.

Solway, Carl. 1986. Family of Robot, 3. In Nam June Paik, *Family of Robot*. Cincinnati: Carl Solway Gallery.

Sone, Yuji. 2017. *Japanese Robot Culture: Performance, Imagination, and Modernity*. New York: Palgrave.

Sparks, Bob. 2011. Alpha/Omega Blog. http://bobstrife.blogspot.com/2011/09/fact-based-fiction-japanese-technology.htm.

Stevens, Carolyn. 2013. *Disability in Japan*. London: Routledge.

Stone, Christopher D. 1972. Should Trees Have Standing?—oward Legal Rights for Natural Objects. *Southern California Law Review* 45: 450–501.

Strong Robot with the Gentle Touch, The. 2015. http://www.riken.jp/en/pr/press/2015/20150223_2/.

Sugano, Shigeki, Yuko Shirai and Soungho Chae. 2006. Environment Design for Human-obot Symbiosis—ntroduction of Wabot-House Project. In *2006 Proceedings of the 23rd International Symposium on Robotics and Automation in Construction*, 152–157. http://www.iaarc.org/publications/fulltext/isarc2006–0185_200605291936.pdf.

Suzuki, Junji. 2007. Robotto no iru kurashi o kangaeru, part 2: "Hito to hōmu robotto no kashikoi tsukiai kata"—akamaru to sugoshita 500-nichi no kiroku (Thinking about living with robots, part 2: "Intelligent ways of interacting with a home robot"— chronicle of the 500 days [we] lived with Wakamaru). http://robonable.typepad.jp/trend/2007/09/wakamaru500_6173.html#tp.

Suzuki, Kō. 2013. Abe Shinzō-shi no futari no sofu futatabi ugomeki dashita "himitsu hozen hōan" (Mr. Abe Shinzō brazenly promotes "secret security measures" fi rst introduced by his two grandfathers). http://www.magazine9.jp/osanpo/130116/.

Suzuki, Miwa. 2009. Japan Child Robot Mimicks *[sic]* Infant Learning. Phys.org. April 5. http://phys.org/print158151870.html.

———. 2015. An Inside Look at a Japanese Robot Dog Funeral. Yahoo. February 25. https://www.yahoo.com/tech/an-inside-look-at-a-japanese-robot-dogfuneral-112049680289.html.

Tabuchi, Hiroko. 2009. In Japan, Machines for Work and Play Are Idle. *New York Times*, July 13. http://www.nytimes.com/2009/07/13/technology/13robot.html.

Takahashi, Tomotaka. 2006. *Robotto no tensai* (He Is the Genius Makes a Robot *[sic]*). Tokyo: Media Factory/Robo Garage.

Takaichi, Sanae. 2007. Innovation 25 Strategy Council. http://japan.kantei.go.jp/innovation/interimbody_e.html.

Takanishi, Atsuo. 2016. Humanoid Robotics Research and Its Applications. http://www.interact25.org/downloads/2016-7-4_AtsuoTakanishi_Abstract.pdf.

Takenaka, Kiyoshi and Izumi Nakagawa. 2015. Japan Inc. Supports Bringing in Low-Skilled Foreign Labor: Reuters Poll. *Reuters*, October 15. http://www.reuters.com/article/us-japan-companies-foreignersidUSKCN0S92UQ20151016.

Talmadge, Eric. 2012. Japanese Paralympian Poses Nude for Calendar to Pay for Prosthetics. *The Chronicle Herald*, July 14. http://thechronicleherald.ca/sports/116952-japanese-paralympian-poses-nude-for-calendar-to-payfor-prosthetics.

Tanaka, Fumihide and Shizuko Matsuzoe. 2012. Children Teach a Care-Receiving Robot to Promote Their Learning: Field Experiments in a Classroom for Vocabulary Learning. *Journal of Human-Robot Interaction* 1: 78–95.

Tanaka, Kazumasa. 2016. Hito to robotto no kokoro yutakana kyōsei o mezashite (Toward an emotionally fulfi lling human-obot coexistence). http://www.daiwahouse.co.jp/robot/about/index.html.

Tanku Tankurō 2016. https://ja.wikipedia.org/wiki/タンクタンクロー.

Tatsuya Matsui's Thoughts on PINO. 2009. http://www.plasticpals.com/?p=956.

Taylor, Charles. 2007. *A Secular Age*. Cambridge, MA: Harvard University Press.

Teeuwen, Mark and Bernhard Schied. 2002. Tracing Shinto in the History of Kami Worship: Editors' Introduction. *Japanese Journal of Religious Studies* 29: 195–207.

Terasem Movement Foundation. 2014. http://www.terasemmovementfoundation. com/.

Terry, Jennifer. 2010. Loving Objects. *Trans-Humanities Journal*. 2(1): 33–75.

Terushima, Kuzuhiko, Seiichi Takenoshita, Jun Miura, Ryosuke Tasaki, Michiteru Kitazaki, Ryo Saegusa, Takanori Miyoshi, Naoki Uchiyama, Shigenori Sano, Junji Satake, Ren Ohmura, Toshihiko Fukushima, Kiyoaki Kakihara, Hirotoshi Kawamura, and Mikio Takahashi. 2013. Medical Round Robot—erapio. *Journal of Robotics and Mechatronics* 26: 112–114.

Tezuka, Osamu. (1960) 2008. His Highness Deadcross. In *Astro Boy*, Books 1 and 2, 223–317. Trans. Frederik Schodt. Milwaukie, OR: Dark Horse Manga.

______. (1961–962) 2008. The Third Magician. In *Astro Boy*, Books 1 and 2, 319–406. Trans. Frederik Schodt. Milwaukie, OR: Dark Horse Manga.

______. (1975) 2008. The Birth of Astro Boy. In *Astro Boy*, Books 1 and 2, 9–32. Trans. Frederik Schodt. Milwaukie, OR: Dark Horse Manga.

This Is Revision. 2015. https://www.youtube.com/watch?v=v9Wbj1-pZcQ.

Thomas, Julia Adeney. 2001. *Reconfiguring Modernity: Concepts of Nature in Japanese Political Ideology*. Berkeley: University of California Press.

Thomson, Iain. 2013. Coming in 2014: Scary Super-Soldier Exoskeleton Suits from the US Military. *The Register*, December 31. http://www.theregister. co.uk/2013/12/31/us_military_plans_prototype_supersoldier_exoskeleton_ suit_next_year/.

Three Principles on Transfer of Defense Equipment and Technology. [2016]. http:// www.mod.go.jp/atla/en/policy/pdf/transfer_of_defense.pdf.

Tibke, Reno. 2014. Why Is Japan the First to Get Dyson's New 360 Eye? http:// robohub.org/why-is-japan-the-fi rst-to-get-dysons-new-360-eye/.

Tobe, Frank. 2016. How Is Pepper, SoftBank's Emotional Robot Doing? *The Robot Report*, May 27. https://www.therobotreport.com/news/how-is-theemotionalrobot-pepper-doing.

Toffler, Alvin. 1970. *Future Shock*. New York: Random House.

Tokubetsu jūminhyō. 2016. http://ja.wikipedia.org/wiki特別住民票.

Tokyo 2020 Games Emblems. 2016. https://tokyo2020.jp/en/games/emblem/.

Tokyo Governor: Earthquake Was Divine Punishment #ishihara_damare. 2011. *Japan Probe*. http://www.japanprobe.com/2011/03/15/tokyo-governorearthquake-was-divine-punishment-ishihara_damare/.

Tokyo Robotics. 2016. http://robotics.tokyo/ja/.

Toyota. 2016. Partner Robot Family, Walk Assist Robot. http://www.toyota-global.com/innovation/partner_robot/family_2.html.

Toyota Global Newsroom. 2014. Toyota Becomes Offi cial Partner of Japan Paralympic Committee. February 5. http://www2.toyota.co.jp/en/news/14/02/0205.pdf.

Turk, Victoria. 2013. Sophie de Oliveira Barata Is a Prosthetics Artist Creating Gadget Limbs for Amputees. *Wired*, October 7. http://www.wired.co.uk/article/bling-limbs.

UN [United Nations]. 2006. Convention on the Rights of Persons with Disabilities. http://www.un.org/disabilities/convention/conventionfull.shtml.

UN Department of Economic and Social Aff airs. 2015. International Migration Report 2015. http://www.un.org/en/development/desa/population/migration/publications/migrationreport/docs/MigrationReport2015_Highlights.pdf.

UN ESCAP (Economic and Social Commission for Asia and the Pacifi c). 2012. Asia-Pacific Governments Launch a New Decade of Disability-Inclusive Development. http://www.unescap.org/news/asia-pacific-governments-launchnew-decade-disability-inclusive-development.

______. n.d. Disability: Challenges and Opportunities. http://www.unescap.org/our-work/social-development/disability/about.

UN Human Rights, Offi ce of the High Commissioner. 2014. Human Rights Committee Considers Report of Japan. July 16. http://www.ohchr.org/en/NewsEvents/Pages/DisplayNews.aspx?NewsID=14878&LangID=E.

Utada, Hikaru. 2001. Can You Keep a Secret [song video]. https://www.youtube.

com/watch?v=AwQuXbae3N4.

Vernon, David, Giorgio Metta and Giulio Sandini. 2009. Embodiment in Cognitive Systems: The Mutual Dependence of Cognition and Robotics. http://www.robotcub.org/misc/papers/09_Vernon_IET.pdf.

Victor, Daniel. 2015. Hitchhiking Robot, Safe in Several Countries, Meets Its End in Philadelphia. http://www.nytimes.com/2015/08/04/us/hitchhikingrobot-safe-in-several-countries-meets-its-end-in-philadelphia.html?_r=0.

Vita-More, Natasha. (1982) 1999. The Transhumanist Arts Statement. http://www.arthistoryarchive.com/arthistory/contemporary/Extropic-Art-Manifesto.html.

____. 2005. Primo Posthuman. http://www.natasha.cc/primo3m+diagram.htm.

____. 2011. The Transhumanist Culture. Archimorph. January 23. https://archimorph.com/2011/01/23/primo-post-human-trans-humanist-culture/.

Walker, James. 2000. Big in Japan: Hirotada Ototake. *Metropolis* 342. http://archive.metropolis.co.jp/BigInJapan/342/biginjapaninc.htm.

Ward, Jacob. 2010. The Loneliest Humanoid in America. *Popular Science*, July 20. http://www.popsci.com/technology/article/2010-7/loneliest-humanoidamerica?image=0.

Waseda Daigaku WABOT-HOUSE Kenkyūjō 2011. Gifu Kenkyūjō Nyūsu (Waseda Wabot-House Laboratory, Gifu Laboratory News). http://www.wabot-house.waseda.ac.jp/blog/.

Wasserman, David, Adrienne Asch, Jeff rey Blustein and Daniel Putnam. 2016. Disability: Defi nitions, Models, Experience. In Edward N. Zalta, ed., *The Stanford Encyclopedia of Philosophy*. http://plato.stanford.edu/archives/sum2016/entries/disability/.

Watanabe, Hiroshi. 2015. "Robotto orinpikku" gutaiteki kentō e (Concrete steps toward a "Robot Olympics"). http://monoist.atmarkit.co.jp/mn/articles/1512/25/news119.html.

Weng, Yueh-Hsuan, Chien-Hsun Chen and Chuen-Tsai Sun. 2009. Toward the Human-Robot Co-Existence Society: On Safety Intelligence for Next Generation Robots. *International Journal of Social Robotics* 1: 267–282.

What Is Transhumanism. n.d. http://whatistranshumanism.org/.

Wildcat Personal Cargo. 2010. The Audacious Beauty of Our Future—atasha Vita-More, an Interview. February 4. http://spacecollective.org/Wildcat/5527/The-Audacious-beauty-of-our-future-Natasha-VitaMore-aninterview.

Women in Robotics and Automation. 2007. http://women.ws100h.net/.

World Against Racism Museum. 2015. http://www.endracism.org/.

World Bank. 2016. Fertility Rate (Total, Births per Woman). http://data.worldbank.org/indicator/SP.DYN.TFRT.IN?.

World Transhumanist Association. 2002. The Transhumanist Declaration. http://transhumanism.org/index.php/wta/declaration/.

Yamada, Masahiro. 1999. *Parasaito shinguru no jidai* (The age of parasite singles). Tokyo: Chikuma Shobo.

Yamazaki, Takashi. 2006. Kango kaigo bun'ya ni okeru gaikokujin rōdōsha no ukeire mondai (Problems in recruiting foreign health-care workers). *Referansu 2*. http://www.ndl.go.jp/jp/diet/publication/refer/200602_661/066101.pdf.

Yanagi, Miwa. 2001. Interview by Mako Wakasa. *Journal of Contemporary Art*, August 19. http://www.jca-online.com/yanagi.html.

Yang, Daqing. 2010. *Technology of Empire: Telecommunications and Japanese Expansion in Asia*, 1883–1945. Cambridge, MA: Harvard University Press.

Yano, Shoji. 2016. Kajima to Develop Automated Construction Machinery for Building on Mars, Moon. http://asia.nikkei.com/Tech-Science/Tech/Kajimato-develop-automated-construction-machinery-for-building-on-Mars-moon.

Yoo, Doo-Sung. 2013. Organ-Machine Hybrid: Experiments in Combinations of Animal Organs with Electronic Devices and Robotics for New Artistic Applications. *Journal of the New Media Caucus* 9. http://median.newmediacaucus.org/isea2012-machine-wilderness/organ-machine-hybridexperiments-in-combinations-of-animal-organs-with-electronic-devicesand-robotics-for-new-artisticapplications/.

Young, Louise. 1999. *Japan's Total Empire: Manchuria and the Culture of Wartime Imperialism*. Berkeley: University of California Press.

Yukawa, Sumiyuki and Masami Saito. 2004. Cultural Ideologies in Japanese

Language and Gender Studies: A Theoretical Review. In Shigeko Okamoto and Janet S. Shibamoto Smith, eds., *Japanese Language, Gender, and Ideology: Cultural Models and Real People*, 23–37. Oxford: Oxford University Press.

Ziemke, Tom. 2001. Are Robots Embodied? http://www.lucs.lu.se/LUCS/085/Ziemke.pdf.

_____. 2007. The Embodied Self: Theories, Hunches and Robot Models. *Journal of Consciousness Studies* 14: 167–179.

옮긴이 **이수영**

연세대학교에서 국문학으로 학사를, 비교문학으로 석사를 받았다. 편집자, 기자, 전시기획자 등으로 일하다가 지금은 책 번역에 전념하고 있다. 『복수의 여신』, 『1984』, 『밤, 네온』, 『미술관 밖 예술여행』, 『가짜 노동』 등 50여 권을 옮겼다.

해제 **조수미**

문화인류학자. 서울대학교(학·석사), 예일대학교(석사), 미시간대학교(박사)에서 수학했으며 명지대학교 방목기초교육대학 교수로 재직 중이다. 일본과 한국을 중심으로 문화적인 장에서 일어나는 억압과 배제, 소수민족과 성소수자들의 축제, 민족예능, 미디어 등을 통한 자기표현을 연구해왔다. 공저로 『무지개는 더 많은 빛깔을 원한다』, 『오늘을 넘는 아시아 여성』, *Handbook of Japanese Music in the Modern Era* 등이 있다.

로보 사피엔스 재패니쿠스

1판 1쇄 찍음 2025년 12월 5일
1판 1쇄 펴냄 2025년 12월 12일

지은이   제니퍼 로버트슨
옮긴이   이수영
펴낸이   정성원·심민규
펴낸곳   도서출판 눌민

출판등록 2013.2.28. 제 2022-000035호
주소   서울시 강북구 인수봉로37길 12, A-301호 (01095)
전화   (02) 332-2486   팩스   (02) 332-2487
이메일   nulminbooks@gmail.com
인스타그램·페이스북   nulminbooks

ISBN 979-11-87750-81-9 93330